全本全注全译丛书

中华经典名著

郭浩瑜◎译注

笠翁对韵

中华书局

图书在版编目(CIP)数据

笠翁对韵/郭浩瑜译注. —北京:中华书局,2019.4
(2025.3重印)
(中华经典名著全本全注全译丛书)
ISBN 978-7-101-13715-6

Ⅰ.笠… Ⅱ.郭… Ⅲ.诗词格律–中国–启蒙读物
Ⅳ.①H194.1②I207.21

中国版本图书馆 CIP 数据核字(2019)第 004988 号

书　　　名	笠翁对韵	
译 注 者	郭浩瑜	
丛 书 名	中华经典名著全本全注全译丛书	
责任编辑	胡香玉	
装帧设计	毛　淳	
责任印制	管　斌	
出版发行	中华书局	
	(北京市丰台区太平桥西里 38 号　100073)	
	http://www.zhbc.com.cn	
	E-mail:zhbc@zhbc.com.cn	
印　　　刷	北京盛通印刷股份有限公司	
版　　　次	2019 年 4 月第 1 版	
	2025 年 3 月第 11 次印刷	
规　　　格	开本/880×1230 毫米　1/32	
	印张 13¾　字数 300 千字	
印　　　数	102001–112000 册	
国际书号	ISBN 978-7-101-13715-6	
定　　　价	32.00 元	

目录

前言

　　《笠翁对韵》是一部教人对仗和用韵的书,相传为清代文学家李渔所著,因作者别号为笠翁,故名"笠翁对韵"。这本书和清代车万育所著《声律启蒙》齐名,都是学习汉语诗词格律技巧的极佳启蒙读物。

　　李渔,初名仙侣,字谪凡,后改名渔,字笠鸿,号笠翁,又号觉世稗官、随庵主人、新亭樵客、湖上笠翁等。他出生于明神宗万历三十九年(1611),死于清圣祖康熙十九年(1680)。祖籍浙江兰溪,但从小跟随父亲生活在江苏如皋,直到十九岁父亲去世后,才回到家乡兰溪。李渔年轻时也曾参加科举应试,后来清兵南侵,就绝意仕途,过了一段隐逸山林的生活。入清后,为生活所迫,他移居杭州,后又搬至金陵,卖文为生。晚年再回到杭州,在贫困中去世。李渔是明末清初著名的戏曲理论家、戏曲作家、小说作家。他一生著述甚多,除《笠翁对韵》外,还有《闲情偶寄》《笠翁十种曲》《李笠翁曲话》《李笠翁一家言》等。

　　《笠翁对韵》以"平水韵"平声三十韵为目编写而成。"平水韵"本自《广韵》的 206 韵,刘渊、王文郁等人先将其合为 107 韵,又减为 106 韵,沿用下来,成为后人科举考试用的官韵。因为刘、王二人都是平水人,故称"平水韵"。"平水韵"包括上平、下平各十五韵,上声二十九韵,去声三十韵,入声十七韵。每个韵部包含若干字,古人选取每个韵部的第一个字作为这个韵部的代表字,便于称谓,如一东、二冬等。在平声三十韵里,有的是宽韵,字数比较多,比如上平的一东、四支、七虞、十一真,下平的一先、七阳、八庚、十一尤等;有的是窄韵,包含字数比较少,比如上平的五微、十二文、十五删,下平的九青、十蒸、十三覃、十四盐等;还有的韵字数更少,谓之险韵,如上平的三江、九佳,下平的三肴、十五咸等。所以《笠翁对韵》每个韵部的段落有二至四段不等,就是因为韵部有的是宽韵,字多,有的是窄韵、险韵,字少。如果按照《声律启蒙》的做法,每一个韵部都是三段,那么就不免宽韵里的不少常用字未被编入,窄韵、险韵里的生僻字又不得不编入进来。如此则《笠翁对韵》的做法就更为科学。当然,与《声律启蒙》相比,《笠翁对韵》也存在较多出韵、错韵的现象。

《笠翁对韵》全书分为上、下两卷,各卷有十五韵部。上卷包括一东、二冬、三江、四支、五微、六鱼、七虞、八齐、九佳、十灰、十一真、十二文、十三元、十四寒、十五删,下卷包括一先、二萧、三肴、四豪、五歌、六麻、七阳、八庚、九青、十蒸、十一尤、十二侵、十三覃、十四盐、十五咸。这三十韵部的字是古代写诗的人必须熟悉的,因为古代格律诗一般押平声韵,且其韵脚的字必须出自同一韵部,用错了就算出韵、错韵。记熟《笠翁对韵》每个平声韵部里的韵脚字,作诗才可以信手拈来而不致出错。如《笠翁对韵》上平"一东"其一的内容是"天对地,雨对风。大陆对长空。山花对海树,赤日对苍穹。雷隐隐,雾朦朦。日下对天中。风高秋月白,雨霁晚霞红。牛女二星河左右,参商两曜斗西东。十月塞边,飒飒寒霜惊戍旅;三冬江上,漫漫朔雪冷渔翁"。这里的韵脚字依次是"风""空""穹""朦""中""红""东""翁",都属于平水韵上平"一东"韵部的字。熟读这一段,就能记住这八个"一东"韵部的韵脚字了。与《声律启蒙》相比,《笠翁对韵》所用到的韵脚字更多一些,其中上平一东、四支、五微、六鱼、八齐、九佳、十一真、十二文,下平一先、三肴、四豪、五歌、六麻、七阳、八庚、十一尤、十二侵、十五咸等所用的韵脚字皆比《声律启蒙》多。

《笠翁对韵》的对仗句式有长有短，包括单字对、双字对、三字对、五字对、七字对、十一字对，句式灵活，错落有致，读来朗朗上口。还是以上平"一东"为例，其中"天对地""雨对风"是单字对，"大陆对长空""山花对海树""赤日对苍穹""日下对天中"都是双字对，"雷隐隐，雾朦朦"是三字对，"风高秋月白，雨霁晚霞红"是五字对，"牛女二星河左右，参商两曜斗西东"是七字对，"十月塞边，飒飒寒霜惊戍旅；三冬江上，漫漫朔雪冷渔翁"是十一字对。《笠翁对韵》每一段的内容皆按同样的句式顺序排列，由简到繁，由易到难，便于学习和记诵。难怪《笠翁对韵》能与《声律启蒙》《训蒙骈句》一起并称"吟诗作对三基"，是最经典的诗词启蒙教材之一。

古代的诗文讲究化用典故，《笠翁对韵》的用典亦极为丰富，其对仗内容可谓包罗万象，花鸟虫鱼、天文地理、诗词歌赋、寓言神话、历史人物、经史子集、器皿建筑、言语行为、情绪情态等，无不囊括其中。且其意义常常褒贬相对、虚实相应，含义隽永。其中又不乏关乎是与非、正与邪、忠与奸、美与丑之辨的微言大义，这些正是传统国学里最为重视的内容。比如下卷"十三覃"其一中的"萧王待士心惟赤，卢相欺君面独蓝"。这里运用了两个典故。"萧王"指东汉光武帝刘秀，"卢相"指唐代宰相卢杞，二人一贤王一佞臣，作者以二人的职位"王""相"相对；"待士""欺君"两个动词结构，一是待下，一是奉上，一诚一欺，完全相反；"心惟赤""面独蓝"，一从内心的角度表现萧王的赤诚，与"待士"相应，一从面貌上揭示卢杞的丑态，与"欺君"相应，其谓语中心词为表颜色的"赤""蓝"，对得十分巧妙。有了《笠翁对韵》这样经典的对联学习范本，后人学习对联与诗歌的创作方法、积累传统文化知识等，都能有据可循、受益无穷。故而在琅环阁藏本的序言里，刊刻者米东居士对此书评价极高，"捧而读之，其采择也奇而法，其搜罗也简而该；其选言宏富，则曹子建八斗才也；其错采鲜明，则江文通五色笔也。班香宋艳，悉入薰陶；水佩风裳，都归裁剪。或正对，或反对，工力悉敌；或就对，或借对，虚实兼到。揆之诗苑类格、上官仪六对之法，无不吻合。洵初学之津梁，而骚坛之嚆矢也"。

米东居士在琅环阁藏本《笠翁对韵》的序言中提到，此书始刊于道光二十九年（1849），琅环阁藏本则刊刻于光绪十八年（1892）。现在看来，在诸版本中，后者是目前较为精良的版本。故而本书以清光绪十八年（1892）琅环阁藏本为底本，参校浙江古籍出版社1991年所出《李渔全集》第十八卷。同时，本书还参考了最近几年出版的一些版本，包括李鸣注《笠翁对韵》（中华书局2014年版），刘青文主编"国学诵·中华传统文化经典读本"《笠翁对韵》（北京教育出版社2015年版），尹文胜编注《笠翁对韵》（中国少年儿童出版社2017年版）等。

今本各版之间存在较多异文，本书在校勘的基础上，从用典、语义、平仄、语法、修辞等角度作出简单的分析，选取更为合理的说法。例如上卷"十五删"其一有"林对坞，岭对湾"，"湾"今本多作"峦"，琅环阁藏本作"湾"。"峦"属于"十四寒"韵，而"湾"属于"十五删"，此处以用"湾"为宜。凡此种种，本书都会作简单的核校，从而作出取舍。一些用字用词，现代已经习惯了的，就从俗不从古。比如"买山赀"和"买山资"，琅环阁藏本作"赀"，今本皆作"资"，二者已经通用很久，故本书亦从"资"。

琅环阁藏本原有简短的注释，问题较多，且用古文写成，不便于今日的读者理解。故而本书去掉了旧注，对《笠翁对韵》进行了新的注释和翻译。注释包括解释词义、解说典故、说明平仄、分析语法四个方面，对于一些生僻难认或今人容易读错的字还配有注音。

本书对字词的释义大多采用罗竹风主编的《汉语大词典》（上海辞书出版社1986年版）和王力《古汉语字典》（中华书局2000年版）中的解释，同时也会结合语言的历史和语境、语用等因素，以及诗文本身的修辞特色来进行解释。

《笠翁对韵》中的典故和来历，如果不详细说明，普通读者可能无法欣赏到语句之内所蕴含的深刻意境和悠远旨意，自然也就无法了解古代对联对仗的特殊美感和思想性之所在。对于这些典故的解释，现今的注本也都详略有差，解说上也多有抵牾。本书在释义和解说时尽量考证出处，核实原文，一一甄别，查漏纠谬。本书一般都会对典故出处进行引用，并在引文之后作概括说明或简单解释。对于作者用典时的讹误，本书也会有简短的说明，比如下卷"一先"其一"郭泰泛舟，折角半垂梅子雨；山涛骑马，接䍦倒着杏花天"。下联的典故出自《世说新语·任诞》，说的是山简的故事，而作者张冠李戴，安到了山涛身上。大约"山简"和"郭泰"在平仄上失对，故而改作"山涛"。类似这样的情况，本书都会作出说明，以方便读者更好地了解和学习。

古代诗文的对仗非常讲究平仄，读起来抑扬顿挫、节奏和谐，富于韵律之美。平是指平声，仄是指上、去、入三声。平、上、去、入就是古代的四声。但古之四声非今之四声，古代的平仄不完全等同于今天的平仄。一些今天读作平声的字，古代可能读作仄声；反之亦然。因此，本书对声调上与今天平仄不同的字进行了标注，主要是依据《广韵》的反切予以说明；凡是平仄上失对、失替之处，本书也都一一指出，并附有简单的说明。如此皆有助于读者了解古代的平仄情况和对联的格律要求。

古人在诗文对仗上也要求上下联的结构必须相同，即名词对名词、动词对动词、主谓结构和主谓结构相对等等。《笠翁对韵》的对联绝大多数都是对仗工整的。本书在考虑古人的文法特点、对联的艺术性质和修辞特色的同时，用现代比较简洁、科学的方法分析了对联的语法结构。既不苛求古人，也不放过那些明显存在舛误的地方。凡书中对仗明显不工稳之处，本书会一一加以解析。因为本书不以深入研究为目的，故而在语法术语的使用、分析语言的表述上，尽量追求明白浅易，不作过分复杂的专业解说。比如分析合成词的结构时，不采用"语素"这一概念，仍用名词、动词这类较为通俗的术语；一些句子由复句构成，层次复杂，本书亦多拆分为几个小结构观察其对仗情况。从我们对《笠翁对韵》的语法分析结果来看,古人对语法的了解虽然不如现代的研究者那么系统和准确,但是他们在对仗上却充分体现出敏锐的语感。对古代的对联进行语法分析,有诸多困难,本书只是一个初步的尝试,其中经过了反复的斟酌与考量,成功与否,有待读者评判。

本书的翻译以直译为主。少量句子因为韵文在表达上的特殊性,或者是修辞、用典的原因,若用直译会显得晦涩难懂或语义不顺,则采用意译的方法。因为本书所翻译的对象是韵文,故而译文也在追求语义显豁的同时,尽量做到句式齐整,以体现本书的特色。

《笠翁对韵》诞生于清代,当时所采用的汉字还是繁体字;方今出于推广和普及古籍的需要,采用了简化字版本。因为部分简化字涉及多个来源,就需要作出一些必要的解释。比如今天的"干"对应古代的"干"(干戈)、"幹"(幹枝)、"乾"(乾湿)等多个字形,其意义、用法、语音皆有差别,也关系到读者对于对联在语义、语音方面的理解。因此本书凡遇到类似的情况,亦会作出简单的解释。

本书在撰写和出版过程中得到了中华书局胡香玉老师的帮助,她对本书的每个条目都进行了仔细审阅和校订,在此衷心感谢她所付出的心血。同时也非常感谢家人、朋友的关爱和包容,没有他们的支持,这本书不可能这么顺利地完成。本书完成时正值恩师蒋绍愚先生八十大寿,先生之风,山高水长,谨以此书表达对恩师诚挚的感谢和祝福之情。

因为才力有限,时间仓促,本书肯定还存在不少疏漏,敬请各位读者方家批评指正。

郭浩瑜

2019 年 3 月 18 日于广州

上卷

一 东

【题解】

"东"是"平水韵"中上平声的第一韵部。

北宋时官修的《广韵》本有206韵,平水人刘渊根据唐代人写诗的实际用韵情况,将206韵合并成107韵;后来平水人王文郁又缩减为106韵,这106韵就被称为"平水韵",也叫"诗韵"。每个韵部包含若干字,作为格律诗用韵的韵脚字。

《笠翁对韵》所用的韵即"平水韵"中的平声部分,其中上卷的"一东""二冬""三江""四支""五微""六鱼""七虞""八齐""九佳""十灰""十一真""十二文""十三元""十四寒""十五删"十五个韵部属上平声,下卷的"一先""二萧""三肴""四豪""五歌""六麻""七阳""八庚""九青""十蒸""十一尤""十二侵""十三覃""十四盐""十五咸"十五个韵部属下平声。

在宋本《广韵》中,"东"位于上平声第一韵部,是"一东"的代表字,也叫"韵目",作"德红切",平声,东韵。

《笠翁对韵》中用的东韵字有风、空、穹、中、红、东、翁、公、宫、朦(曚/曚)、篷、弓、踪、嵩、鸿、熊、烘共17个。《声律启蒙》所用的东韵字有风、空、虫、弓、东、宫、红、翁、同、童、穷、铜、通、融、虹等 15 个。其中两书所共用的是风、空、东、宫、弓、红、翁等 7 个字,而《声律启蒙》中的虫、同、童、穷、铜、通、融、虹等 8 个字是《笠翁对韵》没有用到的,《笠翁对韵》中的穹、中、公、朦(曚/矇)、篷、踪、嵩、鸿、熊、烘等,则是《声律启蒙》所未用到的。另外,《笠翁对韵》中所用到的"踪"属于平水韵中的上平"二冬"。

其一

天对地,雨对风①。

大陆对长空②。

山花对海树,赤日对苍穹③。

雷隐隐,雾朦朦④。

日下对天中⑤。

风高秋月白,雨霁晚霞红⑥。

牛女二星河左右,参商两曜斗西东⑦。

十月塞边,飒飒寒霜惊戍旅;三冬江上,漫漫朔雪冷渔翁⑧。

【注释】

①天对地,雨对风:"天""地"经常作为相对的词语并提,"天圆地方""天神地祇""呼天抢地"等等。"风""雨"都是跟气候有关的名词,皆是自然景象,二词在汉语里经常并提,"风雨同舟""暴风骤雨""和风细雨"等等。从格律上看,"天"与"地"、"雨"与"风"平仄相对。平仄是格律诗(即近体诗)最重要的格律因素。写诗时通过声调的平仄变化可以达到一种音律上高低间杂、缓急交替的节奏美。古代汉语有平、上、去、入四声:平即平声,上、去、

入则是仄声。现代汉语里有阴平、阳平、上声、去声:阴平、阳平是平声,上声、去声就是仄声。古代的入声已经转化到平、上、去三声中去了。这就是说,现代汉语里读为阴平、阳平的字,有些本应该是属于仄声的,这是我们今人读古诗的时候要留心的。此句中"天"为平声,"地"是仄声,"雨"是仄声,"风"是平声,故可称之平仄相对。语法上,"天"和"地"、"风"和"雨"皆为事物名称,亦并相类。古代严格的对仗讲究主要有:平仄相对,即平仄相反;语法结构相同,如名称语对名称语(名词对名词),状态语对状态语(如形容词对形容词,副词对副词等),动作语对动作语(动词对动词),数目语对数目语(数词对数词),短语和句子的结构也必须相同或相类等等。

②大陆对长空:平仄上,"大陆"为仄仄,"长空"为平平,平仄相对。语法上,二者皆为定中结构。

③山花对海树,赤日对苍穹:赤日,指红日。苍穹,指深青色的天空。平仄上,"山花"为平平,"海树"为仄仄;"赤日"是仄仄,"苍穹"是平平。语法上,四个词语都是定中结构。

④雷隐隐,雾蒙蒙:隐隐,象声词,形容雷声,如《后汉书·天文志上》"须臾有声,隐隐如雷";蒙蒙,形容模糊不清。平仄上,"雷隐隐"是平仄仄,"雾蒙蒙"是仄平平。语法上,二者皆是主谓结构,一饰其听觉效果,一形其视觉效果,对仗工整。

⑤日下对天中:平仄上,"日下"是仄仄,"天中"是平平。语法上,"日下"和"天中"都为方位短语,指空间领域。

⑥风高秋月白,雨霁(jì)晚霞红:上联化自宋欧阳修《沧浪亭》"风高月白最宜夜,一片莹净铺琼田",下联化用了唐刘禹锡《秋晚新晴夜月如练有怀乐天》的"雨歇晚霞明,风调夜景清"。秋月白,出自唐崔道融《江夕》"江心秋月白,起柂信潮行"和唐白居易《琵琶行》"东船西舫悄无言,唯见江心秋月白"。霁,指雨雪停止,天放

晴。平仄上,"风高秋月白"是平平平仄仄,"雨霁晚霞红"是仄仄仄平平。白,《广韵》"傍陌切",入声。语法上,"风高"与"秋月白","雨霁"与"晚霞红",两个结构都是因果关系:因为风高,使得云雾散去,秋月愈加清晰洁白;因为雨已停歇,刚经过清洗之后的天空变得更加清澈,晚霞也愈显嫣红。

⑦牛女二星河左右,参(shēn)商两曜(yào)斗(dǒu)西东:牛女,指的是牛郎星与织女星,如唐元稹《新秋》诗中有"殷勤寄牛女,河汉正相望"。河,银河,亦作"河汉""天河"。民间传说中,织女是天帝的孙女,她偷偷下凡到人间,嫁给牛郎为妻,并为他生儿育女。天帝震怒,将织女抓回天宫。牛郎带着孩子在后面追赶,王母娘娘用金钗在两人之间划出一条银河,将二人分开。喜鹊有感于二人的爱情,用身体搭建成一座鹊桥,让二人相会。天帝无奈,允许二人每年七月初七日可以相会一次。参商,指的是参星和商星,参星在西,商星在东,二星彼此不相见。出自《左传·昭公元年》:"昔高辛氏有二子,伯曰阏伯,季曰实沈,居于旷林,不相能也,日寻干戈,以相征讨。后帝不臧,迁阏伯于商丘,主辰。商人是因,故辰为商星。迁实沈于大夏,主参,唐人是因,以服事夏、商。"这是一个神话传说,高辛氏有两个儿子,大的叫阏伯,小的叫实沈,两个人关系不和睦,老是互相征讨。天帝就把大儿子迁到了商丘,主祀辰星,就是商星;小儿子迁到了大夏,主祀参星。后用于比喻兄弟不睦;也用来比喻亲友分隔两地,不得相见,如唐杜甫《赠卫八处士》有"人生不相见,动如参与商"的名句。曜,泛指日月星辰,此与"星"相对,"两曜"当亦特指两星,与"二星"对文互训。斗,指北斗星。平仄上,上联是平仄仄平平仄仄,下联是平平仄仄仄平平,其中"牛""参"皆为平声,"二""两"皆是仄声。古诗对仗,每句的第一字或第三字(还有七言的第五字)平仄或可从宽,古有"一三五不论,二四六分明"的口诀,这样

作诗,不至于被平仄拘束得过于死板。此第一、三字平仄相同,不失对。语法上,上下联皆由名词性词语连缀而成,表示牛郎、织女位于银河之左右、参商二星身处北斗之西东的含义,结构上对仗非常工稳。

⑧十月塞边,飒飒寒霜惊戍旅;三冬江上,漫漫朔雪冷渔翁:十月,夏历的十月是冬季的第一月,天气寒冷,边塞尤其如此。飒飒,象声词,一般形容风的声音,如《楚辞·九歌·山鬼》有"风飒飒兮木萧萧,思公子兮徒离忧",此处当为形容冬季寒霜挂于树枝被风吹动所发出的声音。惊,心理动词的使动用法。戍旅,指守卫边境的将士。三冬,冬季三月,就是冬季的意思。漫漫,形容遍布广大的样子。朔,北方,古人常用"朔漠"指北方的沙漠,"朔气"指北方的寒气,"朔雪"则指北方极寒的大雪。冷,形容词的使动用法。平仄上,上联是仄仄仄平,仄仄平平平仄仄;下联是平平平仄,平平仄仄仄平平。十,《广韵》"是执切",入声。漫,《康熙字典》云"《集韵》《韵会》《韵补》并谟官切,音瞒,水大貌",故而此处读平声,可与"飒飒"相对。语法上,上下联皆为状中结构,"十月塞边""三冬江上"属于状语,表处所;中心语"飒飒寒霜惊戍旅""漫漫朔雪冷渔翁"是主谓结构:主语"飒飒寒霜""漫漫朔雪"是定中结构;谓语部分"惊戍旅""冷渔翁"都是动宾结构;"惊""冷"本不带宾语,但因为已经用于使动,故而带上了"戍旅""渔翁"两个宾语,使戍旅惊,使渔翁冷。此联结构上对仗十分工整。

【译文】

天和地相对,雨和风相对。

广阔的陆地和高远的天空相对。

山花和海树相对,红日和苍天相对。

雷声隐隐,雾气迷蒙。

日照之下与天空之中相对。

风高云散,秋月更显明亮;雨过天晴,晚霞更觉红艳。

牛郎星和织女星位居银河一左一右,两两相望;参星和商星处在北斗星之一西一东,两不相见。

夏历十月的边塞,风吹寒霜飒飒作响,使得戍守边疆的将士们都惊觉起来;寒冬腊月的江边,北方大雪漫漫无边,让垂竿钓鱼的老翁也感到寒冷不已。

其二

河对汉,绿对红①。

雨伯对雷公②。

烟楼对雪洞,月殿对天宫③。

云叆叇,日曈曚④。

蜡屐对渔篷⑤。

过天星似箭,吐魄月如弓⑥。

驿旅客逢梅子雨,池亭人挹藕花风⑦。

茅店村前,皓月坠林鸡唱韵;板桥路上,青霜锁道马行踪⑧。

【注释】

①河对汉,绿对红:古代"河"指黄河,"汉"指汉水,皆为水名;"绿""红"皆是颜色词,古代诗词中二者经常相对,如"绿肥红瘦"等。平仄上,"河""红"皆为平声,"汉""绿"皆为仄声。语法上,两组四个词语都是名词。

②雨伯对雷公:"雨伯"指司雨之神,亦名"雨师"。"雷公"指神话中管打雷的神,汉王充《论衡·雷虚》对此神的形态进行了描写,

"又图一人,若力士之容,谓之雷公,使之左手引连鼓,右手推(椎)之,若击之状"。"雨伯/雨师""雷公"等皆是古代掌管气象的神,古人常常并提,《楚辞·远游》"左雨师使径侍兮,右雷公以为卫"。平仄上,"雨伯"是仄仄,"雷公"是平平。伯,《广韵》"博陌切",入声。语法上,两个词语都是定中结构。

③烟楼对雪洞,月殿对天宫:烟楼,指耸立于烟云中的高楼,如唐李峤《奉和幸韦嗣立山庄侍宴应制》"石磴平黄陆,烟楼半紫虚"。雪洞,被雪封住的山洞,也用来比喻华美洁净的居室。月殿,指月宫,为嫦娥所居。天宫,指天帝、神仙们所居住的宫殿。平仄上,"烟楼""雪洞"是平平和仄仄,"月殿""天宫"是仄仄和平平。语法上,"烟楼""雪洞""月殿""天宫"皆为定中结构。

④云叆叇(ài dài),日曈曚(tóng méng):叆叇,形容云盛之貌,如晋潘尼《逸民吟》"朝云叆叇,行露未晞"。曈曚,今本或作"曈朦""曈曚",琅环阁藏本作"曈昽",音近义同,是同一词语的不同写法,皆表示初日渐明之貌。"叆叇""曈曚"皆为联绵词,一般由两个字连缀成义,这两个字不能拆开单独表达相关的意义,比如"蝙蝠""唏嘘""踌躇""囹圄"等等。平仄上,"云叆叇"是平仄仄,"日曈曚"是仄平平。语法上,"云叆叇""日曈曚"都是主谓结构,"叆叇""曈曚"陈述"云""日"的状态。

⑤蜡屐(jī)对渔篷:蜡屐,本为用蜡涂抹于木屐之上,典故出自南朝宋刘义庆《世说新语·雅量》:"或有诣阮(阮孚),见自吹火蜡屐,因叹曰:'未知一生当着几量屐(不知道一生中能穿多少木屐)!'神色闲畅。"后也以"蜡屐"指悠闲无为的生活,如宋辛弃疾《玉蝴蝶·杜仲高书来戒酒》"生涯蜡屐,功名破甑,交友抟沙"。此处"蜡屐"的意思当为涂了蜡的木屐,方可与"渔篷"相对。渔篷,渔船上遮风挡雨的篷盖,一般是用竹篾、苇席、布等做成,元任昱《中吕·红绣鞋》有"新亭馆相迎相送,古云山宜淡宜浓,画船归

去有渔篷"的句子。平仄上,"蜡屐""渔篷"是仄仄和平平。屐,在《广韵》中为"奇逆切",入声。语法上,"蜡屐""渔篷"都是定中结构。

⑥过天星似箭,吐魄月如弓:过天星,指流星、陨星,《三宝太监西洋记》说"只因他一日走地府一遍,一夜走天堂一遍,脚似流星,故此叫做个过天星",足见"过天星"的含义。吐魄月,指初生的月亮;魄,古同"霸",月始生或将灭时的微光,后来泛指月光,唐卢仝《月蚀》"初露半个璧,渐吐满轮魄"。流星陨落很快,故而说"似箭";"吐魄月"则才生,故而说"如弓"。平仄上,"过天星似箭"是仄平平仄仄,"吐魄月如弓"是仄仄仄平平。语法上,上下联都是主谓结构。此一对仗无论平仄、结构、语义都非常工整。

⑦驿旅客逢梅子雨,池亭人挹(yì)藕花风:驿,旧时供传递公文的人中途休息、换马之所,此指旅店。梅子雨,又称"梅雨",指初夏时期在江南地区持续较长的阴雨天气,因时值梅子成熟,所以又称"黄梅雨""黄梅天",唐韩偓《赠湖南李思齐处士》有"三春日日黄梅雨,孤客年年青草湖"的句子。挹,舀、酌取。藕花风,指微风吹过,带着阵阵荷花的馨香。明李晔《草阁诗集》有《送曹逢吉》诗,其中有"清晨送客过桥东,一路行人在画中。纱帽微沾梅子雨,葛衣轻受藕花风"的句子,恰用"梅子雨"对"藕花风"。藕花风自然是不能"挹"得起来的,此处当是把藕花风当作醇香的美酒来酌取和受用了。平仄上,上联为仄仄仄平平仄仄,下联为平平平仄仄平平,完全相对。语法上,上下联都是状中结构,"驿旅""池亭"为状语,中心语"客逢梅子雨""人挹藕花风"皆为主谓结构。

⑧茅店村前,皓月坠林鸡唱韵;板桥路上,青霜锁道马行踪:这一联当是化用了唐温庭筠《商山早行》中的"鸡声茅店月,人迹板桥霜"。茅店,指用茅草盖成的旅舍。皓月,即明月。坠林,指月亮

西沉、落入林中,清李戬瑛《梦登华山书所见》有"皓月坠林峦,涵空水荇影"的句子,与此意境类似,清龚自珍《己亥杂诗》也有"一川星斗烂无数,长天一月坠林梢"的诗句。鸡唱,犹言鸡鸣、鸡啼。韵,指和谐的声音。板桥,木板架设的桥。青霜,指青白色的霜。锁道,指青霜满路,不利于行走。这里"韵""踪"对得很好,"韵"是声音,入于耳然后消失于空气之中,"踪"是马在青霜上踏出的足迹,霜化而后不见。"鸡唱韵"是指皓月西沉之后,晨鸡鸣叫之声此起彼伏,一鸡鸣而众鸡皆随之,似有互相唱答的韵律;"马行踪"是指早行之马,踏过满是青霜的道路,留下行走的痕迹。平仄上,上联是平仄平平,仄仄仄平平仄;下联是仄平仄仄,平平仄仄仄平平。语法上,"茅店村前""板桥路上"皆为方位短语充当地点状语;"皓月坠林鸡唱韵""青霜锁道马行踪"皆由两个主谓结构组成。从结构上说,此句对仗亦相当工稳。

【译文】

黄河与汉水相对,绿与红相对。

雨神与雷神相对。

烟雾缭绕之高楼与大雪封路之山洞相对,嫦娥之居所与天神之宫殿相对。

浓云密布,初日渐明。

涂了蜡的木屐和渔船上的雨篷相对。

过天的流星如箭一般飞过,初生的月亮像弓一样弯曲。

驿站中的旅客恰逢绵绵黄梅雨,池亭里的酒客品评淡淡荷花香。

茅店村前,一轮明月徐徐坠入林间,司晨的公鸡开始唱和彼此的声律;板桥路上,冷冷青霜满满铺于道路,早行的马儿留下它们行走的痕迹。

其三

山对海,华对嵩①。

四岳对三公②。

宫花对禁柳,塞雁对江鸿③。

清暑殿,广寒宫④。

拾翠对题红⑤。

庄周谈幻蝶,吕望兆飞熊⑥。

北牖当风停夏扇,南檐曝日省冬烘⑦。

鹤舞楼头,玉笛弄残仙子月;凤翔台上,紫箫吹断美人风⑧。

【注释】

①山对海,华对嵩:华、嵩,中国有"五岳"之说,分别是东岳泰山,南岳衡山,西岳华山,北岳恒山,中岳嵩山;"华"是华山,"嵩"是嵩山。平仄上,"山"与"海"是一平一仄;"华"与"嵩"是一仄一平,华有三个读音,表山名时读去声,刚好相对。语法上,两组都是与地理相关的名词。

②四岳对三公:四岳,或曰泰山、华山、衡山、恒山的总称;或曰共工的后裔,为诸侯之长。此取后一种意义与"三公"对仗。三公,周时以太师、太傅、太保为三公,或又说以司马、司徒、司空为三公,皆是上古极为重要的三种官衔的合称。平仄上,"四岳"是仄仄,"三公"是平平。语法上,"四岳""三公"皆为定中结构。

③宫花对禁柳,塞雁对江鸿:宫花,皇宫庭苑中的花,唐元稹《行宫》有"寥落古行宫,宫花寂寞红"的诗句。禁柳,宫廷中的柳树,古代把皇帝住的地方也叫"禁",所以有宫禁、禁卫、禁军、禁苑、紫禁城之类的词语,皆与皇帝的住处有关。塞雁,边塞上的大雁,唐令狐楚《塞下曲二首》"边草萧条塞雁飞,征人南望泪沾衣"。在意象上,大雁是候鸟,春天飞往北方,秋天返回南方,故而传统

文化中的雁常用来象征书信、爱情、思乡，而塞外的大雁尤能唤起人们的思乡之情，比如唐李颀《古从军行》有"胡雁哀鸣夜夜飞，胡儿眼泪双双落"。江鸿，江上的鸿雁。今本多作"江龙"，但"龙"属于二冬，"鸿"属于一东，此处以"鸿"为宜。平仄上，"禁柳""塞雁"都是仄仄，"宫花""江鸿"都是平平。语法上，"宫花""禁柳""塞雁""江鸿"都是定中结构。

④清暑殿，广寒宫：明代司守谦所撰《训蒙骈句》即有"清暑殿，广寒宫"之句，《笠翁对韵》和《声律启蒙》都用了这一句，《声律启蒙》是"人间清暑殿，天上广寒宫"。清暑殿，《晋书·孝武帝纪》载"二十一年春正月，造清暑殿"，其《王雅传》也说"帝起清暑殿于后宫，开北上阁，出华林园，与美人张氏同游止，惟雅与焉"。据清顾祖禹《读史方舆纪要》载，此清暑殿"极土木之美"，大概由此而成为后人心目中极奢侈华丽的居所的代表。广寒宫，唐柳宗元《龙城录·明皇梦游广寒宫》载："开元六年，上皇与申天师、道士鸿都客，八月望日夜，因天师作术，三人同在云上游月中。过一大门，在玉光中飞浮宫殿，往来无定，寒气逼人，露濡衣袖皆湿。顷见一大官府，榜曰'广寒清虚之府'。其守门兵卫甚严，白刃粲然，望之如凝雪。时三人皆止其下，不得入。天师引上皇起，跃身如在烟雾中，下视王城崔峨，但闻清香霭郁，下若万里琉璃之田。其间见有仙人、道士，乘云驾鹤，往来若游戏。少焉，步向前，觉翠色冷光相射，目眩极寒，不可进。下见有素娥十余人，皆皓衣，乘白鸾往来，笑舞于广陵大桂树之下。又听乐音嘈杂，亦甚清丽。上皇素解音律，熟览而意已传。顷，天师亟欲归，三人下若旋风。忽悟，若醉中梦回尔！"这部旧题柳宗元所写的书中记载，唐明皇在开元六年八月十五日晚上和道士一起游于天上，见到一座大官殿，名叫"广寒清虚之府"，因为守卫森严，不能进入。唐明皇回到人间以后，根据自己在天上听到的乐曲，改编

成了《霓裳羽衣舞曲》，流传后世。后来人们就称月中仙宫为"广寒宫"。平仄上，"清暑殿"是平仄仄，"广寒宫"是仄平平，刚好相对。语法上，二者都是定中结构。

⑤拾翠对题红：拾翠，根据《汉语大词典》，拾取翠鸟羽毛以为首饰，后多指妇女游春，语出三国魏曹植《洛神赋》"或采明珠，或拾翠羽"。故而"拾翠"多与"踏青"同时出现，如唐吴融《闲居有作》诗"踏青堤上烟多绿，拾翠江边月更明"。"题红"出自"红叶题诗"的典故。根据明代郎瑛《七修类稿·辩证类》载，"红叶题诗"古有多处记载，此处且用唐范摅《云溪友议》"题红怨"一节，以示其大略："明皇代，以杨妃、虢国宠盛，宫娥皆颇衰悴，不备掖庭。常书落叶，随御水而流云：'旧宠悲秋扇，新恩寄早春。聊题一片叶，将寄接流人。'顾况著作闻而和之。既达宸聪，遣出禁内者不少，或有五使之号焉。和曰：'愁见莺啼柳絮飞，上阳宫女断肠时。君恩不禁东流水，叶上题诗寄与谁？'卢渥舍人应举之岁，偶临御沟，见一红叶，命仆搴来。叶上乃有一绝句，置于巾箱，或呈于同志。及宣宗既省宫人，初下诏，许从百官司吏，独不许贡举人。渥后亦一任范阳，获其退宫人，睹红叶而吁怨久之，曰：'当时偶题随流，不谓郎君收藏巾箧。'验其书，无不讶焉。诗曰：'水流何太急，深宫尽日闲。殷勤谢红叶，好去到人间。'"这些记载一般都是讲宫中怨女在红叶上题诗，诗句随着水沟中的水流出宫外，被宫外的人拾到，也以诗句相和的事情。语义上，"拾翠"含"羽"字，"题红"省"叶"字，一句描写妇女踏春之喜，一句抒发宫女思春之怨，亦正相对。平仄上，"拾翠"是仄仄，"题红"是平平，刚好相对。拾，《广韵》"是执切"，入声。语法上，"拾翠"和"题红"都是动宾结构，对得十分整齐。

⑥庄周谈幻蝶，吕望兆飞熊：庄周，指庄子。谈幻蝶，或作"梦化蝶"，《庄子·齐物论》："昔者庄周梦为胡蝶，栩栩然胡蝶也，自喻

适志与,不知周也。俄然觉,则蘧蘧然周也。不知周之梦为胡蝶
与? 胡蝶之梦为周与? 周与胡蝶则必有分矣。此之谓物化。"庄
周梦见自己变成了蝴蝶,醒来后,他不知道是梦见自己变成了蝴
蝶,还是蝴蝶梦见自己变成了庄周,他想借此说明梦幻与现实之
间很难区分的道理。后人常用此做典故,比如唐李商隐《锦瑟》
中的"庄生晓梦迷蝴蝶,望帝春心托杜鹃"。吕望,即指姜太公,
姜姓,吕氏,名尚,一名望,曾辅佐周文王和周武王打败商纣,建
立周朝。据《武王伐纣平话》载,"却说西伯侯夜做一梦,梦见从
外飞熊一只,飞来至殿下。文王惊而觉。至明,宣文武至殿,具
说此梦。有周公旦善能圆梦。周公曰:'此要合注天下将相大贤
出世也。梦见熊,更能飞者,谁敢当也? 合注从南方贤人来也。
大王今合行香南巡寻贤去也。贤不可以伐。'周公说梦,深解其
意:'昔日有轩辕皇帝梦见大风,而得风后先生,为特灭于蚩尤在
涿鹿之野。轩辕皇帝又梦见上天,后至百日,果然升天。又有尧
王梦见升天,得帝王。有汤王梦见用手托天,亦得帝位。大王梦
见飞熊,必得贤也。'"后来周文王出猎,果然遇到了垂钓的吕尚。
平仄上,"庄周谈幻蝶"是平平平仄仄,"吕望兆飞熊"是仄仄仄平
平。蝶,《广韵》"徒协切",入声。语法上,上下联都是主谓结构。

⑦北牖(yǒu)当风停夏扇,南檐曝(pù)日省冬烘:牖,窗户的意思。
檐,房顶伸出墙壁的部分,琅环阁藏本作"帘"。当风,指对着风。
曝,晒。平仄上,上联是仄仄平平平仄仄,下联是平平仄仄仄平
平,完全相对。语法上,上下联皆由一个因果复句构成:北牖当
风,故而停夏扇;南檐曝日,所以省冬烘。"北牖当风"对"南檐曝
日",两个是主谓结构相对;"停夏扇""省冬烘"是动宾结构相对,
此处"停"用了使动用法。

⑧鹤舞楼头,玉笛弄残仙子月;凤翔台上,紫箫吹断美人风:上联当
化自唐李白《与史郎中钦听黄鹤楼上吹笛》"黄鹤楼中吹玉笛,江

城五月落梅花"的诗句。关于黄鹤楼吹笛的传说,明王世贞《有
象列仙全传》卷九有"费文祎"一则,载:"费文祎,字子安,好道得
仙。偶过江夏辛氏酒馆而饮焉,辛氏复饮之巨觞。明日复来,辛
不待索而饮之。如是者数载,略无吝意。乃谓辛曰:'多负酒钱,
今当少酬。'于是取橘皮向壁间画一鹤,曰:'客来饮,但令拍手歌
之,鹤必下舞。'后客至饮,果蹁跹而舞,回旋宛转,曲中音律,远
近莫不集饮而观之。逾十年,辛氏家资巨万矣。一日,子安至馆
曰:'向饮君酒,所偿何如?'辛氏谢曰:'赖先生画鹤,因获百倍,
愿少留谢。'子安笑曰:'未讵为此?'取笛数弄。须臾,白云自空
而下,画鹤飞至子安前,遂跨鹤乘云而去。辛氏即于飞升处建
楼,名黄鹤楼焉。"这个传说讲的是得道的费子安为了酬谢辛氏
的酒钱,用橘皮画鹤,客人来了,鹤能蹁跹而舞,合乎音律。辛氏
因此获利甚多。后子安吹笛,乘鹤而去。辛氏就在子安飞升处
建了黄鹤楼。仙子,此指费子安,《齐谐记》"仙人子安曾驾鹤经
过黄鹤楼"。凤翔台,唐李白《凤台曲》云:"尝闻秦帝女,传得凤
凰声。是日逢仙子,当时别有情。人吹彩箫去,天借绿云迎。曲
在身不返,空余弄玉名。"这个典故出自汉刘向《列仙传》:"萧史
者,秦穆公时人也。善吹箫,能致孔雀白鹤于庭。穆公有女,字
弄玉,好之,公遂以女妻焉。日教弄玉作凤鸣,居数年,吹似凤
声,凤凰来止其屋。公为作凤台,夫妇止其上,不下数年。一旦,
皆随凤凰飞去。"说的是秦穆公的女儿名叫弄玉,喜欢善于吹箫
的萧史。萧史吹箫时,孔雀白鹤盘旋于庭院。秦穆公把弄玉嫁
给了萧史,并为他们建造了凤台,萧史就在台上教弄玉吹箫。几
年后,夫妇二人随凤凰飞走了。平仄上,上联是仄仄平平,仄仄
仄平平仄;下联是仄平平仄,仄平平仄仄平平。笛,《广韵》"徒
历切",入声。语法上,"鹤舞楼头"对"凤翔台上",都是主谓结
构;"玉笛弄残仙子月""紫箫吹断美人风"也是主谓结构,实际上

"仙子""美人"是两句里弄笛、吹箫的主体,当为仙子以玉笛弄残月,美人用紫箫吹断风。作者在这里用了倒置的修辞格,显得句式比较灵活,富于变化。

【译文】

山和海相对,华山与嵩山相对。

四岳和三公相对。

宫墙内的红花与禁宫里的绿柳相对,边塞的大雁和江上的飞鸿相对。

清暑殿,广寒宫。

拾取翠羽和题诗红叶相对。

庄子谈化蝶之梦,姜尚是飞熊之兆。

北边的窗户吹来习习凉风,夏天无需摇扇;南边的屋檐照进煦日暖阳,冬日不用烤火。

黄鹤在楼头飞舞,仙子吹着玉笛直到月亮将落;凤凰在台上盘桓,美人吹着紫箫直到风声已停。

二　冬

【题解】

"冬"是"平水韵"中上平声的第二韵部。

在宋本《广韵》中"冬"作"都宗切",平声,冬韵。

《笠翁对韵》这一部分所用到的冬韵字有 21 个:冬、春、松、翁、龙、珑、钟、风、浓、封、蓉、锋、饔、峰、重、慵、宗、茸、蜂、凶、穷。《声律启蒙》所用的冬韵字有 18 个:冬、钟、松、龙、蛩、蜂、雍、峰、浓、庸、春、茸、恭、镛、农、蓉、宗、慵。其中《笠翁对韵》有而《声律启蒙》无的有翁、珑、风、封、锋、饔、重、凶、穷等 9 个,后者有而前者无的有蛩、雍、庸、恭、镛、农等 6 个。《笠翁对韵》这部分韵脚字中的翁、珑、风、穷则本属于"一东"韵。

其一

晨对午,夏对冬①。

下饷对高舂②。

青春对白昼,古柏对苍松③。

垂钓客,荷锄翁④。

仙鹤对神龙⑤。

凤冠珠闪烁,螭带玉玲珑⑥。

三元及第才千顷,一品当朝禄万钟⑦。

花萼楼间,仙李盘根调国脉;沉香亭畔,娇杨擅宠起边风⑧。

【注释】

①晨对午,夏对冬:平仄上,"晨"是平声,"午"是仄声;"夏"是仄声,"冬"是平声。语法上,都是时间名词相对。

②下饷对高舂:下饷,《汉语大词典》解释为"收工吃饭",如唐戴叔伦《女耕田行》"日正南冈下饷归,可怜朝雉扰惊飞"。有的版本作"下晌",下午的意思,误。高舂,《汉语大词典》解释为"日影西斜近黄昏时",《淮南子·天文训》"(日)至于渊虞,是谓高舂;至于连石,是谓下舂"。平仄上,"下饷"和"高舂"是仄仄与平平,刚好相对。语法上,二者结构上皆为动宾结构,"高"这里用作使动;二者在这里都用于表时间。

③青春对白昼,古柏对苍松:青春,指春天,《楚辞·大招》"青春受谢,白日昭只",王逸注"青,东方春位,其色青也"。白昼,白日的意思,唐杜甫《闻官军收河南河北》"白日放歌须纵酒,青春作伴好还乡",正以"白日"对"青春"。苍松,琅环阁藏本作"乔松"。

皆可。平仄上,"青春"和"白昼"是平平和仄仄,"古柏"和"苍松"是仄仄和平平。白,《广韵》"傍陌切",入声。语法上,"青春""白昼"皆为时间名词;"古柏""苍松"皆为表树木的名词,也都是我们传统文化中耐久耐寒、长寿吉祥的象征。

④垂钓客,荷(hè)锄翁:垂钓,垂竿钓鱼。荷锄,扛着锄头,晋陶渊明《归园田居》有"晨兴理荒秽,带月荷锄归"的句子。语义上,"垂钓客"和"荷锄翁",一为渔夫,一为农夫,皆为庶民,传统文化中常用来表示归隐的意思。平仄上,"垂钓客"是平仄仄,"荷锄翁"是仄平平。语法上,"垂钓客""荷锄翁"都是定中结构,都是指人的名词;其定语"垂钓""荷锄"都是动宾结构。

⑤仙鹤对神龙:"仙鹤"与"神龙"都是传说中的吉祥动物。平仄上,"仙鹤"是平仄,"神龙"是平平。语法上,"仙鹤"与"神龙"都是定中结构。

⑥凤冠珠闪烁,螭(chī)带玉玲珑:凤冠,古代贵族妇女所戴的礼帽,上有金玉制成的凤凰作为装饰。闪烁,形容凤冠上珍珠的光芒。螭带,上面雕刻着螭龙花纹的玉带;螭,传说中一种无角的龙。玲珑,形容玉器之精巧,唐苏鹗《杜阳杂编》卷中"轻金冠以金丝结之,为鸾鹤之状,仍饰以五彩细珠,玲珑相续,可高一尺,秤之无三二钱"。平仄上,"凤冠珠闪烁"是仄平平仄仄,"螭带玉玲珑"是平仄仄平平。冠,此处是名词,帽子的总称,故读平声。语法上,上下联都是主谓结构:"珠闪烁""玉玲珑"两个主谓结构作谓语,陈述主语"凤冠"和"螭带"的状态。

⑦三元及第才千顷,一品当朝禄万钟:三元,古代的"三元"有很多含义,其中一种是指科举的乡试、会试、殿试,其第一名分别是解元、会元、状元,合称三元;科举中选叫及第,如果失败了叫落第。千顷,一顷相当于一百亩,千顷是极言其广其大。一品,自三国魏以后,官分九品,最高者为一品。当朝,指在朝为官。万钟,指

优厚的俸禄,"钟"是古代计量单位,比如《孟子·告子上》有"万
钟则不辩礼义而受之,万钟于我何加焉"。平仄上,上联是平平
仄仄平平仄,及,《广韵》"其立切",入声;下联是仄仄平平仄仄
平,一,《广韵》"於悉切",入声。语法上,"三元及第"对"一品当
朝",是主谓结构;"才千顷"和"禄万钟"也是主谓结构相对。

⑧花萼楼间,仙李盘根调国脉;沉香亭畔,娇杨擅宠起边风:花萼
楼,唐玄宗于兴庆宫西南建花萼相辉之楼,简称"花萼楼",《旧唐
书·让皇帝宪传》"玄宗于兴庆宫西南置楼,西面题曰花萼相辉
之楼……玄宗时登楼,闻诸王音乐之声,咸召登楼同榻宴谑,或
便幸其第,赐金分帛,厚其欢赏"。仙李盘根,这里是用唐杜甫
《冬日洛城北谒玄元皇帝庙》诗"仙李盘根大,猗兰奕叶光"的典
故,形容的是唐朝李氏家族子孙繁衍的状况。国脉,国家的命
脉,如汉王符《潜夫论·思贤》中的"养寿之士,先病服药;养世之
君,先乱任贤。是以身常安而国脉永",把国脉当人脉来调理,这
是比喻。沉香亭,唐玄宗时宫中有沉香亭,唐李白《清平调》有
"解释春风无限恨,沉香亭北倚阑干"。娇杨,指唐玄宗的宠妃杨
玉环。擅宠,独受宠信或宠爱,唐白居易《长恨歌》有"后宫佳丽
三千人,三千宠爱在一身"的句子,形容唐玄宗对杨玉环的宠爱。
起边风,指边关兴起战火,这里特指安史之乱,《长恨歌》有"渔阳
鼙鼓动地来,惊破霓裳羽衣曲",就是形容战乱爆发后,京城王公
贵族惊慌失措的状态。平仄上,上联是平仄平平,平仄平平平仄
仄,国,《广韵》"古或切",入声;下联是平平平仄,平平仄仄仄平
平。语法上,"花萼楼间""沉香亭畔"都是方位短语,充当状语。
"仙李盘根调国脉""娇杨擅宠起边风"都是主谓结构,其谓语部
分"盘根调国脉""擅宠起边风"是两个动词性结构连用,即"盘
根""调国脉"和"擅宠""起边风"。

【译文】

晨和午相对,夏和冬相对。

收工之后与下舂时分相对。

春季和白天相对,古柏和苍松相对。

垂竿钓鱼的渔父,荷锄耕田的农夫。

仙鹤与神龙相对。

凤冠上的珍珠闪闪发亮,蟒带上的美玉雕琢精致。

士人连中三元,才学渊博;官员位居一品,俸禄丰厚。

花萼楼上,李唐家族子孙繁衍,欲使国运兴旺;沉香亭畔,杨氏贵妃恃宠而骄,引发边关战争。

其二

清对淡,薄对浓①。

暮鼓对晨钟②。

山茶对石菊,烟锁对云封③。

金菡萏,玉芙蓉④。

绿绮对青锋⑤。

早汤先宿酒,晚食继朝饔⑥。

唐库金钱能化蝶,延津宝剑会成龙⑦。

巫峡浪传,云雨荒唐神女庙;岱宗遥望,儿孙罗列丈人峰⑧。

【注释】

①清对淡,薄对浓:平仄上,"清""浓"是平声,"淡""薄"是仄声。薄,《广韵》"傍各切",入声。语法上,两组四字都是形容词。

②暮鼓对晨钟:根据《汉语大词典》,"鼓""钟"本都是古代的礼仪乐

器,后来都用为击打报时之器;"暮鼓""晨钟",佛寺中晨撞钟、暮击鼓以报时,后因以"晨钟暮鼓"谓时日推移,古代诗文中常常并提,如唐李咸用《山中》诗"朝钟暮鼓不到耳,明月孤云长挂情"。平仄上,"暮鼓"是仄仄,"晨钟"是平平。语法上,"暮鼓""晨钟"都是定中结构。

③山茶对石菊,烟锁对云封:山茶,指山茶花。石菊,有多种解释:一说为石竹、绣竹,石竹科多年生草本植物;一说为带菊花花纹的石头;还有一种说法,指一种福建所产的石菊茶。烟锁、云封,山上水蒸气多时,常常烟锁云封,不辨山之真面目。广州白云山景泰寺有一副对联云"烟锁断桥留客立,云封古寺待僧归"。古人也常把"烟锁云封"之处视为神秘的仙人居处。平仄上,"山茶"是平平,"石菊"是仄仄。"石"《广韵》作"常只切",入声;"菊"《广韵》作"居六切",也是入声。"烟锁"是平仄,"云封"是平平。语法上,"山茶""石菊"都是定中结构,"烟锁""云封"都是主谓结构。

④金菡萏(hàn dàn),玉芙蓉:金菡萏,指黄金打造的荷花。玉芙蓉,指玉石雕刻的荷花。二者在古诗文中常相对仗,如明谢谠《四喜记》中有"袅袅东风御苑通,鸾车齐度百花中。风情独数飞琼最,猛听莺声出绣丛。金菡萏,玉芙容,水沉香护蕊珠宫。刘郎已恨巫山远,况隔蓬山几万重"。平仄上,"金菡萏"是平仄仄,"玉芙蓉"是仄平平。语法上,两个词语都是定中结构。

⑤绿绮(qǐ)对青锋:绿绮,古琴之名,后泛指琴,晋傅玄《琴赋序》:"齐桓公有鸣琴曰号钟,楚庄有鸣琴曰绕梁,中世,司马相如有绿绮,蔡邕有焦尾,皆名器也。"青锋,指青锋剑,也指宝剑,宝剑剑身寒光闪烁,锋芒毕露,故称"青锋"。琴和剑都是古代士人非常喜爱的随身之物,体现着他们的志趣追求,比如元代的《三国志平话》有这样的描写:"忽有一书生,白裥角带纱帽乌靴,左手携

酒一壶,右手将着瓦钵一副,背着琴剑书箱,来御园中游赏。"平仄上,"绿绮"是仄仄,"青锋"是平平。语法上,两个词语都是定中结构。

⑥早汤先宿酒,晚食继朝饔(yōng):汤,此处指解酒的汤,即醒酒汤。宿酒,经宿未醒的酒力,唐白居易《早春即事》诗有"眼重朝眠足,头轻宿酒醒"。饔,早饭,《孟子·滕文公上》有"贤者与民并耕而食,饔飧而治",赵岐注"饔飧,熟食也。朝曰饔,夕曰飧"。平仄上,上联是仄平平仄仄,下联是仄仄仄平平。食,《广韵》"乘力切",入声。语法上,上下联都是主谓结构。"早汤先宿酒,晚食继朝饔"两句比较灵活,采用倒置的手法,当为"因宿酒而先早汤,朝饔之后而继以晚食",或者"早汤先饮因宿酒,晚食继之于朝饔"。因为头天晚上喝醉了酒,故而早上起来先饮醒酒汤;晚饭接着早饭吃。这是一种逍遥安逸的生活状态。

⑦唐库金钱能化蝶,延津宝剑会成龙:上联的典故出自唐苏鹗《杜阳杂编》:"穆宗皇帝殿前种千叶牡丹,花始开,香气袭人,一朵千叶,大而且红。上每睹芳盛,叹曰:'人间未有。'自是宫中每夜即有黄白蝴蝶万数,飞集于花间,辉光照耀,达曙方去。宫人竞以罗巾扑之,无有不获者。上令张网于宫中,遂得数百于殿内,纵嫔御追捉,以为娱乐。迟明视之,则皆金玉也。其状工巧,无以为比。而内人争用丝缕绊其脚,以为首饰。夜则光起妆奁中。其夜开宝厨,视金钱玉屑藏内,将有化为蝶者,宫中方觉焉。"唐穆宗的时候,殿前种了上千株牡丹,花开时香气浓郁,花大叶茂。每到晚上,有上万只黄白蝴蝶飞来,天明时方离去。穆宗命人用网罗捕捉,发现这些蝴蝶都变成了金玉,后来才知道原来这些蝴蝶是宝库里的金玉所化而成。延津宝剑会成龙,这个故事出自《晋书·张华传》的记载,"初,吴之未灭也,斗牛之间常有紫气",吴国灭掉以后,这紫气更加明显,雷焕认为这是"宝剑之精,上彻于

天耳"。于是张华约了他一起去寻找,"掘狱屋基,入地四丈余,得一石函,光气非常,中有双剑,并刻题,一曰龙泉,一曰太阿。其夕,斗牛间气不复见焉",两人挖到了两把宝剑,名叫龙泉、太阿,而且这天晚上以后斗牛之间紫气就消失不见了。雷焕"以南昌西山北岩下土以拭剑,光芒艳发。大盆盛水,置剑其上,视之者精芒炫目"。他留下一把,一把送给了张华。后来张华被杀,他的剑就失去踪迹。雷焕死后,他的儿子雷华带着剑经过延平津,剑忽然从腰间跳出投进水中。雷华派人下水打捞,"不见剑,但见两龙各长数丈,蟠萦有文章"。剑化为了两龙,入水捞剑的人吓得赶紧返回水面。没过多久,水面光彩夺目,波浪翻腾,剑从此就下落不明了。平仄上,上联是平仄平平平仄仄,下联是平平仄仄仄平平。蝶,《广韵》"徒协切",入声。语法上,上下联都是主谓结构。无论从平仄还是从结构上,两联对仗都十分工整。

⑧巫峡浪传,云雨荒唐神女庙;岱宗遥望,儿孙罗列丈人峰:巫峡,根据《汉语大词典》,巫峡是长江三峡之一,因巫山得名;两岸绝壁,船行极险。浪传,"空传"的意思。云雨荒唐神女庙,战国宋玉《高唐赋》载:"昔者,先王尝游高唐,怠而昼寝,梦见一妇人曰:'妾,巫山之女也。为高唐之客,闻君游高唐,愿荐枕席。'王因幸之。去而辞曰:'妾在巫山之阳,高丘之岨,旦为朝云,暮为行雨,朝朝暮暮,阳台之下。'旦朝视之,如言,故为立庙,号曰'朝云'。"相传楚王游高唐的时候,有次在白天因为倦怠睡着了,梦见与巫山之女相会。临别时,这个女子跟楚王说她在巫山的南面,朝云暮雨,楚王就为她立了一座朝云庙。岱宗,泰山的别名。唐杜甫《望岳》有"岱宗夫如何,齐鲁青未了"的诗句。儿孙罗列丈人峰,化自杜甫另一首《望岳》中的"西岳峻嶒竦处尊,诸峰罗立如儿孙"。丈人峰,据说状如老人偃偻,故名。平仄上,上联是平仄仄平,平仄平平平仄仄;下联是仄平平仄,平平平仄仄平平。其中

"峡"在《广韵》中读作"侯夹切",入声。语法上,"巫峡浪传"和
"岱宗遥望"相对,其形式都是主谓结构;实际"巫峡"和"岱宗"是
动作的对象,当为浪传巫峡、遥望岱宗的意思;"云雨荒唐神女
庙""儿孙罗列丈人峰"是主谓结构,谓语"荒唐神女庙""罗列丈
人峰",都是述补结构,意思是荒唐于神女庙,罗列于丈人峰。

【译文】

清和淡相对,薄和浓相对。

傍晚击鼓和早晨撞钟相对。

山茶花和石菊花相对,烟雾笼罩和云气缭绕相对。

黄金刻的荷花和玉石雕的芙蓉相对。

绿绮琴和青锋剑相对。

早上起来先喝醒酒汤以解宿醉,早上的饭吃过之后接着有晚餐。

唐朝府库里的金玉能化成蝴蝶,到了延津这里宝剑会变成蛟龙。

巫峡传闻,道是楚王和巫山之女幽会于神女之庙;遥望泰山,看到
群山如儿孙般罗列于丈人峰周围。

其三

繁对简,叠对重①。

意懒对心慵②。

仙翁对释伴,道范对儒宗③。

花灼灼,草茸茸④。

浪蝶对狂蜂⑤。

数竿君子竹,五树大夫松⑥。

高皇灭项凭三杰,虞帝承尧殛四凶⑦。

内苑佳人,满地风光愁不尽;边关过客,连天烟草憾
无穷⑧。

【注释】

①繁对简,叠对重:平仄上,"繁""简"是平和仄,"叠""重"是仄和平。"叠"在《广韵》里是"徒协切",入声。语法上,两组都是形容词相对,第一组在词义上相反,第二组在词义上相近。

②意懒对心慵:平仄上,"意懒"是仄仄,"心慵"是平平。语法上,二者都是主谓短语。

③仙翁对释伴,道范对儒宗:仙翁,一般指道教方面的老神仙;释伴当指佛教修行者。道范,道家典范;儒宗,儒家宗师,后泛指读书人所信仰的学者。平仄上,"仙翁"是平平,"释伴"是仄仄;"道范"是仄仄,"儒宗"是平平。语法上,四个词语都是定中结构。

④花灼灼,草茸茸:灼灼,形容花的鲜艳明媚,如《诗经·周南·桃夭》有"桃之夭夭,灼灼其华",以"灼灼"形容桃花的容色。茸茸,形容草的柔细浓密,如元马彦良《一枝花·春雨》有"润夭桃灼灼红,洗芳草茸茸翠"。平仄上,"花灼灼"是平仄仄,"草茸茸"是仄平平。灼,《广韵》"之若切",入声。语法上,两句都是主谓结构,谓语以叠语形式的形容词描述花、草之容色或状态。

⑤浪蝶对狂蜂:浪蝶、狂蜂,形容举止轻薄放荡的男子,如《初刻拍案惊奇》卷十一:"紫燕黄莺,绿柳丛中寻对偶;狂蜂浪蝶,夭桃队里觅相知。"平仄上,"浪蝶"是仄仄,"狂蜂"是平平;蝶,《广韵》"徒协切",入声,故为仄声。语法上,"浪蝶""狂蜂"皆是定中结构。

⑥数竿君子竹,五树大夫松:"君子"与"大夫"都曾是古代对贵族的称呼,"竹""松"皆位列岁寒三友。《晋书·王徽之传》载:"时吴中一士大夫家有好竹,(王徽之)欲观之,便出坐舆造竹下,讽啸良久。主人洒扫请坐,徽之不顾。将出,主人乃闭门,徽之便以此赏之,尽叹而去。尝寄居空宅中,便令种竹。或问其故,徽之但啸咏,指竹曰:'何可一日无此君邪!'"晋代王徽之非常喜欢竹

子,他曾经寄住在空房子里,叫人种上竹子,有人问他缘故,他说:"怎么可以一天没有它呢?"宋苏轼《於潜僧绿筠轩》也有"宁可食无肉,不可居无竹。无肉令人瘦,无竹令人俗。人瘦尚可肥,士俗不可医"的话,足见中国文人对竹的爱好程度。"五树大夫松"的典故出自《史记·秦始皇本纪》:"二十八年,始皇东行郡县,上邹峄山。立石,与鲁诸儒生议,刻石颂秦德,议封禅望祭山川之事。乃遂上泰山,立石,封,祠祀。下,风雨暴至,休于树下,因封其树为五大夫。"秦始皇在泰山封禅的时候,遇到暴风雨,就在树下躲雨,后来就封这树为"五大夫"。实际上,《史记》并未提到五棵树,也没说明是松树,只是提到秦始皇躲雨的树后来被封为"五大夫",五大夫是官名,而不是五个大夫。平仄上,上联是仄平平仄仄,下联是仄仄仄平平。"竹"《广韵》作"张六切",入声。语法上,两句都是定中结构。

⑦高皇灭项凭三杰,虞帝承尧殛(jí)四凶:高皇,指汉高祖刘邦。项,指项羽。三杰,指刘邦的三个臣子张良、韩信、萧何。据《史记·高祖本纪》载:"高祖曰:'……夫运筹策帷帐之中,决胜于千里之外,吾不如子房。镇国家,抚百姓,给馈饷,不绝粮道,吾不如萧何。连百万之军,战必胜,攻必取,吾不如韩信。此三者,皆人杰也,吾能用之,此吾所以取天下也。项羽有一范增而不能用,此其所以为我擒也。'"刘邦曾当众承认,自己之所以能打败项羽,就是得了张良、萧何、韩信的辅佐,并称这三人为"人杰"。虞帝,指舜,《史记·五帝本纪》载,尧寻找继承人,众人都给他推荐舜,说"有矜在民间,曰虞舜",文中又说"天下明德皆自虞帝始"。舜,虞是其氏,妫是其姓。《史记·五帝本纪》又载:"昔帝鸿氏有不才子,掩义隐贼,好行凶慝,天下谓之浑沌。少暤氏有不才子,毁信恶忠,崇饰恶言,天下谓之穷奇。颛顼氏有不才子,不可教训,不知话言,天下谓之梼杌。此三族世忧之。至于尧,

尧未能去。缙云氏有不才子，贪于饮食，冒于货贿，天下谓之饕
餮。天下恶之，比之三凶。舜宾于四门，乃流四凶族，迁于四裔，
以御螭魅，于是四门辟，言毋凶人也。"四凶，浑沌、穷奇、梼杌以
及饕餮。不过《尚书》和《左传》中也有不同的记载。《左传·文
公十八年》谓之"浑敦""穷奇""梼杌""饕餮"，"舜臣尧，宾于四
门，流四凶族，浑敦、穷奇、梼杌、饕餮，投诸四裔，以御螭魅。是
以尧崩而天下如一，同心戴舜以为天子，以其举十六相、去四凶
也"。"浑敦"与"混沌"音近，应该指的是同一个。《尚书·舜典》
的记载则又不同："（舜）流共工于幽州，放驩兜于崇山，窜三苗于
三危，殛鲧于羽山，四罪而天下咸服。"下联中的"殛"显然引了
《尚书》中的这个词，"殛"，《尔雅》释为"诛也"，就是诛杀的意思。
平仄上，上联是平仄仄仄平平仄，下联是平仄平平仄仄平。其中
"杰"在《广韵》中读"渠列切"，入声字；"殛"在《广韵》里读"纪力
切"，也是入声字。语法上，两句都是主谓结构，其谓语部分略有
不对仗之处："灭项"与"凭三杰"是述补关系，即刘邦凭借三杰打
败了项羽；"承尧"与"殛四凶"是连动关系，两个行为先后发生。

⑧内苑佳人，满地风光愁不尽；边关过客，连天烟草憾无穷：内苑，
皇宫之内的意思；边关，边境上的关口。佳人，指皇宫内苑中的
宫女妃嫔；过客，指的是旅客。满地风光，琅环阁藏本作"满地风
花"，今本多作"风光"，二者皆可，都是形容春天的景色。宫中的
妃嫔们最怕见春景，因为这会让他们对比自身的孤独与寂寞。
如唐白居易《上阳白发人》"春日迟，日迟独坐天难暮。宫莺百啭
愁厌闻，梁燕双栖老休妒"。下联的"连天烟草"也是描写春天的
景色，如宋赵以夫《贺新郎》"载酒阳关去。正西湖、连天烟草，满
堤晴絮"。这样的景色大概是引发边关过客无穷憾恨的原因吧。
憾，恨的意思。琅环阁藏本作"恨"，今本多作"憾"，二者语义相
同，皆可。平仄上，上联是仄仄平平，仄仄平平平仄仄；下联是平

平仄仄,平平平仄仄平平。语法上,两句都是主谓结构:"内苑佳人""边关过客"是定中结构充当主语;谓语部分"满地风光愁不尽""连天烟草憾无穷"是状中结构,谓语中心"愁不尽""憾无穷"陈述主语"佳人"和"过客"的状态,也都是主谓结构。二者对仗工整。

【译文】

繁和简相对,叠和重相对。

心意懒散和心情倦乏相对。

仙家老翁和佛教信徒相对,道家风范和儒教宗师相对。

花朵鲜艳明媚,草叶柔细浓密。

浪荡的蝴蝶和轻狂的蜜蜂相对。

几竿有君子之德的竹子,五棵被封为大夫的松树。

高祖刘邦战胜项羽是依赖了三位人杰,虞舜继承尧的职位后惩罚了四个坏人。

宫廷内苑中的佳人,对着一地风光愁思不尽;边关要塞上的旅客,面对漫天烟草憾恨无边。

三　江

【题解】

"江"是"平水韵"中上平声的第三韵部。

在宋本《广韵》中"江"作"古双切",平声,江韵。

平水韵中江韵字比较少,《笠翁对韵》这一部分内容所用到的江韵字有双、江、缸(釭)、窗、腔、逄、降、邦、庞、杠、幢、艭、龙,共13个。《声律启蒙》所用的韵脚字有窗、江、釭、幢、缸、邦、逄、淙、撞、降、双、扒、庞,共13个;其中"淙"属于"二冬",故《声律启蒙》中用的"三江"韵共12个字。其中《笠翁对韵》有而《声律启蒙》无的韵脚字有腔、杠、艭、龙等4个,后者有而前者无的有撞、扒2个字。《笠翁对韵》中的"缸",有的版本作

"釭",二者皆可。

其一

奇对偶,只对双^①。

大海对长江^②。

金盘对玉盏,宝烛对银釭^③。

朱漆槛,碧纱窗^④。

舞调对歌腔^⑤。

兴刘推马武,谏夏著龙逄^⑥。

四收列国群王伏,三筑高城众敌降^⑦。

跨凤登台,潇洒仙姬秦弄玉;斩蛇当道,英雄天子汉刘邦^⑧。

【注释】

①奇(jī)对偶,只对双:奇,单数的意思。只,繁体作"隻",东汉许慎《说文解字》解释说"鸟一枚也,从又持隹";许慎还说"持一隹曰隻,二隹曰雙(今天写作双)",二者后来引申为单与双的对立。晋代潘岳《悼亡诗》三首之一的"如彼翰林鸟,双栖一朝只",以本来双宿双飞的林中鸟忽然有一天变得形单影只,来比喻自己失去妻子后孤独凄凉的心情。平仄上,"奇""双"是平声,"偶""只"是仄声。只(隻)《广韵》作"之石切",入声。语法上,"奇""偶"指奇数、偶数,都是名词;"只""双"本来是指称鸟一只、鸟二只的意思,亦皆可用作量词,故可相对。

②大海对长江:大海,琅环阁藏本作"巨海",今本多作"大海"。平仄上,"大海"是仄仄,"长江"是平平。语法上,两个词语都是定中结构。

③金盘对玉盏，宝烛对银缸："银缸"或"银釭"都是指"银白色的灯盏、烛台"，字形"缸"或"釭"皆可。平仄上，"金盘"是平平，"玉盏"是仄仄；"宝烛"是仄仄，"银缸"是平平。"烛"《广韵》作"之欲切"，入声。语法上，两组都是定中结构。

④朱漆槛，碧纱窗：朱漆槛，当为漆了朱色的栏杆。古代诗句中常见"朱槛"一词，是富贵人家的房屋建筑装饰，宋晏殊就很喜欢用"朱槛"入词，如《凤衔杯》中"凭朱槛，把金卮。对芳丛、惆怅多时"，《少年游》中"前欢往事，当歌对酒，无限到心中。更凭朱槛忆芳容。肠断一枝红"。碧纱窗，就是蒙着绿色薄纱的窗户，古人常以此入诗，如唐李冶《蔷薇花》中的"最好凌晨和露看，碧纱窗外一枝新"，宋苏轼《阮郎归》中的"碧纱窗下水沉烟，棋声惊昼眠"。"朱漆槛"和"碧纱窗"常出现在贵族的生活场景中，在诗词文中多传达一种情丝缠绵的悠远怀思。平仄上，上联是平仄仄，下联是仄平平。"漆"《广韵》作"亲吉切"，入声。语法上，两个都是定中结构。

⑤舞调对歌腔：舞调，跳舞的曲子；歌腔，唱歌的调子。"调"和"腔"意思相近。平仄上，上下联分别是仄仄和平平。语法上，都是定中结构。

⑥兴刘推马武，谏夏著龙逄(páng)：兴刘，今本多作"兴汉"，语义相近，但"汉"与下联的"夏"平仄不相对。马武，字子张，东汉中兴名将。王莽末年，他参加了绿林起义军；后来归附刘秀，打败河北尤来、五幡等部；刘秀当皇帝之后，马武担任侍中、骑都尉等职，又击败了刘永等割据势力，战功累累；后封杨虚侯，死于汉明帝永平四年。《后汉书·马武传》中对他的事迹有详细的记载。龙逄，亦作"龙逢"，即关龙逄，是夏末时人，《韩诗外传》卷四载："桀为酒池，可以运舟，糟丘足以望十里，一鼓而牛饮者三千人。关龙逄进谏曰：'古之人君，身行礼义，爱民节财，故国安而身寿。

今君用财若无穷,杀人若恐弗胜。君若弗革,天殃必降,而诛必至矣。君其革之。'立而不去朝。桀囚而杀之。"夏桀荒淫无道,关龙逄劝谏他要爱民节用,桀不听,杀死了他。故关龙逄被后世视为忠臣的典范,《旧唐书》中有"良臣,稷、契、咎陶是也;忠臣,龙逄、比干是也"的话,可见龙逄在古人心目中是和比干并称的。推,推重、推崇;著,彰显、昭显。平仄上,上联是平平平仄仄,下联是仄仄仄平平。兴,表"兴起""创办"等动词意义时当读平声。语法上,"兴刘""谏夏"都是动宾结构,是两句的话题主语;谓语"推马武"和"著龙逄"也都是动宾结构。两句对仗很工整。

⑦四收列国群王伏,三筑高城众敌降:"四收列国"指的是宋代大将曹彬的故事。根据《宋史·曹彬传》的记载,"曹彬,字国华,真定灵寿人",他先后平定南唐、后蜀、南汉、北汉。"诸将咸欲屠城以逞其欲,彬独申令戢下,所至悦服",曹彬所到之处,皆收敛其部下,严禁烧杀抢掠,故而各地都心悦诚服,即所谓"群王伏"。"三筑高城"指的是唐神龙年间的事情,根据《旧唐书·张仁愿传》的记载,"(神龙)三年,突厥入寇",张仁愿请求在河北建筑三座受降城,"首尾相应,以绝其南寇之路"。当时太子少师唐休璟反对这种做法,认为"两汉已来,皆北守黄河,今于寇境筑城,恐劳人费功,终为贼虏所有"。张仁愿坚持请求,中宗最终同意了他的建议。张仁愿"留年满镇兵以助其功。时咸阳兵二百余人逃归,仁愿尽擒之,一时斩于城下,军中股栗,役者尽力,六旬而三城俱就"。三城"以拂云祠为中城,与东、西两城相去各四百余里,皆据津济,遥相应接,北拓地三百余里,于牛头朝那山北置烽候一千八百所。自是突厥不得度山放牧,朔方无复寇掠,减镇兵数万人"。不但防止了突厥的入侵,而且大大减少了镇守军队的数量。三座受降城的筑建使得后突厥汗国的国力大为削弱,最后被唐朝与回纥联合攻灭。平仄上,上联是仄平仄仄平平仄,下联

是平仄平平仄仄平。国,《广韵》"古或切",入声;伏,《广韵》"房六切",入声;敌,《广韵》"徒历切",也是入声。语法上,上下联皆包含两个动词性结构,表承接关系:"四收列国""三筑高城"为状中结构;"群王伏""众敌降"为主谓结构,是第一个动词结构所引发的事件。

⑧跨凤登台,潇洒仙姬秦弄玉;斩蛇当道,英雄天子汉刘邦:上联跟"一东"中的"凤翔台上,紫箫吹断美人风"出自同一个典故,弄玉是秦穆公的女儿,故谓之"秦弄玉"。她随着自己的丈夫萧史在凤台上吹箫,后来骑着凤凰飞走,故谓之"跨凤登台"。下联用的是汉高祖刘邦未兴时斩白蛇的故事。《史记·高祖本纪》载:"高祖被酒,夜径泽中,令一人行前。行前者还报曰:'前有大蛇当径,愿还。'高祖醉,曰:'壮士行,何畏!'乃前,拔剑击斩蛇。蛇遂分为两,径开。行数里,醉,因卧。后人来至蛇所,有一老妪夜哭。人问何哭,妪曰:'人杀吾子,故哭之。'人曰:'妪子何为见杀?'妪曰:'吾子,白帝子也,化为蛇,当道,今为赤帝子斩之,故哭。'人乃以妪为不诚,欲告之,妪因忽不见。后人至,高祖觉。后人告高祖,高祖乃心独喜,自负。诸从者日益畏之。"汉高祖刘邦在起兵之前,喝醉之后杀了一条挡在路上的蛇。一个老妇人哭诉说,这条被杀死的蛇是她儿子,是白帝的儿子,现在被赤帝的儿子给杀了。平仄上,上联是仄仄平平,平仄平平平仄仄;下联是仄平平仄,平平平仄仄平平。语法上,上下联皆是主谓结构,表判断:跨凤登台者,潇洒仙姬秦弄玉也;斩蛇当道者,英雄天子汉刘邦。"跨凤登台""斩蛇当道"都是两个动宾结构连用;"潇洒仙姬秦弄玉"和"英雄天子汉刘邦"是两个复指结构,此"潇洒仙姬"即"秦弄玉","英雄天子"即"汉刘邦"。

【译文】

奇和偶相对,单和双相对。

大海和长江相对。

金盘和玉杯相对,宝烛和银盏相对。

朱红的栏杆,碧绿的纱窗。

跳舞的曲子和唱歌的调子相对。

光武中兴马武功勋卓著,敢于劝谏龙逄忠心可表。

北宋曹彬收服南唐、后蜀、南汉、北汉四国后,众王从此甘心降服;唐朝张仁愿筑造了中、东、西三座受降城之后,敌人不敢再来犯边。

潇洒秦弄玉在凤台上吹箫,最后跨上凤凰登仙而去;英雄刘邦杀死挡路的白蛇,建立汉朝成为一代天子。

其二

颜对貌,像对庞①。

步辇对徒杠②。

停针对搁笔,意懒对心降③。

灯闪闪,月幢幢④。

揽辔对飞艭⑤。

柳堤驰骏马,花苑吠村龙⑥。

酒晕微酡琼杏颊,香尘浅印玉莲双⑦。

诗写丹枫,韩女幽怀流御水;泪弹斑竹,舜妃遗憾积湘江⑧。

【注释】

①颜对貌,像对庞:像,形象、相貌的意思,元王实甫《西厢记》第一本第四折"外像儿风流,青春年少"。平仄上,"颜""庞"都是平声,"貌""像"都是仄声。语法上,都是名词相对。

②步辇对徒杠:步辇,是古代一种用人抬的代步工具,类似轿子。

徒杠,是可供徒步行走的小桥,《孟子·离娄下》"岁十一月,徒杠
成;十二月,舆梁成,民未病涉也"。平仄上,"步辇"是仄仄,"徒
杠"是平平。杠,《广韵》"古双切",平声,非读如今天"单杠"之
"杠"的去声。语法上,两个词语都是定中结构。

③停针对搁笔,意懒对心降:停针,常用来描写古代女性怀念远人
时的神情动作,比如唐朱绛《春女怨》"欲知无限伤春意,尽在停
针不语时",宋陈师道《菩萨蛮·七夕》"想得两眉颦,停针忆远
人"。搁笔,放下笔,古代读书人常用来表示在更高明的创作面前
甘拜下风,比如董其昌《画禅室随笔》卷三的"太白搁笔于崔颢",
崔颢的《黄鹤楼》写得太好,李白赞道"眼前有景道不得,崔颢题诗
在上头",为之搁笔。意懒,心情怠倦,这个词经常和"心灰""心慵"
组合在一起,形容意志懈怠、消沉。平仄上,"停针"是平平,"搁笔"
是仄仄。"搁笔"的"搁"是一个后起字,《广韵》无"搁",《中华大字
典》也说它是"阁"的俗字,"阁"《广韵》"古落切",是入声字。"意
懒"是仄仄,"心降"是平平。"降"此处读 xiáng,降服的意思,故读
平声。语法上,"停针""搁笔"都是动宾结构,"意懒""心降"都是主
谓结构。

④灯闪闪,月幢幢(chuáng):幢幢,形容影子摇晃。平仄上,"灯闪
闪"是平仄仄,"月幢幢"是仄平平。语法上,两句皆是主谓结构,
谓语部分是形容性叠语,陈述主语之光影状态。

⑤揽辔(pèi)对飞艭(shuāng):揽辔,挽住马缰绳的意思,三国魏曹
植《赠白马王彪》有"欲还绝无蹊,揽辔止踟蹰"的句子。艭,今本
或作"舡""艎""舱",还有作"艘"的。根据平水韵中"江"韵的情
况看,当以"艭"为是。艭,古代一种船的名称。平仄上,"揽辔"
是仄仄,"飞艭"是平平。语法上,两个短语都是动宾结构。飞
艭,可以理解为定中结构,表示开得很快的船;也可以理解为动
宾结构,"飞"是使动用法,意思是把船开得飞快。此当从后者,

以与"揽辔"相对。

⑥柳堤驰骏马，花苑吠村尨：尨，今有 lóng、máng、páng 等多个读音，这里读 máng，表示多毛狗的意思，《诗经·召南·野有死麕》有"无使尨也吠"，下联当化用了此句。平仄上，上联是仄平平仄仄，下联是平仄仄平平。语法上，"柳堤""花苑"两个定中结构表示处所；"驰""吠"是两个谓语动词，"骏马""村尨"是"驰""吠"动作的发出者，充当施事宾语。施事在动词之后这种结构在古诗文里很常见，比如唐王维《山居秋暝》的"竹喧归浣女，莲动下渔舟"，唐杜甫《绝句》二首的"泥融飞燕子，沙暖睡鸳鸯"，都是这种类型。这种结构使得句式新颖别致，也能达到韵律和谐的效果。

⑦酒晕（yùn）微酡（tuó）琼杏颊，香尘浅印玉莲双：酒晕，指饮酒后脸上泛起的红晕，古诗文中常见，如宋赵师侠《酹江月·题赵文炳枕屏》"酒晕红生脸"，宋毛滂《玉楼春·红梅》"酒晕脸霞春暗度"等等，都是形容喝了酒之后，脸若桃花的容色。酡，形容人喝醉酒之后脸色发红的状态，使动用法，使琼杏颊酡，与下联的动词"印"相应。琼，美玉名。杏颊，常用来形容女子的面颊。香尘，芳香之尘，因女子之步履而起。玉莲，本义指白色的莲花，此处形容女子洁白的双脚。双，古写作"雙"，琅环阁本作"躞"，但与此句意不合，所以仍取今本之"双"。平仄上，上联是仄仄平平平仄仄，下联是平平仄仄仄平平。其中"颊"《广韵》作"古协切"，入声字。语法上，上下联都是主谓句。

⑧诗写丹枫，韩女幽怀流御水；泪弹斑竹，舜妃遗憾积湘江：上联用的典故和"一东"中"拾翠对题红"的"题红"类似，出自刘斧《青琐高议》。说的是书生于祐在御沟中拾得一片落叶，上有"流水何太急，深宫尽日闲。殷勤谢红叶，好去到人间"四句题诗。于祐也取红叶题诗"曾闻叶上题红怨，叶上题诗赠阿谁"，置于御沟上流，流入宫中。后来于祐娶得宫中遣散出来的宫女韩氏为妻，正

是当年题红叶诗的女子。丹枫，经霜泛红的枫叶，唐李商隐《访秋》有"殷勤报秋意，只是有丹枫"的句子。下联说的是舜的两位妃子的故事。据晋张华《博物志》载："尧之二女，舜之二妃，曰湘夫人。舜崩，二妃啼，以涕挥竹，竹尽斑。"南朝任昉《述异记》亦载："湘水去岸三十里许，有相思官、望帝台。昔舜南巡，而葬于苍梧之野，尧之二女娥皇、女英，追之不及，相与恸哭，泪下沾竹，竹文上为之斑斑然。"尧把两个女儿娥皇和女英嫁给舜，后来舜死之后，他们伤心痛哭，眼泪滴在竹子上，形成了泪痕斑斑，后人谓之斑竹。传说娥皇、女英是投湘江之水而死，故二女亦叫湘妃，斑竹也叫湘妃竹。遗憾，琅环本作"遗恨"，皆可。平仄上，上联是平仄平平，平仄平平平仄仄；下联是仄平平仄，仄平平仄仄平平。竹，《广韵》"张六切"，入声；积，《广韵》"资昔切"，入声。语法上，上下联都是由两个主谓结构组成："诗写丹枫"对"泪弹斑竹"，"韩女幽怀流御水"对"舜妃遗憾积湘江"。四个句子的宾语"丹枫""斑竹""御水""湘江"皆表动作的处所。对仗工整。

【译文】

容颜和面貌相对，相貌和脸庞相对。

步辇和徒杠相对。

停针和搁笔相对，意懒和心服相对。

灯光闪烁，月影摇晃。

挽住马缰和飞速行船相对。

骏马在柳堤上驰骋，村狗在花园里吠鸣。

饮酒使得面颊生出了淡淡红晕，如美玉一般；香尘印着女子走过的浅浅足迹，像朵朵莲花。

把诗句题写在红色的枫叶上，韩氏的幽怨情怀随着御水流到了宫墙之外；让泪水倾洒在竹上形成斑点，湘妃的丧夫之恨累积成滔滔湘江长流不息。

四　支

【题解】

"支"是"平水韵"中上平声的第四韵部。

在宋本《广韵》中，"支"作"章移切"，平声，支韵。

《笠翁对韵》这一节所用到的支韵字有支、丝、鹚、词、厄、诗、脂、时、师、资、姿、枝、儿、芝、肢、茨、思、栀、为、椎、迟等21个，《声律启蒙》所用到的支韵字有诗、儿、丝、夔、鹭、蘼、时、碑、迟、棋、锥、罴、璃、葵、移、旗、鹂、眉、吹、龟等20个。其中二书都用到的有丝、诗、时、儿、迟等5个；《笠翁对韵》所用的枝、鹚、词、厄、脂、师、资、姿、芝、肢、茨、思、栀、为、椎、支等字，《声律启蒙》未用；后者用的夔、鹭、蘼、碑、棋、锥、罴、璃、葵、移、旗、鹂、眉、吹、龟等字，前者未用到。

其一

泉对石，干对支①。

吹竹对弹丝②。

山亭对水榭，鹦鹉对鸬鹚③。

五色笔，十香词④。

泼墨对传卮⑤。

神奇韩幹画，雄浑李陵诗⑥。

几处花街新夺锦，有人香径淡凝脂⑦。

万里烽烟，战士边头争保塞；一犁膏雨，农夫村外尽乘时⑧。

【注释】

①泉对石,干(gàn)对支:干,繁体作"幹",树干,引申为主干的意思。支,支流、分支、树枝古代皆作"支",故有的版本也作"枝"。平仄上,"泉""支"是平声,"石""干"是仄声。石,《广韵》"常隻切",入声。语法上,两组都是名词相对。

②吹竹对弹丝:"竹""丝"涉及古代的"八音"。八音是我国古代对乐器的统称,包括金、石、丝、竹、匏、土、革、木八种不同质材所制的乐器。丝,指弦乐器,如琴、瑟、筝之类;竹,指竹管乐器,如笛、箫之类。平仄上,"吹竹"是平仄,"弹丝"是平平。竹,《广韵》"张六切",入声。语法上,"吹竹"和"弹丝"都是动宾结构。

③山亭对水榭,鹦鹉对鹧鸪:平仄上,"山亭"是平平,"水榭"是仄仄;"鹦鹉"是平仄,"鹧鸪"是平平。语法上,两组都是名词。第一组是定中结构,第二组都是联绵词。

④五色笔,十香词:五色笔,这个典故出自南朝梁钟嵘《诗品》卷中:"(江)淹罢宣城郡,遂宿冶亭,梦一美丈夫,自称郭璞,谓淹曰:'我有笔在卿处多年矣,可以见还。'淹探怀中,得五色笔以授之。尔后为诗,不复成语,故世传江淹才尽。"据说南朝时期的江淹文采出众,后来他梦见郭璞向他索回五色笔,从此就再写不出妙句来,即所谓"江郎才尽"。十香词,据说是辽耶律乙辛为了陷害当时的萧皇后而命人作的艳诗。萧皇后是道宗的皇后,小字观音,《辽史·后妃传》里说她"姿容冠绝,工诗,善谈论。自制歌词,尤善琵琶",是一个姿容才华绝世的女子。"好音乐,伶官赵惟一得侍左右",她热爱音乐,喜欢伶人赵惟一陪侍左右。后遭到耶律乙辛的告发,说二人有私情,被逼自尽。《全辽文》卷八载萧皇后"以御制《回心院》曲十首,付惟一入调","隔帘与惟一对弹","后深怀思,因作《十香词》赐惟一"。据说耶律乙辛就是凭借此《十香词》揭发萧皇后的私情,从而逼死了萧皇后。平仄上,"五色

笔"是仄仄仄,"十香词"是仄平平。十,《广韵》"是执切",入声。语法上,二者都是定中结构。

⑤泼墨对传卮(zhī):泼墨,按照《汉语大词典》,是中国画的一种技法:用水墨挥洒在纸上或绢上,随其形状进行绘画,笔势豪放,墨如泼出。传卮,传杯的意思;卮,古代的酒器。平仄上,"泼墨"是仄仄,"传卮"是平平。泼,《集韵》"普活切",入声。语法上,二者都是动宾词组。

⑥神奇韩干画,雄浑李陵诗:韩干,是唐代的一位画家,擅长画马。《宣和画谱》载:"建中初有人牵一马访医者,毛色骨相,医所未尝见。忽值干,干惊曰:'真是吾家之所画马!'遂摩挲久之,怪其笔意,冥会如此。俄顷若蹶,因损前足。干异之,于是归以视所画马本,则脚有一点墨缺,乃悟其画亦神矣。"韩干有一次见到一人牵马求医,他觉得这简直就是自己所画的那种骏马。于是摩挲良久,揣摩如何绘画。这时马好似要跌倒一般,损伤了前蹄。韩干回来发现自己所画的马正是前腿上有一点缺笔,可见其笔若神。李陵,西汉名将,李广之孙,《史记·李将军列传》中说他"善射,爱士卒"。汉武帝天汉二年秋,贰师将军李广利带领三万骑兵、李陵则率领射士步兵五千人出击匈奴。单于带兵八万围击李陵的军队,李陵血战到最后,不得已投降,其家人都被汉武帝处死以儆效尤。苏武与李陵曾是同僚,后来苏武出使匈奴被扣押,匈奴单于派李陵去劝降,被苏武拒绝。苏武被匈奴扣押十九年,后终得返汉。临别之前,李陵置酒相贺,并起舞为歌,曰:"径万里兮度沙幕,为君将兮奋匈奴。路穷绝兮矢刃摧,士众灭兮名已隤,老母已死,虽欲报恩将安归?"这首诗抒发了李陵一心报国的忠诚、兵败投降的屈辱、家破名裂的辛酸,歌词慷慨悲壮,沉郁顿挫。"雄浑李陵诗",应该指的就是这首诗。平仄上,上联是平平平仄仄,下联是平仄仄平平。"浑"在《广韵》有平、上两个读

音；此处"浑"为"浑厚"之义，根据《汉语大词典》当读上声，故属
仄声。语法上，上下联都是定中结构。

⑦几处花街新夺锦，有人香径淡凝脂：花街，指妓院聚集的地方。
夺锦，据《新唐书•宋之问》载："武后游洛南龙门，诏从臣赋诗，
左史东方虬诗先成，后赐锦袍，之问俄顷献，后览之嗟赏，更夺袍
以赐。"武后出游的时候让跟随的臣子赋诗，谁先完成的赐予锦
袍，后因称竞赛中获胜为"夺袍"或"夺锦"。香径，花间小路或落
花满地的小径，宋晏殊《浣溪沙》词有"小园香径独徘徊"。凝脂，
凝固的油脂，常用以形容洁白柔润的皮肤，《诗经•卫风•硕人》
有"手如柔荑，肤如凝脂"。平仄上，上联是仄仄平平平仄仄，下
联是仄平平仄仄平平。夺，《广韵》"徒活切"，入声。语法上，此
联对仗不太工整。"几处"是定中结构，"有人"是动宾结构。"夺
锦""凝脂"外在形式上都是"动词＋名词"结构，不过组合结构是
完全不同的："夺锦"是动宾短语，实指动作行为；"凝脂"是指凝
固的油脂，是一个定中结构，指称事物。

⑧万里烽烟，战士边头争保塞；一犁膏雨，农夫村外尽乘时：烽烟，
古代烽火台报警之烟，引申指战争。保塞，居守边塞。下联化用
了宋朱淑真《膏雨》"润物有情如着意，催花无语自施工。一犁膏
脉分春陇，只慰农桑望眼中"和宋赵善括《念奴娇•吕汉卿席上》
"晓来膏雨，报一犁丰信，几枝娇色"。膏雨，滋润作物的霖雨，如
《左传•襄公十九年》有"小国之仰大国也，如百谷之仰膏雨焉"。
乘时，乘机、趁势。古人重视农时，《孟子》说"不违农时，谷不可
胜食也；斧斤以时入山林，材木不可胜用也"，"鸡豚狗彘之畜，无
失其时，七十者可以食肉矣；百亩之田，勿夺其时，数口之家可以
无饥矣"，说明农民耕种趁农时的重要性。平仄上，上联是仄仄
平平，仄仄平平平仄仄；下联是仄平平仄，平平平仄仄平平。语
法上，"万里烽烟""一犁膏雨"皆为定中结构，作为整个句子的状

语,表示在战火绵延万里的状况下,在润泽谷物的雨水降落之
后。"战士边头争保塞""农夫村外尽乘时"都是主谓结构。

【译文】

泉和石相对,干和支相对。

吹奏竹管乐器和弹奏丝弦乐器相对。

山亭和水榭相对,鹦鹉和鸬鹚相对。

五色笔,十香词。

泼墨作画和传杯饮酒相对。

韩幹画的马非常神奇,李陵作的诗极为雄浑。

几处花街有人刚刚夺魁,芳香小径有人肌肤胜雪。

万里边疆烽烟四起,战士们在浴血奋战保卫边塞;一场甘霖及时落
下,农夫们在村外抓紧时机耕耘。

其二

葅对醢,赋对诗①。

点漆对描脂②。

瑶簪对珠履,剑客对琴师③。

沽酒价,买山资④。

国色对仙姿⑤。

晚霞明似锦,春雨细如丝⑥。

柳绊长堤千万树,花横野寺两三枝⑦。

紫盖黄旗,天象预占江左地;青袍白马,童谣终应寿
阳儿⑧。

【注释】

①葅(zū)对醢(hǎi),赋对诗:葅,同"菹",指肉酱或把人做成肉酱的

酷刑,《庄子·盗跖》"子路欲杀卫君而事不成,身菹于卫东门之上"。醢,《说文解字》"醢,肉酱也",也可指把人做成肉酱的酷刑,如《左传·庄公十二年》"宋人皆醢之"。二者经常并称,《史记·吴王濞列传》:"臣印奉法不谨,惊骇百姓,乃苦将军远道至于穷国,敢请菹醢之罪。"赋和诗都是文学体裁,比如汉赋、唐诗。平仄上,"菹"是平声,"醢"是仄声;"赋"是仄声,"诗"是平声。语法上,"菹""醢"都可作名词表刑罚名,也可作动词表施行这类刑罚的动作行为;赋和诗,在表示文学体裁这个意义上对仗,都是名词。

②点漆对描脂:点漆,乌黑光亮的样子,《晋书·杜乂传》曰:"肤若凝脂,眼如点漆,此神仙人也。"描脂,大意相当于涂脂,与"画粉"连用,表示涂脂抹粉的行为。平仄上,"点漆"是仄仄,"描脂"是平平。漆,《广韵》"亲吉切",入声。语法上,两个词语都是动宾结构。

③瑶簪对珠履(lǚ),剑客对琴师:瑶簪,指玉簪。瑶,今本多作"璠",皆是美玉的意思,可能因形近而讹。珠履,有珍珠装饰的鞋子。"珠履"的典故出自《史记·春申君列传》:"赵平原君使人于春申君,春申君舍之于上舍。赵使欲夸楚,为玳瑁簪,刀剑室以珠玉饰之,请命春申君客。春申君客三千余人,其上客皆蹑珠履以见赵使,赵使大惭。"赵国的平原君派使者拜访春申君,他们想在楚国人面前炫耀自己的富贵,做了玳瑁簪,刀剑鞘上都有珠玉装饰。结果春申君的上等门客都穿着珍珠装饰的鞋子去见他们,赵使见此都大为惭愧。平仄上,"瑶簪"是平平,"珠履"是平仄;"剑客"是仄仄,"琴师"是平平。语法上,四个词语都是定中结构。

④沽酒价,买山资:"沽酒价"讲的是阮咸的典故,《世说新语·任诞》载:"阮宣子常步行,以百钱挂杖头,至酒店,便独酣畅。虽当

世贵盛，不肯诣也。"阮咸不愿意拜访权贵，经常步行出门，把一百钱挂在杖头，去酒店独自买酒畅饮。"沽酒价"指的是买酒的价格。买山资，琅嬛阁本作"买山赀"，今本皆作"资"，二者音义同，皆可。"买山资"是有关支道林和竺法深的典故，《世说新语·排调》载："支道林因人就深公买印（按，实为"岬"之误）山，深公答曰：'未闻巢、由买山而隐。'"支遁托人向竺法深买山，竺法深回答说："从没听说过巢父、许由是买了山以后才隐居的。"平仄上，"沽酒价"是平仄仄，"买山资"是仄平平。语法上，二者都是定中结构，"沽酒""买山"两个动宾短语作定语。

⑤国色对仙姿：国色，指容貌冠绝一国，形容非常貌美。仙姿，仙人的风姿，形容清雅秀逸、超凡脱俗的姿容。平仄上，"国色"是仄仄，"仙资"是平平。国，《广韵》"古或切"，入声。语法上，二者都是定中结构。

⑥晚霞明似锦，春雨细如丝：上联当化自唐骆宾王《艳情代郭氏答卢照邻》的"峨眉山上月如眉，濯锦江中霞似锦"，下联当化自唐李端《送路司谏侍从叔赴洪州》的"梅雨细如丝，蒲帆轻似叶"和宋陆游《雨中遣怀》的"霏霏春雨细如丝，正是春寒欺客时"。平仄上，上联是仄平平仄仄，下联是平仄仄平平。语法上，两句都是主谓结构，谓语部分"明似锦""细如丝"也是主谓结构，陈述晚霞和春雨的状态。

⑦柳绊长堤千万树，花横野寺两三枝：上联当化自唐白居易的《喜小楼西新柳抽条》"一行弱柳前年种，数尺柔条今日新。渐欲拂他骑马客，未多遮得上楼人。须教碧玉羞眉黛，莫与红桃作麴尘。为报金堤千万树，饶伊未敢苦争春"。下联当化自唐李端《春晚游鹤林寺寄使府诸公》"野寺寻春花已迟，背岩惟有两三枝"。以"千万树"和"两三枝"相对仗的灵感可能出自宋张道洽《梅花二十首》的"试向园林千万树，何如篱落两三枝"。平仄上，

上联是仄仄平平平仄仄，下联是平平仄仄仄平平。语法上，"柳
绊长堤""花横野寺"都是主谓结构，"绊长堤""横野寺"两个动宾
结构，陈述"柳""花"的姿态和所处的位置；"千万树""两三枝"都
是数量结构，陈述"柳""花"的数量。

⑧紫盖黄旗，天象预占江左地；青袍白马，童谣终应寿阳儿：上联出
自《三国志》裴松之注。《三国志·吴书·吴主传》载："以太常顾
雍为丞相。"裴松之引三国吴韦昭《吴书》注解道："以尚书令陈化
为太常……为郎中令使魏，魏文帝因酒酣嘲问曰：'吴魏峙立，谁
将平一海内者乎？'化对曰：'《易》称帝出乎震，加闻先哲知命，旧
说紫盖黄旗，运在东南。'"陈化是东吴这边的郎中令，出使魏国
的时候，魏文帝趁喝酒正畅的时候问他："吴国和魏国对峙，哪一
个能平定海内呢？"陈化回答说："《易经》说帝王出于东方，紫盖
黄旗，时运实在东南方。"东吴就在东南方。紫盖、黄旗，均指现
于斗牛之间的云气，古代术士以为帝王符瑞，唐王勃《常州刺史
平原郡开国公行状》"龙骧凤起，霸图存玉垒之云；紫盖黄旗，王
迹著金陵之野"。江左，江东，指长江下游以东地区，是东吴孙权
的领地。下联出自《南史·贼臣传·侯景》："大同中童谣曰：'青
丝白马寿阳来。'景涡阳之败，求锦，朝廷所给青布，及是皆用为
袍，采色尚青。景乘白马，青丝为辔，欲以应谣。"讲的是侯景应
童谣而穿青袍、骑白马，起兵叛乱的事情。后来，"青袍白马"多
指乱臣贼子。寿阳，地名，侯景曾驻守在此。平仄上，上联是仄
仄平平，平仄仄平平仄仄；下联是平平仄仄，平平平仄仄平平。
白，《广韵》"傍陌切"，入声。语法上，"紫盖黄旗""青袍白马"相
对，皆是并列结构；"天象预占江左地""童谣终应寿阳儿"相对，
皆为主谓结构。对仗十分工整。

【译文】

葐和醲相对，赋和诗相对。

点漆一般的黑亮和描脂一样的洁白相对。

美玉做的簪子和镶珍珠的鞋子相对,带剑的侠士和弹琴的乐师相对。

购酒的价格,买山的资本。

倾国之色与仙人之姿相对。

晚霞明媚似锦绣,春雨细腻如丝线。

千万棵柳树环绕着河边的堤岸,两三枝野花横生在寺庙的旁边。

紫盖黄旗,天象预先占卜出江左本是帝王出现之地;青袍白马,童谣终究应验在寿阳侯景就是叛乱之人。

其三

箴对赞,缶对卮①。

萤焰对蚕丝②。

轻裾对长袖,瑞草对灵芝③。

流涕策,断肠诗④。

喉舌对腰肢⑤。

云中熊虎将,天上凤麟儿⑥。

禹庙千年垂橘柚,尧阶三尺覆茅茨⑦。

湘竹含烟,腰下轻纱笼玳瑁;海棠经雨,脸边清泪湿胭脂⑧。

【注释】

①箴对赞,缶(fǒu)对卮(zhī):箴,劝告、劝解,引申为以规劝为主要内容的文体。赞,辅助、赞美,引申为一种以赞美为主的文体。缶,指一种大腹小口的盛酒水的陶器。卮,古代盛酒的器皿。平仄上,"箴""卮"是平声,"赞""缶"是仄声。语法上,"箴""赞"皆

可作行为动词,也可作表文体的名词;"缶""卮"都是盛酒的器皿,名词。

②萤焰对蚕丝:萤焰,指萤火虫发出的光,有人借用它的光来照明、读书,典出《晋书·车胤传》:"胤恭勤不倦,博学多通。家贫不常得油,夏月则练囊盛数十萤火以照书,以夜继日焉。"平仄上,"萤焰"是平仄,"蚕丝"是平平。语法上,两个词语都为定中结构。

③轻裾(jū)对长袖,瑞草对灵芝:轻裾,形容那些轻薄飘逸的衣服,三国魏曹植《洛神赋》有"践远游之文履,曳雾绡之轻裾"。裾,指衣服的前襟。长袖,长而宽大的袖子。"轻裾"与"长袖"对仗,见唐韩愈《送李愿归盘谷序》:"飘轻裾,翳长袖,粉白黛绿者,列屋而闲居,妒宠而负恃,争妍而取怜。"瑞草,吉祥之草。灵芝,传说中的仙草。平仄上,"轻裾"是平平,"长袖"是平仄;"瑞草"是仄仄,"灵芝"是平平。语法上,两组都是定中结构。

④流涕策,断肠诗:"流涕策"是有关贾谊的典故,元末明初舒頔《雨中呈丰彦辉》有"休上贾生流涕策,且赓梁父《白头吟》"。贾谊是西汉人,人们也称之为贾生。他时常议论时政,曾多次上策陈情,有《治安策》曰:"臣窃惟事势,可为痛哭者一,可为流涕者二,可为长太息者六,若其它背理而伤道者,难遍以疏举。""流涕策"即源于此。断肠诗,南宋女词人朱淑真有《断肠诗集》《断肠词》,风格清婉缠绵,幽怨感伤。断肠,形容极度思念或悲痛,就好像肠子被割开或切断了一样,如三国魏曹丕《燕歌行》有"念君客游思断肠,慊慊思归恋故乡"。平仄上,"流涕策"是平仄仄,"断肠诗"是仄平平。语法上,两个都是定中结构,动宾结构"流涕""断肠"为定语。

⑤喉舌对腰肢:喉舌,喉咙和舌头。腰肢,腰身、身段。平仄上,"喉舌"是平仄,"腰肢"是平平。舌,《广韵》"食列切",入声。语法上,二者都是由两个表身体部位的词语组成的并列结构。值得

注意的是，因为"喉""舌"都是发声部位，"喉舌"很早就用来比喻掌握机要、出纳王命的重臣，如《诗经·大雅·烝民》"出纳王命，王之喉舌"；"腰肢"组合起来仅指一个部位，即腰身、身段，且并不用于比喻身体之外的事物。此二者有不对仗之处。

⑥云中熊虎将，天上凤麟儿：上联典出三国时刘备之事。《三国志·吴书·周瑜传》载周瑜上疏孙权说，"刘备以枭雄之姿，而有关羽、张飞熊虎之将，必非久屈为人用者。……今猥割土地以资业之，聚此三人，俱在疆场，恐蛟龙得云雨，终非池中物也"。《夜航船·兵刑部》亦载周瑜之言曰："刘备有关、张熊虎之将，有饮马长江之志。"云中，云霄之中，高空，常指传说中的仙境或尘世外；或曰指云中郡，但此地并非刘备所辖之地，故不取。熊虎将，比喻勇猛过人的将领。下联化用了唐杜甫《徐卿二子歌》"孔子释氏亲抱送，并是天上麒麟儿"。凤麟，指凤凰和麒麟，是古代的吉鸟瑞兽，比喻杰出罕见的人才，汉扬雄《法言·问明》"或问鸟有凤，兽有麟，鸟兽皆可凤麟乎"。平仄上，上联是平平平仄仄，下联是平仄仄平平。语法上，两个词语都是定中结构。

⑦禹庙千年垂橘柚，尧阶三尺覆茅茨(cí)：上联的典故出自唐杜甫《禹庙》："禹庙空山里，秋风落日斜。荒庭垂橘柚，古屋画龙蛇。云气生虚壁，江声走白沙。早知乘四载，疏凿控三巴。"橘柚，皆为常绿乔木，果实称"橘子"和"柚子"。下联讲的是尧的典故，《韩非子·五蠹》说"尧之王天下也，茅茨不翦，采椽不斫"，《史记·李斯列传》"尧之有天下也，堂高三尺，采椽不斫，茅茨不翦"。"茅茨不翦"是说崇尚俭朴，不事修饰。茅茨，皆为草名。平仄上，上联是仄仄平平平仄仄，下联是平平平仄仄平平。橘，《广韵》"居聿切"，入声。语法上，两句皆为主谓结构。

⑧湘竹含烟，腰下轻纱笼玳瑁；海棠经雨，脸边清泪湿胭脂：上联讲的是舜的两位夫人娥皇、女英在湘江边上洒泪成斑的故事，见晋

张华《博物志》"尧之二女,舜之二妃,曰湘夫人。舜崩,二妃啼,以涕挥竹,竹尽斑"。湘竹,即斑竹,因娥皇、女英被称为湘妃、湘夫人,二人眼泪所成之竹就被称为湘竹。玳瑁,爬行动物,形似龟,甲壳黄褐色,有黑斑和光泽,可做装饰品。下联化自唐杜甫《曲江对雨》中的"林花着雨胭脂湿"和宋代宋祁《锦缠道·燕子呢喃》里的"海棠经雨胭脂透"。胭脂,本是女子化妆用的红色颜料,这里用来比喻海棠的红色花瓣。平仄上,上联是平仄平平,平仄平平仄仄;下联是仄平平仄,仄平平仄仄平平。竹,《广韵》"张六切",入声;湿,《广韵》"失入切",也是入声。语法上,"湘竹含烟""海棠经雨"相对,都是主谓结构;"腰下轻纱笼玳瑁""脸边清泪湿胭脂"相对,也是主谓结构;其谓语部分"笼玳瑁""湿胭脂"是动宾结构,"湿"这里用如使动,与动词"笼"相对;宾语"玳瑁""胭脂"皆为联绵词。

【译文】

箴和赞相对,缶和卮相对。

萤火虫发出的光和春蚕吐出的丝相对。

轻裾和长袖相对,瑞草和灵芝相对。

贾谊流着泪写成的《治安策》,朱淑真留下幽怨的《断肠诗》。

喉舌和腰肢相对。

刘备拥有熊虎之将,徐家天赐麒麟之子。

伫立千年的禹庙中的树上挂满了橘子和柚子,唐尧住所三尺高的台阶上覆盖着未剪的茅草。

竹林中淡淡烟雾缭绕,湘妃竹像一位美丽的女子,腰上挂着玳瑁饰,罩着轻盈的薄纱裙;春雨轻轻落在花瓣上,海棠花像一位悲伤的美人,眼中流下的泪水,湿透了脸颊的胭脂。

其四

争对让，望对思^①。

野葛对山栀^②。

仙风对道骨，天造对人为^③。

专诸剑，博浪椎^④。

经纬对干支^⑤。

位尊民物主，德重帝王师^⑥。

望切不妨人去远，心忙无奈马行迟^⑦。

金屋闭来，赋乞茂陵题柱笔；玉楼成后，记须昌谷负囊词^⑧。

【注释】

①争对让，望对思："争""让"的对立出自《论语·八佾》："子曰：'君子无所争，必也射乎！揖让而升，下而饮，其争也君子。'"让，礼让、谦让，"让"体现的是君子的礼仪风度。平仄上，"争""思"是平声，"让""望"是仄声。语法上，四个词语都是动词。

②野葛（gé）对山栀：葛，一种藤本植物。栀，即栀子，常绿灌木或小乔木，夏季开白花，有浓香。二者皆可入药。平仄上，"野葛"是仄仄，"山栀"是平平。葛，《广韵》"古达切"，入声。语法上，两个词语都是定中结构。

③仙风对道骨，天造对人为："仙风""道骨"经常用来形容超凡绝俗的品貌风度，二者经常并提，唐李白《大鹏赋并序》"余昔于江陵见天台司马子微，谓余有仙风道骨，可与神游八极之表"。天造，自然所生成，是与"人为"相对而言的；"造""为"意义相同。平仄上，"仙风"是平平，"道骨"是仄仄；"天造"是平仄，"人为"是平

平。语法上，"仙风""道骨"都是定中结构，"天造""人为"都是主谓结构。

④专诸剑，博浪椎(chuí)：专诸，春秋时刺客。伍子胥知吴公子光欲杀吴王僚以自立，于是推荐专诸给光，以求吴国帮助自己灭楚报仇。《左传·昭公二十七年》详细记载了专诸刺杀吴王僚的惊心动魄的整个过程："夏，四月，光伏甲于堀室而享王。王使甲坐于道及其门。门、阶、户、席，皆王亲也，夹之以铍。羞者献体改服于门外，执羞者坐行而入，执铍者夹承之及体，以相授也。光伪足疾，入于堀室。鲟设诸(专诸)置剑于鱼中以进，抽剑刺王，铍交于匈，遂弑王。"公子光宴请吴王僚，后者守备森严。专诸就把剑置于鱼腹之中，进献给吴王，趁机抽剑刺杀。专诸成功刺杀吴王僚的同时，自己也被吴王僚的卫士杀死。汉赵晔《吴越春秋·王僚使公子光传》亦曰"(公子光)使专诸置鱼肠剑炙鱼中进之"，因剑藏在鱼腹之中，故而又称"鱼肠剑"。博浪椎，《史记·留侯世家》载："良尝学礼淮阳。东见仓海君。得力士，为铁椎重百二十斤。秦皇帝东游，良与客狙击秦皇帝博浪沙中，误中副车。秦皇帝大怒，大索天下，求贼甚急，为张良故也。良乃更名姓，亡匿下邳。"张良寻了一位大力士，做了一百二十斤重的大铁锤，趁秦始皇东游的时候刺杀他。他们在博浪沙狙击秦始皇，却只是误中了秦皇的副车，刺杀失败，张良只好逃到下邳去。博浪，即博浪沙，张良刺杀秦始皇之处。椎，兵器名，一种捶击工具。平仄上，"专诸剑"是平平仄，"博浪椎"是仄仄平。"博"《广韵》作"补各切"，入声。语法上，"专诸剑""博浪椎"都是定中结构。

⑤经纬对干支：经纬，指织物的纵线和横线，纵线为经，横线为纬；也指道路，南北为"经"，东西为"纬"。干支，天干和地支的合称；干，本写作"幹"，即天干，指古代用以记录时间的十个字，包括甲、乙、丙、丁、戊、己、庚、辛、壬、癸；支，即地支，历法中用的十二

个字,包括子、丑、寅、卯、辰、巳、午、未、申、酉、戌、亥。平仄上,"经纬"是平仄,"干支"是仄平。语法上,两个都是名词性并列结构,前者用于表示空间,后者用于表示时间。

⑥位尊民物主,德重帝王师:民物主,百姓的主人,指帝王或为官者。民物,指人民,汉蔡邕《陈太丘碑》"神化着于民物,形表图于丹青"。《左传·宣公二年》记载晋灵公无道,不听臣子赵盾的屡次劝谏,还三番五次想除掉赵盾而后快。有一次,他派了一个名叫钅且麑的刺客去刺杀赵盾,结果钅且麑看到了赵盾的勤勉恭谨,感叹说:"不忘恭敬,民之主也。贼民之主,不忠;弃君之命,不信。有一于此,不如死也。"钅且麑不想杀死百姓的主人,又不想背弃君上的使命,两难之下,就自杀了。帝王师,即帝王的老师。《文献通考·卷四十三·学校考四》:"……兖州初平,遂幸曲阜,谒孔子祠。既奠,将致敬,左右曰:'仲尼,人臣也,无致敬之礼。'上曰:'文宣百代帝王师,得无拜之!'即拜奠于祠前。"平仄上,上联是仄平平仄仄,下联是仄仄仄平平。"德"《广韵》作"多则切",入声。语法上,"位尊"对"德重",是主谓结构,古人经常"德""位"相提并论,如果德不配位,古人认为是会有灾殃的,唯厚德能载物,故而需要寻觅有德之人为人主之师;"民物主"和"帝王师"相对,都是定中结构。上下联皆表判断:位尊者,民物之主;德重者,帝王之师。

⑦望切不妨人去远,心忙无奈马行迟:此联当化用了唐卢纶《春日灞亭同苗员外寄皇甫侍御(一作"庚侍郎")》中的"川平人去远,日暖雁飞迟"。切,表示感情上的急切、深切。忙,也是急迫、急切的意思。平仄上,上联是仄仄仄平平仄仄,下联是平平平仄仄平平。语法上,上下联都是主谓结构:主语"望切"对"心忙",虽然"望"是动词,"心"是名词,但二者都是主谓结构,意思是行为之急、内心之切,是可以相对的;"不妨""无奈"在整个句子里充

当谓语动词,与"人去远""马行迟"构成动宾结构;宾语"人去远""马行迟"也是主谓结构相对,"人""马"在古代的诗词里常常相对,表示远行或羁旅相关的意象,例如元马致远《天净沙·秋思》有"古道西风瘦马,夕阳西下,断肠人在天涯"的句子。

⑧金屋闭来,赋乞茂陵题柱笔;玉楼成后,记须昌谷负囊词:"金屋"说的是"金屋藏娇"或"金屋贮娇"的典故。据《汉武故事》载:"帝以乙酉年七月七日生于猗兰殿。年四岁,立为胶东王。数岁,长公主嫖抱置膝上,问曰:'儿欲得妇不?'胶东王曰:'欲得妇。'长主指左右长御百余人,皆云不用。末指其女问曰:'阿娇好不?'于是乃笑对曰:'好!若得阿娇作妇,当作金屋贮之也。'"说的是汉武帝刘彻被立为太子之前的事。汉景帝的姐姐刘嫖有女儿名阿娇,当时身为胶东王的刘彻说:"如果能娶阿娇为妻子,我一定建造金屋来安置她。"后来就用"金屋藏娇"来形容娶妻或纳妾。刘彻做了皇帝后,陈阿娇就做了皇后,后来因"惑于巫祝"而被废,退居长门宫。"赋乞茂陵题柱笔",出自梁萧统《昭明文选》所收录的《长门赋》注:"孝武皇帝陈皇后时得幸,颇妒。别在长门宫,愁闷悲思。闻蜀郡成都司马相如天下工为文,奉黄金百斤为相如、文君取酒,因于解悲愁之辞。而相如为文以悟主上,陈皇后复得亲幸。"被废长门宫后,陈皇后非常愁闷。她听说司马相如文笔天下第一,于是用黄金百斤购买他写的赋。据说汉武帝对《长门赋》十分喜欢,陈皇后因此重得宠爱。但这个故事的真实性很可怀疑,因为历史上陈皇后被废后并没有再得宠。茂陵,此指司马相如,因其病免后家居茂陵,故称。题柱,指题桥柱,化用了《华阳国志》卷三的记载:"蜀郡,州治,属县六……城北十里有晒壬桥,有送客观。司马相如初入长安,题其门曰:'不乘赤车驷马,不过汝下也'。于是江上多作桥,故蜀立里,多以桥为名。"下联出自唐李商隐《李贺小传》的记载:"……恒从小奚奴,骑驴

驴，背一古破锦囊，遇有所得，即书投囊中。"讲唐朝诗人李贺常在外面骑着一头驴子，带着一个小奴，灵感来了的时候，有了好句子，就马上写了投进囊中，谓之"负囊词"。"长吉将死时，忽昼见一绯衣人，驾赤虬，持一板，书若太古篆或霹雳石文者，云'当召长吉'。长吉了不能读，欻下榻叩头，言：'阿弥老且病，贺不愿去。'绯衣人笑曰：'帝成白玉楼，立召君为记。天上差乐，不苦也。'长吉独泣，边人尽见之。少之，长吉气绝。"李贺临死之际，大白天看见一个红衣人告诉他天帝建成了白玉楼，让他去作记。昌谷，是李贺的别号，因他居住在昌谷，故称。平仄上，上联是平仄仄平，仄仄仄平平仄仄；下联是仄平平仄，仄平平仄仄平平。"屋"《广韵》作"乌谷切"，入声。语法上，"金屋闭来""玉楼成后"作整个句子的状语，表时间；"赋乞茂陵题柱笔""记须昌谷负囊词"是两个主谓结构：主语是"赋""记"两个名词，其谓语"乞茂陵题柱笔""须昌谷负囊词"皆为动宾结构，"茂陵题柱笔""昌谷负囊词"都是定中结构充当宾语。对仗比较工整。

【译文】

争夺和礼让相对，望和思相对。

野葛和山栀相对。

仙风和道骨相对，天造和人为相对。

专诸藏在鱼中刺杀吴王僚的剑，张良在博浪沙暗杀秦始皇的椎。

空间上的经纬和时间上的干支相对。

地位尊贵乃是百姓之主人，德行高尚可为帝王之老师。

遥望之切不能阻止远行人越去越远，心思之急亦对马行之缓慢无可奈何。

金屋关闭之后，阿娇买赋需要茂陵司马相如的题柱之才；玉楼建成之时，天帝题记须得昌谷鬼才李贺的负囊之词。

五　微

【题解】

"微"是"平水韵"中上平声的第五韵部。

在宋本《广韵》中"微"作"无非切",平声,微韵。

《笠翁对韵》"五微"部分所用的韵脚字有非、微、扉、飞、肥、归、危、围、帏、巍、薇、旐、玑、威、稀、衣、闱、矶、辉、妃、龟等21个,《声律启蒙》所用的韵脚字有稀、飞、微、肥、矶、玑、衣、归、非、依、饥、旐、巍、威等14个。其中《笠翁对韵》用到而《声律启蒙》没有用到的有扉、危、围、帏、薇、闱、辉、妃、龟等9个字;《声律启蒙》用到而《笠翁对韵》没有用到的有依、饥2个字。《笠翁对韵》所用到的韵脚字危、龟属于"四支"韵部。

其一

贤对圣,是对非①。

觉奥对参微②。

鱼书对雁字,草舍对柴扉③。

鸡晓唱,雉朝飞④。

红瘦对绿肥⑤。

举杯邀月饮,骑马踏花归⑥。

黄盖能成赤壁捷,陈平善解白登危⑦。

太白书堂,瀑泉垂地三千丈;孔明祀庙,老柏参天四十围⑧。

【注释】

①贤对圣,是对非:"贤""圣"语义相类:贤,贤能,也可以用来指贤人;圣,聪明睿智,也可以用来指圣人。"是""非"语义相反,一表正确、肯定,一表错误、否定。平仄上,"贤""非"是平声,"圣"

"是"是仄声。语法上，"贤""圣"都是形容词，也可以用来作名词。"是""非"是形容词相对。

②觉奥对参微：觉奥，领悟深奥之理。参微，探究微妙之处。平仄上，"觉奥"是仄仄，"参微"是平平。"觉"《广韵》作"古岳切"，入声。语法上，两个词语都是动宾结构。

③鱼书对雁字，草舍对柴扉：鱼书，出自汉乐府诗《饮马长城窟行》："客从远方来，遗我双鲤鱼。呼儿烹鲤鱼，中有尺素书。"古人把书信放在雕刻或彩绘成鱼形的两块木板中，合拢以后，用细绳在线槽中围绕三圈，然后再穿过一个方孔绑缚好，在绳头或交叉之处，用黏土封上，盖好印章。这种信封就是所谓"双鲤鱼"了，里面是用生丝绢写的书信，谓之"尺素"。将尺素放在鱼形的木制信封里，大概是汉代贵族们的一种习惯。后人以此为典，信封虽非鲤鱼之形，亦称为"鲤鱼""双鱼""双鲤鱼"等，如唐罗隐《秋日有寄姑苏曹使君》的"水寒不见双鱼信，风便唯闻五袴讴"等。雁字，成列而飞的雁群，群雁飞行时常排成"一"或"人"字，故称；此处也是表书信的含义，典出《汉书·苏武传》："昭帝即位。数年，匈奴与汉和亲。汉求武等，匈奴诡言武死。后汉使复至匈奴，常惠请其守者与俱，得夜见汉使，具自陈道。教使者谓单于，言天子射上林中，得雁，足有系帛书，言武等在某泽中。使者大喜，如惠语以让单于。单于视左右而惊，谢汉使曰：'武等实在。'"西汉苏武出使匈奴，被扣押多年。昭帝即位以后，匈奴与汉和亲。汉使请求放归苏武，匈奴骗他们说苏武已死。后来汉使再去匈奴的时候，得知苏武没死，就对匈奴单于假称汉天子在上林苑中射中一只大雁，雁的脚上绑有帛书，说苏武在某泽之中。单于只好把苏武放了。古代经常"鱼""雁"并称，皆表书信，如"鱼雁往来"。"草舍""柴扉"都是指农家简陋的房屋。柴扉，是柴门的意思。平仄上，"鱼书"是平平，"雁字"是仄仄；"草舍"是仄仄，"柴

扉"是平平。语法上,四个词都是定中结构。

④鸡晓唱,雉朝飞:雉朝飞,东汉蔡邕有《琴操》二卷,介绍了许多古代的琴曲,其中有一曲名《雉朝飞操》,云:"《雉朝飞操》者,齐独沐子所作也。独沐子年七十无妻,出薪于野,见飞雉雄雌相随,感之,抚琴而歌曰:'雉朝飞,鸣相和,雌雄群游于山阿。我独何命兮未有家。时将暮兮可奈何,嗟嗟暮兮可奈何?'"独沐子(或作"牧犊子")是齐国人,七十岁了还没有娶妻,在野外打柴的时候看到雉鸟雌雄相随,感叹自己不如雉鸟,作了这首琴曲。雉,鸟名,因吕后名雉,后来人们便称"雉"为野鸡。平仄上,"鸡晓唱"是平仄仄,"雉朝飞"是仄平平。语法上,两句都是主谓结构。

⑤红瘦对绿肥:"绿肥红瘦"出自宋李清照《如梦令》词:"试问卷帘人,却道海棠依旧。知否?知否?应是绿肥红瘦。"意思是经过一夜风雨之后绿叶繁茂、红花凋谢,"绿"借指绿叶,"红"借指红花。平仄上,"红瘦"是平仄,"绿肥"是仄平。语法上,两个词都是主谓结构。

⑥举杯邀月饮,骑马踏花归:上联语出"花间一壶酒,独酌无相亲。举杯邀明月,对影成三人。月既不解饮,影徒随我身",是唐李白《月下独酌》中的句子。下联与宋徽宗有关。徽宗建国子监画学,常以古人诗句命题考试画家,如"竹锁桥边卖酒家""踏花归去马蹄香"之类,让应考的画家按题作画。有一画师但画几只蝴蝶翩翩飞舞,追逐马蹄,以此来表现"踏花归去马蹄香"的诗题,匠心独运。平仄上,"举杯邀月饮"是仄平平仄仄,"骑马踏花归"是平仄仄平平。语法上,两句都是状中结构,"举杯邀月""骑马踏花"一表方式,一表伴随状态,充当状语,修饰动词"饮"和"归"。

⑦黄盖能成赤壁捷,陈平善解白登危:黄盖,字公覆,东汉末年孙吴名将。《三国志·吴书·周瑜传》载,赤壁之战时,"瑜部将黄盖曰:'今寇众我寡,难与持久。然观操军船舰首尾相接,可烧而走

也。'乃取蒙冲斗舰数十艘,实以薪草,膏油灌其中,裹以帷幕,上建牙旗,先书报曹公,欺以欲降。又豫备走舸,各系大船后,因引次俱前。曹公军吏士皆延颈观望,指言盖降。盖放诸船,同时发火。时风盛猛,悉延烧岸上营落。顷之,烟炎张天,人马烧溺死者甚众,军遂败退,还保南郡。"赤壁之战的形势是曹操兵力众多,孙刘联军兵力寡少。故而黄盖假意投降,带着几十艘快艇,里面装着灌满膏油的柴火,冲到曹营之中。这时曹操军士皆在观望等待黄盖投降,黄盖命同时点起火来,登时把曹营烧了一个赤焰张天。曹操在赤壁大败,孙刘联军得以获胜,黄盖功劳甚大。白登危,出自《史记·韩信卢绾列传》:"七年冬……匈奴常败走,汉乘胜追北,闻冒顿居代(上)谷,高皇帝居晋阳,使人视冒顿,还报曰'可击'。上遂至平城。上出白登,匈奴骑围上,上乃使人厚遗阏氏。阏氏乃说冒顿曰:'今得汉地,犹不能居;且两主不相戹。'居七日,胡骑稍引去。时天大雾,汉使人往来,胡不觉。护军中尉陈平上曰:'胡者全兵,请令强弩傅两矢外向,徐行出围。'入平城,汉救兵亦到,胡骑遂解去。汉亦罢兵归。"西汉初年,汉高祖刘邦被匈奴围困于白登山。后来,刘邦采用陈平的计谋,向冒顿单于的阏氏行贿,才得脱险。平仄上,上联是平仄平平仄仄仄,下联是平平仄仄仄平平。捷,《广韵》"疾叶切",入声;白,《广韵》"傍陌切",也是入声。语法上,两个句子都是主谓结构。

⑧太白书堂,瀑泉垂地三千丈;孔明祀庙,老柏参天四十围:太白书堂,在香炉峰下,相传李白为避安史之乱曾在此读书;太白,唐代诗人李白之字。瀑泉垂地三千丈,典出唐李白《望庐山瀑布》"日照香炉生紫烟,遥看瀑布挂前川。飞流直下三千尺,疑是银河落九天"。孔明祀庙,指武侯祠,纪念诸葛亮的祠堂;孔明,三国名臣诸葛亮的字。老柏参天四十围,典出唐杜甫《古柏行》"孔明庙

前有老柏,柯如青铜根如石。霜皮溜雨四十围,黛色参天二千尺"。围,是古代常用的量词,计量圆周的单位,古人把用两手拇指和食指合拢的长度或两臂合拢的长度叫作"围"。平仄上,上联为仄仄平平,仄平平仄平平;下联为仄平仄仄,仄仄平平仄仄平。白,《广韵》"傍陌切",入声;十,《广韵》"是执切",入声。语法上,两句都是主谓结构。"太白书堂""孔明祀庙"相对,都是定中结构,表处所。"瀑泉垂地三千丈""老柏参天四十围"相对,都是主谓结构;"三千丈""四十围"是数量短语,陈述主语"瀑泉垂地""老柏参天"的数量值。这副对联存在瑕疵:"三千丈"是陈述"瀑泉垂地"之距离、高度;"四十围"则是陈述老柏的树干的粗细,并不是"老柏参天"的高度。所以杜甫的原文是"霜皮溜雨四十围,黛色参天二千尺","四十围"与"二千尺"相对,"二千尺"才是陈述"参天"的高度。

【译文】

贤和圣相对,是和非相对。

领悟深奥之理和参透微妙之处相对。

鱼书和雁字相对,茅屋和柴门相对。

雄鸡报晓,野鸡朝飞。

红花凋谢与绿叶繁茂相对。

举起酒杯邀请明月共饮,骑着马儿踏过落花归来。

黄盖火烧连营的计策能成就赤壁大捷,陈平贿赂阏氏的奇谋能解决白登之围。

太白书堂,瀑布飞流直下有三千丈那么高;武侯祠堂,古柏高耸入云有四十围那么粗。

其二

戈对甲,幄对帏①。

荡荡对巍巍②。

严滩对邵圃，靖菊对夷薇③。

占鸿渐，卜凤飞④。

虎榜对龙旂⑤。

心中罗锦绣，口内吐珠玑⑥。

宽宏豁达高皇量，叱咤喑哑霸王威⑦。

灭项兴刘，狡兔尽时走狗死；连吴抗魏，貔貅屯处卧龙归⑧。

【注释】

①戈对甲，幄（wò）对帏：戈，古代的一种长柄进攻兵器；甲，铠甲，是古代的防御兵器。幄，篷帐；帏，帐子、幔幕。"幄""帏"语义相类，经常连用，比如"运筹帷幄之中，决胜千里之外"。平仄上，"戈""帏"是平声，"甲""幄"是仄声。语法上，两组都是名词。

②荡荡对巍巍：荡荡，广大的样子，《论语·泰伯》"荡荡乎民无能名焉"，何晏《集解》引包咸曰"荡荡，广远之称"。巍巍，高大的样子，《论语·泰伯》"巍巍乎！舜、禹之有天下也，而不与焉"。平仄上，"荡荡"是仄声，"巍巍"是平声。语法上，"荡荡"与"巍巍"都是形容词重叠语。

③严滩对邵圃，靖菊对夷薇：严滩，就是严陵濑，相传为东汉严光隐居垂钓处，《后汉书·严光传》载："严光字子陵，一名遵，会稽余姚人也。少有高名，与光武同游学。及光武即位，乃变名姓，隐身不见。帝思其贤，乃令以物色访之。后齐国上言：'有一男子，披羊裘钓泽中。'帝疑其光，乃备安车玄𫄷，遣使聘之。三反而后至。……除为谏议大夫，不屈，乃耕于富春山，后人名其钓处为严陵濑焉。"严陵年轻时候和汉光武帝刘秀一同游学。刘秀做了

皇帝之后，严陵隐居起来，被光武帝找了出来，他不肯做官，隐居在富春山。后人称他居游之地为严陵山、严陵濑、严陵钓台等。唐刘长卿《京口怀洛阳旧居兼寄广陵二三知己》有"严陵七里滩，携手同所适"，故又有"严滩"之称。邵圃，出自《史记·萧相国世家》："汉十一年，陈豨反，高祖自将，至邯郸。……上已闻淮阴侯诛，使使拜丞相何为相国，益封五千户，令卒五百人一都尉为相国卫。诸君皆贺，召平独吊。召平者，故秦东陵侯。秦破，为布衣，贫，种瓜于长安城东，瓜美，故世俗谓之'东陵瓜'，从召平以为名也。召平谓相国曰：'祸自此始矣。上暴露于外而君守于中，非被矢石之事而益君封置卫者，以今者淮阴侯新反于中，疑君心矣。夫置卫卫君，非以宠君也。愿君让封勿受，悉以家私财佐军，则上心说。'相国从其计，高帝乃大喜。"邵圃，就是邵平圃、邵平园。邵，指邵平，又作"召平"，秦末汉初人，负责看护管理始皇帝生母赵姬之陵寝。秦亡后，沦为布衣，于长安城东南霸城门外种瓜，瓜味鲜美，皮有五色，世人称之"东陵瓜"。圃，种植菜蔬、花草、瓜果的园子。靖菊，东晋著名隐逸诗人陶渊明，生平爱菊，有"采菊东篱下，悠然见南山"的诗句。陶渊明死后，谥号靖节先生，故称"靖菊"。夷薇，典出伯夷、叔齐的故事，《史记·伯夷列传》载："伯夷、叔齐，孤竹君之二子也。父欲立叔齐，及父卒，叔齐让伯夷。伯夷曰：'父命也。'遂逃去。叔齐亦不肯立而逃之。国人立其中子。于是伯夷、叔齐闻西伯昌善养老，盍往归焉。及至，西伯卒，武王载木主，号为文王，东伐纣。伯夷、叔齐叩马而谏曰：'父死不葬，爰及干戈，可谓孝乎？以臣弑君，可谓仁乎？'左右欲兵之。太公曰：'此义人也。'扶而去之。武王已平殷乱，天下宗周，而伯夷、叔齐耻之，义不食周粟，隐于首阳山，采薇而食之。及饿且死，作歌。其辞曰：'登彼西山兮，采其薇矣。以暴易暴兮，不知其非矣。神农、虞、夏忽焉没兮，我安适归矣？

于嗟徂兮,命之衰矣!'遂饿死于首阳山。"伯夷、叔齐是商末孤竹君的两个儿子。孤竹君想立叔齐为君,叔齐让位给伯夷,伯夷不受,二人先后出走。周武王伐纣,二人扣马谏阻。武王灭商后,他们不愿食周粟,采薇果腹,饿死于首阳山,故此称"夷薇"。平仄上,"严滩""夷薇"都是平平,"邵圃""靖菊"都是仄仄。"菊"《广韵》作"居六切",入声。语法上,"严滩""邵圃""靖菊""夷薇"都是定中结构。

④占鸿渐,卜凤飞:上联出自《周易·渐》:"初六,鸿渐于干(水涯)","六二,鸿渐于磐","九三,鸿渐于陆","六四,鸿渐于木","九五,鸿渐于陵"。占,占卜。鸿渐,是说鸿雁循序渐进,从低到高。渐,进。凤飞,典出《左传·庄公二十二年》:"二十二年,春,陈人杀其大子御寇。陈公子完与颛孙奔齐。颛孙自齐来奔。""齐侯使敬仲为卿",陈敬仲推辞说"所获多矣,敢辱高位以速官谤?请以死告",于是做了工正。"初,懿氏卜妻敬仲。其妻占之,曰:'吉。是谓凤皇于飞,和鸣锵锵。有妫之后,将育于姜。五世其昌,并于正卿。八世之后,莫之与京'。"陈国的公子完(敬仲)因为陈国内乱而逃到了齐国,齐桓公对他非常优待,当初懿氏要把女儿嫁给敬仲,占了一卦,说是非常吉利,预言将来陈氏会在齐国掌权。平仄上,"占鸿渐"是平平仄,"卜凤飞"是仄仄平。语法上,"占""卜"义同,都是动词。"鸿渐""凤飞"都是主谓结构,是占卜所得的内容,故"占鸿渐""卜凤飞"都是动宾结构。

⑤虎榜对龙旂(qí):虎榜,就是"龙虎榜",《新唐书·欧阳詹传》载:"举进士,与韩愈、李观、李绛、崔群、王涯、冯宿、庾承宣联第,皆天下选,时称'龙虎榜'。"后来也用来称进士榜,清代则专称武科榜曰"虎榜"。旂,上画交龙、竿头系铃的旗,"旂"亦作"旗",故而"龙旂"就是龙旗。平仄上,"虎榜"是仄仄,"龙旂"是平平。语法上,二者都是定中结构。

⑥心中罗锦绣,口内吐珠玑:锦绣,精美鲜艳的丝织品,常用来形容山河大地或有华彩的文章等。珠玑,指珠宝、珠玉,也比喻美好的诗文绘画等。平仄上,"心中罗锦绣"是平平平仄仄,"口内吐珠玑"是仄仄仄平平。语法上,两句都是主谓结构,且主语都是方位短语,表示"罗锦绣""吐珠玑"的处所。

⑦宽宏豁达高皇量,叱咤喑(yīn)哑霸王威:高皇,这里指汉高祖刘邦,《史记•高祖本纪》说他"仁而爱人,喜施,意豁如也。常有大度,不事家人生产作业",故而身边聚集了不少英豪。霸王,指的是西楚霸王项羽,《史记•淮阴侯列传》中韩信评价他"喑恶叱咤,千人皆废"。"喑恶叱咤"或作"喑呜叱咤"。平仄上,上联是平平仄仄平平仄,下联是仄仄平平仄平平。达,《广韵》"唐割切",入声。哑,此处作象声词,《集韵》"於加切",平声。这两联里第六字平仄相同,当视为失对。语法上,上下联都是主谓结构,且皆为判断句:主语是"宽宏豁达""叱咤喑哑",两个都是并列结构;谓语是名词短语"高皇量""霸王威",二者是定中结构。

⑧灭项兴刘,狡兔尽时走狗死;连吴抗魏,貔貅(pí xiū)屯处卧龙归:灭项兴刘,指的是楚汉争霸,刘邦灭项羽建立汉朝的事。项,指项羽;刘,指汉王刘邦。狡兔尽时走狗死,此典本出自范蠡和勾践的故事,《史记•越王勾践世家》有"蜚鸟尽,良弓藏"的话,越王勾践打败吴国之后,范蠡看出勾践不能共患难,必然残害功臣,于是离开越国去经商,后来富甲天下。狡兔,指猎物;走狗,指猎犬。《史记•淮阴侯列传》中引用了这个典故,韩信帮刘邦打败了项王,夺得天下,刘邦开始想办法除掉功臣。韩信被刘邦下令绑缚,他感叹说:"果若人言:'狡兔死,良狗亨;高鸟尽,良弓藏;敌国破,谋臣亡。'天下已定,我固当亨(烹)!"韩信后来就被吕后处死,即"走狗死"的下场。连吴抗魏,吴、魏是指三国时期孙吴和曹魏两国,刘蜀曾经联合孙吴对抗曹魏。貔貅屯处,指孙

吴处集中了很多文武之才;貔貅,猛兽名,也比喻勇猛的军士,《晋书·熊远传》"命貔貅之士,鸣檄前驱"。卧龙,指诸葛亮,《三国志·蜀书·诸葛亮传》:"(徐庶)谓先主曰:'诸葛孔明者,卧龙也,将军岂愿见之乎?'"《三国演义》记叙了刘备三顾茅庐请出诸葛亮后,诸葛亮远赴东吴,舌战群儒,成功劝说孙权抗魏。平仄上,上联是仄仄平平,仄仄仄平仄仄;下联是平平仄仄,平平平仄仄平平。语法上,"灭项兴刘""连吴抗魏",都是两个动宾词组组成的连谓结构。"狡兔尽时走狗死""貔貅屯处卧龙归",都是状中结构;状语"狡兔尽时""貔貅屯处"都是定中结构,中心语"走狗死""卧龙归"都是主谓结构。

【译文】

戈和甲相对,帼和帏相对。

荡荡和巍巍相对。

严陵的垂钓处和邵平的种瓜园相对,陶靖节所种的菊花和伯夷叔齐吃的野菜相对。

占到鸿渐是兆示吉祥将临,卜到凤飞是预示夫妻和谐。

虎榜和龙旗相对。

心中构思着如锦绣般华美的文章,口中表述出像珠玉般动听的言辞。

宽宏豁达,是高祖刘邦的肚量;叱咤喑哑,是霸王项羽的威风。

韩信帮助刘邦消灭项羽建立汉朝以后,就被刘邦抓住问罪;诸葛亮辅佐刘蜀来到群雄聚集的东吴,成功说服孙权抗曹。

其三

衰对盛,密对稀①。

祭服对朝衣②。

鸡窗对雁塔,秋榜对春闱③。

乌衣巷,燕子矶^④。

久别对初归^⑤。

天姿真窈窕,圣德实光辉^⑥。

蟠桃紫阙来金母,岭荔红尘进玉妃^⑦。

灞上军营,亚父愤心撞玉斗;长安酒市,谪仙狂兴典银龟^⑧。

【注释】

①衰对盛,密对稀:两组词语皆意义相对。平仄上,"衰""稀"都是平声,"盛""密"是仄声。语法上,四个词语都是形容词。

②祭服对朝衣:祭服,古代祭祀时所穿的礼服,《周礼·天官·内宰》"中春,诏后,帅外内命妇始蚕于北郊,以为祭服";朝衣,臣子朝见君王时所穿的礼服,晋张协《咏史诗》"抽簪解朝衣,散发归海隅"。平仄上,"祭服"是仄仄,"朝衣"是平平。服,《广韵》"房六切",入声。语法上,"祭服""朝衣"都是表礼服的名词,都是定中结构。

③鸡窗对雁塔,秋榜对春闱:鸡窗,《艺文类聚》卷九十一引《幽明录》曰:"晋兖州刺史沛国宋处宗尝买得一长鸣鸡,爱养甚至,恒笼着窗间。鸡遂作人语,与处宗谈论,极有言智,终日不辍。处宗因此言巧大进。"宋处宗买了一只公鸡,非常喜爱,天天放在笼子里,把笼子搁在窗子上。这公鸡开始说起人话来,和处宗讨论问题,且极有智慧。《龙文鞭影》《解人颐》等也有类似的记载。后人据此传说,拿"鸡窗"来作为书室的代称,如唐罗隐《题袁溪张逸人所居》有"鸡窗夜静开书卷,鱼槛春深展钓丝"的诗句,《绣云阁》第十一回说"鸡窗发愤,博取功名"。雁塔,西安有两座雁塔:一在慈恩寺,称为"大雁塔";一在荐福寺,称为"小雁塔"。此

指大雁塔。宋张礼《游城南记》载:"《嘉话录》谓张莒及进士第,闲行慈恩寺,因书同年姓名于塔壁,后以为故事。"唐朝新科进士于皇帝赐宴后,都会前往慈恩塔题写姓名,谓之"雁塔题名"。秋榜,指的是科举时代秋季考试的榜单。春闱,春季所举行的考试;闱,科举时代称试院为"闱",春试叫"春闱",秋试叫"秋闱"。两组皆与古代读书人的生活有关。平仄上,"鸡窗"是平平,"雁塔"是仄仄;"秋榜"是平仄,"春闱"是平平。语法上,四个词语都是定中结构。

④乌衣巷,燕子矶:乌衣巷,南朝宋刘义庆《世说新语·雅量》:"有往来者云:'庾公有东下意。'或谓王公曰:'可潜稍严,以备不虞。'王公曰:'我与元规虽俱王臣,本怀布衣之好。若其欲来,吾角巾径还乌衣,何所稍严?'"刘孝标注引山谦之《丹阳记》:"乌衣之起,吴时乌衣营处所也。江左初立,琅玡诸王所居。"可见乌衣巷本是三国吴的禁军驻地,禁军都身着乌衣(黑色军服),此地就被人们称为乌衣巷。东晋时王导、谢安两大家族,都曾居住在此,人称其子弟为"乌衣郎"。唐时这里沦为废墟,刘禹锡曾作《乌衣巷》感慨道:"朱雀桥边野草花,乌衣巷口夕阳斜。旧时王谢堂前燕,飞入寻常百姓家。"燕子矶,清顾祖禹《读史方舆纪要》卷二十引《金陵记》曰:"幕府山东有绝壁临江,梯磴危峻,飞槛凌空者,弘济寺也。与弘济寺对岸相望,翻江石壁,势欲飞动者,燕子矶也,俱为江滨峻险处。"燕子矶和乌衣巷一样都在江苏南京,矶头屹立长江边,三面悬绝,宛如飞燕,故名。平仄上,"乌衣巷"是平平仄,"燕子矶"是仄仄平。语法上,两个词语都是有关地名的名词,定中结构。

⑤久别对初归:久别,长久的分别。初归,刚刚回来。平仄上,"久别"是仄仄,"初归"是平平。"别"《广韵》作"彼列切",入声。语法上,两个词语都是状中结构。

⑥天姿真窈窕(yǎo tiǎo)，圣德实光辉：天姿，指出众的容貌，《汉武帝内传》"(王母)修短得中，天姿掩蔼，容颜绝世"。窈窕，形容女子美好的仪态，出自《诗经·周南·关雎》"窈窕淑女，君子好逑"。圣德，根据《汉语大词典》，犹言至高无上的道德，一般用于古之称圣人者，如《后汉书·李杜列传》"四海欣然，归服圣德"。平仄上，"天姿真窈窕"是平平平仄仄，"圣德实光辉"是仄仄仄平平。德，《广韵》"多则切"，实，《广韵》"神质切"，皆为入声字。语法上，两句都是主谓结构。

⑦蟠桃紫阙来金母，岭荔红尘进玉妃：上联当与汉武帝有关，《太平广记》引《汉武帝内传》："汉孝武皇帝，景帝子也。……到七月七日，乃修除宫掖，设坐大殿。以紫罗荐地，燔百和之香，张云锦之帏。燃九光之灯，列玉门之枣，酌蒲萄之醴，宫监香果，为天官之馔。帝乃盛服，立于陛下，敕端门之内，不得有妄窥者。……既至，从官不复知所在，唯见王母乘紫云之辇，驾九色斑龙。……因呼帝共坐，帝面南。王母自设天厨，真妙非常：丰珍上果，芳华百味；紫芝萎蕤，芬芳填樏；清香之酒，非地上所有，香气殊绝，帝不能名也。又命侍女更索桃果。须臾，以玉盘盛仙桃七颗，大如鸭卵，形圆青色，以呈王母。母以四颗与帝，三颗自食。桃味甘美，口有盈味。帝食辄收其核，王母问帝，帝曰：'欲种之。'母曰：'此桃三千年一生实，中夏地薄，种之不生。'帝乃止。"汉武帝时好求仙访道，七月七日那天，准备了天官之馔迎接王母降临。王母乘坐紫云辇下凡，给汉武帝准备了许多神仙食用的果品，另有七颗仙桃，四颗给了汉武帝吃。汉武帝想留下核做种，王母说这仙桃三千年才结一次果实，人间是种不活的，武帝只好作罢。蟠桃，神话中的仙桃。紫阙，帝王宫阙，神仙洞府。金母，指古代神话传说中的女神，俗称西王母。下联说的是唐明皇的宠妃杨玉环的故事，出自唐杜牧《过华清宫》"长安回望绣成堆，山顶千门

次第开。一骑红尘妃子笑,无人知是荔枝来"。据说杨贵妃喜爱吃荔枝,唐明皇就想尽办法让人从南方快马加鞭把荔枝送去长安。玉妃,琅环阁藏本作"王妃",然杨玉环吃荔枝的典故发生时已经是唐明皇的妃子,并不是王妃。且文献中有以"玉妃"称呼杨玉环的例子,如唐陈鸿《长恨歌传》:"见最高仙山,上多楼阙,西厢下有洞户,东向,阖其门,署曰:'玉妃太真院'。"故而此处宜以"玉妃"为是,指唐明皇李隆基的爱妃杨玉环。平仄上,上联是平平仄仄平平仄,下联是仄仄平平仄仄平。语法上,上下联都是主谓结构。"紫阙""红尘"充当状语,"来金母""进玉妃"都是动宾结构,宾语分别表示主语"蟠桃"所从来之处、"岭荔"所进献之人。对仗工整,结构巧妙。

⑧灞上军营,亚父愤心撞玉斗;长安酒市,谪仙狂兴典银龟:上联的典故出自《鸿门宴》的故事。据《史记·项羽本纪》载,项羽听说沛公刘邦已经攻破咸阳,盛怒之下打算带兵攻打刘邦。刘邦得知消息以后,"旦日从百余骑来见项王",亲自来到鸿门谢罪。"项王即日因留沛公与饮",席上,项羽的谋臣范增多次暗示项羽下决心杀死刘邦,项羽犹豫不决。刘邦见情势危机,找借口逃脱,"乃令张良留谢"。张良将刘邦带来的一双玉璧和一对玉斗分别献给项羽和范增,以表谢罪之意。"项王曰:'沛公安在?'良曰:'闻大王有意督过之,脱身独去,已至军矣。'项王则受璧,置之坐上。亚父受玉斗,置之地,拔剑撞而破之,曰:'唉!竖子不足与谋。夺项王天下者,必沛公也,吾属今为之虏矣。'"眼看刘邦溜之大吉,范增一气之下把玉斗撞破。后来果如范增所言,项羽被刘邦所败。亚父,项羽对范增的尊称,意思是仅次于父亲。今本"愤心"多作"丹心",从典故上看,似以琅环阁藏本之"愤心"为更佳。下联典故与唐代大诗人李白有关,他被人称为"谪仙"。唐孟棨《本事诗·高逸》载:"李太白初自蜀至京师,舍于逆旅。

贺监知章闻其名,首访之。既奇其姿,复请所为文。出《蜀道难》以示之。读未竟,称叹者数四,号为'谪仙'。"李白初到京师时,贺知章听说他的才名,前去拜访。对他的姿容气质和绝世才华十分倾倒,称呼他为"谪仙"。有"金龟换酒"的成语,出自唐李白《对酒忆贺监》诗序:"太子宾客贺公,于长安紫极宫一见余,呼余为'谪仙人',因解金龟,换酒为乐。"说的是贺知章在长安紫极宫第一次见到李白,就称呼他为谪仙人,还解下金龟换取美酒共饮为乐。龟,唐代官员的一种佩饰。唐初,内外官五品以上,皆佩鱼袋。武后天授元年,改内外官佩鱼为佩龟。三品以上龟袋用金饰,四品用银饰,五品用铜饰。此联各本皆作"银龟",然从典故出处来看,当作"金龟"为是。"典"今本皆作"换",从语义上说,亦无不可。平仄上,上联是仄仄平平,仄仄仄平平仄仄;下联是平平仄仄,仄平平仄仄平平。撞,根据王力《古汉语字典》,旧读 chuáng,宅江切,当为平声;谪,《广韵》"陟革切",入声。语法上,"灞上军营""长安酒市"都是定中结构充当句子的状语,表处所;"亚父愤心撞玉斗""谪仙狂兴典银龟"都是主谓结构。

【译文】

衰与盛相对,密与稀相对。

祭祀的礼服和上朝的服装相对。

鸡窗和雁塔相对,秋榜和春试相对。

乌衣巷,燕子矶。

长久离别与刚刚归来相对。

天然的姿容窈窕动人,圣人的德行光照四方。

天上的蟠桃由西王母送到了汉武帝的宫殿,岭南的荔枝快马加鞭地进献给贵妃杨玉环。

灞上的军营之中,忠心耿耿的亚父范增气愤地撞破了刘邦送的玉斗;长安的酒市之上,狂放不羁的谪仙李白解下银龟换酒与贺知章共饮。

六 鱼

【题解】

"鱼"是"平水韵"中上平声的第六韵部。

"鱼"在《广韵》中作"语居切",平声,鱼韵。

《笠翁对韵》这一节所用的韵脚字有榆、裾、蕖、如、庐、虚、书、舒、余、除、锄、愚、闾、车、驴、疏、苴、纡、舆、沮、妤、渔等22个,《声律启蒙》用了虚、书、车、驴、鱼、如、徐、裾、渠、舒、墟、梳、居等13字。两本书都用到的字有裾、如、虚、书、舒、车、驴等7个;《笠翁对韵》用了而《声律启蒙》没用到的有榆、蕖、庐、余、除、锄、愚、闾、疏、苴、纡、舆、沮、妤、渔等15字,《声律启蒙》用了而《笠翁对韵》没有用的有鱼、徐、渠、墟、梳、居等6字。《笠翁对韵》中用到的榆、愚、纡3字实际属于"七虞"韵部。

其一

羹对饭,柳对榆①。

短袖对长裾②。

鸡冠对凤尾,芍药对芙蕖③。

周有若,汉相如④。

王屋对匡庐⑤。

月明山寺远,风细水亭虚⑥。

壮士腰间三尺剑,男儿腹内五车书⑦。

疏影暗香,和靖孤山梅蕊放;轻阴清昼,渊明旧宅柳条舒⑧。

【注释】

①羹(gēng)对饭，柳对榆：羹，用肉类或菜蔬等制成的带浓汁的食物。《左传·隐公元年》："公赐之食，食舍肉。公问之，对曰：'小人有母，皆尝小人之食矣。未尝君之羹，请以遗之。'"这个例子说明早期的"羹"也称为"肉"，一般指带汁的肉。平仄上，"羹"是平，"饭"是仄；"柳"是仄，"榆"是平。语法上，四个词语都是名词。

②短袖对长裾(jū)：裾，衣服的前后襟，亦泛指衣服的前后部分。平仄上，"短袖"是仄仄，"长裾"是平平。语法上，两个词语都是定中结构。

③鸡冠(guān)对凤尾，芍药对芙蕖(qú)：鸡冠，指雄鸡头上的肉冠，也指草本植物名，有鸡冠花，花状如鸡首之肉冠；凤尾，凤凰的尾羽，也是一种竹名，凤尾竹。平仄上，"鸡冠"是平平，"凤尾"是仄仄；"芍药"是仄仄，"芙蕖"是平平。芍，《广韵》作"市若切"，入声。语法上，四个词语都是植物名词，其中"鸡冠""凤尾"都是定中结构，"芍药""芙蕖"都是联绵词。

④周有若，汉相如：周、汉是指朝代名。有若，春秋时期孔子的弟子，《论语》中又称之为"有子"，《论语·学而》："有子曰：'其为人也孝弟，而好犯上者，鲜矣！不好犯上，而好作乱者，未之有也。君子务本，本立而道生。孝弟也者，其为仁之本与！'"相如，指汉赋大家司马相如，其代表作有《子虚赋》《上林赋》等。平仄上，"周有若"是平仄仄，"汉相如"仄平平。"相"在《广韵》有"息亮""息良"二切，前者是去声，后者是平声，此处读后者为宜。语法上，二者都是定中结构。

⑤王屋对匡(kuāng)庐：王屋，山名，在山西阳城、垣曲两县之间。山有三重，其状如屋，故名。匡庐，也是山名，即庐山，相传殷、周之际有匡俗兄弟七人结庐于此，故称。平仄上，"王屋"是平仄，

"匡庐"是平平。"屋"《广韵》作"乌谷切",入声。语法上,都是名词。

⑥月明山寺远,风细水亭虚:"月明"与"风细"相对,或出自宋柳永的词作,他喜欢将二者并提,比如《醉蓬莱》中的"太液波翻,披香帘卷,月明风细",或《爪茉莉》中的"深院静,月明风细"。"山寺""水亭"也经常并提,比如唐杜荀鹤《送人归沺上》中的"莫道南来总无利,水亭山寺二年吟"。水亭,水边的亭子。虚,指显得空旷清凉。平仄上,"月明山寺远"是仄平平仄仄,"风细水亭虚"是平仄仄平平。语法上,"月明"与"风细"相对,都是主谓结构,描摹"山寺""水亭"所处的自然环境。"山寺远""水亭虚",也是主谓结构。

⑦壮士腰间三尺剑,男儿腹内五车书:三尺剑,《史记·高祖本纪》载:"高祖击布时,为流矢所中,行道病。病甚,吕后迎良医,医入见,高祖问医,医曰:'病可治。'于是高祖嫚骂之曰:'吾以布衣提三尺剑取天下,此非天命乎? 命乃在天,虽扁鹊何益!'遂不使治病,赐金五十斤罢之。"这里"以布衣提三尺剑取天下",指的是刘邦斩白蛇的故事。五车书,《庄子·天下》说"惠施多方,其书五车",后用以形容读书多,学问渊博。平仄上,上联是仄仄平平平仄仄,下联是平平仄仄仄平平。语法上,两句都是主谓结构:主语"壮士腰间""男儿腹内"表处所,谓语是"三尺剑""五车书"。两句都省略了动词"悬挂""藏有"一类的词语。

⑧疏影暗香,和靖孤山梅蕊放;轻阴清昼,渊明旧宅柳条舒:上联说的是宋代隐逸诗人林逋的故事。和靖,是林逋的谥号。林逋隐居西湖孤山,终生不娶,喜欢种梅养鹤,自谓"以梅为妻,以鹤为子",人称"梅妻鹤子"。"疏影暗香"就是出自林逋《山园小梅》诗中的"疏影横斜水清浅,暗香浮动月黄昏"。下联说的是东晋隐逸诗人陶渊明的典故。陶渊明,又名陶潜,字元亮,私谥"靖节"。

陶渊明有《五柳先生传》曰"先生不知何许人也,亦不详其姓字。宅边有五柳树,因以为号焉"。其《归园田居》其一也说"榆柳荫后园,桃李罗堂前",故下联曰"旧宅柳条舒"。轻阴,疏淡的树荫,与"浓荫"相对。清昼,白天,唐李白《秦女休行》"手挥白杨刀,清昼杀仇家"。平仄上,上联是平仄仄平,平仄平平平仄仄;下联是平平平仄,平平仄仄仄平平。"宅"《广韵》作"场伯切",入声。语法上,上下联都是由一个表解释、说明的句子组成的,"疏影暗香"乃"和靖孤山"的梅蕊在绽放,"轻阴清昼"正因"渊明旧宅"的柳条在舒展。"疏影暗香""轻阴清昼"都是并列结构,"和靖孤山梅蕊放""渊明旧宅柳条舒"都是主谓结构。

【译文】

羹和饭相对,柳和榆相对。

短袖和长襟相对。

鸡冠花和凤尾竹相对,芍药与荷花相对。

周代之有若,汉朝之相如。

王屋山和匡庐山相对。

明净的月色映照下,山寺显得缥缈遥远;细细的清风吹拂中,水亭多么凉爽怡人。

壮士腰间挂着三尺长剑,男儿腹内藏有五车诗书。

枝影稀疏,香气清幽,这是林和靖隐居在孤山所种的梅花在绽放;树荫轻淡,昼日清凉,这是陶渊明旧居的宅院所栽的柳条在舒展。

其二

吾对汝,尔对余①。

选授对升除②。

书箱对药柜,耒耜对櫌锄③。

参虽鲁,回不愚④。

阀阅对阎闾⑤。

诸侯千乘国,命妇七香车⑥。

穿云采药闻仙女,踏雪寻梅策蹇驴⑦。

玉兔金乌,二气精灵为日月;洛龟河马,五行生克在图书⑧。

【注释】

①吾对汝,尔对余:吾、余,"我"的意思;汝、尔,相当于今天的"你"。平仄上,"吾""余"是平声;"汝""尔"是仄声。语法上,吾、余,第一人称代词;汝、尔,第二人称代词。

②选授对升除:选授,经过选定授以官职。升除,升迁就任新的官职。平仄上,"选授"是仄仄,"升除"是平平。语法上,两个词语都是动词,并列结构。

③书箱对药柜,耒耜(lěi sì)对耰(yōu)锄:书箱,琅嬛阁藏本作"书橱",今本多作"书箱",二者皆可。耒、耜,皆为古代耕地翻土的农具,《周易·系辞下》"神农氏作,斫木为耜,揉木为耒"。耰锄,犹锄耰,泛指农具;耰,古代弄碎土块、平整土地的农具;锄,松土和除草用的农具。宋王安石《独卧》:"谁有锄耰不自操,可怜园地满蓬蒿。"平仄上,"书箱""耰锄"皆是平平,"药柜""耒耜"都是仄仄。语法上,"书箱""药柜"都是定中结构;"耒耜""耰锄"都是由农具名词组成的并列结构。

④参虽鲁,回不愚:参、回,指孔子弟子曾参、颜回,两句皆化用《论语》里的话。《论语·先进》有"柴也愚,参也鲁,师也辟,由也喭",《论语·为政》有"吾与回言终日,不违,如愚,退而省其私,亦足以发。回也不愚",皆为孔子对弟子的评价。平仄上,"参虽鲁"是平平仄,"回不愚"是平仄平。语法上,两句皆是主谓结构。

⑤阀阅对阎闾：阀、阅，仕宦人家自叙功状而树立在门外的柱子，《玉篇·门部》"在左曰阀，在右曰阅"；也可以指功绩、功业，引申为祖先有功业的世家、巨室，如宋苏轼《答曾学士启》"而况圭璋之质，近生阀阅之家。固宜首膺窠寀之求，于以助成肃雍之化"。阎、闾，指里巷内外的门，"阎"是里巷的内门，"闾"是里巷的大门；后引申为平民，如《资治通鉴·陈纪·长城公下》"（陈叔宝）恣溪壑之欲，劫夺阎闾，资产俱竭，驱逼内外，劳役弗已"。可见，"阀阅""阎闾"，在表世家和平民的意义上，正好相对。平仄上，"阀阅"是仄仄，"阎闾"是平平；阀，《广韵》"房越切"，入声。语法上，两个词语都是名词，且都是同义并列结构。

⑥诸侯千乘(shèng)国，命妇七香车：诸侯，古代帝王所分封的各国君主。千乘，古以一车四马为一乘，千乘指的是一千辆兵车；千乘国，指的是拥有千乘兵车的国家，春秋末期以后，千乘之国指中等或较小的国家。《论语·先进》中，子路谈自己的志向时说："千乘之国，摄乎大国之间，加之以师旅，因之以饥馑；由也为之，比及三年，可使有勇，且知方也。"子路认为如果让自己管理拥有千辆兵车的国家，两边是大国的威逼，还有战争和饥荒的双重重压，他也可以在三年之后，让百姓懂得勇敢和礼义。命妇，根据《汉语大词典》，指的是封建时代受封号的妇人，在宫廷中则妃嫔等称为内命妇，在宫廷外则臣下之母妻称为外命妇。七香车，指的是用多种香料涂饰或用多种香木制作的车，亦泛指华美的车，多为贵族妇女乘坐，唐卢照邻《长安古意》有"长安大道连狭斜，青牛白马七香车"。平仄上，上联是平平平仄仄，下联是仄仄仄平平。"国"《广韵》作"古或切"，入声；"七"《广韵》作"亲吉切"，入声。语法上，两句都是定中结构。

⑦穿云采药闻仙女，踏雪寻梅策蹇(jiǎn)驴：穿云采药闻仙女，典故出自《太平御览》所引《幽明录》："汉明帝永平五年，剡县刘晨、阮

肇共入天台山取谷皮，迷不得返。经十余日，粮食乏尽，饥馁殆死。……至暮，令各就一帐宿，女往就之，言声清婉，令人忘忧。至十日后，欲求还去，女云：'君已来此，乃宿福所招，与仙女交接，流俗何所乐哉。'遂住半年，天气常如二三月。晨、肇求归不已。女仍仙主，女子有三十人集会奏乐，共送刘、阮，指示还路。既出，亲旧零落，邑屋全异，无复相识，问得七世孙，传闻上世入山，迷不得归。"讲的是汉明帝永平五年，剡县刘晨、阮肇二人入天台山采摘谷皮，结果迷了路，遇到了两位仙女，与二人欢好。十天后，二人求归，仙女劝告他们，说与仙女结合，是尘俗之人无法享受的快乐。后二人极力恳求，终得返归人间。回到家，发现家中已传至七世孙了。踏雪寻梅，原本出自宋孙光宪的《北梦琐言》卷七："或曰：'相国近有新诗否？'对曰：'诗思在灞桥风雪中驴子上，此处何以得之。'"说的是唐诗人郑綮的典故。他担任相国的时候，有人问他最近有没有新诗，他回答说自己写诗的灵感在灞桥风雪中的驴背上。明末清初张岱的《夜航船·天文部》则将这个故事张冠李戴到了唐朝另一位诗人孟浩然身上。策，本指驱赶骡马役畜的鞭棒，此指用鞭棒驱赶。蹇驴，指跛足驽弱的驴子。平仄上，上联为平平仄仄平平仄，下联为仄仄平平仄仄平。语法上，"穿云采药""踏雪寻梅"都是连谓结构，"闻仙女""策蹇驴"都是动宾结构。

⑧玉兔金乌，二气精灵为日月；洛龟河马，五行生克在图书：玉兔，相传月中有兔，为嫦娥所养，所以古人用它来作为月亮的代称；金乌，古代神话传说太阳中有三足乌名金乌，因此古人用金乌来代指太阳。唐韩琮《春愁》诗："金乌长飞玉兔走，青鬓长青古无有。"二气，阴气和阳气，《周易·咸》"二气感应以相与"。古人认为万物都由阴阳二气所化，其中日月则是二气的精华：日，《说文解字》解释说"日，实也。太阳之精不亏"，所以日叫太阳；月，《说文解字》释为"月，阙也，太阴之精"，所以月亮叫太阴。洛龟，传

说中大禹治水时,自洛水而出、背负洛书的神龟;洛,洛水。河马,又作"河龙",古代传说中的黄河龙马;河,古代特指黄河。"洛龟"与"河马"经常相提并论,如唐黄滔《泉州开元寺佛殿碑记》"洛龟河龙,文有生而不文无生",明李贽《方竹图卷文》"龙马负图,洛龟呈瑞"。五行,古人认为世界由金、木、水、火、土五种元素构成,《尚书·洪范》:"五行:一曰水,二曰火,三曰木,四曰金,五曰土。水曰润下,火曰炎上,木曰曲直,金曰从革,土爰稼穑。润下作咸,炎上作苦,曲直作酸,从革作辛,稼穑作甘。"五行生克,古人认为五者之间既相生又相克:相生,即木生火,火生土,土生金,金生水,水生木;相克,则为水克火,火克金,金克木,木克土,土克水。据说先天五行顺序"金、水、木、火、土"来自河图;后天五行顺序"金、木、水、火、土"来自洛书。平仄上,上联为仄仄平平,仄仄平平仄仄;下联为仄平平仄,仄平平仄仄平平。语法上,"玉兔金乌""洛龟河马"是两个名词性的并列结构,"二气精灵为日月""五行生克在图书"两句都是主谓结构。

【译文】

吾和汝相对,尔和余相对。

选拔贤才授予官职和除去旧职授予新职相对。

书箱和药柜相对,翻土的农具和平土的农具相对。

曾参虽然鲁钝,颜回并不愚笨。

世家大户和平民百姓相对。

诸侯中有千乘之国,命妇家有七香之车。

刘晨和阮肇上山采药遇仙女,孟浩然骑着寒驴踏雪寻梅花。

月亮和太阳,乃由天地阴阳二气的精华所化成;洛书与河图,是两本有关五行相生相克的图书。

其三

欹对正,密对疏[①]。

囊橐对苞苴②。

罗浮对壶峤，水曲对山纡③。

骖鹤驾，侍鸾舆④。

桀溺对长沮⑤。

搏虎卞庄子，当熊冯婕妤⑥。

南阳高士吟梁父，西蜀才人赋子虚⑦。

三径风光，白石黄花供杖履；五湖烟景，青山绿水任樵渔⑧。

【注释】

①敧（qī）对正，密对疏：敧，歪斜、倾斜的意思，与"正"意思相反，《荀子·宥坐》有"吾闻宥坐之器者，虚则敧，中则正，满则覆"。平仄上，"敧"和"疏"是平声，"正"和"密"是仄声。语法上，"敧""正"与"密""疏"是两组反义形容词。

②囊橐（tuó）对苞苴（jū）：囊橐，泛指袋子，《诗经·大雅·公刘》"迺裹糇粮，于橐于囊"，毛亨传"小曰橐，大曰囊"，郑玄笺"乃裹粮食于橐囊之中"。苞苴，"苞"通"包"，二者都有包裹的意思；也可指蒲包，用苇或茅编织成的包裹鱼肉之类食品的用具，《礼记·少仪》"笏、书、修、苞苴……其执之，皆尚左手"，郑玄注"谓编束萑苇以裹鱼肉也"。平仄上，"囊橐"是平仄，"苞苴"是平平。橐，《广韵》"他各切"，入声。语法上，二者都是名词，其内部都是并列结构。

③罗浮对壶峤，水曲对山纡（yū）：罗浮，山名，在广东，是罗山与浮山相合而成，《后汉书》南朝梁刘昭代注"有浮山，自会稽浮来，傅于罗山，故置傅罗县"；晋葛洪曾在此山修道，道教称为"第七洞天"，宋苏轼《食荔枝》有"罗浮山下四时春，卢橘杨梅次第新"的

诗句。壶峤,据《汉语大词典》,传说中仙山方壶、员峤的并称,清赵翼《题吴并山中翰青崖放鹿图》诗有"从此相随戏壶峤,君骑白鹿我青牛";峤,读 jiào 或 qiáo,按《广韵》"峤"作"渠庙切",去声。曲、纤,都是屈曲、曲折的意思。平仄上,"罗浮"是平平,"壶峤"是平仄;"水曲"是仄仄,"山纤"是平平。曲,《广韵》"丘玉切",入声。语法上,"罗浮"与"壶峤"都是名词,都是山名并列而成;"水曲""山纤"都是主谓结构。

④骖(cān)鹤驾,侍鸾舆:骖,此处是乘、驾驭的意思,《楚辞·九章·涉江》"驾青虬兮骖白螭,吾与重华游兮瑶之圃"。鹤驾,典出《列仙传·王子乔》:"王子乔者,周灵王太子晋也。好吹笙,作凤凰鸣。游伊、洛之间,道士浮丘公接以上嵩高山,三十余年,后求之于山上,见桓良曰:'告我家,七月七日待我于缑氏山巅。'至时,果乘白鹤驻山头,望之,不得到。举手谢时人,数日而去。亦立祠于缑氏山下,及嵩高首焉。"王子乔是周灵王的太子,喜欢吹笙,能吹出凤凰的鸣叫声。道士浮丘公把他接到嵩高山上,后来王子乔见到桓良,让他转告家里人七月七日在缑氏山上相见。到了七月七日,王子乔果然乘着白鹤在山头停留,家人只能远望,不能触及。王子乔过了几天才离去。后人因称太子的车驾为鹤驾。侍鸾舆,今本多作"待鸾舆",当因形近而误。侍,侍奉的意思。鸾舆,天子所乘坐的法驾,汉班固《西都赋》"于是乘鸾舆,备法驾,帅群臣,披飞廉,入苑门"。"鹤驾""鸾舆/鸾车"经常并提,如唐吕岩《赠刘方处士》有"鸾车鹤驾逐云飞,迢迢瑶池应易到"等。平仄上,"骖鹤驾"是平仄仄,"侍鸾舆"是仄平平。语法上,两个词语都是动宾结构。

⑤桀(jié)溺对长沮:桀溺、长沮,《论语·微子》中提到的两位隐士之名:"长沮、桀溺耦而耕。孔子过之,使子路问津焉。"平仄上,"桀溺"是仄仄,"长沮"是平平;"桀"《广韵》作"渠列切",入声。

语法上,都是指人的专有名词。

⑥搏虎卞庄子,当熊冯婕妤:上联是有关卞庄刺虎的典故,《史记·张仪列传》载:"亦尝有以夫卞庄子刺虎闻于王者乎?庄子欲刺虎,馆竖子止之,曰:'两虎方且食牛,食甘必争,争则必斗,斗则大者伤,小者死,从伤而刺之,一举必有双虎之名。'卞庄子以为然,立须之。有顷,两虎果斗,大者伤,小者死。庄子从伤者而刺之,一举果有双虎之功。"卞庄子,春秋时鲁国的大夫,著名勇士,食邑于卞,谥"庄","子"是对男子的美称。他想要去杀老虎,馆竖子跟他说:"两只老虎正在吃牛,它们一定会为了争食打起来,必然大的受伤,小的被咬死,到时候再趁机下手去杀受伤的老虎,不就可以一举而得了吗?"卞庄子听从了他的意见,果然一举两得。下联典出《汉书·外戚传》:"建昭中,上幸虎圈斗兽,后宫皆坐。熊佚出圈,攀槛欲上殿。左右贵人傅昭仪等皆惊走,冯婕妤直前当熊而立,左右格杀熊。上问:'人情惊惧,何故前当熊?'婕妤对曰:'猛兽得人而止,妾恐熊至御坐,故以身当之。'元帝嗟叹,以此倍敬重焉。"婕妤,宫中女官名,汉武帝时始置。汉元帝时,有一次看斗兽,有一只熊跑出了兽圈,想要爬到皇帝所在的殿上。众人都吓得大惊失色,只有冯婕妤冲在元帝前面挡着。左右护卫杀死了熊之后,元帝问她:"别人都怕得要命,为什么你还能挡在熊的前面呢?"婕妤说:"熊只要抓到一个人就会停下来。我担心熊伤害您,所以用身体挡在您前面让它抓。"元帝对她更加敬重。平仄上,上联是仄仄仄平仄,下联是平平平仄平。搏,《广韵》"补合切",入声;婕,《广韵》"即叶切",入声。语法上,"搏虎"对"当熊",都是动宾结构;"卞庄子""冯婕妤"是人名相对,说明"搏虎""当熊"乃由此二人所为。

⑦南阳高士吟梁父(fǔ),西蜀才人赋子虚:上联说的是三国蜀相诸葛亮的典故,《三国志·蜀书·诸葛亮传》载:"诸葛亮字孔明,琅

珥阳都人也。汉司隶校尉诸葛丰后也。父珪,字君贡,汉末为太山郡丞。亮早孤,从父玄为袁术所署豫章太守,玄将亮及亮弟均之官。会汉朝更选朱皓代玄。玄素与荆州牧刘表有旧,往依之。玄卒,亮躬耕陇亩,好为《梁父吟》。”南阳,地名,诸葛亮的《前出师表》有“臣本布衣,躬耕于南阳,苟全性命于乱世,不求闻达于诸侯”的话。高士,指的是德行高尚而隐居不仕的君子,此指诸葛亮;《梁父吟》又作《梁甫吟》,“父”“甫”义同,都是对男子的美称,读上声。诸葛亮曾隐居南阳,耕种于田亩之间,喜欢吟诵《梁父吟》。下联说的是西汉文学家司马相如的典故。据《史记·司马相如列传》载,司马相如的《子虚赋》是假借子虚、乌有、无是公三人的问答,讽刺帝王的骄奢淫逸。“居久之,蜀人杨得意为狗监,侍上。上读《子虚赋》而善之,曰:‘朕独不得与此人同时哉!’得意曰:‘臣邑人司马相如自言为此赋。’上惊,乃召问相如。”汉武帝读了司马相如的《子虚赋》,憾恨自己不能与作者同时。司马相如的同乡杨得意趁机举荐了他,司马相如这才见到了汉武帝。西蜀,今四川,古为蜀地而在西方,故称。才人,有才之人,这里指司马相如。平仄上,上联是平平平仄平平仄,下联是平仄平平仄仄平。语法上,二者都是主谓结构。

⑧三径风光,白石黄花供杖履;五湖烟景,青山绿水任樵渔:上联的典故出自东晋隐逸诗人陶渊明,其《归去来兮辞》有“三径就荒,松菊犹存”,“策扶老以流憩,时矫首而遐观”,“怀良辰以孤往,或植杖而耘籽”的话。黄花,即菊花,陶渊明酷爱菊花,其《饮酒》其五有“采菊东篱下,悠然见南山”的诗句;故而李清照《醉花阴》有“东篱把酒黄昏后”“人比黄花瘦”;称菊花为黄花。杖,木棍,可用于拐杖。履,鞋子。五湖烟景,此处用的是春秋末期越王勾践的谋士范蠡的典故。范蠡曾帮助越王勾践复仇,打败吴国,后辞官归隐,根据《吴越春秋》载,“(越王勾践)二十四年九月丁未,范

蠡辞于王……乃乘扁舟,出三江,入五湖,人莫知其所适"。故唐崔涂《春夕》有"自是不归归便得,五湖烟景有谁争"。任樵渔,今本多作"在樵渔","在樵渔"语义不通,且一"任"字更能突显自在逍遥的闲适状态,当以"任"为是。樵渔,打柴、打鱼,也可指樵夫和渔夫。平仄上,上联是平仄平平,仄仄平平平仄仄;下联是仄平平仄,平平仄仄仄平平。白,《广韵》"傍陌切",入声;石,《广韵》"常隻切",入声;供,在《广韵》中有"居用""九容"二切,此处当读平声。语法上,"三径风光""五湖烟景"两个定中结构相对。"白石黄花供杖履""青山绿水任樵渔"都是主谓结构:主语"白石黄花""青山绿水"都是并列结构,谓语"供杖履""任樵渔"都是动宾结构。

【译文】

斜和正相对,密和疏相对。

口袋和包裹相对。

罗浮山和壶峤山相对,水路弯曲和山路迂回相对。

驾着太子的鹤车,陪侍天子的鸾舆。

桀溺和长沮相对。

与虎搏斗的卞庄子,以身挡熊的冯婕好。

南阳高士诸葛孔明好吟唱《梁父吟》,西蜀才人司马相如能赋诵《子虚赋》。

隐居的陶潜拄着杖漫步于白石菊花之间,欣赏着田间的三径风光;辞官的范蠡驾着船逍遥于青山绿水之中,享受着渔父樵夫的生活。

七　虞

【题解】

"虞"是"平水韵"中上平声的第七韵部。

"虞"在《广韵》中作"遇俱切",平声,虞韵。

　　《笠翁对韵》这一节用到的韵脚字有无、壶、都、鸪、湖、疏、吴、沽、蔬、枯、珠、梳、孤、奴、凫、垆、锄、蒲、符、呼、图等 21 个，《声律启蒙》用到的有珠、乌、凫、朱、沽、愚、壶、雏、厨、梧、垆（炉）、株、吴、夫、榆、晡、狐、须、都、衢等 20 个。其中壶、都、吴、沽、珠、凫、垆 7 个字是两本书都用到的；仅《笠翁对韵》用到的有无、鸪、湖、疏、蔬、枯、梳、孤、奴、锄、蒲、符、呼、图等 14 个字，仅《声律启蒙》用到的有乌、朱、愚、雏、厨、梧、株、夫、榆、晡、狐、须、衢等 13 个字。《笠翁对韵》中用到的疏、蔬、梳、锄皆属于"六鱼"韵部。

其一

　　红对白，有对无①。

　　布谷对提壶②。

　　毛锥对羽扇，天阙对皇都③。

　　谢蝴蝶，郑鹧鸪④。

　　蹈海对归湖⑤。

　　花肥春雨润，竹瘦晚风疏⑥。

　　麦饭豆糜终创汉，莼羹鲈脍竟归吴⑦。

　　琴调轻弹，杨柳月中潜去听；酒旗斜挂，杏花村里共来沽⑧。

【注释】

①红对白，有对无：红、白，两个都是颜色词，常用来借指桃花、梨花，唐韩愈《寒食日出游》"迤逦又见桃与梨，交开红白如争竞"；又用来借指人事上的喜事和丧事，俗称红白喜事。二者常常用于表示对立的意义。平仄上，"红"和"无"都是平；"白"和"有"都是仄。白，《广韵》"傍陌切"，入声。语法上，"红""白"是颜色名

词相对,"有""无"是动词相对。

②布谷对提壶:布谷,鸟名,又名"勃姑""拨谷""获谷""击谷""鸤鸠""桑鸠"等,因为它的叫声像"布谷",又是在播种的时候鸣叫,所以被人们称为劝耕之鸟,唐杜甫《洗兵行》"田家望望惜雨干,布谷处处催春种"。提壶,也是鸟名,又叫"提壶芦""鹈鹕"等,"提壶"也是模拟其叫声,也因为其名称的缘故,古人认为它可以劝人饮酒,唐李频《送陆肱归吴兴》"劝酒提壶鸟,乘舟震泽人"。"布谷"和"提壶"也常并列,明汤显祖《牡丹亭·劝农》"提壶叫,布谷喳"。平仄上,"布谷"是仄仄,"提壶"是平平。语法上,"布谷""提壶"本为指鸟的名词,皆为联绵词;但作者亦从二者的字面意思着眼,则二者又谐"布谷劝农""提壶劝酒"之意,从这个角度看,又皆可分析为动宾结构。可见,此联从字音字义、表面结构、词性类别各个角度看,皆对仗工整,颇见巧思。

③毛锥对羽扇,天阙对皇都:毛锥,即毛锥子,毛笔的别称,因其形如锥,束毛而成,故名。《旧五代史·史弘肇传》:"弘肇又厉声言曰:'安朝廷,定祸乱,直须长枪大剑,至如毛锥子,焉足用哉!'"羽扇,用长羽毛制成的扇子,宋苏轼《念奴娇·赤壁怀古》"遥想公瑾当年,小乔初嫁了,雄姿英发。羽扇纶巾,谈笑间,樯橹灰飞烟灭"。天阙,天上的宫阙或天子的宫阙,亦指朝廷或京都。皇都,京城、国都。平仄上,"毛锥"是平平,"羽扇"是仄仄;"天阙"是平仄,"皇都"是平平。"阙"《广韵》作"去月切",入声。语法上,两组都是定中结构。

④谢蝴蝶,郑鹧(zhè)鸪:谢蝴蝶,北宋诗人谢逸的别号,江西诗派的重要代表,宋魏庆之《诗人玉屑》载:"谢学士吟蝴蝶诗三百首,人呼为'谢蝴蝶'。其间绝有佳句,如'狂随柳絮有时见,舞入梨花何处寻',又曰'江天春晚暖风细,相逐卖花人过桥'。古诗有'陌上斜飞去,花间倒翅回',又云'身似何郎全傅粉,心如韩寿爱

偷香'。终不若谢句意深远。"因为谢逸曾作三百多首蝴蝶诗,时有佳句,故被时人称为"谢蝴蝶"。郑鹧鸪,指唐代诗人郑谷,《唐才子传》卷九载:"谷字守愚,袁州宜春人。父史,开成中为永州刺史。谷幼颖悟绝伦,七岁能诗。司空侍郎图与史同院,见而奇之,问曰:'予诗有病否?'曰:'大夫《曲江晚望》云:"村南斜日闲回首,一对鸳鸯落渡头。"此意深矣。'图拊谷背曰:'当为一代风骚主也。'光启三年,右丞柳玭下第进士,授京兆鄠县尉,迁右拾遗、补阙。乾宁四年,为都官郎中,诗家称'郑都官'。又尝赋《鹧鸪》警绝,复称'郑鹧鸪'云。"郑谷年少时即有才名,诗歌评论家司空图一见之下,就说他"当为一代风骚主"。因为其《鹧鸪》诗非常有名,故人称"郑鹧鸪"。平仄上,"谢蝴蝶"是仄平仄,"郑鹧鸪"是仄仄平。蝶,《广韵》"徒协切",入声。语法上,人物名号相对,都是名词。对仗工整。

⑤蹈海对归湖:蹈海,投海自尽。《史记·鲁仲连邹阳列传》中鲁仲连奉劝辛垣衍不要奉秦为帝,说:"彼秦者,弃礼义而上首功之国也,权使其士,虏使其民。彼即肆然而为帝,过而为政于天下,则连有蹈东海而死耳,吾不忍为之民也。"《晋书·甘卓传》亦曰:"昔鲁连匹夫,犹怀蹈海之志,况受任方伯,位同体国者乎。"后来就用鲁仲连蹈海之志来比喻宁死不屈的气节。归湖,指范蠡的故事。据《吴地记》载:"县南一百里有语儿亭,勾践令范蠡取西施以献夫差,西施于路与范蠡潜通,三年始达于吴,遂生一子。至此亭,其子一岁,能言,因名语儿亭。《越绝书》曰:'西施亡吴国后,复归范蠡,同泛五湖而去。'"传说越王勾践让范蠡选取越女西施献给吴王夫差,让他沉溺于美色之中一蹶不振。但范蠡却爱上了西施,吴国被越国所灭后,范蠡携西施归隐而去,泛舟五湖之中。平仄上,"蹈海"是仄仄,"归湖"是平平。语法上,二词都是动宾结构。

⑥花肥春雨润,竹瘦晚风疏:上联所描绘的是一幅雨后花朵饱满滋

润的景象,古人的很多诗句中都有类似的意境描写,比如唐杜甫《春夜喜雨》的"好雨知时节,当春乃发生。随风潜入夜,润物细无声。……晓看红湿处,花重锦官城",唐韩愈《山石》的"升堂坐阶新雨足,芭蕉叶大支子(栀子)肥",以及宋李清照《如梦令》"昨夜雨疏风骤。浓睡不消残酒。……知否?知否?应是绿肥红瘦"。用"肥""重"等来形容雨水滋润后花瓣吸饱了水的样子,非常生动。竹瘦,在文人笔下,竹子显得非常清瘦,成为有节操、有骨气的象征,如宋辛弃疾《清平乐》"眉里阴功早见,十分竹瘦松坚"。明洪自诚《菜根谭》"风来疏竹,风过而竹不留声;雁渡寒潭,雁去而潭不留影","疏"用于使动,表示风的吹拂使得竹叶稀疏,让竹子显得更瘦了,这应该就是下联"竹瘦晚风疏"的典故来源。平仄上,上联是平平平仄仄,下联是仄仄仄平平。"竹"《广韵》作"张六切",入声。语法上,上下联皆由因果复句构成,表达"花肥只因春雨润,竹瘦皆因晚风疏"的含义。"花肥""竹瘦"都是主谓结构,表结果;"春雨润""晚风疏"也是主谓结构,表原因。

⑦麦饭豆糜(mí)终创汉,莼羹鲈脍(kuài)竟归吴:上联的典故是指汉光武帝刘秀兵败时,冯异献豆糜麦饭的故事。《后汉书·冯异传》载"光武对灶燎衣,异复进麦饭、菟肩",又载曰:"诏曰:'仓卒无蒌亭豆粥,滹沱河麦饭,厚意久不报。'异稽首谢曰:'臣闻管仲谓桓公曰:"愿君无忘射钩,臣无忘槛车。"齐国赖之。臣今亦愿国家无忘河北之难,小臣不敢忘巾车之恩。'"麦饭,磨碎的麦煮成的饭。豆糜,用豆煮成的粥。麦饭、豆糜皆指农夫野人所吃的饭菜,形容刘秀当时条件极为艰苦,而冯异劝他不要放弃,也不要忘记艰难时日。刘秀后来终于渡过难关,创建了东汉王朝。下联之典出自《世说新语·识鉴》:"张季鹰(张翰,字季鹰)辟齐王东曹掾,在洛,见秋风起,因思吴中菰菜羹、鲈鱼脍,曰:'人生贵得适意尔,何能羁宦数千里以要名爵?'遂命驾便归。俄而齐

王败,时人皆谓为见机。"莼羹,琅环阁藏本作"蓴羹",义同,莼菜做的羹。鲈脍,亦作"鲈鲙",鲈鱼脍。张翰大概是察觉齐王将败,于是找了个思乡的借口辞官而去。后人以此作为辞官归乡的典故。平仄上,上联是仄仄仄平平仄仄,下联是平平平仄仄平平。语法上,前者表示后者的方式和手段。此两句主语省略,意思大致如下:(刘秀)(凭借)麦饭豆糜终创汉;(张翰)(假托)莼羹鲈脍竟归吴。"麦饭豆糜""莼羹鲈脍"相对,都是名词性并列结构;"终创汉""竟归吴"相对,都是状中结构。

⑧琴调轻弹,杨柳月中潜去听;酒旗斜挂,杏花村里共来沽:上联所叙之事,古代文献多有类似的记录,《史记·司马相如列传》载:"酒酣,临邛令前奏琴曰:'窃闻长卿好之,愿以自娱。'相如辞谢,为鼓一再行。是时卓王孙有女文君新寡,好音,故相如缪与令相重,而以琴心挑之。相如之临邛,从车骑,雍容闲雅甚都;及饮卓氏,弄琴,文君窃从户窥之,心悦而好之,恐不得当也。"叙述了司马相如鼓琴,而卓文君偷听,从而芳心暗许的故事。《后汉书·蔡邕传》亦载"客有弹琴于屏,邕至门试潜听之"。潜,秘密地,暗暗地。下联典出唐杜牧的《清明》"借问酒家何处有,牧童遥指杏花村",以及宋刘过《村店》"一坞闹红春欲动,酒帘正在杏花西"。平仄上,上联是平仄平平,平仄仄平平仄仄;下联是仄平平仄,仄平平仄仄平平。听,《广韵》有平、去两个读音,皆有"聆也"之义,此当读去声。语法上,"琴调轻弹""酒旗斜挂"两个相对,都是主谓结构,主语是动作的受事。"杨柳月中潜去听""杏花村里共来沽"都是状中结构,"杨柳月中""杏花村里"充当地点状语,两句的主语都是人,省略。

【译文】

红和白相对,有和无相对。

布谷鸟与提壶鸟相对。

　　毛笔和羽扇相对,天宫和皇城相对。

　　善于作蝴蝶诗的谢逸,以鹧鸪诗著称的郑谷。

　　蹈海不屈与归湖隐居相对。

　　花瓣肥重只因春雨的滋润,竹身清瘦因为晚风的吹拂。

　　刘秀凭借麦饭豆糜渡过难关,终究创立了东汉王朝;张翰假托思念家乡莼羹鲈脍,最终弃官回到了吴地。

　　明月下琴声悠扬,有人在柳树下暗暗聆听;杏花村酒旗斜挂,大家打酒回来慢慢品尝。

其二

　　罗对绮,茗对蔬①。

　　柏秀对松枯②。

　　中元对上巳,返璧对还珠③。

　　云梦泽,洞庭湖④。

　　玉烛对冰壶⑤。

　　苍头犀角带,绿鬓象牙梳⑥。

　　松阴白鹤声相应,镜里青鸾影不孤⑦。

　　竹户半开,对牖未知人在否;柴关深闭,停车还有客来无⑧。

【注释】

　　①罗对绮(qǐ),茗(míng)对蔬:罗,轻软有稀孔的丝织品;绮,有文彩的丝织品。古代经常"罗""绮"并称,宋张俞《蚕妇》有"遍身罗绮者,不是养蚕人"。茗,茶。蔬,可做菜吃的植物。平仄上,"罗""蔬"是平声;"绮""茗"是仄声。茗,《广韵》作"莫迥切",上声。语法上,"罗""绮"都是指称丝织品的名词,"茗""蔬"都是植

物类名词。

②柏秀对松枯：秀，茂盛。平仄上，"柏秀"是仄仄，"松枯"是平平。
语法上，"柏秀""松枯"都是主谓短语，"秀""枯"是意义相对的形
容词充当谓语。

③中元对上巳，返璧对还珠："中元""上巳"都是古代的节日。中
元，指农历七月十五日，旧时道观于此日作斋醮，僧寺作盂兰盆
会，民俗亦有祭祀亡故亲人等活动。上巳，汉以前以农历三月上
旬巳日为"上巳"，魏晋以后，定为三月三日。返璧，讲的是战国
时蔺相如完璧归赵的故事。《史记·廉颇蔺相如列传》载，"赵惠
文王时，得楚和氏璧。秦昭王闻之，使人遗赵王书，愿以十五城
请易璧"。秦强赵弱，赵王无奈，只能挑选使者送璧到秦国去。
缪贤推荐了蔺相如，相如担保说"城入赵而璧留秦；城不入，臣请
完璧归赵"。蔺相如送和氏璧到达秦国以后，发现秦王并不是真
心要给赵国城池，于是以"璧有瑕，请指示王"为名把和氏璧骗回
手中，要求秦王斋戒五日，以公平有礼的态度换取和氏璧，秦王
不得已答应了。"相如度秦王虽斋，决负约不偿城，乃使其从者
衣褐，怀其璧，从径道亡，归璧于赵"。相如估计秦王一定会背
约，所以把和氏璧偷偷送回赵国，这个故事就叫"完璧归赵"。还
珠，来自"合浦珠还"的典故，《后汉书·孟尝传》："（合浦）郡不产
谷实，而海出珠宝，与交阯比境……先时宰守并多贪秽，诡人采
求，不知纪极，珠遂渐徙于交阯郡界。于是行旅不至，人物无资，
贫者饿死于道。尝到官，革易前敝，求民病利。曾未逾岁，去珠
复还，百姓皆反其业。"合浦郡盛产珍珠，而不产粮食。当地的官
员非常贪婪，滥捕乱采，求之无度。珍珠就迁徙到别的地方去
了。于是当地人就没有收入了，很多穷人饿死。孟尝到那里做
官以后，革除前弊，禁止滥捕，不到一年，离开的珍珠就回来了。
后以"合浦珠还"比喻人去复归或物归旧主。平仄上，"中元"是

平平，"上巳"是仄仄；"返璧"是仄仄，"还珠"是平平。语法上，"中元""上巳"是表节日的名词；"返璧""还珠"都是动宾结构。对仗很工整。

④云梦泽，洞庭湖：云梦泽，古泽薮名，或单称"云""梦"，或称"云梦"；泽，水汇聚处。洞庭湖，在湖南省北部、长江南岸，为我国第二大淡水湖，素有"八百里洞庭"之称，唐孟浩然《望洞庭湖赠张丞相》有"气蒸云梦泽，波撼岳阳城"的名句。平仄上，"云梦泽"是平仄仄，"洞庭湖"是仄平平。泽，《广韵》"场伯切"，入声。语法上，"云梦泽"和"洞庭湖"都是表示水域的专有名词。

⑤玉烛对冰壶：玉烛，谓四时之气和畅，形容太平盛世。《尔雅·释天》"四气和谓之玉烛"，郭璞注"道光照"，邢昺疏"道光照者，道，言也；言四时和气，温润明照，故曰玉烛"。此处为烛的美称。冰壶，《汉语大词典》释为"盛冰的玉壶，常用以比喻品德清白廉洁"，本自《文选·鲍照〈白头吟〉》"直如朱丝绳，清如玉壶冰"，唐王昌龄《芙蓉楼送辛渐》有"洛阳亲友如相问，一片冰心在玉壶"。平仄上，"玉烛"是仄仄，"冰壶"是平平；烛，《广韵》"之欲切"，入声。语法上，二者都是名词，都是定中结构。

⑥苍头犀角带，绿鬓象牙梳：苍头，指头发斑白的老人，唐王维《送高判官从军赴河西序》"苍头老将，持汉节以临戎；白面书生，坐胡床而破贼"。犀角带，饰有犀牛角的腰带，必须有品级的官员才能佩戴，《金瓶梅词话》第三十一回"别的倒也罢了，自这条犀角带并鹤顶红，就是满京城拿着银子，也寻不出来"。犀角，犀牛角，可以入药，也可以制作器皿。绿鬓，指乌黑发亮的头发。象牙梳，指的是用象牙做的梳子。平仄上，上联是平平平仄仄，下联是仄仄仄平平。语法上，上下联都是由两个相关联的名词词语组成，省去了谓语动词。这种结构在古诗词中常有，比如唐温庭筠《商山早行》"鸡声茅店月，人迹板桥霜"。"苍头""绿鬓"是

定中结构相对,颜色名词为定语;"犀角带"与"象牙梳"相对,也都是定中结构。

⑦松阴白鹤声相应,镜里青鸾影不孤:上联出自《周易·中孚》"九二,鸣鹤在阴,其子和之。我有好爵,吾与尔靡之",描述松荫之下,白鹤鸣叫,前呼后应的情景。下联用"镜鸾"这一典故,南朝宋范泰《鸾鸟》诗序云:"昔罽宾王结罝峻卯之山,获一鸾鸟。王甚爱之。欲其鸣而不致也,乃饰以金樊,飨以珍羞。对之愈戚,三年不鸣。其夫人曰:'尝闻鸟见其类而后鸣,何不悬镜以映之。'王从其意,鸾睹形悲鸣,哀响冲霄,一奋而绝。"罽宾王得到一只鸾鸟,想要让它鸣叫,它却始终不叫。即便住的是金笼,吃的是珍馐,鸟也不愿鸣叫。夫人就说:"鸟儿见到它的同类就会叫了,要不在它前面挂一面镜子吧。"结果鸾鸟见到镜子里的自己,以为是同类,引吭悲鸣,振翅欲飞而死。后人以"镜鸾"比喻夫妻分离。平仄上,上联是平平仄仄平平仄,下联是仄仄平平仄仄平;"白"《广韵》作"傍陌切",入声。语法上,两句皆为主谓结构:主语"松阴白鹤""镜里青鸾"为定中结构,谓语"声相应""影不孤"也是主谓结构。

⑧竹户半开,对牖(yǒu)未知人在否;柴关深闭,停车还有客来无:上联化用唐赵嘏《早发剡中石城寺》"竹户半开钟未绝"和他的《闻笛》"曲罢不知人在否"。户,单扇的门。牖,窗。下联说的是东汉名臣杨震的故事。《后汉书·杨震传》载,"杨震字伯起,弘农华阴人也。八世祖喜,高祖时有功,封赤泉侯","震少好学,受欧阳尚书于太常桓郁,明经博览,无不穷究,诸儒为之语曰'关西孔子杨伯起'"。杨震为官正直,不屈权贵,多次上疏,被中常侍樊丰等所构陷。"夜遣使者策收震太尉印绶,于是柴门绝宾客",樊丰等犹忌恨不已,"乃请大将军耿宝奏震大臣不服罪,怀恚望,有诏遣归本郡"。在杨震回归原郡的途中,"饮鸩而卒,时年七十

余"。柴关,柴门的意思;或作"柴门",亦可。柴门是寒门人士所居之处,故而来客甚少,唐韩偓《丙寅二月二十二日抚州如归馆雨中有怀诸朝客》有"柴门自古少车尘";故而柴门常常深闭,唐姚合《独居》有"深闭柴门长不出",元张可久《水仙子·湖上小隐》曲有"歌《白石烂》,赋《行路难》,紧闭柴关"。否、无,两个都是否定词,因为经常放在句末,虚化为表示疑问的语气助词。"人在否"相当于"人在不在"或"人在吗","客来无"相当于"客来不来"或"客来吗"。如唐杨巨源《寄江州白司马》"江州司马平安否,惠远东林住得无",就是这类用法。平仄上,上联是仄仄仄平,仄仄仄平平仄仄;下联是平平平仄,平平平仄仄平平。"竹"《广韵》作"张六切",入声。语法上,"竹户半开""柴关深闭"都是主谓结构。"对牖""停车"相对,"未知人在否""还有客来无"相对,皆为动宾结构相对。

【译文】

罗和绮相对,茶和蔬相对。

柏树茂盛和松树枯朽相对。

中元节和上巳节相对,使和氏璧归赵和让合浦珠迁回相对。

云梦泽,洞庭湖。

玉质的烛台和盛冰的玉壶相对。

头发斑白的老人家腰上佩着犀角带,发色乌黑的年轻人头上戴着象牙梳。

松荫之下,白鹤的鸣叫声声相应;铜镜之前,青鸾的身影不再孤单。

竹门半开,望着窗户,不知主人在不在;柴门紧闭,停下车马,未晓客人来不来。

其三

宾对主,婢对奴①。

宝鸭对金凫②。

升堂对入室,鼓瑟对投壶③。

觇合璧,颂联珠④。

提瓮对当垆⑤。

仰高红日近,望远白云孤⑥。

歆向秘书窥二酉,机云芳誉动三吴⑦。

祖饯三杯,老去常斟花下酒;荒田五亩,归来独荷月中锄⑧。

【注释】

①宾对主,婢对奴:婢,女仆,使女;奴,多指男仆。平仄上,"宾""奴"是平声,"主""婢"是仄声。语法上,四个词语都是名词。

②宝鸭对金凫(fú):宝鸭,即香炉,因作鸭形,故称。唐孙鲂《夜坐》诗"划多灰杂苍虬迹,坐久烟消宝鸭香"。金凫,凫形香炉,明夏完淳《寒灯赋》"卧玉虎而欲飞,拥金凫而不暖"。二者经常并提,如清厉荃《事物异名录·器用·香炉》"金猊、宝鸭、金凫,皆焚香器也"。平仄上,"宝鸭"是仄仄,"金凫"是平平;鸭,《广韵》"乌甲切",入声。语法上,二者都是指称香炉的名词,其内部结构都是定中式。

③升堂对入室,鼓瑟对投壶:"升堂""入室"典出《论语·先进》:"子曰:'由之瑟,奚为于丘之门?'门人不敬子路。子曰:'由也升堂矣,未入于室也。'"升堂入室比喻学习所达到的境界有程度深浅的差别,也比喻在学问或技艺上由浅入深,渐入佳境。鼓瑟,《诗经·唐风·山有枢》有"子有酒食,何不日鼓瑟",《论语·先进》载曾点"鼓瑟希,铿尔,舍瑟而作"。鼓,演奏,瑟、琴都可用"鼓"字来表达弹奏的意思;瑟,弦乐器,春秋时已流行,常与古琴或笙

合奏,《诗经·周南·关雎》有"窈窕淑女,琴瑟友之"。投壶,古代宴会礼制,是贵族的一种娱乐活动,宾主依次用箭投向壶口,以投中多少决胜负,输的人饮酒。《左传·昭公十二年》载:"晋侯以齐侯宴,中行穆子相。投壶,晋侯先,穆子曰:'有酒如淮,有肉如坻。宴君中此,为诸侯师。'中之。"晋侯宴请齐侯,中行穆子做司仪。晋侯先投,穆子赋诗,晋侯投中。平仄上,"升堂"是平平,"入室"是仄仄;"鼓瑟"是仄仄,"投壶"是平平。语法上,"升堂""入室"都是动宾结构,"鼓瑟""投壶"也是动宾结构。

④觇(chān)合璧,颂联珠:觇,观察、观测。合璧,比喻日月同升。联珠,此指五星相连,又写作"连珠"。《汉书·律历志上》"日月如合璧,五星如联珠",日月合璧,五星连珠,古人认为是一种吉兆。《清史稿·本纪十六》:"夏四月己丑朔,钦天监言四月朔日,日月合璧,五星联珠。上曰:'躔度偶逢,兵戈未息,何足言瑞。'""合璧"和"联珠"经常并用,人们也常说"珠联璧合"。平仄上,"觇合璧"是平仄仄,"颂联珠"是仄平平;合,《广韵》"侯閤切",入声。语法上,二者都是动宾结构。

⑤提瓮对当垆:提瓮,典出《后汉书·列女传·鲍宣妻》:"勃海鲍宣妻者,桓氏之女也,字少君。宣尝就少君父学,父奇其清苦,故以女妻之,装送资贿甚盛。宣不悦……妻乃悉归侍御服饰,更着短布裳,与宣共挽鹿车归乡里。拜姑礼毕,提瓮出汲,修行妇道,乡邦称之。"鲍宣的妻子名叫少君,鲍宣曾师从于少君之父。少君的父亲见鲍宣清寒,就把女儿嫁给他,并准备了非常丰厚的嫁妆。鲍宣对此不满,少君就把嫁妆归还娘家,穿着粗布衣服,亲自提瓮打水。乡里人都称赞她的贤德。这个词语后来用于形容妇女甘于贫苦、非常贤惠。瓮,一种小口大腹的陶制汲水罐。当垆,说的是卓文君的典故。《史记·司马相如列传》载:"相如与俱之临邛,尽卖其车骑,买一酒舍酤酒,而令文君当垆。相如身

自着犊鼻裈，与保庸杂作，涤器于市中。卓王孙闻而耻之，为杜门不出。昆弟诸公更谓王孙曰：'有一男两女，所不足者非财也。今文君已失身于司马长卿，长卿故倦游，虽贫，其人材足依也，且又令客，独奈何相辱如此！'卓王孙不得已，分予文君僮百人，钱百万，及其嫁时衣被财物。文君乃与相如归成都，买田宅，为富人。"卓文君跟司马相如私奔之后，发现相如家徒四壁，于是就在父亲卓王孙家附近卖酒。相如穿着身份卑微的人穿的衣服，卓文君则当垆卖酒。卓王孙富甲一方，女儿沦落到卖酒为生，对此他十分羞耻，只好送了一大笔财物给他二人方作罢。当垆，亦作"当卢""当炉"，卖酒的意思。垆，古时酒店里安放酒瓮的炉形土台子。平仄上，"提瓮"是平仄，"当垆"是平平。语法上，二者都是动宾结构。

⑥仰高红日近，望远白云孤：仰高红日近，典出《晋书·明帝本纪》："明皇帝讳绍，字道畿，元皇帝长子也。幼而聪哲，为元帝所宠异。年数岁，尝坐置膝前，属长安使来，因问帝曰：'汝谓日与长安孰远？'对曰：'长安近。不闻人从日边来，居然可知也。'元帝异之。明日，宴群僚，又问之。对曰：'日近。'元帝失色，曰：'何乃异向者之言乎？'对曰：'举目则见日，不见长安。'由是益奇之。"东晋明帝司马绍从小就很聪明，元帝非常宠爱他。有一次把他放在膝前，正好有长安使者来了，于是元帝就问绍："你认为太阳和长安哪一个远呢？"回答说："长安近，因为没听说有人从太阳那边来的。"第二天，宴请群臣，大约是想向臣子们夸耀，元帝又问绍这个问题，他竟回答说"太阳近"。元帝大惊失色，问他为什么，他说"抬头只看见太阳，看不见长安"。望远白云孤，说的是唐代名臣狄仁杰的故事，典出《旧唐书·狄仁杰传》："狄仁杰字怀英，并州太原人也。……荐授并州都督府法曹。其亲在河阳别业，仁杰赴并州，登太行山，南望见白云孤飞，谓左右曰：

'吾亲所居,在此云下。'瞻望伫立久之,云移乃行。"狄仁杰有一次去并州赴任,登上太行山,看见南边一朵白云孤零零地飘过,他对手下说"我亲人就住在这朵云的下面"。平仄上,上联是仄平平仄仄,下联是仄仄仄平平;白,《广韵》"傍陌切",入声。语法上,"仰高"和"望远"相对,都是动宾结构;"红日近"和"白云孤"相对,都是主谓结构。

⑦歆(xīn)向秘书窥二酉,机云芳誉动三吴:歆、向,指西汉时期的刘歆、刘向,刘向是父,刘歆是子。隋王通《中说·天地》"使范宁不尽美于《春秋》,歆、向之罪也",此处亦"歆向"并称。刘向曾奉命领校秘书,其所撰《别录》,是中国最早的目录学著作。他的儿子刘歆曾受诏与其父刘向领校中秘书(内秘府藏书),协助校理图书。汉哀帝时,刘歆负责总校群书,撰写了中国第一部图书分类目录《七略》。二酉,指大酉、小酉二山,在今湖南沅陵西北。二山皆有洞穴,相传小酉山洞中有书千卷,秦人曾隐学于此。后以"二酉"称丰富的藏书。古人也常用"胸藏二酉,学富五车"形容一个人才学高。机、云,指西晋文学家陆机、陆云。陆机,吴郡吴县(今江苏苏州)人,西晋文学家,与其弟陆云合称"二陆"。芳誉,美好的名声。三吴,晋时指吴兴、吴郡、会稽。平仄上,上联是平仄仄平平仄仄,下联是平平平仄仄平平。语法上,两句皆为主谓结构:主语"歆向""机云",都是由人名组成的并列结构;"秘书""芳誉"都是名词,在这里充当状语,前者表示地位、身份,后者表示凭借;"窥二酉""动三吴"是动宾结构,"窥""动"是动词,后者用于使动。

⑧祖饯三杯,老去常斟花下酒;荒田五亩,归来独荷(hè)月中锄:祖饯,饯行或祭道,《幼学琼林·人事》"请人远归曰洗尘,携酒送行曰祖饯"。花下酒,花下所饮之酒,宋陈允平《木兰花》"相逢才系柳边舟,相别又倾花下酒"。下联出自晋陶渊明《归园田居》其一

"开荒南野际，守拙归园田"，其三"晨兴理荒秽，带月荷锄归"。平仄上，上联是仄仄平平，仄仄平平平仄仄；下联是平平仄仄，平平仄仄仄平平。独，《广韵》"徒谷切"，入声。"荷"这里是动词用法，读仄声，"担"的意思。语法上，"祖饯三杯"与"荒田五亩"都是主谓结构，以数量短语充当谓语；"老去常斟花下酒""归来独荷月中锄"都是状中结构，"老去""归来"作时间状语。结构上对仗很工整。

【译文】

宾和主相对，婢和奴相对。

宝鸭炉与金兔炉相对。

登堂和入室相对，奏瑟和投壶相对。

观测日月同升，颂扬五星连珠。

少君提瓮汲水和文君当垆卖酒相对。

仰望高处，太阳很近；眺望远处，白云孤飞。

刘歆、刘向利用校秘书这个职务看到了大量藏书，陆机、陆云凭借他们文才的盛名震动了三吴地区。

临行饯别喝三杯酒，人们老去时总喜欢在花下共饮；守着家乡的五亩田，陶潜农作归来独自在月下荷锄。

其四

君对父，魏对吴①。

北岳对西湖②。

菜蔬对茶荈，菖藤对菖蒲③。

梅花数，竹叶符④。

廷议对山呼⑤。

两都班固赋，八阵孔明图⑥。

田庆紫荆堂下茂,王哀青柏墓前枯⑦。

出塞中郎,羝有乳时归汉室;质秦太子,马生角日返燕都⑧。

【注释】

①君对父,魏对吴:平仄上,"君""吴"是平声,"父""魏"是仄声。语法上,"君""父"是古代常常并称的一对称谓词,古人常说"君君,臣臣,父父,子子";"魏""吴"是三国时候的两国,也都是名词。

②北岳对西湖:岳,古代五座山的专名,包括南岳衡山、北岳恒山、东岳泰山、中岳嵩山、西岳华山等。平仄上,"北岳"是仄仄,"西湖"是平平。语法上,二者都是表地名的专有名词,是定中结构。

③菜蔬对茶荈(chuǎn),苣(jù)藤对菖蒲:菜蔬,蔬菜、菜肴。茶荈,茶茗;荈,晚采的老茶,亦泛指茶。苣藤,《广雅》"弘胡麻也"。菖蒲,植物名,民间在端午节常用来和艾叶扎束,挂在门前。平仄上,"菜蔬"是仄平,"茶荈"是平仄;"苣藤"是仄平,"菖蒲"是平平,其中第二字都是平声,失对。语法上,四个词语都是名词。"菜蔬""茶荈"是并列结构。

④梅花数,竹叶符:梅花数,根据《汉语大词典》,古卜法,相传为宋邵雍所作,其法任取一字划数,以八减之,余数得卦;再取一字,以六减之,余数得爻,然后依《易》理,附会人事,以断吉凶。竹叶符,根据《汉语大词典》,汉时竹制的信符,右留京师,左与郡国,又叫"竹使符"。平仄上,"梅花数"是平平仄,"竹叶符"是仄仄平。竹,《广韵》"张六切",入声。语法上,两个词语都是定中结构。

⑤廷议对山呼:廷议,在朝廷发表议论。山呼,封建时代对皇帝的祝颂仪式,叩头高呼"万岁"三次,唐卢纶《皇帝感词》诗"山呼一万岁,直入九重城"。在山间呼喊,会因为回声的原理而回应如

雷,好像山也在呼喊一般,用"山呼"一词,大约取其声音大而重
复不绝。平仄上,"廷议"是平仄,"山呼"是平平。语法上,二者
都是状中结构。

⑥ 两都班固赋,八阵孔明图:班固,字孟坚,东汉著名史学家、文学
家;《两都赋》是班固创作的大赋,分《西都赋》和《东都赋》两篇。
八阵图,典出《三国志·蜀书·诸葛亮传》"亮性长于巧思,损益
连弩,木牛流马,皆出其意;推演兵法,作八陈(即阵)图,咸得其
要云"。平仄上,上联是仄平平仄仄,下联是仄仄仄平平。八,
《广韵》"博拔切",入声。语法上,"两都"对"八阵",都是数词修
饰名词的定中结构;"班固赋"对"孔明图",也是定中结构。此处
用了倒置的修辞格,"赋"即指《两都赋》,"图"乃指八阵图,班固
和孔明是其作者。

⑦ 田庆紫荆堂下茂,王裒(póu)青柏墓前枯:上联的典故出自梁吴
均《续齐谐记》:"京兆田真兄弟三人,共议分财。生资皆平均,惟
堂前一株紫荆树,共议欲破三片。明日,就截之,其树即枯死,状
如火然。真往见之,大惊,谓诸弟曰:'树本同株,闻将分斫,所以
憔悴。是人不如木也。'因悲不自胜,不复解树。树应声荣茂,兄
弟相感,合财宝,遂为孝门。真仕至太中大夫。"汉代的京兆田
真、田庆、田广三兄弟想要分家,其他的都能均分,只是堂前一棵
紫荆树不好分。他们打算分成三片。正在这个时候,紫荆树竟
然枯死了。三位兄弟感到非常惭愧,觉得自己还不如树重感情,
决定不分了。堂下茂,琅环阁藏本作"堂下萎",从典故运用和
语义对仗来看,用"茂"更佳,本书故从今本作"茂"。下联出自
《晋书·王裒传》:"王裒,字伟元,城阳营陵人也。祖修,有名魏
世。父仪,高亮雅直,为文帝司马。东关之役,帝问于众曰:'近
日之事,谁任其咎?'仪对曰:'责在元帅。'帝怒曰:'司马欲委罪
于孤邪!'遂引出斩之。裒少立操尚,行己以礼,身长八尺四寸,

容貌绝异,音声清亮,辞气雅正,博学多能,痛父非命,未尝西向而坐。示不臣朝廷也。于是隐居教授,三征七辟皆不就。庐于墓侧,旦夕常至墓所拜跪,攀柏悲号,涕泪著树,树为之枯。"王裒的父亲被司马昭杀害,他在父亲墓前日夜跪拜,抱着柏树痛哭,柏树都枯萎了。平仄上,上联是平仄仄平平仄仄,下联是平平平仄仄平平。语法上,两个句子都是主谓结构:主语"田庆紫荆""王裒青柏"是定中结构,谓语"堂下茂""墓前枯"为状中结构。

⑧出塞中郎,羝(dī)有乳时归汉室;质秦太子,马生角日返燕都:上联的典故与苏武有关,出自《汉书·李广苏建传》,苏武被汉武帝派遣出使匈奴,谁知匈奴发生变故,苏武被扣押在匈奴。单于屡屡派人劝降,苏武坚持不降,"单于愈益欲降之,乃幽武置大窖中,绝不饮食。天雨雪,武卧啮雪与旃毛并咽之,数日不死。匈奴以为神,乃徙武北海上无人处,使牧羝,羝乳乃得归"。匈奴人让苏武去牧公羊,说等哪天公羊生小羊了他就可以返汉。羝,公羊,《诗经·大雅·生民》"取羝以𧊃",毛亨传曰"羝羊,牡羊也"。乳,生子、分娩,《吕氏春秋·音初》"天大风晦盲,孔甲迷惑,入于民室,主人方乳",高诱注"乳,产"。下联的典故与战国时期燕太子丹有关,《论衡·异虚篇》曰:"燕太子丹朝于秦,不得去,从秦王求归。秦王执留之,与之誓曰:'使日再中,天雨粟,令乌白头,马生角,厨门木象生肉足,乃得归。'当此之时,天地佑之,日为再中,天雨粟,乌白头,马生角,厨门木象生肉足。秦王以为圣,乃归之。"秦王扣留燕太子丹,说:"要是午后太阳能再次回到正中,天上下粟米,乌鸦头变白,马头上长角,厨房门长出肉脚,我就放你回去。"平仄上,上联是仄仄平平,平仄仄平平仄仄;下联是仄平仄仄,仄平仄仄仄平平。出,《广韵》"赤律切",入声。燕,此处是地名,当读平声。语法上,两句都是主谓结构:主语"出塞中郎""质秦太子"是定中结构;谓语部分"羝有乳时归汉室""马生

角日返燕都"是状中结构,"羝有乳时""马生角日"作状语,表时
间,其中心语"归汉室""返燕都"是动宾结构。上下联对仗很
工整。

【译文】

君和父相对,魏和吴相对。

北岳和西湖相对。

菜蔬和茶茗相对,苴藤和菖蒲相对。

梅花数,竹叶符。

在朝堂议政与如山般呼喊相对。

两都赋,乃班固之所作;八阵图,是孔明之所创。

田庆兄弟决定不再分家,堂下的紫荆又茂盛起来;王裒在他父亲坟
前痛哭,墓前种的青柏都枯萎了。

苏武被阻匈奴,被告知要公羊生子才能回归汉室;太子丹扣于秦,
秦王说要等马头长角方可返燕国。

八　齐

【题解】

"齐"是"平水韵"中上平声的第八韵部。

"齐"在《广韵》中作"徂奚切",平声,齐韵。

《笠翁对韵》"八齐"所用到的韵脚字有鸡、西、倪、圭、藜、黄、栖、妻、
啼、璃、犁、犀、蹊、奚、迷、齐、闺、梯、霓、畦、麑等 21 个;《声律启蒙》这一
节所用到的韵脚字有 17 个,溪、堤、鸡、西、霓、嘶、齐、啼、泥、圭、鞿、梯、
栖、妻、犀、低、闺等。两本书都用到的韵脚字有鸡、西、圭、栖、妻、啼、
犀、齐、闺、梯、霓共 11 个;《笠翁对韵》用到而《声律启蒙》未用的是倪、
藜、黄、璃、犁、蹊、奚、迷、畦、麑等 10 个;《声律启蒙》用到而《笠翁对韵》
里未用的是溪、堤、嘶、泥、鞿、低等 6 个。其中《笠翁对韵》所用到的
"璃"属于"四支"韵部。

其一

鸾对凤,犬对鸡①。

塞北对关西②。

长生对益智,老幼对旄倪③。

颁竹策,剪桐圭④。

剥枣对蒸藜⑤。

绵腰如弱柳,嫩手似柔荑⑥。

狡兔能穿三穴隐,鹪鹩权借一枝栖⑦。

甪里先生,策杖垂绅扶少主;於陵仲子,辟纑织屦赖贤妻⑧。

【注释】

①鸾对凤,犬对鸡:鸾,传说中凤凰一类的鸟。犬,狗。平仄上,"鸾""鸡"是平声,"凤""犬"是仄声。语法上,"鸾""凤""犬""鸡"都是指称动物的名词:"鸾""凤"都是传说中的神鸟名,"犬""鸡"都是家畜名。

②塞北对关西:塞北,又称塞外,过去一般指外长城以北。关西,汉唐等时代泛指函谷关或潼关以西的地区。塞北与关西,在文学里皆有粗犷、豪迈的风格。如有人评价苏轼的词:"学士词,须关西大汉,铜琵琶、铁绰板,唱'大江东去'。"(见《历代词话·卷五·宋二》引《吹剑录》)平仄上,"塞北"是仄仄,"关西"是平平。语法上,两个词语均为方位短语。

③长生对益智,老幼对旄倪:长生,延长寿命,明邓豁渠《南询录》有"顺则生成,逆则丹成,此神仙之术,可以长生,与天地同悠久"的话。旄倪,老人和幼儿,《孟子·梁惠王下》"王速出令,反其旄

倪，止其重器，谋于燕众，置君而后去之，则犹可及止也"，赵岐注"旄，老耄也。倪，弱小倪倪者也"。平仄上，"长生"是平平，"益智"是仄仄；"老幼"是仄仄，"旄倪"是平平。语法上，"长生"与"益智"都是动宾结构："长"这里是形容词的使动用法，"延长"的意思；"益"是增加的意思。"老幼""旄倪"都是反义词构成的并列结构。

④颂竹策，剪桐圭：颂竹策，讲的是杨素的典故。《北史·杨素传》载："及平齐之役，素请率麾下先驱，帝从之，赐以竹策曰：'朕方欲大相驱策，故用此物赐卿。'"武帝率军攻北齐的时候，杨素请求率部下为先锋，武帝应允，并赐他一条竹鞭，说："我正要驱使天下，所以把这件东西赐给你。"颂，赏赐。竹策，竹鞭。剪桐圭，典出《史记·晋世家》："武王崩，成王立，唐有乱，周公诛灭唐。成王与叔虞戏，削桐叶为珪以与叔虞，曰：'以此封若。'史佚因请择日立叔虞。成王曰：'吾与之戏耳。'史佚曰：'天子无戏言。言则史书之，礼成之，乐歌之。'于是遂封叔虞于唐。唐在河、汾之东，方百里，故曰唐叔虞。"周成王和弟弟叔虞玩游戏，剪桐叶为圭，送给叔虞，说："我把这个封给你。"史官于是请求选一个日期册立叔虞。成王说："我是开玩笑的。"史官说："天子没有玩笑话。"成王就把叔虞封在唐地。圭，亦作"珪"，是古代帝王、诸侯举行隆重仪式时所用的玉器，上尖下方，《尚书·禹贡》曰"禹锡玄圭，告厥成功"。平仄上，"颂竹策"是平仄仄，"剪桐圭"是仄平平。竹，《广韵》"张六切"，入声。语法上，两个都是动宾结构。

⑤剥枣对蒸藜：剥枣，出自《诗经·豳风·七月》："六月食郁及薁，七月亨葵及菽，八月剥枣，十月获稻。为此春酒，以介眉寿。"剥，通"攴"，即"扑"，打、击的意思。《宋人轶事汇编》卷十六："荆公《改正经义剳子》云：'臣近具剳子，奏乞改正经义。尚有《七月》诗"剥枣"者，剥其皮而进之养老也，亦合删去。取进止。'毛传解'剥'为

'击',荆公不谓然,乃以养老解之。偶一日,到野老家问主人何在,曰:'扑枣去矣。'荆公怅然自失,归而请刊去之。"王安石把"剥枣"误解为剥去枣子之皮来献给老人,以表孝顺之意,对毛诗的解释做出了错误的判断。后来听野老之言,方知"剥枣"为"扑枣",即刻修正自己的见解。蒸藜,煮野菜。这个典故和孔子弟子曾参有关,《孔子家语》卷九载:"曾参,南武城人,字子舆,少孔子四十六岁。志存孝道,故孔子因之以作《孝经》。齐尝聘欲与为卿而不就,曰:'吾父母老,食人之禄,则忧人之事,故吾不忍远亲而为人役。'参后母遇之无恩,而供养不衰,及其妻以藜烝不熟,因出之。人曰:'非七出也。'参曰:'藜烝小物耳,吾欲使熟而不用吾命,况大事乎。'遂出之,终身不取妻。其子元请焉,告其子曰:'高宗以后妻杀孝已,尹吉甫以后妻放伯奇,吾上不及高宗,中不比吉甫,庸知其得免于非乎。'"曾参的妻子因为蒸藜不熟而被曾参休弃,后人常用以指代妇人的过失或作出妻的典故。琅环阁藏本作"蒸梨",文献亦常以"藜"为"梨",误。平仄上,"剥枣"是仄仄,"蒸藜"是平平。剥,《广韵》"北角切",入声。语法上,二者都是动宾结构。

⑥绵腰如弱柳,嫩手似柔荑(tí):这两句是形容美女的腰和手之美。"绵腰如弱柳",唐白居易喜欢用柳比喻美女之腰,比如他的《劝酒》"昨与美人对尊酒,朱颜如花腰似柳"。又有"小蛮腰"的典故,《七修类稿·诗文类》载:"后白居易有爱妓樊素善歌,小蛮善舞,故尝为诗曰'樱桃樊素口,杨柳小蛮腰'。"白居易的爱妾小蛮善于跳舞,且腰肢细而柔软,白居易称之"杨柳小蛮腰"。绵,是软的意思。弱柳,因柳条柔软故称。下联典故出自《诗经·卫风·硕人》,这首诗详细描绘了"硕人"之美:"硕人其颀,衣锦褧衣。齐侯之子,卫侯之妻,东宫之妹,邢侯之姨,谭公维私。手如柔荑,肤如凝脂,领如蝤蛴,齿如瓠犀,螓首蛾眉,巧笑倩兮,美目盼兮。"柔荑,柔软而白的茅草嫩芽,朱熹注曰"茅之始生曰荑,言

柔而白也"。据说这首诗是为齐太子之妹、卫庄公之妻庄姜而写的,从她的身高、服饰,到手、皮肤、脖子、牙齿、额头、眉毛、笑容、眼睛,无不美丽动人。平仄上,上联是平平平仄仄,下联是仄仄仄平平。语法上,两句都是主谓结构。

⑦狡兔能穿三穴隐,鹪鹩(jiāo liáo)权借一枝栖:上联典出《战国策•齐策》之"冯谖客孟尝君"。"齐人有冯谖者,贫乏不能自存,使人属孟尝君,愿寄食门下",冯谖到了孟尝君门下以后,开始并没有什么特别的才能,故而孟尝君手下的人都很轻视他。他连续三次索求更高的待遇,声称"食无鱼""出无车""无以为家",孟尝君都满足了他。后来他替孟尝君收债,冯谖"起矫命以责赐诸民,因烧其券,民称万岁",假托命令把孟尝君封地薛的债务付之一炬,声称是为他拿钱买到了"义"。过了一年,新的齐王不信任孟尝君,"寡人不敢以先王之臣为臣",撤了他的职务,孟尝君回到薛地,"未至百里,民扶老携幼,迎君道中",这才恍然明白冯谖所购买的"义"为何物。而冯谖说"狡兔有三窟,仅得免其死耳。今君有一窟,未得高枕而卧也。请为君复凿二窟";又为他游说魏国,让魏国重金高位聘请孟尝君,从而成功吸引了齐王的注意力,马上请回孟尝君重用之;这时冯谖又请孟尝君"请先王之祭器,立宗庙于薛",庙成之后,还报孟尝君说,"三窟已就,君姑高枕为乐矣","自此孟尝君为相数十年,无纤介之祸者,冯谖之计也"。下联出自《庄子•逍遥游》:"鹪鹩巢于深林,不过一枝。"鹪鹩,鸟名,形小,体长约三寸。平仄上,上联是仄仄平平平仄仄,下联是平平平仄仄平平。穴,《广韵》"胡决切",一,《广韵》"於悉切",皆为入声字。语法上,两句都是主谓结构:"狡兔""鹪鹩"充当主语,不过"狡兔"是定中结构,"鹪鹩"是联绵词,不可拆分,二者对仗不算工整;谓语部分"能穿三穴隐""权借一枝栖"是状中结构,中心语"穿三穴隐"和"借一枝栖"都是连谓结构,表示穿三

穴而后隐、借一枝以栖息的连续的动作行为。

⑧甪(lù)里先生,策杖垂绅扶少主;於(wū)陵仲子,辟纑(lú)织屦
(jù)赖贤妻:上联典故出自《汉书·张陈王周传》,汉高祖想废掉
吕后所生的太子刘盈,"汉十二年,上从破布归,疾益甚,愈欲易
太子。良谏不听,因疾不视事。叔孙太傅称说引古,以死争太
子。上阳许之,犹欲易之。及晏,置酒,太子侍。四人者从太子,
年皆八十有余,须眉皓白,衣冠甚伟。上怪,问曰:'何为者?'四
人前对,各言其姓名。上乃惊曰:'吾求公,避逃我,今公何自从
吾儿游乎?'四人曰:'陛下轻士善骂,臣等义不辱,故恐而亡匿。
今闻太子仁孝,恭敬爱士,天下莫不延颈愿为太子死者,故臣等
来。'上曰:'烦公幸卒调护太子。'四人为寿已毕,趋去。上目送
之,召戚夫人指视曰:'我欲易之,彼四人为之辅,羽翼已成,难动
矣。吕氏真乃主矣。'……竟不易太子者,良本招此四人之力
也"。后来刘邦终究没有废掉刘盈,而究其主要原因,是因为张
良为少主寻觅到了商山四皓来辅佐他。根据颜师古注《汉书·
张陈王周传》,商山四皓指的是园公、绮里季、夏黄公、甪里先生。
明胡侍《真珠船·古人名字人少知者》"甪里先生姓周,名术,字
符道"。甪里,古地名,在今江苏吴县西南。策杖,拄着拐杖,一
般为老人的形象。垂绅,大带下垂,《礼记·玉藻》"凡侍于君,绅
垂",孔颖达疏"绅,大带也。身直则带倚,盘折则带垂",指在朝
侍奉君上。少主,年轻的君主,此指刘邦的太子刘盈。下联典故
出自《孟子·滕文公下》:"匡章曰:'陈仲子岂不诚廉士哉?居於
陵,三日不食,耳无闻,目无见也。井上有李,螬食实者过半矣,
匍匐往将食之,三咽,然后耳有闻、目有见。'孟子曰:'于齐国之
士,吾必以仲子为巨擘焉。虽然,仲子恶能廉?充仲子之操,则
蚓而后可者也。夫蚓上食槁壤,下饮黄泉。仲子所居之室,伯夷
之所筑与?抑亦盗跖之所筑与?所食之粟,伯夷之所树与?抑

亦盗跖之所树与？是未可知也。'曰：'是何伤哉？彼身织屦、妻
辟纑，以易之也。'曰：'仲子，齐之世家也。兄戴，盖禄万钟。以
兄之禄为不义之禄而不食也，以兄之室为不义之室而不居也，避
兄、离母，处于於陵。他日归，则有馈其兄生鹅者，己频顣曰："恶
用是鶃鶃者为哉？"他日其母杀是鹅也，与之食之。其兄自外至，
曰："是鶃鶃之肉也。"出而哇之。以母则不食，以妻则食之；以兄
之室则弗居，以於陵则居之。是尚为能充其类也乎？若仲子者，
蚓而后充其操者也。'"於陵仲子是战国时候齐国之贤者，他的哥
哥陈戴是俸禄万石的贵族，他以兄长的俸禄为不义，居住在於
陵，自己织草鞋、妻子辟纑。於陵，齐邑名，在今山东长山西南。
纑，麻线。屦，古代用麻葛做的鞋子。平仄上，上联是仄仄平平、
仄仄平平平仄仄；下联是平平仄仄，仄平仄仄仄平平。织，《广
韵》"之翼切"，入声。语法上，两句都是主谓结构；谓语"策杖垂
绅扶少主""辟纑织屦赖贤妻"是状中结构；状语"策杖垂绅""辟
纑织屦"形容"扶少主""赖贤妻"的状态和方式，二者都是并列结
构。对仗很工整。

【译文】

鸾和凤相对，狗和鸡相对。

塞北和关西相对。

长生和益智相对，长幼和老少相对。

天子赐杨素一根竹鞭，成王分封唐地给虞叔。

打枣和蒸藜相对。

柔软的腰肢像弱柳一样，娇嫩的纤手像柔荑一般。

狡猾的兔子打穿三个洞穴之后隐藏起来，机巧的鹪鹩借一根树枝
筑巢栖息于其上。

甪里先生拄着拐杖腰垂大带辅佐太子刘盈，於陵仲子带着妻子用
织布编鞋的办法生活。

其二

鸣对吠，泛对栖①。

燕语对莺啼②。

珊瑚对玛瑙，琥珀对玻璃③。

绛县老，伯州犁④。

测蠡对燃犀⑤。

榆槐堪作荫，桃李自成蹊⑥。

投巫救女西门豹，赁浣逢妻百里奚⑦。

阙里门墙，陋巷规模原不陋；隋堤基址，迷楼踪迹已全迷⑧。

【注释】

①鸣对吠，泛对栖：鸣，鸟兽昆虫叫，一般指鸟叫，如《周易·中孚》"鹤鸣在阴，其子和之"。吠，一般指狗叫声。泛，浮游或乘船浮行，《诗经·鄘风·柏舟》"泛彼柏舟，在彼中河"。栖，禽鸟歇宿，如《诗经·王风·君子于役》"鸡栖于埘，日之夕矣，羊牛下来"。平仄上，"鸣""栖"是平声，"吠""泛"是仄声。语法上，"鸣""吠""泛""栖"都是动词。

②燕语对莺啼：燕语、莺啼，是指燕或莺的鸣叫。平仄上，"燕语"是仄仄，"莺啼"是平平。语法上，二者都是主谓结构。

③珊瑚对玛瑙，琥珀对玻璃：珊瑚，根据《汉语大词典》，是由珊瑚虫分泌的石灰质骨骼聚结而成的东西，状如树枝，可做装饰品。许慎《说文解字》云："珊瑚色赤，或生于海，或生于山。"贵族家庭以此作为一种奢侈的装饰品。《世说新语·汰侈》："石崇与王恺争豪，并穷绮丽，以饰舆服。武帝，恺之甥也，每助恺。尝以一珊瑚

树高二尺许赐恺。枝柯扶疏,世罕其比。恺以示崇;崇视讫,以铁如意击之,应手而碎。恺既惋惜,又以为疾己之宝,声色甚厉。崇曰:'不足恨,今还卿。'乃命左右悉取珊瑚树,有三尺、四尺,条干绝世,光彩溢目者六七枚,如恺许比甚众。恺惘然自失。"西晋时期的大富豪石崇和王恺比富。晋武帝是王恺的外甥,曾经赐予他一棵高两尺多的珊瑚树。王恺自以为世间罕有,拿来给石崇看。石崇看完,随手用铁如意打碎了,王恺又惊又气。石崇说我还你一棵,就命令手下把自己的珊瑚树都拿出来,有的三尺,有的四尺,琳琅满目,远超王恺的珊瑚。珊瑚,琅环阁藏本作"砗磲",是一种贝壳,也可以制作器物和首饰;今本多作"珊瑚",可能是从通俗的角度考虑的。本书从今本"珊瑚"。玛瑙,矿物名,品类甚多,颜色光美,可制器皿及装饰品。琥珀,古代松柏树脂的化石,色淡黄、褐或红褐,唐李白《客中行》有"兰陵美酒郁金香,玉碗盛来琥珀光"。玻璃,根据《汉语大词典》,古为玉名,亦称水玉,或以为即水晶;今指一种质地硬而脆的透明物体。《太平广记》卷八一引《梁四公记》:"扶南大舶从西天竺国来,卖碧玻璃镜,内外皎洁……置五色物于其上,向明视之,不见其质。"平仄上,"珊瑚""玻璃"是平平,"玛瑙""琥珀"是仄仄。语法上,四个词语都是联绵词。

④绛县老,伯州犁:绛县老,出自《左传·襄公三十年》:"二月癸未,晋悼夫人食舆人之城杞者,绛县人或年长矣,无子而往与于食,有与疑年,使之年。曰:'臣,小人也,不知纪年。臣生之岁,正月甲子朔,四百有四十五甲子矣,其季于今三之一也。'吏走问诸朝。师旷曰:'鲁叔仲惠伯会郤成子于承匡之岁也。是岁也,狄伐鲁,叔孙庄叔于是乎败狄于咸,获长狄侨如及虺也、豹也,而皆以名其子。七十三年矣。'"这段话记载的是鲁襄公三十年的时候,晋悼公夫人犒食修筑杞地城墙的造车工人。绛县有个没有

儿子的老人家也去了，人家问他的年纪，他说"臣生之岁，正月甲子朔，四百有四十五甲子矣，其季于今三之一也"，师旷算出来是七十三岁。伯州犁，其先祖本是春秋时期宋国人，后来其曾祖去了晋国为官，《左传·成公十五年》载"晋三郤害伯宗，谮而杀之，及栾弗忌"，伯宗就是伯州犁的父亲，被晋国的三郤害死了。于是"伯州犁奔楚"，去楚国做了太宰。因为他熟悉晋国的情况，楚国让他来帮助自己对付晋国。《左传·成公十六年》载，"楚子登巢车，以望晋军。子重使大宰伯州犁侍于王后"，王问有关晋国的布阵情况，伯州犁都对答如流。鲁昭公元年，被谋逆的楚公子围杀死，他的孙子是伯嚭，后来去了吴国。平仄上，"绛县老"是仄仄仄，"伯州犁"是平平平。语法上，"绛县老"和"伯州犁"都是名词性短语。但是二者不甚相对。"绛县老"是一个定中结构，定语"绛县"是地名，"老"是老人家的意思；"伯州犁"却不是定中结构，"伯"是其氏，他父亲是伯宗，他祖父是伯纠，孙子是伯嚭，"州犁"当为其名字。可见"伯州犁"并不是伯州之犁，而是一个人名，与"绛县老"并不对仗。

⑤测蠡(lí)对燃犀：测蠡，出自《汉书·东方朔传》"以筦窥天，以蠡测海"，颜师古注引张晏曰"蠡，瓠瓢也"，今人多说"蠡测"。用蠡来测量海，比喻见识短浅。燃犀，南朝宋刘敬叔《异苑》卷七载："晋温峤至牛渚矶，闻水底有音乐之声，水深不可测。传言下多怪物。乃燃犀角而照之。须臾，水族覆火，奇形异状。"比喻能明察事物，洞察奸邪。平仄上，"测蠡"是仄仄，"燃犀"是平平。蠡，《广韵》有"卢启切"和"吕支切"二读，其中"瓠瓢"义当读平声，但读平声则与下联平仄失对，故而必须借其仄声读音方可。语法上，两个词语形式都是动宾结构，"蠡""犀"是工具宾语。

⑥榆槐堪作荫，桃李自成蹊：上联典出晋陶渊明《归园田居》其一的"榆柳荫后檐，桃李罗堂前"。荫，遮盖、庇荫的意思。下联典出

《史记·李将军列传》："太史公曰:传曰'其身正,不令而行;其身不正,虽令不从'。其李将军之谓也? 余睹李将军悛悛如鄙人,口不能道辞。及死之日,天下知与不知,皆为尽哀。彼其忠实心诚信于士大夫也? 谚曰'桃李不言,下自成蹊'。此言虽小,可以谕大也。"李将军指西汉名将李广,他不善言辞,但勇猛善战。司马迁所谓"桃李不言,下自成蹊"的意思是,桃树李树虽然不说话,但因为它们的花香和果实,树下自然走出一条条小路来。借此说明李广虽然不善辞令,但他的品德和才能却受到人们的尊敬。平仄上,上联是平平平仄仄,下联是平仄仄平平。荫,《广韵》"于禁切",去声。语法上,两句都是主谓结构。

⑦投巫救女西门豹,赁浣(huàn)逢妻百里奚:上联的典故出自《史记·滑稽列传》,说的是战国时魏国西门豹的故事。"魏文侯时,西门豹为邺令",西门豹到了邺以后,就问当地的疾苦,得知百姓最大的忧患是给河伯娶媳妇,"邺三老、廷掾常岁赋敛百姓,收取其钱得数百万,用其二三十万为河伯娶妇,与祝巫共分其余钱持归",官府常以河伯娶亲的名义收取百姓大量的钱财。河伯娶妇之日,西门豹也前去观看,"三老、官属、豪长者、里父老皆会,以人民往观之者三二千人"。西门豹就对主持此事的巫说,"呼河伯妇来,视其好丑"。西门豹看了以后说这个女子不漂亮,"烦大巫妪为入报河伯,得更求好女,后日送之",于是把为首的女巫扔进了黄河。过了一会儿,又说:"巫妪何久也? 弟子趣之!"又把一个弟子扔进去了,连续扔了几个。这件事之后,没人再敢给河伯娶亲。下联说的是百里奚的故事,据说他是春秋时虞国人;晋灭虞时,百里奚做了晋国嫁女去秦国的媵,后入秦为官。《东周列国志》第二十五回对他的故事有很多渲染,"却说百里奚是虞国人,字井伯,年三十余,娶妻杜氏,生一子。奚家贫不遇,欲出游,念其妻于无依,恋恋不舍。杜氏曰:'妾闻"男子志在四方",

君壮年不出图仕，乃区区守妻子坐困乎？妾能自给，毋想念也！'家只有一伏雌，杜氏宰之以饯行。厨下乏薪，乃取质序炊之。言黄苹，煮脱粟饭。奚饱餐一顿。临别，妻抱其子，牵袂而位曰：'富贵勿相忘！'奚遂去"。百里奚做官以后，一直未能把妻儿接到秦国。"百里奚之妻杜氏，自从其夫出游，纺绩度日。后遇饥荒，不能存活，携其子趁食他乡。展转流离，遂入秦国，以浣衣为活"，"及百里奚相秦，杜氏闻其姓名，曾于车中望见，未敢相认。因府中求浣衣妇，杜氏自愿入府浣衣，勤于捣濯，府中人皆喜"。后来夫妻父子终于团聚。赁，出卖劳力，受雇。浣，洗涤。平仄上，上联是平平仄仄平平仄，下联是仄仄平平仄仄平。语法上，两句都是定中结构，"投巫救女""赁浣逢妻"两个充当定语，修饰后面的"西门豹""百里奚"，作为两个人的典型事例，限定两个名词。

⑧阙（què）里门墙，陋巷规模原不陋；隋堤基址，迷楼踪迹已全迷：阙里门墙，典出《孔子家语·七十二弟子解》："颜由，颜回父，字季路，孔子始教学于阙里，而受学，少孔子六岁。"阙里，后人传此为孔子故里，在今山东曲阜城内阙里街，因有两石阙而得名。陋巷规模原不陋，出自《论语·雍也》："子曰：'贤哉！回也。一箪食，一瓢饮，在陋巷。人不堪其忧，回也不改其乐。贤哉！回也。'"以及《论语·子罕》："子欲居九夷。或曰：'陋，如之何！'子曰：'君子居之，何陋之有？'"隋堤，讲的是隋炀帝的故事。隋炀帝时沿通济渠、邗沟河岸修筑的御道，道旁植杨柳，后人谓之"隋堤"。迷楼，《夜航船·日用部》载："隋炀帝无日不治宫室，浙人项陛进新宫图，大悦，即日召有司庀材鸠工，经岁而就，帑藏为之一空。帝幸之，大喜曰：'使真仙游其中，亦当自迷也。'因署之曰'迷楼'。"隋炀帝所筑造的宫室，千门万户，曲折幽邃，连真仙都要迷路。"已全迷"，琅环阁藏本作"已"，今本多作"亦"。此处作

者想以贫窭的陋巷和奢华的迷楼相比较,以君子之德永昭而奢靡之楼速朽相对比,显然用"已"更贴切。平仄上,上联是仄仄平平,仄仄平平平仄仄;下联是平平平仄,平平平仄仄平平。迹,《广韵》"资昔切",入声。语法上,"阙里门墙""隋堤基址"相对,二者都是定中结构;"陋巷规模原不陋""迷楼踪迹已全迷"都是主谓结构。

【译文】

鸟鸣和狗叫相对,漂游和栖居相对。

燕语和莺啼相对。

珊瑚和玛瑙相对,琥珀和玻璃相对。

绛县老人,伯家州犁。

以瓠瓢测量海的大小,用犀牛角点火照妖怪。

榆树和槐树的树荫可以让人乘凉,桃树和李树的下面自然就有道路。

西门豹将巫人投入河中救了童女,百里奚雇佣洗衣女却遇到了妻子。

孔子居阙里,颜回住陋巷,有君子在就显得并不简陋;隋炀建隋堤,建新宫迷楼,如今踪迹都迷失在荒草中。

其三

燕对赵,楚对齐^①。

柳岸对桃蹊^②。

纱窗对绣户,画阁对香闺^③。

修月斧,上天梯^④。

蟏蛸对虹霓^⑤。

行乐游春圃,工谀病夏畦^⑥。

李广不封空射虎，魏明得立为存麑^⑦。

按辔徐行，细柳功成劳主敬；闻声稍卧，临泾名震止儿啼^⑧。

【注释】

①燕对赵，楚对齐：燕、赵、楚、齐都是春秋战国时的国名。"燕"今本多作"越"，琅环阁藏本作"燕"。语义上，"燕""赵"皆为北方之国，经常并提。平仄上，"燕"作国名读平声，"越"读仄声，显然当以"燕"为是；"赵"为仄声，与"燕"相对，"楚"为仄声，"齐"为平声。语法上，四者皆为名词。

②柳岸对桃蹊：桃蹊，指桃树众多的地方；蹊，小路。平仄上，"柳岸"是仄仄，"桃蹊"是平平。语法上，两个词都是定中结构。

③纱窗对绣户，画阁对香闺：纱窗，蒙纱的窗。绣户，雕绘华美的门户，多指妇女居室。画阁，彩绘华丽的楼阁。香闺，指青年女子的内室。"窗"与"户"、"闺"与"阁"古代常常并称，故而后来构成了两个词"窗户"与"闺阁"。平仄上，"纱窗"是平平，"绣户"是仄仄；"画阁"是仄仄，"香闺"是平平。阁，《广韵》"古落切"，入声。语法上，四个词语都是定中结构。

④修月斧，上天梯：修月斧，《酉阳杂俎·天咫》载："太和中，郑仁本表弟，不记姓名，常与一王秀才游嵩山，扪萝越涧，境极幽夐，遂迷归路。将暮，不知所之，徙倚间，忽觉丛中鼾睡声。披榛窥之，见一人布衣，衣甚洁白，枕一幞物，方眠熟。即呼之曰：'某偶入此径，迷路，君知向官道否？'其人举首略视，不应，复寝。又再三呼之，乃起坐，顾曰：'来此。'二人因就之，且问其所自。其人笑曰：'君知月乃七宝合成乎？月势如丸，其影，日烁其凸处也。常有八万二千户修之，予即一数。'因开幞，有斤凿数事，玉屑饭两裹，授与二人，曰：'分食此。虽不足长生，可一生无疾耳。'乃起，

与二人指一支径：'但由此，自合官道矣。'言已，不见。"讲的是两个人迷路遇仙的故事，仙人告诉他们：月亮乃是七宝合成的，有八万二千户在雕琢它，而他就是其中之一。上天梯，出自《楚辞·九思·悼乱》"缘天梯兮北上，登太一兮玉台"。天梯，古人想象中登天的阶梯。平仄上，"修月斧"是平仄仄，"上天梯"是仄平平。语法上，两个词语都是定中结构，修月之斧，上天之梯。

⑤蝃蝀(dì dōng)对虹霓：蝃蝀，是一个联绵词，"虹"的别名。琅环阁藏本作"蝃蝀"，今本多作"蝃蝀"，二者实际是同一个词的不同写法。《诗经·鄘风》有《蝃蝀》诗。"虹霓"又作"虹蜺"，实际和"蝃蝀"语义相同。平仄上，蝀，《广韵》《德红切》，平声；霓，《广韵》"五稽切"，也是平声。故而上联是仄平，下联是平平，第二字平仄相同，失对。此联语义雷同，平仄亦不相对。语法上，"蝃蝀"是联绵词，"虹霓"则是并列结构，结构也不相对。

⑥行乐游春圃，工谀病夏畦(qí)：春圃，春日的园圃；圃，种植蔬菜、花果或苗木的园地。下联出自《孟子·滕文公下》"胁肩谄笑，病于夏畦"，朱熹《集注》"夏畦，夏月治畦之人也"，指夏天在田地里劳动的人；"畦"是指有一定界限的长条田块。工，善于、擅长。谀，谄媚、谄谀。病，觉得辛苦。平仄上，上联是平仄平平仄，下联是平平仄仄平。语法上，"行乐""工谀"相对，都是动宾结构。"游春圃""病夏畦"都是动补结构，"游于春圃""病于夏畦"的意思。

⑦李广不封空射虎，魏明得立为存麑(ní)：李广，西汉时候的名将，《史记·李将军列传》载："李将军广者，陇西成纪人也。其先曰李信，秦时为将，逐得燕太子丹者也。故槐里，徙成纪。广家世世受射"，"广出猎，见草中石，以为虎而射之，中石没镞，视之石也。因复更射之，终不能复入石矣"。李广天生神力，射箭之术高明，见到草中有老虎，一箭没羽，走近才知道是石头。李广深

受部下爱戴,又为匈奴所敬畏,"广居右北平,匈奴闻之,号曰'汉之飞将军',避之数岁,不敢入右北平",却始终没能封侯。李广临死前说:"广结发与匈奴大小七十余战,今幸从大将军出接单于兵,而大将军又徙广部行回远,而又迷失道,岂非天哉!且广年六十余矣,终不能复对刀笔之吏。"就此引刀自刭。唐王勃在《秋日登洪府滕王阁饯别序》中也说"嗟乎!时运不齐,命途多舛,冯唐易老,李广难封"。下联出自《三国志·魏书·明帝纪》裴松之注引《魏末传》曰:"帝(明帝)常从文帝猎,见子母鹿。文帝射杀鹿母,使帝射鹿子,帝不从,曰:'陛下已杀其母,臣不忍复杀其子。'因涕泣。文帝即放弓箭,以此深奇之,而树立之意定。"魏文帝带着曹睿去打猎,看到了母鹿带着子鹿。文帝射杀了母鹿,让曹睿射死子鹿,曹睿不肯,说:"陛下已经杀死了鹿妈妈,我不忍心再杀死它的孩子。"就是因为此事,文帝决定立曹睿为继承人。魏明,就是魏明帝曹睿,魏文帝曹丕的长子。麑,幼鹿。平仄上,上联是仄仄仄平平仄仄,下联是仄平仄仄仄平平。得,《广韵》"多则切",入声。语法上,"李广""魏明"是指人名词相对;"不封"和"得立"是状中结构相对;"空射虎"对"为存麑",前者是状中结构,后者是介宾结构,二者在结构上对仗不太工整。

⑧按辔徐行,细柳功成劳主敬;闻声稍卧,临泾(jīng)名震止儿啼:上联的典故出自《汉书·周亚夫传》:"文帝后六年,匈奴大入边。……以河内守亚夫为将军,军细柳,以备胡。上自劳军,至霸上及棘门军,直驰入,将以下骑出入送迎。已而之细柳军,军士吏被甲,锐兵刃,彀弓弩,持满。天子先驱至,不得入。先驱曰:'天子且至!'军门都尉曰:'军中闻将军之令,不闻天子之诏。'有顷,上至,又不得入。于是上使使持节诏将军曰:'吾欲劳军。'亚夫乃传言开壁门。壁门士请车骑曰:'将军约,军中不得

驱驰。'于是天子乃按辔徐行。至中营，将军亚夫揖，曰：'介胄之士不拜，请以军礼见。'天子为动，改容式车。使人称谢：'皇帝敬劳将军。'成礼而去。既出军门，群臣皆惊。文帝曰：'嗟乎，此真将军矣！乡者霸上、棘门如儿戏耳，其将固可袭而虏也。至于亚夫，可得而犯邪！'称善者久之。月余，三军皆罢。乃拜亚夫为中尉。"汉文帝时，周亚夫为将军，驻扎在细柳，军纪严明。汉文帝到细柳营劳军，却因没有军令而不得入；好容易进去以后，又说军营中不能骑马奔驰，于是汉文帝就按辔徐行。对此，汉文帝并没有动怒，反而对周亚夫表达敬意，对他称赞有加。唐王维《观猎》利用此典，写下了"忽过新丰市，还归细柳营"的句子。下联的典故出自《新唐书·郝玭传》，"郝玭，不记其乡里。贞元中为临泾镇将"，"卒诏城临泾，为行原州，以玭为刺史，戍之。自是虏不敢过临泾"，"玭在边积三十年，每讨贼，不持糗粮，取之于敌。获虏必刳剔而归其尸，虏大畏，道其名以怖啼儿"。郝玭作为镇守临泾的大将，威名远震，吐蕃不敢过临泾。他讨贼的时候从来不带粮食，粮食都是从敌人那里夺取；抓获了俘虏，也用很残酷的方法处死，然后把尸体还给敌人，敌人对此非常害怕。如果有小孩子哭泣，就说"郝玭"的名字来吓唬他们，连孩子都不敢哭了。平仄上，上联是仄仄平平，仄仄平平平仄仄；下联是平平平仄，平平平仄仄平平。语法上，"按辔徐行""闻声稍卧"都是连谓结构。"细柳功成""临泾名震"都是状中结构，"细柳""临泾"作地点状语。"劳主敬""止儿啼"中的"劳""止"都是使动用法。这一联两句，结构上，"细柳功成劳主敬"可视为对"按辔徐行"的解释，汉文帝"按辔徐行"，这是因为"细柳功成劳主敬"；对句也是如此，"闻声稍卧"是由于"临泾名震止儿啼"。

【译文】

燕国与赵国相对,楚国和齐国相对。

柳岸与桃林相对。

蒙纱的窗户和华美的门户相对,彩绘华丽的楼阁和年轻姑娘的内室相对。

修月的斧头,登天的阶梯。

彩虹和虹霓相对。

行乐之人快乐地在春天的园圃里游玩,阿谀谄媚比夏天在田地里劳动还辛苦。

李广空有一身射虎的本事却终生未被封侯,曹睿之所以能继承皇位乃因不肯射杀小鹿。

汉文帝拉住缰绳缓缓行进,周亚夫治理细柳营有方让主上心怀敬意;临泾大将郝玼威成名震边关,小孩子听到他的名字都会吓得止住哭声。

九　佳

【题解】

"佳"是"平水韵"中上平声的第九韵部。

"佳"在《广韵》中作"古膎切",平声,佳韵。

《笠翁对韵》所用到的韵脚字有街、荄、钗、淮、差、排、怀、柴、鞋、涯、埋、皑、斋、谐、槐、乖、牌、筛、楷、崖、阶、豺等 22 个。《声律启蒙》所用到的韵脚字有淮、崖、钗、喈、鞋、谐、斋、挨、差、娃、阶、哇、排、街、蜗、怀、柴、埋等 18 个。二书共同用到的韵脚字有街、钗、淮、差、排、怀、柴、鞋、埋、斋、谐、崖、阶等 13 个,其中《笠翁对韵》用到但《声律启蒙》没有用到的是荄、涯、皑、槐、乖、牌、筛、楷、豺等 9 个字,《声律启蒙》用到而《笠翁对韵》没有用的是喈、挨、娃、哇、蜗等 5 个字。其中《笠翁对韵》所用到的"皑"属于"十灰"韵部。

其一

门对户，陌对街①。

枝叶对根荄②。

斗鸡对挥麈，凤髻对鸾钗③。

登楚岫，渡秦淮④。

子犯对夫差⑤。

石鼎龙头缩，银筝雁翅排⑥。

百年诗礼延余庆，万里风云入壮怀⑦。

莫辨名伦，死矣野哉悲季路；不由径窦，生乎愚也有高柴⑧。

【注释】

①门对户，陌对街：门、户是同义词，古代双扇为门，单扇为户。陌，田间小路，如晋陶渊明《桃花源记》"阡陌交通，鸡犬相闻"。街，两边有房屋的较宽阔的路。平仄上，"门""户"是平和仄，"陌""街"是仄和平。语法上，四个词语都是名词。

②枝叶对根荄（gāi）：荄，草根。平仄上，"枝叶"是平仄，"根荄"是平平。语法上，"枝""叶"都是树上的构成部分，"根""荄"都是根的意思，两个词语都是名词性并列结构。

③斗鸡对挥麈（zhǔ），凤髻对鸾钗：挥麈，挥动麈尾；麈，古书上指鹿一类的动物，它的尾巴可以做拂尘。凤髻，凤形的发髻，属于高髻的一类。鸾钗，鸾形的钗子。平仄上，"斗鸡"是仄平，"挥麈"是平仄；"凤髻"是仄仄，"鸾钗"是平平。语法上，"斗鸡""挥麈"是动宾结构，"斗"在这里用作使动，故能带宾语；"凤髻""鸾钗"是定中结构。

④登楚岫(xiù)，渡秦淮：楚岫，楚地山峦，唐韦迢《早发湘潭寄杜员外院长》"楚岫千峰翠，湘潭一叶黄"。秦淮，河名，流经南京。平仄上，"登楚岫"是平仄仄，"渡秦淮"是仄平平。语法上，两个词语都是动宾结构。

⑤子犯对夫差：子犯，春秋时人，姬姓，狐氏，重耳的舅舅，跟随重耳流亡十九年，又辅佐他即位称霸。夫差，春秋时期吴国最后一代国君，姬姓，一度称霸，后被越王勾践灭国。平仄上，"子犯"是仄仄，"夫差"是平平。语法上，"子犯""夫差"都是人物名词；二者字面上亦都是主谓结构。

⑥石鼎龙头缩，银筝雁翅排：石鼎，陶制的烹茶用具。龙头，应该是石鼎壁上的龙头花纹，大概烹茶的时候，水的折射的作用，龙头看起来像缩回去了一样。银筝雁翅，就是指筝柱，因其斜列如雁行，故称，元张可久《迎仙客·春晚》曲"燕初忙，莺正懒。帘卷轻寒，玉手调筝雁"。平仄上，上联是仄仄平平仄，下联是平平仄仄平。石，《广韵》"常隻切"，入声；缩，《广韵》"所六切"，入声。语法上，两句都是主谓谓语句。谓语部分"龙头缩""雁翅排"都是主谓结构，陈述主语"石鼎""银筝"。

⑦百年诗礼延余庆，万里风云入壮怀：上联化用宋王之道的《哀周然明》："三荐渠能老一儒，班超投笔好从吾。功名到手身先死，诗礼传家道不孤。千里新封从马鬛，百年余庆萃鹓雏。西风哀挽桐川上，傥有青乌致奠无。"其中"诗礼传家"的典故出自《论语·季氏》："陈亢问于伯鱼曰：'子亦有异闻乎？'对曰：'未也。尝独立，鲤趋而过庭。曰："学《诗》乎？"对曰："未也。""不学《诗》，无以言。"鲤退而学《诗》。他日，又独立，鲤趋而过庭。曰："学礼乎？"对曰："未也。""不学礼，无以立。"鲤退而学礼。闻斯二者。'陈亢退而喜曰：'问一得三：闻《诗》，闻礼，又闻君子之远其子也。'"孔子对儿子孔鲤的教育是让他学《诗》、学礼，后来孔

鲤的儿子子思及其继承者孟子把儒学发扬光大,正是"诗礼传家"的体现。余庆,指留给子孙后辈的德泽,《周易·坤》"积善之家,必有余庆"。下联化自唐韩愈的《送石处士赴河阳幕》:"长把种树书,人云避世士。忽骑将军马,自号报恩子。风云入壮怀,泉石别幽耳。钜鹿师欲老,常山险犹恃。岂惟彼相忧?固是吾徒耻。去去事方急,酒行可以起。"平仄上,上联是仄平平仄平平仄,下联是仄仄平平仄仄平。语法上,两句都是主谓结构:主语"百年诗礼""万里风云"都是定中结构,谓语"延余庆""入壮怀"都是动宾结构。对仗比较工整。

⑧莫辨名伦,死矣野哉悲季路;不由径窦,生乎愚也有高柴:上联典故出自《论语·子路》:"子路曰:'卫君待子而为政,子将奚先?'子曰:'必也,正名乎!'子路曰:'有是哉,子之迂也!奚其正?'子曰:'野哉,由也!君子于其所不知,盖阙如也。名不正,则言不顺;言不顺,则事不成;事不成,则礼乐不兴;礼乐不兴,则刑罚不中;刑罚不中,则民无所措手足。故君子名之必可言也,言之必可行也。君子于其言,无所苟而已矣!'"名伦,名分伦常。季路就是子路,鲁国人,孔子的弟子,小孔子九岁。子路就是不辨名伦方死在卫国的。子路在卫国为官时,孔子来到卫国,子路问他如果卫君请他执政,他将首先做什么。当时卫国正处于内部纷争之时,卫灵公在位时,宠幸南子;太子蒯聩想除掉南子,结果被卫灵公赶出卫国;卫灵公死后,南子让蒯聩的儿子辄继承君位,就是当下的卫出公;而蒯聩则想趁机夺回权利。这样,卫出公对于蒯聩来说,是君上,也是儿子。因此,孔子的回答是"必也,正名乎"。子路不懂,所以嘲笑孔子"迂腐",孔子批评他"野哉,由也"。君臣、父子关系正是古代最为重要的名伦关系,"名不正,则言不顺;言不顺,则事不成"。到最后,子路死的时候,也没悟到这个问题。所以孔子一早就预感到了,到后

来卫国果然发生动乱，《史记·仲尼弟子列传》载："孔子闻卫乱，曰：'嗟乎，由死矣！'已而果死。"孔子推测子路可能要死在卫国了，事实果然如此。"死矣""野哉"都是孔子对子路的评价。下联的"不由径窦"，出自《孔子家语》，评价高柴"避难而行，不径不窦"。径窦，门径；径，小路；窦，洞。高柴，也是孔子的弟子，字子羔，少孔子三十岁。高柴避难逃亡，也不会抄小路、钻小洞，行为方正，甚至有些迂腐，故而《论语·先进》谓之"柴也愚"。卫国发生动乱的时候，蒯聩登君位，卫出公出逃，当时子路和高柴都在卫国为官。《史记·仲尼弟子列传》载："方孔悝作乱，子路在外，闻之而驰往。遇子羔出卫城门，谓子路曰：'出公去矣，而门已闭，子可还矣，毋空受其祸。'子路曰：'食其食者不避其难。'子羔卒去。有使者入城，城门开，子路随而入。造蒉聩（按，即蒯聩），蒉聩与孔悝登台。子路曰：'君焉用孔悝？请得而杀之。'蒉聩弗听。于是子路欲燔台，蒉聩惧，乃下石乞、壶黡攻子路，击断子路之缨。子路曰：'君子死而冠不免。'遂结缨而死。"子路本在城外，可是不愿意避难而战死，高柴本在城内却出逃而去。《史记·卫康叔世家》载，"孔子闻卫乱，曰：'嗟乎！柴也其来乎？由也其死矣。'"孔子听到卫国动乱，料定高柴大概是会活着回来的，而子路必然是会死在卫国了。可见子路与高柴同在卫国做事，同是孔子弟子，在同一个事情上，一死一生，二者的结局存在一定的对立性。"生乎愚也"是对高柴的评语。平仄上，上联是仄仄平平，仄仄仄平平仄仄；下联是仄平平仄，平平平仄仄平平。语法上，"莫辨名伦""不由径窦"分别属于子路和高柴的事例，都是状中结构。"死矣""生乎"相对，"野哉""愚也"相对，前者皆为动词带语气词，后者为形容词带语气词，属于对子路和高柴的推测与评价。"悲季路""有高柴"都是动宾结构。从用典、语义、平仄、语法三个方面来看，这副对子应该算得上难得的佳联。

【译文】

门和户相对,田间小路和城市大道相对。

枝叶与草根相对。

斗鸡和挥麈相对,凤髻和鸾钗相对。

登楚地山峦,渡秦淮河水。

子犯和夫差相对。

石鼎煮茶的时候龙头花纹像缩了回去,银筝上的筝柱斜行排列像雁飞之阵形。

诗礼传承百年之家必有德泽留给后辈,壮丽的万里江山都在豪迈的胸怀之中。

不辨名分伦常,鲁莽的子路死于卫国之乱;避难也不苟且,愚笨的高柴自卫安全返回。

其二

冠对履,袜对鞋①。

海角对天涯②。

鸡人对虎旅,六市对三街③。

陈俎豆,戏堆埋④。

皎皎对皑皑⑤。

贤相聚东阁,良朋集小斋⑥。

梦里山川书越绝,枕边风月记齐谐⑦。

三径萧疏,彭泽高风怡五柳;六朝华贵,琅琊佳气毓三槐⑧。

【注释】

①冠对履,袜对鞋:冠,帽子的统称。履,鞋子。"冠履"常常并称,《史记·儒林列传》"冠虽敝,必加于首;履虽新,必关于足"。王

力《古汉语字典》中说"屦、履、鞋"是"同一物","时代不同,名称亦异"。平仄上,"冠""鞋"都是平声,"履""袜"都是仄声。语法上,"冠""履""袜""鞋"都是服饰名词。

②海角对天涯:海角,本指突出于海中的狭长形陆地,常形容极远僻的地方。天涯,天边,也是指极远的地方,出自《古诗十九首·行行重行行》"相去万余里,各在天一涯"。平仄上,"海角"是仄仄,"天涯"是平平。语法上,二者都是处所名词,都是定中结构。

③鸡人对虎旅,六市对三街:鸡人,根据《汉语大词典》,指周代的官职名,掌供办鸡牲,凡举行大典,则报时以警夜;后指宫廷中专管更漏之人。虎旅,是虎贲氏与旅贲氏的并称,两者均掌王之警卫,后因以"虎旅"为卫士之称。六市、三街,指都市的大街闹市。"三街"琅环阁藏本作"三阶",然"三阶"是三层台阶的意思,在此与"六市"对仗不工稳,故此取今本之"三街"。古代常以"三街六市"泛指各街市,《西游记》第三回"风起处,惊散了那傲来国君王,三街六市,都慌得关门闭户,无人敢走"。平仄上,"鸡人"是平平,"虎旅"是仄仄;"六市"是仄仄,"三街"是平平。语法上,"鸡人"对"虎旅",都是与职务有关的名词。表面上,"鸡""人"是畜与人并列,"虎""旅"是两种警卫的并列;实质上,二者并不相同,"鸡人"是掌供办鸡牲之人,实为定中结构;"虎旅"是并列结构。故而二者并不对仗。"六市""三街"都是定中结构。

④陈俎(zǔ)豆,戏堆埋:上联出自《史记·孔子世家》:"孔子为儿嬉戏,常陈俎豆,设礼容。"陈,陈列,排列。俎豆,俎和豆,古代祭祀、宴飨时盛食物用的两种礼器,也泛指各种礼器。下联出自《列女传·母仪传》所载:"邹孟轲之母也,号孟母。其舍近墓。孟子之少也,嬉游为墓间之事,踊跃筑埋。孟母曰:'此非吾所以居处子。'乃去,舍市傍。其嬉戏为贾人衒卖之事。孟母又曰:'此非吾所以居处子也。'复徙舍学宫之傍。其嬉游乃设俎豆,揖

让进退。孟母曰：'真可以居吾子矣。'遂居。及孟子长，学六艺，卒成大儒之名。"这就是孟母三迁的故事。堆埋，埋人垒墓头。孟母一开始带着儿子住在离墓地比较近的地方，孟子就模仿大人，做埋人垒坟头的游戏。孟母觉得这不是儿子该学的东西，所以几经迁移，最终搬到了学宫的旁边。平仄上，"陈俎豆"是平仄仄，"戏堆埋"是仄平平。语法上，两个词语都是动宾结构，宾语"俎豆""堆埋"都是并列结构。

⑤ 皎皎(jiǎo)对皑皑(ái)：皎皎，洁白的样子。皑皑，形容雪白的样子。平仄上，"皎皎"是仄仄，"皑皑"是平平。语法上，两者都是叠音词，且都是形容词。

⑥ 贤相聚东阁，良朋集小斋：上联的典故说的是汉代宰相公孙弘之事，《史记·平津侯主父列传》载："丞相公孙弘者，齐菑川国薛县人也，字季。少时为薛狱吏，有罪，免。家贫，牧豕海上。年四十余，乃学《春秋》杂说。"《汉书·公孙弘传》则载："时上方兴功业，娄举贤良。弘自见为举首，起徒步，数年至宰相封侯，于是起客馆，开东阁以延贤人。"东阁，古代称宰相招致、款待宾客的地方。下联所讲的内容来自唐柳公绰的故事。《家范·治家》载："唐河东节度使柳公绰，在公卿间最名。有家法，中门东有小斋，自非朝谒之日，每平旦辄出，至小斋，诸子仲郢等皆束带。晨省于中门之北。公绰决公私事，接宾客，与弟公权及群从弟再食，自旦至暮，不离小斋。烛至，则以次命子弟一人执经史立烛前，躬读一过毕，乃讲议居官治家之法。或论文，或听琴，至人定钟，然后归寝，诸子复昏定于中门之北。凡二十余年，未尝一日变易。"柳公权的哥哥柳公绰，在他家中门东边有个小书斋，他平时处理公事私事、接待宾客、进食就餐都在小书斋里进行。平仄上，上联是平仄仄平仄，下联是平平仄仄平。阁，《广韵》"古落切"，入声；集，《广韵》"秦入切"，入声。语法上，两句都是主谓结构。

⑦梦里山川书越绝，枕边风月记齐谐：越绝，指《越绝书》，又名《越绝记》，东汉袁康撰，记吴、越二国史地及伍子胥、子贡、范蠡、文种等人的活动，多采传闻异说。齐谐，有人说是人名，也有人说是书名，《庄子·逍遥游》"齐谐者，志怪者也"；后志怪之书以及敷演此类故事的戏剧，多以"齐谐"为名，如《齐谐记》《续齐谐记》《新齐谐》等。此处的"齐谐"当为书名。平仄上，上联是仄仄平平平仄仄，下联是仄平平仄仄平平。绝，《广韵》"情雪切"，入声。语法上，整个句子是主谓结构：主语"梦里山川""枕边风月"相对，都是动作的受事，是"书""记"的对象与内容；谓语"书越绝""记齐谐"都是动宾结构，"越绝""齐谐"皆为书名作宾语，表示动作的结果。"书""记"本是两书的名称，作者调动它们的动词用法，嵌在两个名词词语之间，非常巧妙。

⑧三径萧疏，彭泽高风怡五柳；六朝华贵，琅琊佳气毓三槐：三径萧疏，语出晋陶渊明《归去来兮辞》的"三径就荒，松菊犹存"。彭泽，陶渊明曾做过彭泽令，《晋书·隐逸列传》载："以亲老家贫，起为州祭酒，不堪吏职，少日自解归。州召主簿，不就，躬耕自资，遂抱羸疾。复为镇军、建威参军，谓亲朋曰：'聊欲弦歌，以为三径之资可乎？'执事者闻之，以为彭泽令。在县公田悉令种秫谷，曰：'令吾常醉于酒足矣。'妻子固请种粳，乃使一顷五十亩种秫，五十亩种粳。素简贵，不私事上官。郡遣督邮至县，吏白应束带见之，潜叹曰：'吾不能为五斗米折腰，拳拳事乡里小人邪！'义熙二年，解印去县，乃赋《归去来》。"陶渊明不想为五斗米折腰，就辞去了官职，归隐田园。五柳，晋陶渊明《五柳先生传》有言曰"先生不知何许人也，亦不详其姓字。宅边有五柳树，因以为号焉"。他隐居的房屋旁边种有五棵柳树，所以自称"五柳先生"。下联出自《邵氏闻见录》所载："王晋公祐，事太祖为知制诰。……初，祐赴贬时，亲宾送于都门外，谓祐曰：'意公作王溥

官职矣。'祐笑曰：'某不做，儿子二郎必做。'二郎者，文正公旦
也，祐素知其必贵，手植三槐于庭曰：'吾子孙必有为三公者。'已
而果然。天下谓之三槐王氏。"北宋名相王旦的父亲王祐是琅琊
世系，他在庭院里亲手种了三棵槐树，说："我的子孙一定有为三
公之人。"六朝，指历史上三国至隋朝的南方六个朝代。三槐，相
传周代官廷外种有三棵槐树，三公朝天子时，面向三槐而立。后
来人们用三槐喻三公。"毓"，今本多作"种"，琅环阁藏本作
"毓"，从词义、平仄、语法上看，二者皆可。从典故来看，以"种"
对应"手植"，更加合适；然若从上文"琅琊佳气"的语势、意境来
看，又似以"毓"更佳；且以"毓"对"怡"，似更相宜。平仄上，上联
是平仄平平，平仄平平平仄仄；下联是仄平平仄，平平平仄仄平
平。泽，《广韵》"场伯切"，入声。语法上，上半句"三径萧疏""六
朝华贵"，都是定中结构；下半句都是主谓结构：主语"彭泽高风"
"琅琊佳气"都是定中结构；谓语部分"怡五柳""毓三槐"都是动
宾短语，"怡"在这里是意动用法，"以……为怡"的意思。

【译文】

帽子和鞋子相对，袜子和鞋子相对。

海角和天涯相对。

掌供办鸡牲的官员和掌王之警卫的卫士相对，六市和三街相对。

孔子小时候以陈列俎豆为游戏，孟子年少时模仿别人垒墓来玩。

皎皎和皑皑相对。

汉代宰相公孙弘在东阁聚集贤才，唐节度使柳公绰在小斋招待
宾客。

梦里山川写成《越绝书》，枕边风月写成《齐谐记》。

庭院三径花木荒疏，高风亮节的陶渊明种下五棵柳树，以此怡悦自
己的情感；六朝琅琊王姓后人，北宋名相王旦之父手植三棵槐树，断言
后世有人为三公。

其三

勤对俭,巧对乖①。

水榭对山斋②。

冰桃对雪藕,漏箭对更牌③。

寒翠袖,贵荆钗④。

慷慨对诙谐⑤。

竹径风声籁,花蹊月影筛⑥。

携囊佳韵随时贮,荷锄沉酣到处埋⑦。

江海孤踪,云浪风涛惊旅梦;乡关万里,烟峦云树切归怀⑧。

【注释】

①勤对俭,巧对乖:"勤""俭"是一对褒义词,一形容勤快,一形容节俭,古人常提倡勤俭持家,二者经常并提。"巧""乖"今人也常并论,形容人机灵聪明。平仄上,"勤"是平,"俭"是仄;"巧"是仄,"乖"是平。语法上,四个词语都是形容词。

②水榭对山斋:水榭,建筑在水边或水上、供人们游憩眺望的亭阁,唐崔湜《侍宴长宁公主东庄应制》"水榭宜时陟,山楼向晚看"。山斋,山中居室,南朝梁萧统《晚春》"风花落未已,山斋开夜扉"。平仄上,"水榭"是仄仄,"山斋"是平平。语法上,两个词语都是建筑类名词,都是定中结构。

③冰桃对雪藕,漏箭对更牌:冰桃、雪藕,"冰""雪"是形容桃和藕的新鲜脆嫩。漏箭,漏壶的部件,上刻时辰度数,随水浮沉以计时。更牌,夜间报更的竹签,也叫更筹、更签。平仄上,"冰桃"是平平,"雪藕"是仄仄;"漏箭"是仄仄,"更牌"是平平。语法上,两组

都是名词性词语，且都是定中结构。

④寒翠袖，贵荆钗：寒翠袖，化用唐杜甫《佳人》中的"天寒翠袖薄，日暮倚修竹"，这首诗写的是一个绝代佳人，本是富贵人家的女子，因为遭遇丧乱，兄弟被杀，自身被丈夫抛弃，不得不幽居山谷，艰难度日。后代诗人多用"寒翠袖"的意象描写佳人情态，宋苏轼《芍药》"倚竹佳人翠袖长，天寒犹着薄罗裳"。翠袖，指绿色的衣袖，为贵族女子所着服饰。荆钗，荆枝所做的钗，贫家妇女所戴，如唐李山甫《贫女》"平生不识绣衣裳，闲把荆钗亦自伤"。平仄上，"寒翠袖"是平仄仄，"贵荆钗"是仄平平。语法上，两个短语都是动宾结构，"寒""贵"两个形容词活用为使动和意动。

⑤慷慨对诙谐：慷慨，情绪激昂。诙谐，谈吐幽默风趣，《汉书·东方朔传》"其言专商鞅、韩非之语也，指意放荡，颇复诙谐"。平仄上，"慷慨"是平仄，"诙谐"是平平。语法上，二者都是联绵词，且皆为形容词。

⑥竹径风声籁，花蹊月影筛：竹径，就是竹林中的小径。籁，《说文解字》"籁，三孔龠也"。龠，古作"龠"，象形字，像编管之形，似为排箫之前身，有吹龠、舞龠两种，吹龠似笛而短小，三孔；舞龠长而六孔，可执作舞具。籁就是吹龠，后来引申为从孔穴里发出的声音，"天籁"就是指自然界的声响。因为籁原本就是竹制的，所以古人常常把风穿过竹林的声音谓之"竹籁"，宋林逋《春夕》"微风引竹籁，斜月转花阴"。花蹊，就是花间小路。筛，据《汉语大词典》，就是筛子，一种竹丝或金属丝等编制成的器具，多小孔。月影映照树林、花叶、帘幕、窗格之间，光影参差，像过了筛一样，这个情景经常入诗，如宋方千里《满路花》有"帘筛月影金，风卷杨花雪"。平仄上，上联是仄仄平平仄，下联是平平仄仄平。竹，《广韵》"张六切"，入声。语法上，两句都是主谓结构，主语、谓语皆为名词性结构，为判断句。

⑦携囊佳韵随时贮，荷锄沉酣到处埋：上联的典故出自唐李商隐所写的《李贺小传》："(李贺)恒从小奚奴骑距驴，背一古破锦囊，遇有所得，即书投囊中。及暮归，太夫人使婢受囊出之，见所书多，辄曰：'是儿要当呕出心始已耳。'上灯与食，长吉从婢取书，研墨叠纸足成之，投他囊中。非大醉及吊丧日，率如此，过亦不复省。王、杨辈时复来探取写去。"李贺每次出游，都骑着驴，带着奴仆，让奴仆背一个锦囊，有什么锦句就投进去。下联的典故讲的是魏晋时期诗人刘伶的故事，《晋书·刘伶传》载："刘伶字伯伦，沛国人也。身长六尺，容貌甚陋。放情肆志，常以细宇宙齐万物为心。澹默少言，不妄交游，与阮籍、嵇康相遇，欣然神解，携手入林。初不以家产有无介意。常乘鹿车，携一壶酒，使人荷锸而随之，谓曰：'死便埋我。'其遗形骸如此。"刘伶为人放浪形骸，他常常带一壶酒出门，让人扛着铁锹跟着，说："如果我醉死了就埋掉我。"平仄上，上联是平平平仄平平仄，下联是仄平平平仄仄平。上下联第二字"囊""锄"皆为平声，失对；下联第二、四字"锄""酣"，亦平仄相同，失替。语法上，上下联皆由复句组成，表目的关系：携囊(以便)佳韵随时贮，荷锄(而为)沉酣到处埋。然二者有不甚对仗之处："佳韵"与"沉酣"，前者指好的诗句，名词性定中结构；后者是形容刘伶喝醉了酒的样子，形容词。

⑧江海孤踪，云浪风涛惊旅梦；乡关万里，烟峦云树切归怀：孤踪，孤独的踪迹，宋周紫芝《潇湘夜雨》"楼上寒深，江边雪满，楚台烟霭空濛。一天飞絮，零乱点孤篷。似我华颠雪领，浑无定、漂泊孤踪。空凄黯，江天又晚，风袖倚蒙茸"。惊旅梦，明杨爵《有感》有"天涯风景又将秋，想象西周已古丘。万里乡关惊旅梦，百年身世叹幽囚"。下联的典故应该是浓缩了唐崔颢《黄鹤楼》的句意："昔人已乘白云去，此地空余黄鹤楼。黄鹤一去不复返，白云千载空悠悠。晴川历历汉阳树，芳草萋萋鹦鹉洲。日暮乡关何

处是,烟波江上使人愁。"平仄上,上联是平仄平平,平仄平平平仄仄;下联是平平仄仄,平平平仄仄平平。语法上,"江海孤踪"和"乡关万里"不太相对:"江海孤踪"是定中结构,"江海"表示"孤踪"的所在;"乡关万里"是主谓结构,"万里"陈述"乡关"的距离。"云浪风涛惊旅梦""烟峦云树切归怀"都是主谓结构:主语"云浪风涛""烟峦云树"是名词性联合结构,谓语"惊旅梦""切归怀"都是动宾结构。

【译文】

勤和俭相对,巧和乖相对。

水中亭台和山中居室相对。

鲜桃和脆藕相对,漏箭和更牌相对。

被人抛弃的贵族女子悲伤落寞,使得翠袖也都寒意袭人;穿着朴素的贫家女子贤惠勤劳,连荆钗都让人觉得贵重。

慷慨和诙谐相对。

竹和竹之间的空隙似籁一般,风声穿过,奏出美妙动听的乐声;花和花之间的参差像筛一样,月影透过,洒下点点斑驳的光影。

带着锦囊,是为了随时随地贮藏佳句;扛着锄头,是便于醉死过去就地掩埋。

江海中只有孤单的身影,骇人的惊涛巨浪惊醒了旅人的思乡美梦;乡关有迢迢千万里之遥,眼前的山峦树木牵动着游子的归家情怀。

其四

枏对梓,桧对楷①。

水泊对山崖②。

舞裙对歌袖,玉陛对瑶阶③。

风入袂,月盈怀④。

虎兕对狼豸⑤。

马融堂上帐，羊侃水中斋⑥。

北面黉宫宜释菜，东巡岱岵定燔柴⑦。

锦缆春江，横笛洞箫通碧落；华灯夜月，遗簪堕翠遍香街⑧。

【注释】

①枏(nán)对梓(zǐ)，桧(guì)对楷(jiē)：枏，琅环阁藏本作"枏"，今本多作"杞"。若作"杞"则第一组平仄相同，失对。枏，同"楠"，平声，刚好与"梓"平仄相对。故用"枏"为是。第二组"桧"为仄，"楷"为平，亦平仄相对。"楷"表树木名时读平声。语法上，两组都是指称树木的名词。

②水泊对山崖：水泊，湖泽。山崖，陡立的崖壁。平仄上，泊，《广韵》"傍各切"，入声，故而"水泊"是仄仄，"山崖"是平平。语法上，两个词语都表处所，都是定中结构。

③舞裙对歌袖，玉陛对瑶阶：玉陛，帝王宫殿的台阶，所以古人称皇帝为"陛下"。瑶阶，玉砌的台阶，后来作为石阶的美称；瑶，美玉。平仄上，"舞裙"是仄平，"歌袖"是平仄；"玉陛"是仄仄，"瑶阶"是平平。语法上，四个词语都是定中结构。

④风入袂(mèi)，月盈怀：风入袂，宋赵抃《寄谢云安知军王端屯田》"坐来风入袂，归去月流波"。袂，衣袖。月盈怀，月光满怀。平仄上，"风入袂"是平仄仄，"月盈怀"是仄平平。语法上，"风入袂""月盈怀"都是主谓结构。

⑤虎兕(sì)对狼豸：虎兕，出自《论语·季氏》"虎兕出于柙，龟玉毁于椟中，是谁之过与"。兕，犀牛的一种。豸，野兽名，狼的一种。平仄上，"虎兕"是仄仄，"狼豸"是平平。语法上，"虎兕"和"狼

豺"都是名词性的并列结构。

⑥马融堂上帐，羊侃水中斋：堂上帐，出自东汉著名经学家马融的典故，《后汉书·马融传》载："融才高博洽，为世通儒，教养诸生，常有千数。涿郡卢植，北海郑玄，皆其徒也。善鼓琴，好吹笛，达生任性，不拘儒者之节。居宇器服，多存侈饰。常坐高堂，施绛纱帐，前授生徒，后列女乐，弟子以次相传，鲜有入其室者。"马融才华很高，是一位博学鸿儒，所带的弟子上千人。他常坐在高堂之上，堂上挂着绛色纱帐，前面教授徒弟，后面陈列女乐。水中斋，说的是南朝梁国名将羊侃的典故，《南史·羊侃传》载："侃少雄勇，膂力绝人，所用弓至二十石，马上用六石弓。……初赴衡州，于两艚舫起三间通梁水斋，饰以珠玉，加之锦缋，盛设帷屏，列女乐。乘潮解缆，临波置酒，缘塘傍水，观者填咽。"羊侃勇力过人，他刚去衡州赴任的时候，在船上造了三间水斋，装饰华贵，设置了许多帷幕屏风，陈列女乐其上。乘着潮水解开船缆，在水波上饮酒作乐。平仄上，上联是仄平平仄仄，下联是平仄仄平平。语法上，上下联皆是定中结构。

⑦北面黉(hóng)宫宜释菜，东巡岱峙(zhì)定燔柴：北面，是面朝北方，古代臣见君、幼见长、徒见师，都是面向北方而拜。黉宫，学校的代称，也是纪念和祭祀孔子等先贤的祠庙。释菜，亦作"释采"，是古代入学时祭祀先圣先师的一种典礼，如明归有光《顾夫人八十寿序》曰"公予告家居，率乡人子弟释菜于学官"。释菜，今本多作"拾芥"，出自《汉书·夏侯胜传》："胜每讲授，常谓诸生曰：'士病不明经术；经术苟明，其取青紫(指高官显爵)如俛拾地芥耳。'"夏侯胜对学生说，士人多不明经学，若是明白，那么要获得官职是易如反掌的。拾芥，即拾地芥，形容取之容易。虽然两个词语皆与古代学子有关，但上联用"宜"字，说的是学官的礼仪规则问题，故当以"释菜"为是。东巡，天子巡视东方，《尚书·舜

典》"岁二月,东巡守,至于岱宗"。岱,指岱宗,泰山的别名;古代封禅大典就是在泰山举行的。墠,古时帝王祭祀天地五帝的场所。燔柴,古代祭天仪式,将玉帛、牺牲等置于积柴上焚烧,《礼记·祭法》"燔柴于泰坛,祭天也"。平仄上,上联是仄仄平平平仄仄,下联是平平仄仄仄平平。语法上,"北面黉宫"对"东巡岱墠",都是动宾结构,"宜释菜"对"定燔柴",都是状中结构。

⑧锦缆春江,横笛洞箫通碧落;华灯夜月,遗簪堕翠遍香街:锦缆,用锦缎做缆绳,这是形容富贵人家的船非常奢侈豪华。横笛,笛子,即今七孔横吹之笛,与古笛之直吹者相对而言。洞箫,简称箫,古代的箫以竹管编排而成,称为排箫,排箫以蜡蜜封底,无封底者称洞箫,宋苏轼《前赤壁赋》"客有吹洞箫者,倚歌而和之"。碧落,天空、青天,唐白居易《长恨歌》中有"上穷碧落下黄泉,两处茫茫皆不见"。下联是描写元宵节的热闹场景,《梦粱录·元宵》载:"正月十五日元夕节,乃上元天官赐福之辰。……公子王孙,五陵年少,更以纱笼喝道,将带佳人美女,遍地游赏。人都道玉漏频催,金鸡屡唱,兴犹未已。甚至饮酒醺醺,倩人扶着,堕翠遗簪,难以枚举。"元宵节,花山灯海,游人如织,挤挤挨挨,故而珠翠首饰都掉得满地皆是。遗簪、堕翠指的都是女性掉落的首饰,如宋柳永《木兰花慢》"向路傍往往,遗簪堕珥,珠翠纵横"。平仄上,上联是仄仄平平,平仄仄平平仄仄;下联是平平仄仄,平平仄仄仄平平。笛,《广韵》"徒历切",入声。语法上,"锦缆春江""华灯夜月"相对,作整个句子的状语,二者都是名词性并列结构。"横笛洞箫通碧落""遗簪堕翠遍香街"是主谓结构:主语"横笛洞箫""遗簪堕翠"都是名词性并列结构,"通碧落""遍香街"都是动宾短语。

【译文】

楠树和梓树相对,桧树和楷树相对。

湖泊和山崖相对。

舞裙和歌袖相对,玉陛和瑶阶相对。

清风吹入衣袖,月光落满怀中。

虎兕和豺狼相对。

马融在堂中设置帷帐教授学徒,羊侃在水上建造居室饮酒听乐。

士子入学时要先行祭祀先圣先师之礼,向东巡游泰山定要燔烧木柴祭祀上天。

华丽的大船停泊在春江之上,笛声箫声吹彻云霄;精美的彩灯点亮在明月之下,金簪翠玉落满街道。

十 灰

【题解】

"灰"是"平水韵"中上平声的第十韵部。

"灰"在《广韵》中作"呼恢切",平声,灰韵。

《笠翁对韵》"十灰"所用到的韵脚字有哀、才、开、莱、台、钗、来、哉、腮、雷、梅、赅(该)、猜、杯、苔、栽等16个,《声律启蒙》用到的有开、苔、台、魋、莱、灾、雷、灰、隈、醅、梅、催、杯、荄、槐、哀等16个字。其中二书共同用到的韵脚字有哀、开、莱、台、雷、杯、苔等7个,《笠翁对韵》用到而《声律启蒙》没有用到的是才、钗、来、哉、腮、梅、赅(该)、猜、栽等9个字,《声律启蒙》用到而《笠翁对韵》没有用到的是魋、灾、灰、隈、醅、梅、催、荄、槐等9个字。其中《笠翁对韵》用到的"钗"属于"九佳"韵部。

其一

春对夏,喜对哀①。

大手对长才②。

风清对月朗,地辟对天开③。

游阆苑,醉蓬莱④。

七政对三台⑤。

青龙壶老杖,白燕玉人钗⑥。

香风十里望仙阁,明月一天思子台⑦。

玉橘冰桃,王母几因求道降;莲舟藜杖,真人原为读书来⑧。

【注释】

①春对夏,喜对哀:平仄上,"春""哀"是平声,"夏""喜"是仄声。语法上,"春""夏"都是季节名词,"喜""哀"是表心理活动的动词。

②大手对长才:大手,就是高手,指工于文辞的名家。长才,优异的才能。平仄上,"大手"是仄仄,"长才"是平平。语法上,二者都是定中结构。

③风清对月朗,地辟对天开:地辟,"辟"古写作"闢",有动词"打开"和形容词"开阔"两个意义,其动词意义和"开"的意义、用法相同,故而古代"开""辟"常常并说。此处"辟"当作动词,与"开"相对。"地辟""天开"还可以表述为"辟地""开天"。"地辟"今本多作"地阔",琅环阁藏本作"辟",从词义、词性来看,"辟"更佳。平仄上,"风清""天开"是平平,"月朗""地辟"是仄仄。语法上,"风清""月朗""地辟""天开"都是主谓结构,第一组皆由形容词作谓语,第二组皆由动词作谓语。

④游阆苑,醉蓬莱:阆苑,阆风之苑,传说中仙人的住处,《红楼梦》中《枉凝眉》有"一个是阆苑仙葩,一个是美玉无瑕"的话。蓬莱,蓬莱山,古代传说中的神山名,也常泛指仙境,《史记·封禅书》"自威、宣、燕昭使人入海求蓬莱、方丈、瀛洲。此三神山者,其傅在勃海中"。平仄上,"游阆苑"是平仄仄,"醉蓬莱"是仄平平。

语法上,两个词语都是动宾结构。

⑤七政对三台:七政,古天文术语,或指日、月和金、木、水、火、土五行,或指天、地、人和四时,也有指北斗七星的。三台,星名,《晋书·天文志上》"在人曰三公,在天曰三台"。平仄上,"七政"是仄仄,"三台"是平平。七,《广韵》"亲吉切",入声。语法上,两个词语都是定中结构。

⑥青龙壶老杖,白燕玉人钗:上联的典故出自《后汉书·费长房传》:"费长房者,汝南人也。曾为市掾。市中有老翁卖药,悬一壶于肆头,及市罢,辄跳入壶中。市人莫之见,唯长房于楼上睹之,异焉,因往再拜奉酒脯。翁知长房之意其神也,谓之曰:'子明日可更来。'长房旦日复诣翁,翁乃与俱入壶中。……长房辞归,翁与一竹杖,曰:'骑此任所之,则自至矣。既至,可以杖投葛陂中也。'又为作一符,曰:'以此主地上鬼神。'长房乘杖,须臾来归,自谓去家适经旬日,而已十余年矣。即以杖投陂,顾视则龙也。家人谓其久死,不信之。长房曰:'往日所葬,但竹杖耳。'乃发冢剖棺,杖犹存焉。"讲的是费长房学仙的故事,壶公送给他一根竹杖,可以骑着任意来去。把竹杖抛到山坡上,竹杖化为龙,故曰"青龙壶老杖"。下联的典故出自《洞冥记》卷二:"神女留玉钗以赠帝,帝以赐赵婕妤。至昭帝元凤中,宫人犹见此钗。黄琳欲之。明日示之,既发匣,有白燕飞升天。后宫人学作此钗,因名玉燕钗,言吉祥也。"神女送给汉武帝一支玉钗,武帝赐予赵婕妤。到汉昭帝的时候,玉钗化作白燕飞走了。于是宫中人仿制这种玉钗,叫做玉燕钗。平仄上,上联是平平平仄仄,下联是仄仄仄平平。白,《广韵》"傍陌切",入声。语法上,上下联都属于判断句,因为青龙和白燕在典故里就是由壶老之竹杖、神女之玉钗所化,所以这两句的内部逻辑是"青龙,乃壶老之杖;白燕,是玉人之钗"。

⑦香风十里望仙阁,明月一天思子台:上联的典故出自《南史·张贵妃传》:"张贵妃名丽华,兵家女也。父兄以织席为业。后主为太子,以选入宫。……后主即位,拜为贵妃。性聪慧,甚被宠遇。……至德二年,乃于光昭殿前起临春、结绮、望仙三阁。高数十丈,并数十间。其窗牖、壁带、县楣、栏槛之类,皆以沉檀香为之。又饰以金玉,间以珠翠,外施珠帘。内有宝床宝帐,其服玩之属,瑰丽皆近古未有。每微风暂至,香闻数里;朝日初照,光映后庭。其下积石为山,引水为池,植以奇树,杂以花药。后主自居临春阁,张贵妃居结绮阁,龚、孔二贵嫔居望仙阁,并复道交相往来。"讲的是陈后主奢侈淫靡的生活,望仙阁是后主所建的楼阁之一,饰以宝物,极尽奢华,其目的就是为了和妃嫔们放纵淫乐。下联典故出自《汉书·武五子传》:"戾太子据,元狩元年立为皇太子,年七岁矣。……武帝末,卫后宠衰,江充用事。充与太子及卫氏有隙,恐上晏驾后为太子所诛,会巫蛊事起,充因此为奸。是时,上春秋高,意多所恶,以为左右皆为蛊道祝诅,穷治其事。丞相公孙贺父子,阳石、诸邑公主,及皇后弟子长平侯卫伉皆坐诛。……久之,巫蛊事多不信。上知太子惶恐无他意,而车千秋复讼太子冤,上遂擢千秋为丞相,而族灭江充家,焚苏文于横桥上,及泉鸠里加兵刃于太子者,初为北地太守,后族。上怜太子无辜,乃作思子宫,为归来望思之台于湖。天下闻而悲之。"汉武帝宠幸卫皇后的时候,立了卫皇后之子刘据为太子。后来卫皇后年老色衰,江充当权,和太子关系不好。江充就利用巫蛊诬陷太子,太子被冤死。后来汉武帝知道太子是无辜的,就建了思子宫、望思台。明月一天,是明月满天的意思,表达情感如月光一般绵绵不绝,无边无际。古人有许多诗句描写这样的情景,比如明陈继儒《小窗幽记·集情》的"千叠云山千叠愁,一天明月一天恨",清褚人获《坚瓠五集》卷一的"明月一天凉似水,

不堪重省旧时情"等。平仄上,上联是平平仄仄仄平仄,下联是平仄仄平平仄平。十,《广韵》"是执切",入声;阁,《广韵》"古落切",入声;一,《广韵》"於悉切",入声。语法上,作者从节奏、格律上考虑,在结构上作了一些调整,句义所表达的是"望仙阁外香风十里,思子台上明月一天"。"香风十里"对"明月一天",是主谓结构相对;"十里""一天"都是数量结构充当谓语,"一"在这里用了借对的手法,用数词的意义来与"十"构成对偶,实际是"满""全"的意思。"望仙阁"对"思子台",都是定中结构,其定语"望仙""思子"都是动宾结构。对仗工巧。

⑧玉橘冰桃,王母几因求道降;莲舟藜杖,真人原为读书来:玉橘,典出《仙传拾遗》:"(穆王)遂登于春山,又觞西王母于瑶池之上。……王造昆仑时,饮蜂山石髓,食玉树之实。又登群玉山,西王母所居。皆得飞灵冲天之道,而示迹托形者,盖所以示民有终耳。况其饮琬琰之膏,进甜雪之味,素莲黑枣,碧藕白橘,皆神仙之物,得不延期长生乎?又云:西王母降穆王之官,相与升云而去。"讲的是周穆王遇西王母,吃了碧藕白橘而得长生的故事。冰桃,典出《汉武帝内传》,故事讲汉武帝好长生不老之术,常常祭祀于名山大川,求仙访道。有一年七月七日,王母驾临。"因呼帝共坐,帝南面,向王母。母自设膳,膳精非常。……又命侍女更索桃,须臾,以盘盛桃七枚,大如鸭子,形圆,色青,以呈王母。母以四枚与帝,自食三桃。桃之甘美,口有盈味。帝食辄录核。王母问帝曰:'何谓?'帝曰:'欲种之耳。'母曰:'此桃三千岁一生实耳,中夏地薄,种之不生如何!'帝乃止。"王母赐了四颗仙桃给汉武帝,味道甘美。玉橘冰桃,都是形容水果的鲜嫩爽脆。两个故事里的周穆王和汉武帝很重视求仙访道,王母就是因为这个才几次降落凡间,所以上联说"王母几因求道降"。下联的典故出自《三辅黄图》卷六:"刘向于成帝之末,校书天禄阁,专精覃思。夜

有老人著黄衣，植青藜杖，叩阁而进。见向暗中独坐诵书，老父乃吹杖端，烟然，因以见向，授五行《洪范》之文。恐词说繁广忘之，乃裂裳及绅以记其言，至曙而去。请问姓名，云：'我是太乙之精，天帝闻卯金之子有博学者，下而观焉。'乃出怀中竹牒，有天文地图之书，曰：'余略授子焉。'至子歆，从授其术，向亦不悟此人焉。"西汉经学家、目录学家刘向在校书天禄阁的时候，某晚，有一位身穿黄衣的老人，拄着青藜杖造访。他吹了一下杖头，杖燃起烟火，于是给刘向传授了五行《洪范》，还怕他忘记，撕裂衣服和绅带记录下来。也有一种传说是说老人是乘莲舟而来的，故曰"莲舟藜杖"。后人因此典故而借"青藜"指夜读照明的灯烛，宋王安石《上元戏呈贡父》"不知太乙游何处，定把青藜独照公"。藜，一种草本植物，其茎直立，可以做拐杖。平仄上，上联是仄仄平平，平仄仄平平仄仄；下联是平平平仄，平平平仄仄平平。橘，《广韵》"居聿切"，入声；读，《广韵》"徒谷切"，入声。语法上，"玉橘冰桃"对"莲舟藜杖"，都是名词性并列结构；"王母几因求道降""真人原为读书来"都是主谓结构，谓语部分"几因求道降""原为读书来"都是状中结构。此联对仗比较工整。

【译文】

春和夏相对，喜与哀相对。

文采高妙和才能优异相对。

风清和月朗相对，辟地和开天相对。

游玩于仙宫，沉醉于蓬莱。

七政和三台相对。

青龙是壶老之杖所化，白燕是玉人之钗所变。

陈后主的望仙阁上香风十里，汉武帝的思子台上明月满天。

王母几次带着玉橘仙桃降落人间，赐予求仙访道的人们；太乙真人乘坐着莲舟来到天禄阁，点燃藜杖为刘向照明。

其二

朝对暮,去对来①。

庶矣对康哉②。

马肝对鸡肋,杏眼对桃腮③。

佳兴适,好怀开④。

朔雪对春雷⑤。

云移鸡鹊观,日丽凤凰台⑥。

河边淑气迎芳草,林下轻风待落梅⑦。

柳媚花明,燕语莺声浑是笑;松号柏舞,猿啼鹤唳总成哀⑧。

【注释】

①朝对暮,去对来:平仄上,"朝""来"是平声,"暮""去"是仄声。语法上,"朝""暮"都是表示时间的名词;"去""来"都是动词。

②庶矣对康哉:庶矣,语出《论语·子路》:"子适卫,冉有仆。子曰:'庶矣哉!'冉有曰:'既庶矣,又何加焉?'曰:'富之。'曰:'既富矣,又何加焉?'曰:'教之。'"此处"庶矣"是说人很多。康哉,语出《尚书·益稷》:"帝庸作歌,曰:'敕天之命,惟时惟几。'乃歌曰:'股肱喜哉,元首起哉,百工熙哉。'皋陶拜手稽首飏言曰:'念哉!率作兴事,慎乃宪,钦哉!屡省乃成,钦哉!'乃赓载歌曰:'元首明哉,股肱良哉,庶事康哉!'""庶矣""康哉"是形容国家安定,人口众多,百姓安康。平仄上,"庶矣"是仄仄,"康哉"是平平。语法上,"庶""康"都是形容词,"矣""哉"都是语气词。

③马肝对鸡肋,杏眼对桃腮:马肝,就是马的肝,相传马肝有毒,食之能致人于死,《史记·封禅书》"文成食马肝死耳",司马贞《索

隐》《论衡》云，气热而毒盛，故食走马肝杀人"。鸡肋，鸡的肋
骨，比喻没什么用但丢弃又可惜的事物。《三国志·魏书·武帝
纪》引《九州春秋》："时王欲还，出令曰'鸡肋'，官属不知所谓。
主簿杨修便自严装，人惊问修：'何以知之？'修曰：'夫鸡肋，弃之
如可惜，食之无所得，以比汉中，知王欲还也。'"有一次曹操进攻
汉中被困，犹豫不决之际，下了一个"鸡肋"的命令，只有杨修猜
到含义，他说："鸡肋，是那种弃之可惜，食之无味的食物。这跟
汉中一样，所以魏王是要班师回朝了。"杏眼，如杏子形状的眼
睛，形容眼睛很美。桃腮，形容女子粉红色的脸颊。平仄上，"马
肝"是仄平，"鸡肋"是平仄；"杏眼"是仄仄，"桃腮"是平平。语法
上，"马肝""鸡肋"都是定中结构；"杏眼""桃腮"也都是定中结
构，其定语皆表比喻。

④佳兴适，好怀开：佳兴，饶有兴味的情趣，唐王维《崔濮阳兄季重
前山兴》"秋色有佳兴，况君池上闲"；也指雅兴，宋秦观《雪斋记》
"州倅太史苏公过而爱之，以为事虽类儿嬉，而意趣甚妙，有可以
发人佳兴者"。文人雅士经常发佳兴而往，兴尽而归，如《世说新
语·任诞》载："王子猷居山阴，夜大雪，眠觉，开室命酌酒，四望
皎然。因起彷徨，咏左思招隐诗，忽忆戴安道。时戴在剡，即便
夜乘小舟就之。经宿方至，造门不前而返。人问其故，王曰：'吾
本乘兴而行，兴尽而返，何必见戴？'"适，往、到。好怀开，出自宋
陈师道《绝句》："书当快意读易尽，客有可人期不来。世事相违
每如此，好怀百岁几回开！"好怀，好兴致。开怀是形容心中无所
拘束，十分畅快。平仄上，"佳兴适"是平仄仄，"好怀开"是仄平
平。兴，此处当读去声。语法上，两个词语都是主谓结构，定中
结构"佳兴""好怀"充当主语。

⑤朔雪对春雷：朔雪，北方的雪，南朝宋鲍照《学刘公幹体诗》"胡风
吹朔雪，千里度龙山"。平仄上，"朔雪"是仄仄，"春雷"是平平。

语法上，"朔雪""春雷"都是定中结构。

⑥云移鸡(zhī)鹊观(guàn)，日丽凤凰台：鸡鹊，传说中的异鸟名。汉代有一个宫观亦名"鸡鹊"，汉武帝建元中在长安甘泉宫外所建。《文选·司马相如〈上林赋〉》说"蹶石阙，历封峦过鸡鹊，望露寒"，郭璞注引张揖曰"此四观，武帝建元中作，在云阳甘泉宫外"。丽，有"过"的意思，《淮南子·俶真训》"夫贵贱之于身也，犹条风之时丽也"，高诱注曰"丽，过也"；王力《古汉语字典》认为这个"丽"通"历"，"经过"的意思。"丽"今本多作"晒"，"晒"是晒物使干的意思，用在此处显然不合理；而"丽"作"经过"的意义和上联"移"恰构成对仗。繁体字"丽"作"麗"，"晒"作"曬"，大约是形近而讹。凤凰台，古台名，在今江苏南京。唐李白《登金陵凤凰台》"凤凰台上凤凰游，凤去台空江自流"，王琦注引《江南通志》曰："凤凰台，在江宁府城内之西南隅，犹有陂陀，尚可登览。宋元嘉十六年，有三鸟翔集山间，文彩五色，状如孔雀，音声谐和，众鸟群附，时人谓之凤凰。起台于山，谓之凤凰台，山曰凤台山，里曰凤凰里。"平仄上，上联是平平平仄仄，下联是仄仄仄平平。"观"，此处作名词，当读仄声。语法上，二者都是主谓结构，谓语部分都是动宾结构，"鸡鹊观""凤凰台"都是"移""丽"的处所宾语。

⑦河边淑气迎芳草，林下轻风待落梅：上下联语出唐孙逖《和左司张员外自洛使入京中路先赴长安逢立春日赠韦侍御等诸公》的诗："忽睹云间数雁回，更逢山上正花开。河边淑气迎芳草，林下轻风待落梅。秋宪府中高唱入，春卿署里和歌来。共言东阁招贤地，自有西征谢傅才。"淑气，温和之气。平仄上，上联是平平仄仄平平仄，下联是平仄平平仄仄平。淑，《广韵》"殊六切"，入声。语法上，两句都是主谓结构：主语"河边淑气""林下轻风"都是定中结构，由动宾结构"迎芳草""待落梅"充当谓语。

⑧柳媚花明,燕语莺声浑是笑;松号(háo)柏(bǎi)舞,猿啼鹤唤总成哀:柳媚花明,绿柳明媚、鲜花绽放,形容美好的景色。明朱有燉《神仙会》第一折:"结此生欢娱境,倚玉偎香,柳媚花明,美景良辰,行乐意同情。"燕语莺声,燕子和黄莺的叫声,也是春天的景色。宋汪莘《杏花天》有"还忆潇湘风度,幸自是,断肠无处。怎强作,莺声燕语"。也可以形容女子动听的声音,如元关汉卿《杜蕊娘智赏金线池》楔子:"袅娜复轻盈,都是宜描上翠屏。语若流莺声似燕,丹青,燕语莺声怎画成?"啼,猿的叫声,唐李白《早发白帝城》有"两岸猿声啼不住,轻舟已过万重山"的句子。唤,鹤鸣,汉王充《论衡·变动》"夜及半而鹤唤,晨将旦而鸡鸣"。猿啼鹤唤总给人哀怨的感觉,如唐李商隐《和友人戏赠二首》"猿啼鹤怨终年事,未抵熏炉一夕间",宋吴潜《贺新郎》"奈江南、猿啼鹤唤,怨怀如此"。平仄上,上联是仄仄平平,仄仄平平平仄仄;下联是平平仄仄,平平仄仄仄平平。语法上,"柳媚花明""松号柏舞"都是并列结构;"燕语莺声浑是笑""猿啼鹤唤总成哀"都是主谓结构:其主语"燕语莺声""猿啼鹤唤"是并列结构,状中结构"浑是笑""总成哀"充当谓语。

【译文】

早和晚相对,去和来相对。

人口众多和百姓安康相对。

马肝和鸡肋相对,杏眼和桃腮相对。

兴致来到,心情畅快。

北方的雪和春天的雷相对。

白云飘到了鸤鹊观上空,太阳照到了凤凰台之上。

河边温和的气息轻拂着芳草,林中微微的轻风吹落了梅花。

柳树成荫鲜花明媚,流莺和燕子的叫声里充满着欢笑;松树呼号柏树起舞,猿猴和白鹤的叫声让人感到悲伤。

其三

忠对信,博对赅^①。

忖度对疑猜^②。

香消对烛暗,鹊喜对蛩哀^③。

金花报,玉镜台^④。

倒屣对衔杯^⑤。

岩巅横老树,石磴覆苍苔^⑥。

雪满山中高士卧,月明林下美人来^⑦。

绿柳沿堤,皆因苏子来时种;碧桃满观,尽是刘郎去后栽^⑧。

【注释】

①忠对信,博对赅:"忠""信"是古代儒家提倡的两种理念,常常并提,如《论语·卫灵公》中的"言忠信,行笃敬,虽蛮貊之邦,行矣"。博,大、丰富。赅,完备、齐备,或作"该",皆可。平仄上,"忠""赅"是平,"信""博"是仄。博,《广韵》"补各切",入声。语法上,两组都是形容词。

②忖度(duó)对疑猜:忖度,推测,《诗经·小雅·巧言》"他人有心,予忖度之"。平仄上,"忖度"是仄仄,"疑猜"是平平。度,《广韵》"徒落切",入声。语法上,两个词语都是表心理活动的动词。

③香消对烛暗,鹊喜对蛩(qióng)哀:香,这里是指有香味或香料做成的物品。蛩,蝗、蟋蟀的别名。古人认为秋天的蟋蟀叫声哀怨,借此表达自己悲秋的情怀,如宋吴文英《新雁过妆楼》"夜阑心事,灯外败壁哀蛩"。平仄上,"香消"是平平,"烛暗"是仄仄;"鹊喜"是仄仄,"蛩哀"是平平。烛,《广韵》"之欲切",入声。语

法上,四个词语都是主谓结构。

④金花报,玉镜台:金花报,根据《汉语大词典》,唐宋以来科举考试登第者的榜帖叫金花帖子,宋洪迈《容斋续笔·金花帖子》"唐进士登科,有金花帖子……以素绫为轴,贴以金花",宋赵彦卫《云麓漫钞》卷二"国初,循唐制,进士登第者,主文以黄花笺,长五寸许,阔半之,书其姓名,花押其下,护以大帖,又书姓名于帖面,而谓之牓帖,当时称为金花帖子"。状元寄家信报喜的帖子,就称为金花报,类似今天的喜报。玉镜台,《世说新语·假谲》:"温公丧妇。从姑刘氏家值乱离散,唯有一女,甚有姿慧。姑以属公觅婚,公密有自婚意,答云:'佳婿难得,但如峤比,云何?'姑云:'丧败之余,乞粗存活,便足慰吾余年,何敢希汝比?'却后少日,公报姑云:'已觅得婚处,门地粗可,婿身名宦尽不减峤。'因下玉镜台一枚,姑大喜。既婚,交礼,女以手披纱扇,抚掌大笑曰:'我固疑是老奴,果如所卜!'玉镜台,是公为刘越石长史,北征刘聪所得。"温峤死了妻子,看上了堂姑刘氏的女儿。堂姑托他寻觅女婿,温峤就问堂姑:"找一个跟我差不多的女婿可以吗?"对方说:"正值离乱之际,能勉强生活就不错了,哪里敢奢求你这样的女婿呢?"之后温峤就说已经看好了,还送了玉镜台作为聘礼。到婚礼的时候,新娘大笑说:"我本来就疑心是你这老家伙,果然不出所料。"玉镜台,就是玉制的镜台。平仄上,"金花报"是平平仄,"玉镜台"是仄仄平。语法上,两个都是定中结构。但二者存在不对仗之处:"金花报"是"金花"修饰"报","玉镜台"是"玉"修饰"镜台"。二者虽在结构层次上存在差异,但在字面形式上是可以形成对仗的:"玉"对"金",是材质之物名;"镜"对"花",是事物之名;"台"对"报",也是事物名词相对。且前者用的是金榜题名之典,后者用的是洞房花烛的故事,作者的用心也是比较巧妙的。

⑤倒斝(jiǎ)对衔杯：斝，商代和周代流行的青铜制贮酒器，后指酒杯、茶杯。衔杯，口含酒杯，饮酒的意思。平仄上，"倒斝"是仄仄，"衔杯"平平。语法上，两个词语都是动宾短语。

⑥岩巅横老树，石磴(dèng)覆苍苔：巅，山顶，唐韦庄《雨霁晚眺(庚子年冬大驾幸蜀后作)》"入谷路萦纡，岩巅日欲晡"。石磴，石台阶，南朝梁萧统《开善寺法会诗》"牵萝下石磴，攀桂陟松梁"。苍苔，青色苔藓，晋潘岳《河阳庭前安石榴赋》"壁衣苍苔，瓦被驳藓，处悴而荣，在幽弥显"。两句都是形容道路艰险难走。平仄上，"岩巅横老树"是平平平仄仄，"石磴覆苍苔"是仄仄仄平平。石，《广韵》"常隻切"，入声。语法上，两句都是主谓结构。"横"在这里用作动词，"横伸""横长"的意思。"苍"有"苍老""青色"两个意义，这里用的是"青色"义，而借"苍老"义来与"老树"之"老"构成对仗，是为借对。

⑦雪满山中高士卧，月明林下美人来：这两句出自明高启《梅花六首》其一："琼姿只合在瑶台，谁向江南处处栽。雪满山中高士卧，月明林下美人来。寒依疏影萧萧竹，春掩残香漠漠苔。自去何郎无好咏，东风愁寂几回开？"《红楼梦》中的"终身误"也化用了这两句诗："都道是金玉良姻，俺只念木石前盟。空对着，山中高士晶莹雪；终不忘，世外仙姝寂寞林。叹人间，美中不足今方信。纵然是齐眉举案，到底意难平。"《后汉书·袁安传》载："袁安字邵公，汝南汝阳人也。……为人严重有威，见敬于州里。"李贤注引《汝南先贤传》曰："时大雪，积地丈余。洛阳令身出案行，见人家皆除雪出，有乞食者。至袁安门，无有行路。谓安已死，令人除雪入户，见安僵卧。问：'何以不出？'安曰：'大雪，人皆饿，不宜干人。'令以为贤，举为孝廉。"有一次大雪，城里人都没饭吃，大家都扫雪出门去乞食，而袁安却在家僵卧，因为不想和别人争食。下联出自唐柳宗元《龙城录》："隋开皇中，赵师雄迁

罗浮。一日天寒日暮，在醉醒间，因憩仆车于松林间。酒肆傍舍，见一女子，淡妆素服，出迓师雄。时已昏黑，残雪对月色微明，师雄喜之，与之语。但觉芳香袭人，语言极清丽。因与之扣酒家门，得数杯，相与饮。少顷，有一绿衣童来，笑歌戏舞，亦自可观。顷醉寝，师雄亦惝然，但觉风寒相袭。久之，时东方已白，师雄起视，乃在大梅花树下，上有翠羽啾嘈相须，月落参横，但惆怅而尔。"赵师雄有一次在松林间的酒店旁休息，看到一个女子淡妆素服出来迎接，于是赵师雄就和她一起饮酒谈笑。醒来以后发现自己是在大梅树下，顿觉惆怅不已。平仄上，上联是仄仄平平平仄仄，下联是仄平平仄仄平平。语法上，"雪满山中""月明林下"是主谓结构，是整个句子的环境描写；"高士卧""美人来"也是主谓结构。

⑧绿柳沿堤，皆因苏子来时种；碧桃满观(guàn)，尽是刘郎去后栽：上联的典故和宋代文人苏轼有关，据《宋史·河渠志·东南诸水下》载，苏轼在杭州做知府的时候，疏浚西湖，堆泥筑堤，人谓"苏公堤"。"轼既开湖，因积葑草为堤，相去数里，横跨南、北两山，夹道植柳，林希榜曰'苏公堤'，行人便之，因为轼立祠堤上。"下联的典故和唐代诗人刘禹锡有关，《元和十年自朗州承召至京戏赠看花诸君子(玄都观桃花)》诗曰"紫陌红尘拂面来，无人不道看花回。玄都观里桃千树，尽是刘郎去后栽"。写这首诗的时候，刘禹锡被贬朗州司马十年后刚被朝廷"以恩召还"。他去京郊玄都观赏桃花，写下了这首诗，结果又因为"玄都观里桃千树，尽是刘郎去后栽"这一句触怒权贵，被贬为连州刺史。十四年后，刘禹锡"复为主客郎中"，再次回到了长安，又写了一篇《再游玄都观绝句》"百亩中庭半是苔，桃花净尽菜花开。种桃道士归何处？前度刘郎今又来"。平仄上，上联是仄仄平平，平平平仄平平仄；下联是仄仄平仄仄，仄仄平平仄仄平。语法上，"绿柳沿

堤""碧桃满观"为主谓结构;"皆因苏子来时种""尽是刘郎去后栽"是状中结构,其主语分别指"绿柳""碧桃",承上省。

【译文】

忠和信相对,丰富和完备相对。

忖度和猜疑相对。

香燃尽和烛暗淡相对,鹊报喜和蛩哀鸣相对。

金花帖报喜,玉镜台聘妻。

倒酒和干杯相对。

岩石顶上老树歪斜,石阶上面绿苔覆盖。

大雪满山时候,袁邵公在家中高卧不起;明月照耀林下,赵师雄和美人饮酒谈笑。

西湖苏堤绿柳成荫,都是苏轼来杭州的时候所种;玄都观里碧桃绽放,皆为刘郎离开京城以后所栽。

十一　真

【题解】

"真"是"平水韵"中上平声的第十一韵部。

"真"在《广韵》中作"职邻切",平声,真韵。

《笠翁对韵》中所用到的韵脚字有麟、贫、茵、民、珍、人、宾、尘、臣、寅、仁、巾、伦、秦、闉、陈、筠、蓁、唇、神、轃等21个;《声律启蒙》中所用到的韵脚字有真、麟、椿、人、秦、春、邻、神、贫、宾、鳞、尘、巾、薪、津、嫔、邻、钧、绅等19个。其中二书共同用到的有麟、贫、人、宾、尘、巾、秦、神8个字。《笠翁对韵》中用到而《声律启蒙》没有用到的有茵、民、珍、臣、寅、仁、伦、闉、陈、筠、蓁、唇、轃等13字,《声律启蒙》中用到而《笠翁对韵》没有用的有真、椿、春、邻、鳞、薪、津、嫔、邻、钧、绅等11字。

其一

莲对菊,凤对麟①。

浊富对清贫②。

渔庄对蠏舍,松盖对花茵③。

萝月叟,葛天民④。

国宝对家珍⑤。

草迎金埒马,花醉玉楼人⑥。

巢燕三春尝唤友,塞鸿八月始来宾⑦。

古往今来,谁见泰山曾作砺;天长地久,人传沧海几扬尘⑧。

【注释】

①莲对菊,凤对麟:平仄上,"莲""麟"都是平声,"菊""凤"都是仄声。菊,《广韵》"居六切",入声。语法上,"莲""菊"都是花卉名词,"凤""麟"都是动物名词。

②浊富对清贫:浊富,指不义而富,与"清贫"相对。清贫,生活清寒贫苦。《文苑英华》引唐姚崇《冰壶诫》"与其浊富,宁比清贫",意思大概等同《论语》中孔子所谓"不义而富且贵,于我如浮云"。平仄上,"浊富"是仄仄,"清贫"是平平。浊,《广韵》"直角切",入声。语法上,两个词都是偏正结构。

③渔庄对蠏(xiè)舍,松盖对花茵:渔庄,就是渔村。蠏舍,今本多作"佛舍",以"蠏舍"为是。蠏,即"蟹"的异体字,亦指渔村、渔家,如宋范成大《倪文举奉常将归东林出示绮川西溪二赋辄赋长句为谢且以赠行》"我亦吴松一钓舟,蟹舍漂摇几风雨"。古代文献中,"渔村""渔庄"多与"蠏舍"并提,如清吴振棫《养吉斋丛录》

"迤南则蟹舍渔庄,烟波一碧"等。松盖,指乔松茂密的枝叶,状如伞盖,古人常以此入诗,如唐白居易《香山寺二绝》中的"爱风岩上攀松盖,恋月潭边坐石棱"。花茵,语出五代王仁裕《开元天宝遗事》卷上"花裀":"学士许慎选,放旷不拘小节,多与亲友结宴于花圃中,未尝具帷幄、设坐具,使仆童辈聚落花铺于座下。慎选曰:'吾自有花裀,何消坐具?'"唐学士许慎选为人不拘小节,经常与亲友在花圃中宴会,不备坐具,把落花聚在一起当坐垫。他还说:"我自有花裀,何需坐具?"茵,本来指垫子、褥子,又作"裀",故"花茵"又作"花裀"。平仄上,"渔庄"是平平,"蟹舍"是仄仄;"松盖"是平仄,"花茵"是平平。语法上,两组词语都是定中结构。

④萝月叟,葛(gě)天民:萝月叟,南朝宋鲍照在《月下登楼连句》中已有"髣髴萝月光,缤纷篁雾阴"的句子。至唐沈佺期的《入少密溪》则详细描写了一位隐居山林的老叟的生活:"游鱼瞥瞥双钓童,伐木丁丁一樵叟。自言避喧非避秦,薜衣耕凿帝尧人。相留且待鸡黍熟,夕卧深山萝月春。"青萝、明月、老叟,皆是隐逸诗中常见的意象,这首诗还借用了《论语·微子》中一位隐居的老人杀鸡为黍招待孔子的弟子子路的典故来描写隐士的生活。"葛天民"是指葛天氏之民;葛天氏,传说中的远古帝名,一说为远古时期的部落名。晋陶渊明《五柳先生传》曰:"黔娄之妻有言:'不戚戚于贫贱,不汲汲于富贵。'其言兹若人之俦乎?衔觞赋诗,以乐其志。无怀氏之民欤?葛天氏之民欤?""葛天民"与"萝月叟"一样,表达的是隐逸情怀。平仄上,"萝月叟"是平仄仄,"葛天民"是仄平平。语法上,两个词语都是定中结构。

⑤国宝对家珍:平仄上,"国宝"是仄仄,"家珍"是平平。国,《广韵》"古或切",入声。语法上,"国宝""家珍"都是定中结构。

⑥草迎金埒(liè)马,花醉玉楼人:两句都出自唐张子容(一作孟浩然)《长安早春》:"开国维东井,城池起北辰。咸歌太平日,共乐建寅春。云静青山树,冰开黑水滨。草迎金埒马,花伴玉楼人。鸿渐看无数,莺声听欲频。何当桂枝擢,归及柳条新。"金埒,典出《世说新语·汰侈》:"王武子被责,移第北邙下。于时人多地贵,济好马射,买地作埒,编钱匝地竟埒。时人号曰'金沟(一作"金埒")'。"王济喜欢与人斗富,他移居北邙山时,土地十分昂贵。可是因为他喜欢骑马射箭,就买了一块地,筑了矮墙当跑马场。这矮墙用铜钱串起来,环绕整个马场。这就是"金埒"这个典故的由来,后来人们多借此表示豪侈的骑射场。埒,矮墙。玉楼,华丽的楼,也用来形容传说中天帝或仙人的居所。唐代诗人白居易的《长恨歌》有"金屋妆成娇侍夜,玉楼宴罢醉和春"的句子,则以"金屋"和"玉楼"相对。这和本联中"金埒"与"玉楼"相对类似,皆表示当事人极尽奢华与侈靡的生活,具有讽刺意义。平仄上,上联是仄平平仄仄,下联是平仄仄平平。语法上,两个句子都是主谓结构,主语为"草""花",谓语"迎金埒马""醉玉楼人"都是动宾结构。"醉"在这里是使动用法,可带宾语"玉楼人",故而"醉"的不是主语"花",而是宾语"玉楼人",花的美丽使得玉楼之人心醉。

⑦巢燕三春尝唤友,塞鸿八月始来宾:上联的典故出自《诗经·小雅·伐木》:"伐木丁丁,鸟鸣嘤嘤。出自幽谷,迁于乔木。嘤其鸣矣,求其友声。"后人将"求其友声"化为"唤友",比如宋李之仪《踏莎行》有"紫燕衔泥,黄莺唤友"。巢燕,燕子喜欢在人家房檐下筑巢,故谓燕为"巢燕"。三春,即指春天。每个季节包括三个月,春季三个月是农历正月(孟春)、农历二月(仲春)、农历三月(季春)。塞鸿,塞外的鸿雁,塞鸿秋季南来,春季北去,古人把鸿雁到南方过冬视为"作宾",则其飞回北方就是"归家"。《礼记·

月令》有"季秋之月,日在房,昏虚中,旦柳中。其日庚辛。……鸿雁来宾,爵入大水为蛤"。八月,指农历的八月,已经是秋天。平仄上,上联是平仄平平平仄仄,下联是仄平仄仄仄平平。八,《广韵》"博拔切",入声。语法上,两句都是主谓结构。"巢燕""塞鸿"充当主语。"三春尝唤友""八月始来宾"是状中结构充当谓语:状语是时间名词"三春"与"八月"、副词"尝"与"始"相对;谓语中心"唤友""来宾"表面上都是动词和名词的组合,但在结构上不完全对仗,因为"唤友"是动宾结构,"来宾"是连谓结构,前来作宾的意思,"宾"用作动词。

⑧古往今来,谁见泰山曾作砺;天长地久,人传沧海几扬尘:上联出自《史记·高祖功臣侯者年表》:"古者人臣功有五品,以德立宗庙定社稷曰勋,以言曰劳,用力曰功,明其等曰伐,积日曰阅。封爵之誓曰:'使河如带,泰山若厉。国以永宁,爰及苗裔。'始未尝不欲固其根本,而枝叶稍陵夷衰微也。"明高启《唐昭宗赐钱武肃王铁券歌》诗曰:"人生富贵知几时,泰山作砺徒相期。"意思是,人生富贵没有多少时间,期待泰山变成砺石是徒然的,所以说"古往今来,谁见泰山曾作砺",没人见过泰山变成砺石。砺,砺石,可作磨刀石和石磨的一种粗石。下联出自东晋葛洪《神仙传·王远》:"麻姑来,来时亦先闻人马之声,既至,从官当半于方平也。麻姑至,蔡经亦举家见之,是好女子,年十八九许,于顶中作髻,余发散垂至腰。其衣有文章而非锦绮,光彩耀日,不可名字,皆世所无有也。入拜方平,方平为之起立。……麻姑自说:'接待以来,已见东海三为桑田,向到蓬莱,水又浅于往昔,会时略半也,岂将复还为陵陆乎?'方平笑曰:'圣人皆言,海中行复扬尘也。'"麻姑说已经看见东海三次变为桑田,而蓬莱的水又在变浅,少了一半,不知道是不是要变成丘陵陆地呢。方平(即王远)说圣人都在说,海中又在扬起尘土了。平仄上,上联是仄仄平

平，平仄仄平平仄仄；下联是平平仄仄，平平平仄仄平平。语法上，"古往今来""天长地久"都是并列结构，是整个句子的时间状语。"谁见泰山曾作砺""人传沧海几扬尘"都是主谓结构："谁""人"充当主语，"见泰山曾作砺""传沧海几扬尘"是动宾结构充当谓语，其宾语"泰山曾作砺""沧海几扬尘"又是主谓结构。上下联结构复杂而对仗工稳，语义上时间与空间、高山与大海两相对偶，境界阔大，充满邈远的哲思。

【译文】

莲和菊相对，凤和麟相对。

不义之富贵和清廉的贫寒相对。

渔村和蟹舍相对，如同伞盖的松树和用作坐垫的落花相对。

月下藤萝拂衣的老人，传说中葛天氏的百姓。

国宝和家珍相对。

草地迎来曾在铜钱围筑的跑马场上奔跑过的骏马，美丽的鲜花使得玉楼上的人们都忍不住为它陶醉。

屋檐下的燕子在春天嘤嘤鸣叫呼唤朋友，塞外鸿雁从秋天八月开始飞到南方作客。

古往今来，谁也没见过泰山变成磨刀石；天长地久，人们说起沧海曾几度变桑田。

其二

兄对弟，吏对民[①]。

父子对君臣[②]。

勾丁对补甲，赴卯对同寅[③]。

折桂客，簪花人[④]。

四皓对三仁[⑤]。

王乔云外舄，郭泰雨中巾⑥。

人交好友来三益，士有贤妻备五伦⑦。

文教南宣，武帝平蛮开百越；义旗西指，韩侯扶汉卷三秦⑧。

【注释】

①兄对弟，吏对民：平仄上，"兄""民"是平声，"弟""吏"是仄声。语法上，四个词语都是名词。

②父子对君臣："父子"是家庭关系词，"君臣"是国家政府机构里的地位关系词。二者都是古代伦理关系中最重要的内容。《论语·颜渊》曰："齐景公问政于孔子，孔子对曰：'君君、臣臣、父父、子子。'公曰：'善哉！信如君不君，臣不臣，父不父，子不子，虽有粟，吾得而食诸？'"孔子认为国家想要管理得好，必须君行君之事，臣行臣之事，父行父之道，子行子之道。平仄上，"父子"是仄仄，"君臣"是平平。语法上，这一组都是并列式名词结构。

③勾丁对补甲，赴卯对同寅：勾丁，征调到了服役年龄的男子，《明史·志第六十九·刑法一》载"明初法严，县以千数，数传之后，以万计矣。有丁尽户绝，止存军产者，或并无军产，户名未除者，朝廷岁遣御史清军，有缺必补。每当勾丁，逮捕族属、里长，延及他甲，鸡犬为之不宁"。丁，旧时指到了服劳役年龄的人，《隋书·食货志》"男女三岁已下为黄，十岁已下为小，十七已下为中，十八已上为丁"；也指成年男子。补甲，补充兵员，过去常有"挑补甲缺""顶补甲兵""补甲缺"的说法。"补"今本多作"甫"，"补"繁体作"補"，当因形近而讹。赴卯，当为去办公、去上班的意思。赴，赶赴，前往，去。卯，地支的第四位，古代用以纪年、月、日、时；可以表时辰，指早晨五时至七时；旧时官署办公从卯时始，故点名称点卯，签到应名为画卯、应卯。同寅，就是同僚，

语出《尚书·皋陶谟》"同寅协恭,和衷哉",还常说"寅谊""寅僚"。寅,地支的第三位,和"卯"一样,古代用以纪年、月、日、时;又为十二时辰之一,相当于今北京时间凌晨三点钟至五点钟。平仄上,"勾丁"是平平,"补甲"是仄仄;"赴卯"是仄仄,"同寅"是平平。语法上,"勾丁""补甲"都是动宾结构。"赴卯""同寅"这两个词语对仗比较勉强:"赴卯"是动宾结构,"同寅"当属定中结构。

④折桂客,簪花人:折桂,典故出自《晋书·郤诜传》:"武帝于东堂会送,问诜曰:'卿自以为何如?'诜对曰:'臣举贤良对策,为天下第一,犹桂林之一枝,昆山之片玉。'"晋武帝问郤诜:"你认为你自己怎样?"郤诜说自己举贤良对策是天下第一,好比桂树林中的一枝花,昆山的一片玉。后来就以"折桂"谓科举及第。比如《红楼梦》第九回:"彼时黛玉才在窗下对镜理妆,听宝玉说上学去,因笑道:'好! 这一去,可定是要蟾宫折桂去了。我不能送你了。'"簪花,谓插花于冠,宋代皇帝还将各色花赐予百官佩戴,《宋史·舆服志》载:"簪戴。幞头簪花,谓之簪戴。中兴,郊祀、明堂礼毕回銮,臣僚及扈从并簪花,恭谢日亦如之。大罗花以红、黄、银红三色,栾枝以杂色罗,大绢花以红、银红二色。罗花以赐百官,栾枝,卿监以上有之;绢花以赐将校以下。太上两宫上寿毕,及圣节、及锡宴、及赐新进士闻喜宴,并如之。"平仄上,"折桂客"是仄仄仄,"簪花人"是平平平。折,《广韵》"旨热切",入声。语法上,两个词语都与古代的科举取士有关,都是定中结构。

⑤四皓(hào)对三仁:四皓,指秦末隐居商山的东园公、甪里先生、绮里季、夏黄公,四人须眉皆白,故称商山四皓。《史记·留侯世家》载,汉高祖要废长立幼,吕后向张良求计,张良说:"此难以口舌争也。顾上有不能致者,天下有四人。四人者年老矣,皆以为上慢侮人,故逃匿山中,义不为汉臣。然上高此四人。今公诚能

无爱金玉璧帛,令太子为书,卑辞安车,因使辩士固请,宜来。来,以为客,时时从入朝,令上见之,则必异而问之。问之,上知此四人贤,则一助也。"张良提议让人卑辞厚礼把隐匿在山中的四位老者请来辅助太子。果然刘邦见了此四人,就放弃了废太子的打算。西汉司马迁的《史记》中尚未称此四人为"四皓",到东汉班固的《汉书·外戚恩泽侯表》中就有"高帝拨乱诛暴,庶事草创,日不暇给,然犹修祀六国,求聘四皓,过魏则宠无忌之墓,适赵则封乐毅之后",此当出自西汉扬雄的《解嘲》"蔺生收功于章台,四皓采荣于南山"。三仁,三位仁人,指殷末之微子启、箕子和比干,《论语·微子》:"微子去之,箕子为之奴,比干谏而死。孔子曰:'殷有三仁焉。'"平仄上,"四皓"是仄仄,"三仁"是平平。语法上,"四皓""三仁"都是定中结构。

⑥王乔云外舄(xì),郭泰雨中巾:上联典出《后汉书·方术列传》所载:"王乔者,河东人也。显宗世,为叶令。乔有神术,每月朔望,常自县诣台朝。帝怪其来数,而不见车骑,密令太史伺望之。言其临至,辄有双凫从东南飞来。于是候凫至,举罗张之,但得一只舄焉。乃诏尚方诊视,则四年中所赐尚书官属履也。"王乔有神仙之术,每次他从县里到朝廷,都没有见到他乘车马。皇帝感到非常奇怪,就密令太史探查,发现每次都有两只水鸟(野鸭)从东南方飞来。于是就用罗网捕下来,发现是一只舄,正是四年中所赐的尚书官靴。舄,古代一种以木为复底的鞋,也可以作为鞋的通称。郭泰雨中巾,语出《后汉书·郭太传》:"尝于陈梁间行遇雨,巾一角垫,时人乃故折巾一角,以为'林宗巾'。"郭泰,字林宗。他有一次外出遇到下雨,头巾的一个角因雨而折起来了。当时的人就故意将头巾的一角折起来,叫作"林宗巾"。平仄上,上联是平平平仄仄,下联是仄仄仄平平。郭,《广韵》"古博切",入声。语法上,上下联都是定中结构。

⑦人交好友来三益，士有贤妻备五伦：三益，《论语·季氏》曰："孔子曰：'益者三友，损者三友：友直，友谅，友多闻，益矣；友便辟，友善柔，友便佞，损矣。'"有益于人的朋友有三种，正直的朋友，讲诚信的朋友，见多识广的朋友。孔子认为，和这样的人交朋友是有益的。五伦，旧指君臣、父子、兄弟、夫妻、朋友之间五种伦理关系，也称五常、人伦。《孟子·滕文公上》载："设为庠序学校以教之。庠者养也，校者教也，序者射也。夏曰校，殷曰序，周曰庠，学则三代共之，皆所以明人伦也"，"圣人有忧之，使契为司徒，教以人伦：父子有亲，君臣有义，夫妇有别，长幼有序，朋友有信"。孟子认为学校的一种重要功能是教人明白人伦关系，让人懂得父子之间必须亲爱，君臣之间有道义，夫妇有差别，长幼有顺序，朋友有诚信。平仄上，上联是平平仄仄平平仄，下联是仄仄平平仄仄平。语法上，"人交好友"与"士有贤妻"相对，都是主谓结构；"来三益"与"备五伦"相对，都是动宾结构。

⑧文教南宣，武帝平蛮开百越；义旗西指，韩侯扶汉卷三秦：蛮，古代把四方的少数民族称为"东夷""南蛮""西戎""北狄"，蛮是我国古代对长江中游及其以南地区少数民族的泛称。百越，我国古代南方越人的总称，因部落众多，故总称百越，又叫南越，《通考·舆地考·古南越》"自山岭而南，当唐虞三代为蛮夷之国，是百越之地，亦谓之南越"。《史记·孝武本纪》记载了汉武帝平定南越的事情，"其秋，为伐南越，告祷泰一，以牡荆画幡日月北斗登龙，以象天一三星，为泰一锋，名曰'灵旗'"。"其年，既灭南越，上有嬖臣李延年以好音见"，"于是塞南越，祷祠泰一、后土，始用乐舞，益召歌儿，作二十五弦及箜篌瑟自此起"。三秦，根据《史记·秦始皇本纪》，秦亡以后，项羽三分关中，封秦降将章邯为雍王，司马欣为塞王，董翳为翟王，合称三秦。韩侯，指韩信，《史记·淮阴侯列传》中记载韩信帮助刘邦出谋划策，带兵平定

三秦的过程。刘邦封韩信为大将以后,问他有什么计策。韩信说:"且三秦王为秦将,将秦子弟数岁矣,所杀亡不可胜计,又欺其众降诸侯,至新安,项王诈阬秦降卒二十余万,唯独邯、欣、翳得脱,秦父兄怨此三人,痛入骨髓。今楚强以威王此三人,秦民莫爱也。大王之入武关,秋豪无所害,除秦苛法,与秦民约,法三章耳,秦民无不欲得大王王秦者。于诸侯之约,大王当王关中,关中民咸知之。大王失职入汉中,秦民无不恨者。今大王举而东,三秦可传檄而定也。"韩信认为三秦王本是秦将,项羽坑杀投降的秦兵二十多万人,只有他们三王不曾遭患,当地的百姓都对他们怀恨在心。且刘邦深得民心,要是带兵攻打三秦的话,应该易如反掌。"于是汉王大喜,自以为得信晚。遂听信计,部署诸将所击。八月,汉王举兵东出陈仓,定三秦",果然刘邦很快得到了三秦之地,有了打败项羽的根据地。平仄上,上联是平仄平平,仄仄平平平仄仄;下联是仄平平仄,平平平仄仄平平。语法上,"文教南宣""义旗西指"都是主谓结构;"武帝平蛮开百越""韩侯扶汉卷三秦"也是主谓结构,谓语由两个并列的动宾结构充当,"平蛮""开百越"是汉武帝的功业,"扶汉""卷三秦"是韩信的功绩。

【译文】

兄和弟相对,吏和民相对。

父子和君臣相对。

征调成年的男子和补充作战的士兵相对,上班和同僚相对。

科举高中之士,为官取士之人。

汉初四位隐居的老人和殷商末期的三位贤者相对。

王乔有两只水鸟变的鞋子,郭泰有下雨时折角的头巾。

人要与有益于己的三种朋友结交,士要和懂得五伦关系的贤妻结婚。

教化南蛮,武帝平定南方的百越各族;挥旗西征,韩信辅助刘邦夺取三秦地。

其三

申对午，侃对訚^①。

阿魏对茵陈^②。

楚兰对湘芷，碧柳对青筠^③。

花馥馥，草蓁蓁^④。

粉颈对朱唇^⑤。

曹公奸似鬼，尧帝智如神^⑥。

南阮才郎羞北富，东邻丑女效西颦^⑦。

色艳北堂，草号忘忧忧甚事；香浓南国，花名含笑笑何人^⑧。

【注释】

①申对午，侃对訚（yín）：申、午，都是十二地支之一，地支包括子、丑、寅、卯、辰、巳、午、未、申、酉、戌、亥。侃，刚直、和乐。訚，说话和悦而持正不阿。侃、訚，语出《论语·乡党》："孔子于乡党，恂恂如也，似不能言者。其在宗庙朝廷，便便言，唯谨尔。朝，与下大夫言，侃侃如也；与上大夫言，訚訚如也。"孔子上朝的时候，和下大夫们说话态度坦诚和悦，和上大夫们说话则显得正直而恭敬。"侃""訚"都是形容人的态度面貌。平仄上，"申""訚"读平声，"午""侃"读仄声。语法上，"申""午"都是跟历法有关的名词，"侃""訚"都是形容词。

②阿魏对茵陈：阿魏，一种有臭气的植物。茵陈，蒿类的一种，有香气，唐杜甫《陪郑广文游何将军山林》诗之七："棘树寒云色，茵陈春藕香。"平仄上，"阿魏"是平仄，"茵陈"是平平。语法上，两个

都是植物名词。

③楚兰对湘芷，碧柳对青筠(yún)：楚兰，兰是香草名，古代男女都佩用，以祓除不祥，因盛产于楚地，故名。唐杜牧《将赴湖州留题亭菊》有"陶菊手自种，楚兰心有期"。芷，即白芷，香草名，《楚辞·离骚》"畦留夷与揭车兮，杂杜衡与芳芷"。筠，竹子。平仄上，"楚兰"是仄平，"湘芷"是平仄；"碧柳"是仄仄，"青筠"是平平。语法上，"楚兰""湘芷""碧柳""青筠"都是定中结构。

④花馥馥，草蓁蓁(zhēn)：馥馥，形容香气浓郁。蓁蓁，草木茂盛貌，《诗经·周南·桃夭》"桃之夭夭，其叶蓁蓁"，朱熹注曰"蓁蓁，叶之盛也"。平仄上，"花馥馥"是平仄仄，"草蓁蓁"是仄平平。语法上，两个词语都属于主谓结构，谓语都是形容性的叠音词。

⑤粉颈对朱唇：平仄上，"粉颈"是仄仄，"朱唇"是平平。语法上，两个词语都属于定中结构。

⑥曹公奸似鬼，尧帝智如神：曹公是指曹操，位至三公，人皆称曹公。人评价他是"治世之能臣，乱世之枭雄"，在《三国演义》里更被塑造成为一个非常奸诈的人物形象。奸似鬼，这是古代俗语里的说法，俗语有"饶你奸似鬼，也吃洗脚水"。尧帝智如神，出自《史记·五帝本纪》："帝尧者，放勋。其仁如天，其知(智)如神。就之如日，望之如云。富而不骄，贵而不舒。黄收纯衣，彤车乘白马。能明驯德，以亲九族。九族既睦，便章百姓。百姓昭明，合和万国。"尧，传说中古帝陶唐氏之号，是与舜、禹并称的圣王贤君。平仄上，"曹公奸似鬼"是平平平仄仄，"尧帝智如神"是平仄仄平平。语法上，两个句子都是主谓结构，谓语"奸似鬼""智如神"也都是主谓结构，陈述主语"曹公""尧帝"的情况或特点。

⑦南阮才郎羞北富，东邻丑女效西颦(pín)：上联的典故出自《晋书·阮咸传》："咸字仲容，父熙，武都太守。咸任达不拘，与叔父籍为竹林之游，当世礼法者讥其所为。咸与籍居道南，诸阮居道

北,北阮富而南阮贫。七月七日,北阮盛晒衣服,皆锦绮粲目,咸以竿挂大布犊鼻于庭。人或怪之,答曰:'未能免俗,聊复尔耳!'"阮籍、阮咸同属竹林七贤,阮籍是阮咸的叔叔,二者并称大小阮。阮籍、阮咸住在道南,其他阮氏成员住在道北,被称为南阮和北阮。南阮贫穷,北阮富裕。七月初七,北阮拿出家里的衣服出来晾晒,都是绫罗绸缎,琳琅满目;阮咸也拿个犊鼻裤挂在竹竿上。别人觉得很奇怪,他就说"我也不能免俗啊,就拿这个晒晒吧",以示自己并不在意贫富。"羞"在这里是使动用法。阮咸在诸阮晾晒华丽服饰的时候挂出犊鼻裤,对富有阮氏家族成员们也有一层羞辱的含义,故而上联说"羞北富"。下联典出《庄子·天运》"故西施病心而颦其里,其里之丑人见而美之,归亦捧心而颦其里。其里之富人见之,坚闭门而不出;贫人见之,挈妻子而去之走"。西施是越国的美女,她心脏有病,发作时会捧心皱眉,神态很美。她的邻居看了也模仿着做,结果只能增加她的丑陋。后人把这个效颦的人称为东施,这个典故就叫"东施效颦"。颦,皱眉的意思。平仄上,上联是平仄平平平仄仄,下联是平平仄仄仄平平。语法上,上下联都是主谓结构:主语"南阮才郎""东邻丑女"都是定中结构,谓语"羞北富""效西颦"都是动宾结构。

⑧色艳北堂,草号忘忧忧甚事;香浓南国,花名含笑笑何人:宋丁谓《山居》"草解忘忧忧底事,花能含笑笑何人",正是此联的出处。北堂,根据《汉语大词典》,是古代居室东房的后部,为妇女盥洗之所,《仪礼·士昏礼》"妇洗在北堂",郑玄注"北堂,房中半以北",因此用来表示妇女所居之处;后也用来指母亲的居室,《诗经·卫风·伯兮》"焉得谖草,言树之背",毛传"背,北堂也"。草,指忘忧草,也就是萱草,亦写作"谖草",古人以为萱草可以使人忘忧,唐李建勋《春日尊前示从事》有"最觉此春无气味,不如

庭草解忘忧"。古人称母亲的居室为"萱堂",因此以"萱"为母亲或母亲居处的代称。含笑,花名,初夏开花,开时如含笑状,有香蕉气味,产地在我国南部,故曰"香浓南国"。平仄上,上联是仄仄仄平,仄仄仄平平仄;下联是平平平仄,平平平仄仄平平。国,《广韵》"古或切",入声。语法上,"色艳北堂""香浓南国",皆为主谓结构;"草号忘忧"对"花名含笑",也是主谓结构,谓语"号忘忧""名含笑"是动宾结构,其宾语"忘忧""含笑"在形式上也还是个动宾结构;"忘忧甚事""笑何人"也是动宾结构。有意思的是,"忘忧"和"含笑"串联起前后的词语,形成一种顶真(联珠)的效果,非常巧妙。如果分解为普通的句子,可以表示为:色艳北堂,草号忘忧,忘忧(草)忧甚事;香浓南国,花名含笑,含笑(花)笑何人。此联在音韵、用典、语义、结构、修辞上,都颇见巧思。

【译文】

申时和午时相对,和乐与庄重相对。

阿魏和茵陈相对。

楚地产的兰草与湘江边的白芷相对,绿柳和翠竹相对。

花香馥郁,草叶茂盛。

粉嫩的脖子和红润的嘴唇相对。

曹操奸诈如鬼,帝尧智慧如神。

住在道南的阮氏才子晒挟鼻裤来嘲笑住在道北的阮氏族人,住在东边的邻居也学西施捧心皱眉只能更增加自己的丑陋。

北堂的草长得正茂,此草名叫忘忧草,不知它在担忧什么事;南国的花开得正香,此花名为含笑花,不知它正在笑什么人。

十二　文

【题解】

"文"是"平水韵"中上平声的第十二韵部。

"文"在《广韵》中作"无分切",平声,文韵。

《笠翁对韵》中所用到的韵脚字有欣、坟、耘、芹、云、裙、纹、熏、勤、分、芸、文、闻、军、勋、蕡、蕡、殷、君等 19 个。《声律启蒙》中所用的韵脚字有文、军、芬、熏、分、云、闻、曛、欣、君、殷、蕡、坟、群等 14 个。其中二书共用的韵脚字有欣、坟、云、熏、分、文、闻、军、蕡、君 10 个。《笠翁对韵》用到而《声律启蒙》没有用到的是耘、芹、裙、纹、勤、芸、勋、蕡、殷等 9 字,《声律启蒙》用到而《笠翁对韵》没有用的是芬、曛、殷、群等 4 字。

其一

忧对喜,戚对欣①。

二典对三坟②。

佛经对仙语,夏耨对春耘③。

烹早韭,剪春芹④。

暮雨对朝云⑤。

竹间斜白接,花下醉红裙⑥。

掌握灵符五岳箓,腰悬宝剑七星纹⑦。

金锁未开,上相趋听宫漏永;珠帘乍卷,群僚仰对御炉熏⑧。

【注释】

①忧对喜,戚对欣:戚,忧愁、悲哀。欣,快乐、喜欢。平仄上,"忧""欣"是平声,"喜""戚"是仄声。戚,《广韵》"仓历切",入声。语法上,"忧""喜""戚""欣"都是表心理活动的动词。

②二典对三坟:二典,《尚书》中《尧典》《舜典》的合称。三坟,《左传·昭公十二年》有"是能读三坟、五典、八索、九丘",孔颖达《春秋左传正义》:"孔安国《尚书序》云:'伏牺、神农、黄帝之书,谓之

《三坟》，言大道也。'……贾逵云：'《三坟》，三王之书。'《尔雅》曰：坟，大防也。……马融说：'《三坟》，三气，阴阳始生，天、地、人之气也。'此诸家者，各以意言，无正验，杜所不信，故云'皆古书名'。"可见"三坟"到底是什么，说法很多，莫衷一是。平仄上，"二典"是仄仄，"三坟"是平平。语法上，二者都是定中短语，由数词修饰名词，指称特定的书籍或篇章。

③佛经对仙语，夏耨(nòu)对春耘：耨，本指古代锄草的农具，引申为锄草的意思。平仄上，"佛经"是仄平，"仙语"是平仄；"夏耨"是仄仄，"春耘"是平平。佛，《广韵》"符弗切"，入声。语法上，第一组都是定中结构，第二组都是状中结构。

④烹早韭，剪春芹：早韭，初春新生的韭菜芽，《南齐书·周颙》："文惠太子问颙：'菜食何味最胜?'颙曰：'春初早韭，秋末晚菘。'"宋苏轼《和陶西田获早稻》："早韭欲争春，晚菘先破寒。"春芹，春天的嫩芹菜。平仄上，"烹早韭"是平仄仄，"剪春芹"是仄平平。语法上，两个词语都是动宾结构。

⑤暮雨对朝云：出自战国宋玉《高唐赋》序："昔者先王尝游高唐，怠而昼寝。梦见一妇人，曰：'妾巫山之女也，为高唐之客。闻君游高唐，愿荐枕席。'王因幸之。去而辞曰：'妾在巫山之阳，高丘之阻，旦为朝云，暮为行雨，朝朝暮暮，阳台之下。'旦朝视之，如言，故为之立庙，号曰朝云。"当日楚王游高唐的时候，白天因为倦怠睡着了，梦见一个女子自称是巫山女神，愿意与他交好。临走时说她在巫山南面，旦为朝云暮为行雨。楚王就给她立了一个庙叫"朝云"。后来常用"朝云暮雨""云雨""巫山云雨"等作为男女幽会的典故。平仄上，"暮雨"是仄仄，"朝云"是平平。语法上，两个词语都是定中结构。

⑥竹间斜白接，花下醉红裙：上联典故出自《世说新语·任诞》："山季伦为荆州，时出酣畅。人为之歌曰：'山公时一醉，径造高阳

池，日莫倒载归，酩酊无所知。复能乘骏马，倒着白接羅，举手问葛强，何如并州儿?'高阳池在襄阳。强是其爱将，并州人也。"山季伦就是山简，他做荆州刺史的时候，经常出去畅饮，有人还专门为他编了一首歌谣，大意是山先生经常醉倒，径直造访高阳。太阳落山了睡倒在车中回来，酩酊大醉中一无所知。醉红裙，指为美女而醉，如唐韩愈《醉赠张秘书》诗"不解文字饮，惟能醉红裙"。红裙，指女子穿的红色裙子，也指美女。平仄上，"竹间斜白接"是仄平平仄仄，"花下醉红裙"是平仄仄平平。竹，《广韵》"张六切"；白，《广韵》"傍陌切"；接，《广韵》"即叶切"。三个字都是入声。语法上，两句都是状中结构。"竹间""花下"充当地点状语，中心语"斜白接""醉红裙"都是动宾结构，"斜"是斜戴的意思，"醉"是为动用法，为红裙而醉。

⑦掌握灵符五岳篆，腰悬宝剑七星纹：灵符，道教的符箓。五岳，根据明杨慎《丹铅总录·地理》引《道经》，当指道教谓五座仙山，即东岳广乘山、南岳长离山、西岳丽农山、北岳广野山、中岳昆仑山。篆，古称上天赐予帝王的符命文书。道教中符、篆义同。宝剑七星纹，一般认为是宝剑上有北斗七星的图纹，过去叫七星剑，《吴越春秋·王僚使公子光传》："二人饮食毕，欲去，胥乃解百金之剑以与渔者：'此吾前君之剑，中有七星，价直百金，以此相答。'"伍子胥用七星剑答谢渔父的救命之恩。在不少古典文献中，七星剑都是用来降妖除魔的宝剑，比如《红线传》"田亲家翁止于帐内，鼓跃酣眠，头枕文犀，髻包黄縠，枕前露七星剑"，《北游记》卷四"众精见水干，滚上岸看时，却是祖师于岸上手持七星剑作法，众精一见便走"。平仄上，上联是仄仄平平仄仄仄，下联是平平仄仄仄平平。七，《广韵》"亲吉切"，入声。语法上，两句皆为主谓结构：主语是"掌""腰"，谓语"握灵符五岳篆""悬宝剑七星纹"是动宾结构，宾语部分的语义结构未构成严格对

仗："灵符"与"五岳篆"之间是对等的,构成复指关系;"宝剑"和"七星纹"不对等,"七星纹"则是说明宝剑特点的,二者构成主谓关系。

⑧金锁未开,上相趋听宫漏永;珠帘乍卷,群僚仰对御炉熏:上相,上古指天子举行大典时,主持礼仪的官员;后来也用来作为对宰相的尊称,泛指大臣。宫漏,古代宫中计时器,用铜壶滴漏,故称。唐李商隐《龙池》:"龙池赐酒敞云屏,羯鼓声高众乐停。夜半宴归宫漏永,薛王沉醉寿王醒。"永,指时间长。珠帘乍卷,是群臣们上朝时候的情景,据《晋书·苻坚传》"坚自平诸国之后,国内殷实,遂示人以侈,悬珠帘于正殿,以朝群臣"。珠帘,珍珠缀成的帘子。乍卷,刚刚卷起来,今本多作"半卷",朝堂之上不当如是。且上联"未开"是形容时间上尚未发生,而"乍卷"表示事情刚刚开始,已经发生,正好相对。故当从琅环阁藏本,作"乍卷"为是。御炉熏,也是朝堂之上方可见的情形,如宋范祖禹《又和张给事喜雨》之"禁漏深迷天阙晓,朝衣凉带御炉熏。时清封奏何妨简,献纳赓歌见爱君"。御炉,御用的香炉,唐柳宗元《省试观庆云图诗》"抱日依龙衮,非烟近御炉"。平仄上,上联是平仄仄平,仄仄平平平仄仄;下联是平平仄仄,平平仄仄仄平平。语法上,"金锁未开""珠帘乍卷",都是主谓结构。"上相趋听宫漏永""群僚仰对御炉熏"也是主谓结构,其谓语部分"趋听宫漏永""仰对御炉熏"都是状中结构,"趋""仰"都是动词作状语,"听""对"的宾语"宫漏永""御炉熏"亦皆为主谓结构。两句结构复杂,而对仗工整。

【译文】

忧虑和喜悦相对,悲伤和欢欣相对。

二典和三坟相对。

佛经和仙语相对,夏天锄草和春天耕耘相对。

烹新长的韭菜,剪春天的芹菜。

傍晚的雨和早晨的云相对。

山简在竹林骑行,醉了倒戴着帽子;人们在花下饮酒,醉倒在红裙之下。

手中拿着五岳灵符作法,腰上悬着七星宝剑降妖。

朝臣来到宫门,宫门尚未打开,宫中铜壶的滴漏声长长久久;群僚站于朝堂,珠帘刚刚卷起,殿上御炉烧的熏香烟雾缭绕。

其二

词对赋,懒对勤①。

类聚对群分②。

鸾箫对凤笛,带草对香芸③。

燕许笔,柳韩文④。

旧话对新闻⑤。

赫赫周南仲,翩翩晋右军⑥。

六国说成苏子业,两京收复郭公勋⑦。

汉阙陈书,侃侃忠言推贾谊;唐廷对策,岩岩直谏有刘蕡⑧。

【注释】

①词对赋,懒对勤:平仄上,"词""勤"是平声,"赋""懒"是仄声。语法上,"词"和"赋"都是古代的两种体裁,名词;"懒""勤"是一组反义形容词。

②类聚对群分:"类聚""群分"出自《周易·系辞上》"方以类聚,物以群分",谓将同类的事物汇聚在一起,不同类别的就区分开来了,二者互文。平仄上,"类聚"是仄仄,"群分"是平平。语法上,

"类聚""群分"都是状中结构。

③鸾箫对凤笛，带草对香芸：鸾箫，是箫的美称，宋刘壎《西湖明月引·用白云翁韵送客游行都》"目断京尘，何日听鸾箫"。凤笛，笛的美称，宋葛长庚《瑶台月》"念陈迹，虎殿虬宫。记往事，龙箫凤笛"。带草，草名，据明张岱《夜航船·植物部·书带草》载："郑玄，字康成，居城南山中教授。山下有草如薤，叶长而细，坚韧异常，时人名为'康成书带'。"郑玄曾经居住在城南山中教授学生。他所居住的山下，有一种草长得和薤草很像，叶子细长，非常坚韧，当时的人给它起名叫"康成书带"。香芸，香草名，古代藏书家用之以防蠹虫。宋刘克庄《鹊桥仙》"香芸辟蠹，青藜烛阁，天上宝书万轴"。平仄上，"鸾箫"是平平，"凤笛"是仄仄；"带草"是仄仄，"香芸"是平平。笛，《广韵》"徒历切"，入声。语法上，两组都是定中结构。

④燕许笔，柳韩文：燕许，唐时名臣燕国公张说、许国公苏颋的合称。两人皆以文章显世，《新唐书·苏颋传》："颋性廉俭，奉禀悉推散诸弟亲族，储无长贯。自景龙后，与张说以文章显，称望略等，故时号'燕许大手笔'。"柳韩，指唐代古文家柳宗元和韩愈，他们都名列唐宋八大散文家之内。宋晁公武《郡斋读书志·楚辞类·别集类上》引《李翱集》苏舜钦序云"唐之文章称韩柳"。二人一般并称"韩柳"，此处因为平仄的问题而倒作"柳韩"。今本《笠翁对韵》多作"韩柳"，则第二字平仄失对了，误。琅环阁藏本正作"柳韩"。平仄上，"燕许笔"是平仄仄，"柳韩文"是仄平平。"燕"作国名，读平声。语法上，"燕许笔"和"柳韩文"都是定中结构，定语"燕许""柳韩"都是名词性并列结构。

⑤旧话对新闻：平仄上，"旧话"是仄仄，"新闻"是平平。语法上，两个词语都是定中结构。

⑥赫赫周南仲，翩翩晋右军：上联出自《诗经·小雅·出车》"赫赫

南仲，薄伐西戎""赫赫南仲，狝狁于夷"。赫赫，显赫盛大貌、显著貌。南仲，周宣王时期的人，曾经带兵讨伐西戎。翩翩，形容风度或文采的优美，《史记·平原君虞卿列传》"平原君，翩翩浊世之佳公子也"。晋右军指的是王羲之，东晋时期著名书法家，他曾做过右军将军，人称"王右军"。《晋书·王羲之传》载："尤善隶书，为古今之冠，论者称其笔势，以为飘若浮云，矫若惊龙。深为从伯敦、导所器重。时陈留阮裕有重名，为敦主簿。敦尝谓羲之曰：'汝是吾家佳子弟，当不减阮主簿。'裕亦目羲之与王承、王悦为王氏三少。时太尉郗鉴使门生求女婿于导，导令就东厢遍观子弟。门生归，谓鉴曰：'王氏诸少并佳，然闻信至，咸自矜持。惟一人在东床坦腹食，独若不闻。'鉴曰：'正此佳婿邪！'访之，乃羲之也，遂以女妻之。"王羲之的书法翩若惊鸿、矫若游龙，其行事、气度、做派亦有翩翩佳公子的风范。平仄上，"赫赫周南仲"是仄仄平平仄，"翩翩晋右军"是平平仄仄平。语法上，上下联都是定中结构。

⑦六国说（shuì）成苏子业，两京收复郭公勋：上联说的是苏秦的典故，据《战国策·秦策》载，苏秦一开始是去秦国游说秦惠王连横的，结果"说秦王书十上而说不行。黑貂之裘弊，黄金百斤尽，资用乏绝，去秦而归"。回到家乡，穷困潦倒，妻不以为夫，嫂不以为叔，父母不以为子。于是发奋读书，"引锥自刺其股，血流至足"。之后去游说赵王，"赵王大悦，封为武安君。受相印，革车百乘，锦绣千纯，白璧百双，黄金万溢，以随其后，约从散横，以抑强秦"，苏秦得到了赵王的欣赏和封爵，与六国合纵抗秦。自此之后，名声大噪。"当此之时，天下之大，万民之众，王侯之威，谋臣之权，皆欲决苏秦之策"，"横历天下，廷说诸侯之王，杜左右之口，天下莫之能伉"。六国，这里特指战国时期的韩、赵、魏、楚、燕、齐六国。下联说的是唐朝大将郭子仪的典故。《旧唐书·郭

子仪传》详细记录了郭子仪收复两京的过程:"七月,肃宗即位,以贼据两京,方谋收复,诏子仪班师","九月,从元帅广平王率蕃汉之师十五万进收长安","十月,……子仪奉广平王入东都,陈兵于天津桥南,士庶欢呼于路"。书中评价他是"七八年间,其勤至矣,再造王室,勋高一代"。两京,这里指的唐时东都洛阳、西都长安。平仄上,上联是仄仄仄平平仄仄,下联是仄平平仄仄平平。国,《广韵》"古或切";郭,《广韵》"古博切"。都是入声。语法上,两句都是名词充当谓语的判断句,表达"六国说成乃苏子之业,两京收复是郭公之勋"的意思。其主语"六国说成""两京收复"都是主谓结构,谓语"苏子业""郭公勋"都是定中结构,对主语进行判断。今本"苏子业"多作"苏子贵",则两句对仗就存在问题了,因为"勋"是名词,"贵"是形容词,"苏子贵"是主谓结构,"郭公勋"是定中结构。故当从琅环阁藏本作"苏子业"为是。

⑧汉阙陈书,侃侃忠言推贾谊;唐廷对策,岩岩直谏有刘蕡(fén):上联说的是贾谊的典故,贾谊是西汉政论家、文学家,世称贾生,与屈原并称"屈贾"。贾谊的作品主要在政论方面,代表作有《过秦论》《论积贮疏》《治安策》《陈政事疏》。《过秦论》总结了秦兴起和灭亡的原因,提出了"仁义不施而攻守之势异也"的观点,希图给汉文帝作为政治改革的借鉴;《论积贮疏》提出重农抑商的经济政策,主张发展农业生产,加强粮食贮备,提倡节俭,反对奢靡之风。故而上联说"侃侃忠言"。汉阙,指汉家朝廷,后引申泛指朝廷,唐刘湾《李陵别苏武》"李陵不爱死,心存归汉阙"。下联的典故出自《旧唐书·文苑下》,刘蕡"宝历二年进士擢第。博学善属文,尤精《左氏春秋》。与朋友交,好谈王霸大略,耿介嫉恶。言及世务,慨然有澄清之志"。文宗即位以后,于太和二年策试贤良,刘蕡极力劝谏文宗诛杀宦官,"言论激切,士林感动"。但是当时的考官不敢录用刘蕡,"物论喧然不平之",当时登科的李

郤对人说："刘蕡不第，我辈登科，实厚颜矣！"请求把自己的官授与刘蕡。岩岩，本义是高大、高耸，引申为威严。上联是仄仄平平，仄仄平平仄仄；下联是平平仄仄，平平仄仄仄平平。直，《广韵》"除力切"，入声。语法上，"汉阙陈书""唐廷对策"，都是状中结构；"侃侃忠言推贾谊""岩岩直谏有刘蕡"，都是主谓结构。

【译文】

词和赋相对，懒和勤相对。

按类的不同而聚集与按群的不同而区分相对。

鸾箫和凤笛相对，带草和香芸相对。

燕、许之文笔，韩、柳之篇章。

旧事和新闻相对。

周代的南仲战功赫赫，晋代王羲之风度翩翩。

成功说服了六国合纵，这是苏秦的大功劳；收复两京长安和洛阳，乃是郭子仪的功勋。

汉宫陈书之时，忠言侃侃该当首推贾谊；唐廷对策之时，直谏岩岩唯有刘蕡为先。

其三

言对笑，绩对勋①。

鹿豕对羊羵②。

星冠对月扇，把袂对书裙③。

汤事葛，说兴殷④。

萝月对松云⑤。

西池青鸟使，北塞黑鸦军⑥。

文武成康为一代，魏吴蜀汉定三分⑦。

桂苑秋宵，明月三杯邀曲客；松亭夏日，薰风一曲奏桐君⑧。

【注释】

①言对笑，绩(jì)对勋：平仄上，"言""勋"都是平声，"笑""绩"是仄声。绩，《广韵》"则历切"，入声。语法上，"言""笑"皆为动词；"绩""勋"都是名词。

②鹿豕对羊羵(fén)：鹿豕，鹿和猪，比喻山野无知之物，《孟子·尽心上》"舜之居深山之中，与木石居，与鹿豕游，其所以异于深山之野人者，几希"。羊羵，古籍中不见，有"羵羊"，古代传说谓土中所生的精怪，《国语·鲁语下》载："季桓子穿井，如获土缶，其中有羊焉。使问之仲尼曰：'吾穿井而获狗，何也？'对曰：'以丘之所闻，羊也。丘闻之：木石之怪曰夔、蝄蜽，水之怪曰龙、罔象，土之怪曰羵羊。'"又作"坟羊"。平仄上，"鹿豕"是仄仄，"羊羵"是平平。语法上，二者对仗并不工稳。"鹿豕"是两个动物名词并列的结构；"羊羵"中"羵"这类动物并不存在，"羵"亦不单独使用。

③星冠对月扇，把袂(mèi)对书裙：星冠，道士的帽子，唐戴叔伦《汉宫人入道》"萧萧白发出宫门，羽服星冠道意存"。月扇，团扇，形如满月，故称，出自汉班婕妤《怨歌行》"裁为合欢扇，团团似明月"。把袂，拉住衣袖，表示二者关系亲密，唐崔宗之《赠李十二》"思见雄俊士，共话今古情。李侯忽来仪，把袂苦不早"；袂，衣袖。书裙，作书于裙，《宋书·羊欣传》载，"羊欣，字敬元，泰山南城人也。曾祖忱，晋徐州刺史。祖权，黄门郎。父不疑，桂阳太守。欣少靖默，无竞于人，美言笑，善容止。泛览经籍，尤长隶书。不疑初为乌程令，欣时年十二，时王献之为吴兴太守，甚知爱之。献之尝夏月入县，欣着新绢裙昼寝，献之书裙数幅而去"。

羊欣博览群书,擅长隶书,王献之非常喜欢他。十二岁时,有一次羊欣穿着新做的绢裙在睡午觉,王献之前来造访,在他裙上写了字后离开了。后来,"书裙"也表示造访好友的意思。平仄上,"星冠"是平平,"月扇"是仄仄;"把袂"是仄仄,"书裙"是平平。语法上,"星冠""月扇"都是定中结构;"把袂""书裙"都是动宾结构,"把""书"这里都是动词。

④汤事葛,说(yuè)兴殷:上联的典故与商汤有关,"汤事葛"语出《孟子·梁惠王下》:"齐宣王问曰:'交邻国有道乎?'孟子对曰:'有。惟仁者为能以大事小,是故汤事葛,文王事混夷;惟智者为能以小事大,故大王事獯鬻,勾践事吴。'"而"汤事葛"的具体情况出自《孟子·滕文公下》:"孟子曰:'汤居亳,与葛为邻,葛伯放而不祀。汤使人问之曰:"何为不祀?"曰:"无以供牺牲也。"汤使遗之牛羊。葛伯食之,又不以祀。汤又使人问之曰:"何为不祀?"曰:"无以供粢盛也。"汤使亳众往为之耕,老弱馈食。葛伯率其民,要其有酒食黍稻者夺之,不授者杀之。有童子以黍肉饷,杀而夺之。《书》曰"葛伯仇饷",此之谓也。为其杀是童子而征之,四海之内皆曰:"非富天下也,为匹夫匹妇复仇也。"'"商汤,商朝的开国之君,又称成汤、武汤等。葛伯不祭祀,汤问他为什么不祭祀,他说没有牺牲,汤就派人提供牛羊给他作牺牲;葛伯把牛羊吃了,还是不祭祀。汤又去问他为什么不祭祀,他说没有粮食,汤又派人去给他耕种、送饭;葛伯去抢夺这些粮食,还杀了送饭的童子。于是商汤就把葛灭掉了,意思是为匹夫匹妇复仇。下联说的是傅说的故事,傅说是商王武丁时候的大臣,相传原是傅岩地方从事版筑的奴隶,后被武丁任用,治理国政,复兴了殷商。《尚书·说命》曰"说筑傅岩之野,惟肖。爰立作相,王置诸其左右",《史记·殷本纪》有更详细的记载:"武丁夜梦得圣人,名曰说。以梦所见视群臣百吏,皆非也。于是乃使百工营求之

野,得说于傅险中。是时说为胥靡,筑于傅险。见于武丁,武丁
曰是也。得而与之语,果圣人,举以为相,殷国大治。故遂以傅
险姓之,号曰傅说","武丁修政行德,天下咸驩,殷道复兴"。平
仄上,"汤事葛"是平仄仄,"说兴殷"仄平平。说,《广韵》"弋雪
切",入声。语法上,上下联都是主谓结构。

⑤萝月对松云:萝月,唐李白《赠嵩山焦炼师》"萝月挂朝镜,松风鸣
夜弦。潜光隐嵩岳,炼魄栖云幄"。"萝月""松风"或"松云"往往
指隐逸之士所看到的风景,如唐李白《赠孟浩然》"吾爱孟夫子,
风流天下闻。红颜弃轩冕,白首卧松云"。平仄上,"萝月"是平
仄,"松云"是平平。语法上,两个词语都是定中结构。

⑥西池青鸟使,北塞黑鸦军:上联的典故出自《汉武故事》:"七月七
日,上于承华殿斋,正中,忽有一青鸟从西方来,集殿前。上问东
方朔,朔曰:'此西王母欲来也。'有顷,王母至,有二青鸟如乌,侠
侍王母旁。"西池,即西王母所居瑶池的别称,清龚自珍《梦玉人
引》词"陡然闻得,青凤下西池"。青鸟或青鸟使,神话传说西王
母有三青鸟代为取食报信,后都用来作为信使的代名词,唐李商
隐《无题》"蓬山此去无多路,青鸟殷勤为探看"。下联出自《新五
代史·唐庄宗纪上》:"克用少骁勇,军中号曰'李鸦儿'……(中
和)三年正月,出于河中,进屯乏坑。巢党惊曰:'鸦儿军至矣!'"
说的就是李克用的典故,李克用在唐朝平定黄巢起义时战功赫
赫,曾常年拥军割据,与朱温政权对峙。他本姓朱邪(一作朱
耶),由唐皇赐姓李氏,别号"李鸦儿",骁勇善战,其军队则称"鸦
军"。黑鸦军,就是指鸦儿军。李克用是沙陀族人,属于北方的
少数民族人,故而称"北塞"。平仄上,"西池青鸟使"是平平平仄
仄,"北塞黑鸦军"是仄仄仄平平。黑,《广韵》"呼北切",入声。
语法上,两句都是定中结构。

⑦文武成康为一代,魏吴蜀汉定三分:文武成康,指的是周初几位明

君：周文王、周武王、周成王、周康王。《尚书·君牙》："王若曰：'呜呼！君牙，惟乃祖乃父，世笃忠贞，服劳王家。厥有成绩，纪于太常。惟予小子，嗣守文、武、成、康遗绪。亦惟先正之臣，克左右乱四方。"周穆王命令君牙担任大司徒一职，说他自己继守文、武、成、康的遗业，也希望先王的臣子能够辅助他治理四方。魏吴蜀汉，是汉末割据的三方，当时曹魏、孙吴、刘蜀各占一方，三国鼎立。而在此之前，汉献帝被曹魏所操控，最后被取而代之。蜀汉，公元221年，刘备在成都称帝，国号汉，史称"蜀"或"蜀汉"。平仄上，上联是平仄平平平仄仄，下联是仄平仄仄仄平平。一，《广韵》"於悉切"，入声。语法上，两句都是主谓结构："文武成康""魏吴蜀汉"充当主语，"为一代""定三分"是动宾结构充当谓语。此联有对仗不工整之处，"文武成康"是周的四个天子，四者并列；而"魏吴蜀汉"实际上只有三国，是"魏""吴""蜀汉"三词并列，并不整齐。

⑧桂苑秋宵，明月三杯邀曲客；松亭夏日，薰风一曲奏桐君：上联当出自唐李白《月下独酌》："花间一壶酒，独酌无相亲。举杯邀明月，对影成三人。"桂苑，亦作"桂菀"，指栽有桂树的林园。秋宵，秋夜。曲客，琅环阁藏本作"麴客"，也有版本作"𪍎客"，今本多作"曲客"。"𪍎"是"麴"的后起字，二字今简化作"曲"，意思是"酒母"，《尚书·说命下》"若作酒醴，尔惟麴蘖"。故而此处"曲客"当是酒客的意思。下联典出《孔子家语》卷八："昔者舜弹五弦之琴，造南风之诗，其诗曰：'南风之熏兮，可以解吾民之愠兮；南风之时兮，可以阜吾民之财兮。'唯修此化，故其兴也勃焉，德如泉流，至于今，王公大人述而弗忘。殷纣好为北鄙之声，其废也忽焉，至于今，王公大人举以为诫。夫舜起布衣，积德含和而终以帝。纣为天子，荒淫暴乱而终以亡，非各所修之致乎。"这段话据说是因子路鼓瑟有杀伐之声而起，以舜弹琴来说明音乐温柔中和的重要性。松亭，松间之亭。桐君，是琴的别称，宋陈师道

《次韵苏公西湖观月听琴》"人生亦何须,有酒与桐君"。古人以桐木制琴,《后汉书·蔡邕传》载:"吴人有烧桐以爨者,邕闻火烈之声,知其良木,因请而裁为琴,果有美音,而其尾犹焦,故时人名曰'焦尾琴'焉。"平仄上,上联是仄仄平平,平仄平平平仄仄;下联是平平仄仄,平平仄仄仄平平。一,《广韵》"於悉切",入声。此联两个"曲",本不是同一个字,第一个本是"麹"简化而来,《广韵》"驱匊切";第二个"曲"《广韵》"丘玉切"。二者都是入声。语法上,"桂苑秋宵""松亭夏日"两个并列结构充当句子的状语;中心语"明月三杯邀曲客""薰风一曲奏桐君"为主谓结构,它采用了倒置的修辞手法,当为"曲客三杯邀明月""桐君一曲奏薰风",这在古典诗词里是很常见的现象,倒置之后,句式会显得颇为新颖生动。

【译文】

言和笑相对,业绩和功勋相对。

鹿豕和羊羵相对。

道士的帽子和月形的团扇相对,拉着对方衣袖和在裙子上写字相对。

商汤帮助葛国,傅说复兴殷商。

藤萝上所悬挂之月和松树间所飘荡之云相对。

西池王母所派来的使者是青鸟,北部边塞李克用带的是鸦儿军。

文王、武王、成王、康王使周成就强盛的一代,魏国、吴国、蜀国形成了三国鼎足而立的天下。

秋夜的桂花园中,诗人举杯邀请明月和影子共饮美酒;夏日的松间亭下,虞舜弹奏五弦琴赋诵一曲南风之诗。

十三 元

【题解】

"元"是"平水韵"中上平声的第十三韵部。

"元"在《广韵》中作"愚袁切",平声,元韵。

《笠翁对韵》所用到的韵脚字有昆、门、屯、墩、尊、坤、豚、村、孙、暾、魂、恩、根、昏等14个,《声律启蒙》所用到的有喧、源、暄、轩、魂、门、村、言、孙、猿、原、堉、园、恩、豚、屯、昏等17个。其中门、屯、豚、村、孙、魂、恩、昏等8个字是二书共用的。《笠翁对韵》用到而《声律启蒙》没有用到的有昆、墩、尊、坤、暾、根等6字,后者用到而前者没用到的是喧、源、暄、轩、言、猿、原、堉、园等9字。

其一

卑对长,季对昆①。

永巷对长门②。

山亭对水阁,旅舍对军屯③。

杨子渡,谢公墩④。

德重对年尊⑤。

承乾对出震,习坎对重坤⑥。

志士报君思犬马,仁王养老察鸡豚⑦。

远水平沙,有客放舟桃叶渡;斜风细雨,何人携榼杏花村⑧。

【注释】

①卑对长(zhǎng),季对昆:季,兄弟姊妹排行最小的,《诗经·魏风·陟岵》"母曰:嗟! 予季行役,夙夜无寐",毛传"季,少子也"。昆,兄,《诗经·王风·葛藟》"终远兄弟,谓他人昆",毛传"昆,兄也"。平仄上,"卑""昆"是平声,"长""季"是仄声。语法上,"卑""长"是表示地位低与高的形容词,"季""昆"是表示兄弟排行的名词,皆相对。

②永巷对长门:永巷,宫中长巷,《史记·吕太后本纪》"吕后最怨戚

夫人及其子赵王,乃令永巷囚戚夫人,而召赵王",刘邦的皇后吕雉非常妒忌戚夫人,在刘邦死后,就把戚夫人囚禁在永巷中。永,长的意思。长门,汉宫名,汉司马相如《长门赋》序曰:"孝武皇帝陈皇后时得幸,颇妒,别在长门宫,愁闷悲思。闻蜀郡成都司马相如天下工为文,奉黄金百斤,为相如、文君取酒,因于解悲愁之辞。而相如为文以悟主上,陈皇后复得亲幸。"汉武帝刘彻的皇后陈阿娇被废以后,幽禁在长门宫中。"永巷""长门"都指宫廷中失宠女子所居之处,唐李华《长门怨》诗"每忆椒房宠,那堪永巷阴"。平仄上,"永巷"是仄仄,"长门"是平平。语法上,两个都是专有名词,是汉宫的地名;且皆为定中结构。

③山亭对水阁,旅舍对军屯:旅舍,旅馆。军屯,军队驻扎的戍所、防区。平仄上,"山亭"是平平,"水阁"是仄仄;"旅舍"是仄仄,"军屯"是平平。阁,《广韵》"古落切",入声。语法上,"山亭""水阁""旅舍""军屯"都是定中结构。

④杨子渡,谢公墩:杨子渡,古津渡名,即杨子津,"津"也是渡口的意思;也作"扬子渡",在今江苏邗江南,古时在长江北岸,由此南渡京口,为江滨要津。《北史》卷四十一载:"贼朱莫问自称南徐州刺史,以盛兵据京口。素舟师入自杨子津,进击破之。"《资治通鉴》卷第一百七十七:"炀皇帝上之下,大业七年春,……二月,己未,上升钓台,临杨子津,大宴百僚。"或曰"杨子渡"乃因杨素而得名,未知其详,就史书记载而言,杨素和隋炀帝时期,杨子津之名已经存在。谢公墩,即谢安墩,晋谢安与王羲之登临处,在今江苏南京,唐李白《登金陵冶城西北谢安墩》"冶城访古迹,犹有谢安墩"。平仄上,"杨子渡"是平仄仄,"谢公墩"是仄平平。语法上,二者都是定中结构。

⑤德重对年尊:平仄上,"德重"是仄仄,"年尊"是平平。德,《广韵》"多则切",入声。语法上,两个词语都是主谓结构。

⑥承乾对出震，习坎对重坤："乾""震""坎""坤"都是《周易》中的卦名，既是八卦中的卦名，也是六十四卦中的卦名。"承""出""习""重"皆表示这几个卦之上再重叠一个一样的符号：乾是☰，承乾就是䷀；震☳，出震就是䷲；坎☵，习坎就是䷜；坤是☷，重坤就是䷁。"习坎"，今本多作"叠坎"，琅環阁藏本作"习坎"，出自《周易·坎》《象》曰：习坎，重险也"，高亨注曰"本卦乃二坎相重，是为'习坎'。习，重也；坎，险也"，后人因此用"习坎"表险阻之意。"叠坎""习坎"义同，从用典上考虑，"习坎"更佳。平仄上，"承乾"是平平，"出震"是仄仄；"习坎"是仄仄，"重坤"是平平。出，《广韵》"赤律切"，习，《广韵》"似入切"，皆为入声字。语法上，四个词语都是动宾结构。

⑦志士报君思犬马，仁王养老察鸡豚：志士，有远大志向的人，《孟子·滕文公下》"志士不忘在沟壑，勇士不忘丧其元"。犬马，即狗和马，旧时用于臣子对君上的自卑之称，《汉书·孔光传》："书奏，上说，赐光束帛，拜为光禄大夫，秩中二千石，给事中，位次丞相。诏光举可尚书令者封上，光谢曰：'臣以朽材，前比历位典大职，卒无尺寸之效，幸免罪诛，全保首领，今复拔擢，备内朝臣，与闻政事。臣光智谋浅短，犬马齿臷（耋），诚恐一旦颠仆，无以报称……'"孔光唯恐自己智谋短少，自己年纪又大了，怕万一有不测，不能报答皇帝对他的提拔。仁王，指的是实行仁政之君王，战国时期儒家的代表人物孟子提倡仁政，主张实行王道，《孟子·梁惠王上》曰："不违农时，谷不可胜食也；数罟不入洿池，鱼鳖不可胜食也。斧斤以时入山林，材木不可胜用也。谷与鱼鳖不可胜食，材木不可胜用，是使民养生丧死无憾也。养生丧死无憾，王道之始也。五亩之宅，树之以桑，五十者可以衣帛矣。鸡豚狗彘之畜，无失其时，七十者可以食肉矣。百亩之田，勿夺其时，数口之家可以无饥矣。谨庠序之教，申之以孝悌之义，颁白

者不负戴于道路矣。七十者衣帛而食肉,黎民不饥不寒,然而不王者,未之有也。"孟子劝谏梁惠王施行仁政,建议君主不要违背农时,让老百姓可以从容养生丧死。平仄上,上联是仄仄仄平平仄仄,下联是平平仄仄仄平平。察,《广韵》"初八切",入声。语法上,两句都是主谓结构:主语"志士""仁王"都是定中结构,二者是古代人伦关系的臣与君,正好相对;谓语"报君思犬马""养老察鸡豚"相对,其中"报君"对"养老","思犬马"对"察鸡豚",都是动宾结构。

⑧ 远水平沙,有客放舟桃叶渡;斜风细雨,何人携榼(kē)杏花村:远水平沙,形容江边广阔的风景,唐白居易《杂曲歌辞·浪淘沙》有"白浪茫茫与海连,平沙浩浩四无边"。放舟,开船、行船,宋梅尧臣《鬼火赋》有"放舟于颍水之上,夜憩于项城之野"。今本多作"泛舟",从典故和意境来看,"放舟"更佳,"泛舟"亦无不可。桃叶渡,渡口名,在今江苏南京秦淮河畔,相传因晋王献之在此送其爱妾桃叶而得名。《隋书·五行志》:"陈时,江南盛歌王献之《桃叶》之词曰:'桃叶复桃叶,渡江不用楫。但度无所苦,我自迎接汝。'"斜风细雨,出自唐张志和《渔歌子》"青箬笠,绿蓑衣,斜风细雨不须归"。杏花村,典出唐杜牧《清明》"借问酒家何处有,牧童遥指杏花村"。榼,古代盛酒或贮水的器具,唐皎然《酬秦山人出山见呈》诗有"手携酒榼共书帏,回语长松我即归"的句子。平仄上,上联是仄仄平平,仄仄仄平平仄仄;下联是平平仄仄,平平平仄平平平。榼,《广韵》"苦盍切",入声。语法上,"远水平沙""斜风细雨"两个并列结构描写环境;"有客泛舟桃叶渡""何人携榼杏花村"两句从今天的语法角度看是不大对仗的,不过古人却常用来对仗。"有客泛舟桃叶渡"是兼语结构,"何人携榼杏花村"是主谓结构。

【译文】

卑和长相对,弟和兄相对。

永巷和长门相对。

山上的亭子和临水的楼阁相对,旅客寄居之房舍和军队驻扎之戍所相对。

杨子渡,谢公墩。

德高和年长相对。

承乾和出震相对,习坎和重坤相对。

有志之士希望对君上效犬马之劳,仁德之王善于养老不违鸡豚之时。

远水迢迢,平沙漫漫,有人驾着船从桃叶渡出发;清风斜吹,细雨绵绵,是谁带着酒器来到杏花村?

其二

君对相,祖对孙①。

夕照对朝暾②。

兰台对桂殿,海岛对山村③。

碑堕泪,赋招魂④。

报怨对怀恩⑤。

陵埋金吐气,田种玉生根⑥。

相府珠帘垂白昼,边城画角对黄昏⑦。

枫叶半山,秋去烟霞堪倚杖;梨花满地,夜来风雨不开门⑧。

【注释】

①君对相,祖对孙:平仄上,"君""孙"都是平声,"相""祖"都是仄声。语法上,"君""相"都是表地位的名词;"祖""孙"则是表辈分的名词,亦常用来相对。

②夕照对朝暾(tūn)：朝暾，指初升的太阳，《隋书·音乐志下》"扶木上朝暾，嵫山沉暮景"。暾，日初出貌，也指代太阳，《楚辞·九歌·东君》"暾将出兮东方，照吾槛兮扶桑"；也可以表示温暖、明亮的意思。今本"暾"或作"曛""曦"，皆于韵不合；且"曛"是"黄昏""傍晚"之义，于义亦不合。平仄上，"夕照"是仄仄，"朝暾"是平平。夕，《广韵》"祥易切"，入声。语法上，二者都是定中结构。

③兰台对桂殿，海岛对山村：兰台，战国时楚台名，《文选·宋玉〈风赋〉》"楚襄王游于兰台之宫，宋玉、景差侍"；也指宫廷藏书处。桂殿，对寺观殿宇的美称，也指后妃所住的深宫。平仄上，"兰台"是平平，"桂殿"是仄仄；"海岛"是仄仄，"山村"是平平。语法上，四个词语都是定中结构。

④碑堕泪，赋招魂：碑堕泪，语出《晋书·羊祜传》："羊祜，字叔子，泰山南城人也。世吏二千石，至祜九世，并以清德闻。……襄阳百姓于岘山祜平生游憩之所建碑立庙，岁时飨祭焉。望其碑者莫不流涕，杜预因名为堕泪碑。"羊祜是魏晋时期的著名大将、文学家。他博学能文，清廉正直，百姓在他平时游玩休憩的地方建碑立庙，碑名"晋征南大将军羊公祜之碑"，祭拜的人看到碑无不落泪怀念。羊祜的继任者杜预就把这座碑命名为"堕泪碑"。赋招魂，即指《招魂赋》，据说是屈原所作，《史记·屈原贾生列传》："太史公曰：余读离骚、天问、招魂、哀郢，悲其志。适长沙，观屈原所自沉渊，未尝不垂涕，想见其为人。及见贾生吊之，又怪屈原以彼其材，游诸侯，何国不容，而自令若是。读《鹏鸟赋》，同死生，轻去就，又爽然自失矣。"平仄上，"碑堕泪"是平仄仄，"赋招魂"是仄平平。语法上，两个词语都可理解为复指结构，碑即指"堕泪碑"，赋即谓《招魂赋》；或可理解为主谓结构，碑让人落泪，赋用来招魂。"碑""赋"是名词相对，"堕泪""招魂"是动宾结构相对。对仗工稳。

⑤报怨对怀恩：平仄上，"报怨"是仄仄，"怀恩"是平平。语法上，两个结构都是动宾形式。

⑥陵埋金吐气，田种玉生根：上联说的是金陵的典故，《三国志》裴松之注引《江表传》曰："秣陵，楚武王所置，名为金陵。地势冈阜连石头，访问故老，云昔秦始皇东巡会稽经此县，望气者云金陵地形有王者都邑之气，故掘断连冈，改名秣陵。今处所具存，地有其气，天之所命，宜为都邑。"金陵本是楚武王所置，山势连绵。而秦始皇东巡的时候经过此地，发现金陵有王者之气，于是挖断其相连的山岗，以消除其王气。金陵即现在的南京，三国吴、东晋、宋、齐、梁、陈六朝皆建都于此，被称为六朝古都。陵，大土山。下联的典故出自晋干宝《搜神记》："杨公伯雍，雒阳县人也，本以侩卖为业，性笃孝，父母亡，葬无终山，遂家焉。山高八十里，上无水，公汲水作义浆于阪头，行者皆饮之。三年，有一人就饮，以一斗石子与之，使至高平好地有石处种之，云：'玉当生其中。'杨公未娶，又语云：'汝后当得好妇。'语毕，不见。乃种其石，数岁，时时往视，见玉子生石上，人莫知也。有徐氏者，右北平著姓，女甚有行，时人求，多不许；公乃试求徐氏，徐氏笑以为狂，因戏云：'得白璧一双来，当听为婚。'公至所种玉田中，得白璧五双，以聘。徐氏大惊，遂以女妻公。天子闻而异之，拜为大夫。乃于种玉处四角作大石柱，各一丈，中央一顷地名曰'玉田。'"孝子杨伯雍住在父母的墓旁，因为山上无水，他就从八十里的高山上下来打水，免费给路人喝。有一个人喝了他的水，给了他一斗石头，让他种在田里，居然长出玉来，他还用这玉作为聘礼娶到了媳妇。这种玉之地便叫作"玉田"。平仄上，"陵埋金吐气"是平平平仄仄，"田种玉生根"是平仄仄平平。语法上，"陵埋金"和"田种玉"相对，都是主谓结构；"吐气"和"生根"相对，都是动宾结构。后一个结构的主语即承上一个结构的宾语而省

略,"陵埋金,(金)吐气","田种玉,(玉)生根"。有一种联珠的修辞效果,宛如两环相扣,非常巧妙。

⑦相府珠帘垂白昼,边城画角对黄昏:上联典出《宋书·顾觊之传》:"顾觊之,字伟仁,吴郡吴人也。……复为东迁、山阴令。山阴民户三万,海内剧邑,前后官长,昼夜不得休,事犹不举。觊之理繁以约,县用无事,昼日垂帘,门阶闲寂。自宋世为山阴,务简而绩修,莫能尚也。"南朝宋顾觊之担任山阴县令时,其县事务繁多,他就"理繁以约",制定出了一套简单易行的规则,从而显得繁冗之政事极少,大白天相府的珠帘也静静低垂着,达到了"昼日垂帘"的效果。边城,指靠近国界的城市。画角,据《汉语大词典》,这是一种传自西羌的古管乐器,形如竹筒,本细末大,以竹木或皮革等制成,因表面有彩绘,故称"画角";发声哀厉高亢,古时军中多用以警昏晓,振士气,肃军容。"画角"这个意象经常和黄昏、夜晚联系在一起,如宋周邦彦《满庭芳·花扑鞭梢》"凝眸处,黄昏画角,天远路岐长"等等。对黄昏,琅环阁藏本作"动黄昏",今本多作"对黄昏",皆无不可。平仄上,上联是仄仄平平平仄仄,下联是平平仄仄仄平平。白,《广韵》"傍陌切",入声。语法上,两句都是主谓结构。主语"相府珠帘""边城画角"都是定中结构。"垂白昼"和"对黄昏"严格来说不甚相对:"白昼"不是"垂"的对象,而是"垂"的时间补语,即"相府珠帘垂于白昼";"对黄昏"中"黄昏"是"对"的对象,动宾短语,画角对着黄昏而吹响。

⑧枫叶半山,秋去烟霞堪倚杖;梨花满地,夜来风雨不开门:烟霞,本指烟雾和云霞,明张居正《潇湘道中》"我前拥烟霞,我后映松竹";也指山水、山林,南朝梁萧统《锦带书十二月启·夹钟二月》"敬想足下,优游泉石,放旷烟霞"。上联是形容秋天之后,半山枫叶,此景值得倚杖观赏。下联的"梨花满地"出自唐刘方平《春

怨》"寂寞空庭春欲晚，梨花满地不开门"。"夜来风雨不开门"则化用"雨打梨花深闭门"。宋吴聿《观林诗话》说"半山酷爱唐乐府'雨打梨花深闭门'之句"，可见此句出现较早。而历代文人都爱将此句用到自己的诗文中，比如《西厢记》"风袅篆烟不卷帘，雨打梨花深闭门"等。平仄上，上联是平仄仄平，平仄平平平仄仄；下联是平平仄仄，仄平平仄仄平平。语法上，"枫叶半山""梨花满地"是主谓结构相对，描写环境；谓语"半山""满地"陈述"枫叶""梨花"二者之多。"秋去烟霞堪倚仗""夜来风雨不开门"都是状中结构，"秋去""夜来"作时间状语。"烟霞堪倚杖""风雨不开门"两个结构不太对仗：前者是话题主语句，意谓烟霞之景可堪欣赏；后者是状中结构，"风雨"与"不开门"是原因和结果的关系，意谓因风雨而不开门。古人在字面形式上的追求有时会超过对语义逻辑的重视，因为"烟霞"与"风雨"、"堪倚杖"和"不开门"单从字面形式上看还是一一对应的。这是我们阅读古代的韵文时要注意的。

【译文】

君和相相对，祖和孙相对。

夕照和朝阳相对。

兰台和桂殿相对，海岛和山村相对。

堕泪碑，招魂赋。

报怨和怀恩相对。

楚王在金陵埋金，其地显出王者之气；杨伯雍田中种石，此石生根长出美玉。

本该忙碌的相府，大白天珠帘也是静静低垂；面对边城的黄昏，画角声勾起士兵淡淡乡愁。

秋天到了，枫叶宛若烟霞染红了半山，此景足可倚杖欣赏；夜晚来临，梨花被无情风雨打落满地，此情堪伤不愿开门。

十四　寒

【题解】

"寒"是"平水韵"中上平声的第十四韵部。

"寒"在《广韵》中作"胡安切",平声,寒韵。

《笠翁对韵》中所用到的韵脚字有安、官、盘、寒、弹、单、珊、杆(干)、宽、鸾、竿、冠、栏、丹、看、滩、蟠、漫、酸、端、斓等21个,《声律启蒙》所用的有难、蟠、鸾、溥、鞍、滩、弹、端、干(乾)、桓、餐、冠、邯、寒、坛、盘、宽、丸、栏、阑、官、般、肝、安等24个。其中两书都用到的韵脚字有安、官、盘、寒、弹、宽、鸾、冠、栏、滩、蟠、端等12个。《笠翁对韵》用到而《声律启蒙》没用的是单、珊、杆(干)、竿、丹、看、漫、酸、斓等9个,后者用到而前者没用的是难、溥、鞍、干(乾)、桓、餐、邯、坛、丸、阑、般、肝等12个。《笠翁对韵》中所用的"斓"实际属于"十五删"。

其一

家对国,治对安①。

地主对天官②。

坎男对离女,周诰对殷盘③。

三三暖,九九寒④。

杜撰对包弹⑤。

古壁蛩声匝,闲亭鹤影单⑥。

燕出帘边春寂寂,莺闻枕上漏珊珊⑦。

池柳烟飘,日夕郎归青琐闼;砌花雨过,月明人倚玉栏杆⑧。

【注释】

①家对国,治对安:"家""国"在上古是一组相对的概念。治,太平,古代把太平盛世叫"治世"。安,安定。平仄上,"家""安"是平声,"国""治"是仄声。国,《广韵》"古或切",入声。语法上,"家""国"都是名词,"治""安"是同义形容词。

②地主对天官:地主,神名。《国语·越语下》"皇天后土,四乡地主正之",韦昭注"乡,方也。天神地祇,四方神主,当征讨之"。天官,天上仙、神居官者。二者是相对的概念。平仄上,"地主"是仄仄,"天官"是平平。语法上,二者都是定中结构。

③坎男对离女,周诰对殷盘:坎,《周易》卦名,八卦之一,也是八卦组合之后的六十四卦之一;坎象征险难,代表水,为北方之卦。离,也是八卦之一,又为六十四卦之一,《周易·说》"离为火,为日,为电,为中女,为甲胄,为戈兵。其于人也,为大腹,为乾卦,为鳖,为蟹,为蠃,为蚌,为龟。其于木也,为科上槁"。八卦在家庭观念上也各有对应,依次是:乾对应父,坤对应母,震对应长男,巽对应长女,坎对应中男,离对应中女,艮对应少男,兑对应少女。故曰"坎男""离女"。周诰,指《尚书·周书》中的《大诰》《康诰》《酒诰》《召诰》《洛诰》等篇。殷盘,指《尚书》中的《盘庚》篇,唐韩愈《进学解》"周《诰》殷《盘》,佶屈聱牙"。平仄上,"坎男"是仄平,"离女"是平仄;"周诰"是平仄,"殷盘"是平平。语法上,"坎男""离女"相对,二者都是并列结构;"周诰""殷盘"都是定中结构。

④三三暖,九九寒:三三,指夏历的三月初三,是上巳节,正是暮春时候,天气回暖,古代有许多庆祝活动。《梦粱录》卷二:"三月三日上巳之辰,曲水流觞故事,起于晋时。唐朝赐宴曲江,倾都禊饮踏青,亦是此意。右军王羲之《兰亭序》云:'暮春之初,修禊事。'杜甫《丽人行》云:'三月三日天气新,长安水边多丽人。'形

容此景，至今令人爱慕。兼之此日正遇北极佑圣真君圣诞之日，佑圣观侍奉香火，其观系属御前去处，内侍提举观中事务，当日降赐御香，修崇醮录，午时朝贺，排列威仪，奏天乐于墀下，羽流整肃，谨朝谒于陛前，吟咏洞章陈礼。士庶烧香，纷集殿庭。诸宫道宇，俱设醮事，上祈国泰，下保民安。诸军寨及殿司衙奉侍香火者，皆安排社会，结缚台阁，迎列于道，观睹者纷纷。贵家士庶，亦设醮祈恩。贫者酌水献花。杭城事圣之虔，他郡所无也。"九九，又称"重九"，指夏历的九月九日，这一天是重阳节，天气逐渐寒冷，魏晋后，人们习惯在此日登高游宴，佩戴茱萸祛邪辟恶，《西京杂记》卷三"九月九日，佩茱萸，食蓬饵，饮菊华酒，令人长寿"，唐王维《九月九日忆山东兄弟》"独在异乡为异客，每逢佳节倍思亲。遥知兄弟登高处，遍插茱萸少一人"。《旧唐书·德宗本纪下》载："九月丙午，诏：'比者卿士内外，左右朕躬，朝夕公门，勤劳庶务。今方隅无事，烝庶小康，其正月晦日、三月三日、九月九日三节日，宜任文武百僚选胜地追赏为乐。'"可见"三三""九九"是古代很重要的两个节日，朝廷也都允许大家宴饮游乐。平仄上，"三三暖"是平平仄，"九九寒"是仄仄平。语法上，两个词语都是主谓结构，"三三""九九"都是主语，"暖""寒"陈述其天气状况。

⑤杜撰对包弹：杜撰，就是没有根据地编造、虚构，语出宋王楙《野客丛书·杜撰》"杜默为诗，多不合律。故言事不合格者为杜撰……然仆又观俗有杜田、杜园之说，杜之云者，犹言假耳"。包弹，批评、指责，语出《南词叙录》"包拯为中丞，善弹劾，故世谓物有可议者曰'包弹'"。平仄上，"杜撰"是仄仄，"包弹"是平平。语法上，两个词语都是动词，都是主谓结构。

⑥古壁蛩（qióng）声匝（zā），闲亭鹤影单：上联形容蟋蟀叫声满耳的情形，唐孟郊《西斋养病夜怀多感因呈上从叔子云》有"一床空月色，四壁秋蛩声"，唐白居易《禁中闻蛩》"西窗独暗坐，满耳新

蛩声"。蛩,蟋蟀。匝,环绕、遍及的意思,南朝梁沈约《三月三日率尔成篇》"花开已匝树,流嘤复满枝"。关于下联,《杭州志》中有一副对联:"泉冷古梅花可与盟心惟白水,亭空孤鹤影居然埋骨共青山。"其中"亭空孤鹤影"与此下联意境类似。在文学作品里,鹤影经常是很孤单的,如唐齐己《湖西逸人》"琴前孤鹤影,石上远僧题"。平仄上,上联是仄仄平平仄,下联是平平仄仄平。匝,《字汇》"作答切",入声。语法上,两句都是主谓结构,定中结构"古壁蛩声""闲亭鹤影"充当主语,谓语由形容词"匝""单"充当。

⑦燕出帘边春寂寂,莺闻枕上漏珊珊:上联当化用唐魏承班《玉楼春》的"寂寂画堂梁上燕,高卷翠帘横数扇"。春寂寂,唐杜甫《涪城县香积寺官阁》"小院回廊春寂寂,浴凫飞鹭晚悠悠"。莺,黄莺,又叫黄鹂、仓庚等,常与"燕"并提,如唐白居易《钱塘湖春行》"几处早莺争暖树,谁家新燕啄春泥"等。古代诗人常描写莺儿在枕边床前啼叫的情景,唐金昌绪《春怨》"打起黄莺儿,莫教枝上啼。啼时惊妾梦,不得到辽西"。漏,古代计时器,即漏壶。珊珊,本是玉佩声,也可用来形容滴漏的声音,唐莫宣卿《百官乘月早朝听残漏》"候晓车舆合,凌霜剑佩寒。星河犹皎皎,银箭尚珊珊"。上下联都在描写一种寂静的场景:上联的春寂寂是燕儿从帘边飞过所衬托出来的,因为假如人声沸腾,熙熙攘攘,燕子不可能从人家的门帘飞过;下联写人一觉醒来,听到门外黄莺啼叫,屋内漏声珊珊,也正是清晨寂静的状态。平仄上,上联是仄仄平平平仄仄,下联是平平仄仄仄平平。出,《广韵》"赤律切",入声。语法上,上下联都由两个主谓结构组成。"燕出帘边""莺闻枕上"相对,"春寂寂""漏珊珊"相对,都是主谓结构。

⑧池柳烟飘,日夕郎归青琐闼(tà);砌花雨过,月明人倚玉栏杆:日夕,傍晚,语出《诗经·王风·君子于役》"日之夕矣,羊牛下来"。

青琐闼,宫门,借指皇宫、朝廷,南朝梁范云《古意赠王中书》"摄官青琐闼,遥望凤凰池";青琐,本指装饰皇宫门窗的青色连环花纹,后借指宫廷;闼,门。砌,台阶。月明人倚玉栏杆,典出唐崔橹《华清宫三首》之"明月自来还自去,更无人倚玉栏干"。"杆"或作"干",皆可。平仄上,上联是平仄平平,仄仄平平平仄仄;下联是仄平仄仄,仄平平仄仄平平。夕,《广韵》"祥易切",入声。语法上,"池柳烟飘"与"砌花雨过"都是主谓结构,为后面两句提供环境描写。"日夕郎归青琐闼""月明人倚玉栏杆"都是状中结构,"日夕""月明"充当时间状语,中心语"郎归青琐闼""人倚玉栏杆"为主谓结构。"青琐闼""玉栏杆"是"归""倚"的处所宾语,皆为定中结构;这两个词语严格来说不太对仗,其节奏前者是"青琐/闼",后者是"玉/栏杆",前者的定语是"青琐",后者的定语是"玉"。

【译文】

家和国相对,治和安相对。

地祇和天神相对。

坎男和离女相对,周《诰》和殷《盘》相对。

三月初三大地回暖,九月初九天气降温。

凭空瞎编和正言批评相对。

古老的墙壁下蟋蟀的叫声四处皆是,寂静的水亭边仙鹤的影子孤孤单单。

春日寂寂,燕子从屋下门帘悄然掠过;滴漏珊珊,人在枕上听到黄莺的啼鸣。

池塘边的杨柳烟雾缭绕,黄昏时官员从雕有青色花纹的宫门内归家;台阶上的花瓣滴着雨珠,明月下女子倚在玉石砌的栏杆上思念远人。

其二

肥对瘦,窄对宽①。

黄犬对青鸾②。

指环对腰带,洗钵对投竿③。

诛佞剑,进贤冠④。

画栋对雕栏⑤。

双垂白玉箸,九转紫金丹⑥。

陕右棠高怀召伯,河南花满忆潘安⑦。

陌上芳春,弱柳当风披彩线;池中清晓,碧荷承露捧珠盘⑧。

【注释】

①肥对瘦,窄对宽:平仄上,"肥""宽"是平声,"瘦""窄"是仄声。语法上,"肥""瘦"和"宽""窄"是两组反义形容语。

②黄犬对青鸾:黄犬,《晋书·陆机传》载:"初,机有骏犬,名曰黄耳,甚爱之。既而羁寓京师,久无家问,笑语犬曰:'我家绝无书信,汝能赍书取消息不?'犬摇尾作声。机乃为书以竹筒盛之而系其颈,犬寻路南走,遂至其家,得报还洛。其后因以为常。"陆机家里有一只狗,名叫黄耳。陆机在洛阳做官,很久没有家里的消息,就把书信放在竹筒里系在黄耳的脖子上,让它把书信带回南方,又回到洛阳。青鸾,古代传说中凤凰一类的神鸟,赤色多者为凤,青色多者为鸾,也指传递信息的青鸟,宋赵令畤《蝶恋花》"废寝忘餐思想遍。赖有青鸾,不必凭鱼雁"。平仄上,"黄犬"是平仄,"青鸾"是平平。语法上,两个词语都是定中结构。

③指环对腰带,洗钵对投竿:指环,以金属或宝石制成的小环,作为

饰物或信物,今称戒指,《晋书·四夷传·大宛国》:"其俗娶妇,先以金同心指镮(环)为娉。"腰带,用来束腰的带子,也是古人服装中必不可少的饰物。钵,梵语钵多罗的省称,僧人餐具。投竿,投钓竿于水,谓垂钓,《庄子·外物》"任公子⋯⋯投竿东海,旦旦而钓,期年不得鱼"。古人以洗钵、垂钓表达一种隐逸超脱的情怀,如唐郑谷《水(西蜀净众寺五题)》"洗钵老僧临岸久,钓鱼闲客卷纶迟"。平仄上,"指环"是仄平,"腰带"是平仄;"洗钵"是仄仄,"投竿"是平平。钵,《广韵》"北末切",入声。结构上,"指环""腰带"是定中结构,"洗钵""投竿"都是动宾结构。

④诛佞剑,进贤冠:诛佞剑,典出《汉书·朱云传》:"朱云字游,鲁人也,徙平陵。少时通轻侠,借客报仇。长八尺余,容貌甚壮,以勇力闻。年四十,乃变节从博士白子友受《易》,又事前将军萧望之受《论语》,皆能传其业。好倜傥大节,当世以是高之。⋯⋯至成帝时,丞相故安昌侯张禹以帝师位特进,甚尊重。云上书求见,公卿在前。云曰:'今朝廷大臣上不能匡主,下亡以益民,皆尸位素餐,孔子所谓"鄙夫不可与事君""苟患失之,亡所不至"者也。臣愿赐尚方斩马剑,断佞臣一人以厉其余。'上问:'谁也?'对曰:'安昌侯张禹。'上大怒,曰:'小臣居下讪上,廷辱师傅,罪死不赦。'御史将云下,云攀殿槛,槛折。云呼曰:'臣得下从龙逢、比干游于地下,足矣!未知圣朝何如耳?'御史遂将云去。于是左将军辛庆忌免冠解印绶,叩头殿下曰:'此臣素著狂直于世。使其言是,不可诛;其言非,固当容之。臣敢以死争。'庆忌叩头流血。上意解,然后得已。及后当治槛,上曰:'勿易!因而辑之,以旌直臣。'"朱云是一个豪侠耿直之士,成帝的时候,他上书求见,当着公卿的面要求皇帝赐予尚方斩马剑,杀死佞臣安昌侯张禹。皇帝大怒,骂他"罪死不赦",御史把他拉下去,他攀扯殿上的栏杆,把栏杆都拉断了。后来成帝决定留下折断的栏杆,作为

对直臣的表彰和纪念。进贤冠，古时朝见皇帝的一种礼帽，原为儒者所戴，唐时百官皆戴用，《后汉书·舆服志下》："进贤冠，古缁布冠也，文儒者之服也。前高七寸，后高三寸，长八寸。公侯三梁，中二千石以下至博士两梁，自博士以下至小史私学弟子，皆一梁。"《新唐书·车服志》："进贤冠者，文官朝参、三老五更之服也。"平仄上，"诛佞剑"是平仄仄，"进贤冠"是仄平平。语法上，两个词语都是定中结构，其定语"诛佞""进贤"皆为动宾结构。

⑤画栋对雕栏：画栋，有彩绘装饰的栋梁，唐王勃《滕王阁》"画栋朝飞南浦云，珠帘暮卷西山雨"。雕栏，雕花彩饰的栏杆，南唐李煜《虞美人》词"雕阑（栏）玉砌应犹在，只是朱颜改"。平仄上，"画栋"是仄仄，"雕栏"是平平。语法上，两个词语都是定中结构，且其定语"画""雕"都是跟艺术行为有关的动词。

⑥双垂白玉箸，九转紫金丹：玉箸，此指佛家坐化时垂下的鼻涕，明陶宗仪《辍耕录·嗓》载："王（王和卿）忽坐逝，而鼻垂双涕尺余，人皆叹骇。关（关汉卿）来吊唁，询其由，或对云：'此释家所谓坐化也。'复问鼻悬何物，又对云：'此玉箸也。'"九转，指九次提炼，道教认为丹的炼制有一至九转之别，而以九转为贵，晋葛洪《抱朴子·金丹》"九转之丹服之，三日得仙"。紫金丹，古代方士所谓服之可以长生的丹药；紫金，一种珍贵矿物。平仄上，上联是平平仄仄仄，下联是仄仄仄平平。白，《广韵》"傍陌切"，入声。语法上，"双垂"对"九转"，都是状中结构；"白玉箸"对"紫金丹"，为定中结构。

⑦陕右棠高怀召（shào）伯，河南花满忆潘安：上联典出《诗经·召南·甘棠》："蔽芾甘棠，勿翦勿伐，召伯所茇。蔽芾甘棠，勿翦勿败，召伯所憩。蔽芾甘棠，勿翦勿拜，召伯所说。"郑玄笺云："召伯听男女之讼，不重烦劳百姓，止舍小棠之下而听断焉。国人被

其德,说其化,思其人,敬其树。"朱熹《诗集传》云:"召伯循行南国,以布文王之政,或舍甘棠之下。其后人思其德,故爱其树而不忍伤也。"据说召伯曾在棠树下听讼决狱,国人受其恩泽,因为怀念召伯,就对那棵树非常尊敬,作了《甘棠》这首诗来称颂他。召伯,即召公,姬姓,名奭,周代燕国始祖,召(今陕西岐山西南)是其采邑。召公曾辅佐武王灭商,被封于燕。周成王时召公担任太保,与周公旦分陕而治,陕以西由召公治理。古代以东为左,以西为右,则陕以西即陕右。下联说的是潘安的典故。潘安,河南中牟人,西晋时文学家。本名潘岳,因字安仁,故称潘安,此称始于唐杜甫《花底》诗"恐是潘安县,堪留卫玠车"。明代蒋一葵《尧山堂外纪》载"后为河阳令,植桃李满城,人号'河阳一县花'"。古诗文中常以"河阳一县花"或"潘岳县花"作典,如唐郎士元《酬王季友题半日村别业兼呈李明府》"欲待主人林上月,还思潘岳县中花",唐李商隐《县中恼饮席》"若无江氏五色笔,争奈河阳一县花"。平仄上,上联是仄仄平平平仄仄,下联是平平平仄仄平平。伯,《广韵》"博陌切",入声。语法上,"陕右棠高""河南花满"都是主谓结构;"怀召伯""忆潘安"是动宾结构,主语省略。

⑧陌上芳春,弱柳当风披彩线;池中清晓,碧荷承露捧珠盘:陌上,田间路上,《苏东坡全集》卷五《陌上花三首》(并引)曰:"游九仙山,闻里中儿歌《陌上花》。父老云:吴越王妃每岁春必归临安,王以书遗妃曰:'陌上花开,可缓缓归矣。'"陌,《史记·秦本纪》"为田开阡陌,东地渡洛",《索隐》《风俗通》曰:"南北曰阡,东西曰陌。河东以东西为阡,南北为陌。"芳春,春天花木复苏,香气浓郁,故称"芳春",唐陈子昂《送东莱王学士无竞》"孤松宜晚岁,众木爱芳春"。弱柳,柳条柔弱,故称"弱柳",宋杨万里《送彭元忠县丞北归》"三春弱柳三秋月,半溪清水半峰雪"。披彩线,指带着春光的柳线在春风中飘拂摇漾,唐刘兼《贵游》"风飘柳线金

成穗,雨洗梨花玉有香"。披,披拂,吹拂、飘动的意思。彩线,柳条细长下垂如线,所以亦常被称为"柳线"或"柳丝",《张用禧词》"陌头柳线万千条,可能绾得游骢住"。清晓,天刚亮时,宋欧阳修《渔家傲》词之七"人语悄,那堪夜雨催清晓"。承露捧珠盘,汉武帝好求仙访道,他在建章宫筑神明台,立铜仙人舒掌捧铜盘承接甘露,希望得以益寿延年。唐颜师古注《汉书·郊祀志》云:"《三辅故事》云:建章宫承露盘高二十丈,大七围,以铜为之,上有仙人掌承露,和玉屑饮之。"平仄上,上联是仄仄平平,仄仄平平仄仄;下联是平平平仄,仄平平仄仄平平。语法上,"陌上"对"池中",表地点,为方位短语;"芳春"对"清晓",皆为定中短语,表时间。"弱柳当风披彩线"与"碧荷承露捧珠盘"都是主谓结构,其谓语部分"当风"与"承露"相对、"披彩线"与"捧珠盘"相对,皆为动宾结构。

【译文】

胖和瘦相对,窄和宽相对。

黄狗和青鸟相对。

指环和腰带相对,洗钵和垂钓相对。

诛佞剑,进贤冠。

有彩绘装饰的栋梁,有雕花修饰的栏杆。

僧人坐化时流下的两根玉箸般的鼻涕,道家炼制的转数很多的紫金做的仙丹。

陕西人民在高高的甘棠树下怀念召伯,河阳百姓在满城的桃李花中回忆潘安。

春正芳菲,田间路上,柔弱的柳条在轻风中披拂如彩线;清晨时节,池塘之中,碧绿的荷叶如珠盘托着颗颗露珠。

其三

行对卧,听对看①。

鹿洞对鱼滩^②。

蛟腾对豹变,虎踞对龙蟠^③。

风凛凛,雪漫漫^④。

手辣对心酸^⑤。

莺莺对燕燕,小小对端端^⑥。

蓝水远从千涧落,玉山高并两峰寒^⑦。

至圣不凡,嬉戏六龄陈俎豆;老莱大孝,承欢七秩舞斑斓^⑧。

【注释】

①行对卧,听对看:平仄上,"行""听"是平声,"卧""看"是仄声。语法上,四个词语都是动词。

②鹿洞对鱼滩:鹿洞,指白鹿洞,朱熹讲学之处。鱼滩,此指严滩、严陵濑,相传为东汉严光隐居垂钓处,《后汉书·严光传》"除为谏议大夫,不屈,乃耕于富春山,后人名其钓处为严陵濑焉"。平仄上,"鹿洞"是仄仄,"鱼滩"是平平。语法上,都是表地点的名词,定中结构,为了对仗,作者将常用的"严滩"换成"鱼滩",以"鱼"与"鹿"相对。

③蛟腾对豹变,虎踞对龙蟠:蛟腾,形容人才奋发,如蛟龙飞腾。这里用了唐王勃《滕王阁序》里的典故:"腾蛟起凤,孟学士之词宗;紫电青霜,王将军之武库。"豹变,出自《周易·革》"上六,君子豹变,其文蔚也",孔颖达疏"上六居'革'之终,变道已成,君子处之,虽不能同九五革命创制,如虎文之彪炳,然亦润色鸿业,如豹文之蔚缛"。豹变就是说如豹纹那样发生显著的变化,借以形容人的成长变化。"虎踞""龙蟠",语出《太平御览》所引晋张勃《吴录》:"刘备曾使诸葛亮至京,因睹秣陵山阜,乃叹曰:'钟山龙蟠,

石城虎踞,帝王之宅也。'"虎踞,如虎之蹲踞,比喻人物威武或地形险要;龙蟠,亦作"龙盘",如龙之盘卧状,形容雄壮绵延的样子。平仄上,"蛟腾"是平平,"豹变"是仄仄;"虎踞"是仄仄,"龙蟠"是平平。语法上,两组四个词语都是主谓结构。

④风凛凛,雪漫漫:平仄上,"风凛凛"平仄仄,"雪漫漫"是仄平平。漫,《广韵》"莫半切",去声,列于"十五翰";不过在平水韵中"漫"还有平声一读,归入"十四寒",《经籍纂诂》即列此音。故而此取其平声,与"凛凛"相对。语法上,两个词都是主谓结构。

⑤手辣对心酸:手辣,手段毒辣。心酸,心中悲痛。平仄上,"手辣"是仄仄,"心酸"是平平。语法上,两个词语都是主谓结构。

⑥莺莺对燕燕,小小对端端:莺莺、燕燕,指莺和燕,唐杜牧《为人题赠》诗之二"绿树莺莺语,平江燕燕飞"。此处指姬妾,宋苏轼《张子野年八十五尚闻买妾述古令作诗》"诗人老去莺莺在,公子归来燕燕忙",王文诰辑注曰:"李厚曰:'唐贞元中,有张生者,遇崔氏女于蒲,小名莺莺……'任居实曰:'或说张祜妾名燕燕。'"小小,本是很小、很少的意思,此指妓女,宋晁冲之《都下追感往昔因成二首》诗之一"少年使酒走京华,纵步曾游小小家"。《玉台新咏》最早提及苏小小的故事:"《钱唐苏小歌》一首:妾乘油壁车,郎骑青骢马。何处结同心,西陵松柏下。"《乐府广题》有更详细的说明:"苏小小,钱塘名妓也。南齐时人。"故而后来用小小泛指妓女。端端,本是端正的意思,这里用的是名妓李端端的典故。据《太平广记·嘲诮四》引《云溪友议》载:"唐崔涯,吴楚狂士也,与张祜齐名。每题诗于倡肆,无不诵之于衢路。誉之则车马继来,毁之则杯盘失措。……"唐朝诗人崔涯是一个狂士,常在妓馆题诗,好嘲弄人,"又嘲李端端:'黄昏不语不知行,鼻似烟窗耳似铛。独耳象牙梳插鬓,昆仑山上月初生。'端端得诗,忧心如病。"这首诗把端端写成了一个丑八怪,害得她忧心忡忡。

后来,因为端端见了崔涯十分恭敬,崔涯又写诗赞美她。结果她家又门庭若市起来。平仄上,"莺莺"是平平,"燕燕"是仄仄;"小小"是仄仄,"端端"是平平。语法上,两组四个词语都是名词。"莺莺""燕燕"本义指鸟名,引申义都可以指姬妾。"小小"和"端端"本来都是形容性重叠词,这里都是古代妓女之名,皆可相对。

⑦蓝水远从千涧落,玉山高并两峰寒:此联直接取自唐杜甫《九日蓝田崔氏庄》:"老去悲秋强自宽,兴来今日尽君欢。羞将短发还吹帽,笑倩旁人为正冠。蓝水远从千涧落,玉山高并两峰寒。明年此会知谁健?醉把茱萸仔细看。"蓝水,蓝溪,在蓝田山下。玉山,即蓝田山,产玉,《汉书·地理志》载"蓝田,山出美玉,有虎候山祠,秦孝公置也",唐李商隐《锦瑟》有"沧海月明珠有泪,蓝田日暖玉生烟"的句子。平仄上,上联是平仄仄平平仄仄,下联是仄平平仄仄平平。语法上,两句都是主谓结构。主语"蓝水""玉山"都是定中结构,"蓝"本是草名而可指颜色,"玉"本是美石名,亦可形容洁白;状语是"远"对"高"、"从千涧"对"并两峰",说明水来之远、山立之高;谓语中心是"落"和"寒",陈述主语的状态,与"远""高"相应,非常有气势。此联对仗用字考究,对仗工稳。

⑧至圣不凡,嬉戏六龄陈俎豆;老莱大孝,承欢七秩舞斑斓:上联出自《史记·孔子世家》的记载:"孔子为儿嬉戏,常陈俎豆,设礼容。"至圣,指道德智能最高的人,后专指孔子。俎豆,俎和豆,古代祭祀、宴飨时盛食物用的两种礼器,亦泛指各种礼器。下联是有关"老莱衣"的典故,《艺文类聚》引《列女传》云"老莱子孝养二亲,行年七十,婴儿自娱,着五色采衣。尝取浆,上堂跌仆,因卧地为小儿啼,或弄乌鸟于亲侧"。此典又叫"斑衣戏彩",皆指孝顺父母,引逗父母开心。老莱,亦称老莱子,春秋末年楚国隐士,《史记·

老子韩非列传》"或曰：老莱子亦楚人也，著书十五篇，言道家之用，与孔子同时云"。七秩，七十；秩，十年为一秩。平仄上，上联是仄仄仄平，平仄仄平平仄仄；下联是仄平仄仄，平平平仄仄平平。七，《广韵》"亲吉切"，入声。语法上，"至圣不凡""老莱大孝"是主谓结构，"嬉戏六龄陈俎豆""承欢七秩舞斑斓"也是主谓结构，后者解释说明前者。其中"陈俎豆""舞斑斓"充当后一句的谓语中心语，二者在结构上未能严格对仗：因为"俎豆"是并列结构，而"斑斓"是一个联绵词，不可拆分理解，并不是并列结构。

【译文】

行和卧相对，听和看相对。

白鹿洞和严陵滩相对。

蛟龙飞腾和豹纹变化相对，猛虎蹲踞和青龙盘卧相对。

寒风凛凛，大雪漫漫。

手段毒辣和心情酸楚相对。

莺莺和燕燕相对，小小和端端相对。

蓝水远远地由无数溪涧流淌而来，垂落山谷之中；玉山上高高的两座山峰相对而立，峰顶寒气逼人。

至圣孔子不同凡俗，六岁的时候就以陈列祭祀礼器为游戏；孝子老莱善于养亲，七十岁了还穿着斑斓彩衣逗父母开心。

十五　删

【题解】

"删"是"平水韵"中上平声的第十五韵部。

"删"在《广韵》中作"所奸切"，平声，删韵。

《笠翁对韵》中所用到的韵脚字有湾、闲、艰、珊、关、弯、顽、间、悭、蛮、鬟、山、颜、还、斑等15个，《声律启蒙》中用到的有攀、菅、颜、潺、环、删、关、山、悭、鬟、鹇、环、还、斑、奸、顽、蛮、间等18个。其中两书共同用到的韵脚字有关、顽、间、悭、蛮、鬟、山、颜、还、斑等 10 个,《笠翁对韵》用到而《声律启蒙》没用的是湾、闲、艰、珊、弯等 5 个字,后者用到而前者没有用到的是攀、菅、潺、环、删、鹇、环、奸等 8 个字。《笠翁对韵》所用的"珊"属于十四寒。

其一

林对坞,岭对湾①。

昼永对春闲②。

谋深对望重,任大对投艰③。

裾袅袅,佩珊珊④。

守塞对当关⑤。

密云千里合,新月一钩弯⑥。

叔宝君臣皆纵逸,重华父母是嚚顽⑦。

名动帝畿,西蜀三苏来日下;壮游京洛,东吴二陆起云间⑧。

【注释】

①林对坞(wù),岭对湾:坞,指四面高中间低的地方、村落,唐羊士谔《山阁闻笛》"临风玉管吹参差,山坞春深日又迟";也指四面如屏的花木深处,或四面挡风的建筑物,如花坞、竹坞、船坞。岭,指高大的山脉,也指相连的山。湾,河水弯曲的地方。今本"湾"多作"峦",然"峦"属十四寒,当从琅环阁藏本作"湾"为是。平仄上,"林""湾"都是平声,"坞""岭"皆为仄声。语法上,两组四个词语都是名词。

②昼永对春闲:昼永,指白昼漫长,出自宋洪迈《容斋三笔》所引李元亮诗:"元亮亦工诗,如'人闲知昼永,花落见春深'。"人在悠闲时候,又遇白天时间漫长,最难消遣,故而宋李清照《醉花阴》有

"薄雾浓云愁永昼,瑞脑消金兽"。平仄上,"昼永"是仄仄,"春闲"是平平。语法上,二者都是主谓结构。

③谋深对望重,任大对投艰:谋深,古人经常说"深谋远虑",深谋是形容深远周密的谋划,《国语·晋语一》:"谗言益起,狐突杜门不出。君子曰:'善深谋也。'"狐突是晋文公重耳的外祖父,晋国太子申生被谗毁而死,重耳被诬陷而至流亡在外,狐突就闭门不出,君子称赞他擅长深远的谋划。望重,古人常说"德高望重",形容道德高尚,名望很大,宋司马光《辞入对小殿札子》"臣窃惟富弼三世辅臣,德高望重"。任大,担之以重大的责任,《读通鉴论·宣帝》曰"见善若惊,见不善如仇,君子犹谓其量之有涯而不可以任大;况其所谓善者不必善,所谓不善者非不善乎"。投艰,赋予重任,《尚书·大诰》"予造天役,遗大投艰于朕身",孔颖达疏"投掷此艰难之事于我身"。平仄上,"谋深"是平平,"望重"是仄仄;"任大"是仄仄,"投艰"是平平。语法上,"谋深""望重"都是主谓结构;"任大""投艰"都是赋予人以重大的担子,动宾结构。

④裾袅袅,佩珊珊:上联语出《先秦汉魏晋南北朝诗》所载《楚妃吟》:"窗中曙,花早飞。林中明,鸟早归。庭前日,暖中闺,香气亦霏霏。香气飘,当轩清唱调。独顾慕,含怨复含娇。蝶飞兰复熏,袅袅轻风入翠裾。春可游,歌声梁上浮。春游方有乐,沉沉下罗幕。"裾袅袅,轻风吹入裙裾之中,使之随风摇曳摆动,姿态动人。下联化自唐杜甫《郑驸马宅宴洞中》"自是秦楼压郑谷,时闻杂佩声珊珊"。佩珊珊,古人衣带上常配玉器等装饰品,行动时发出珊珊的声音,非常悦耳动听。平仄上,"裾袅袅"是平仄仄,"佩珊珊"是仄平平。语法上,二者都是主谓结构,由叠音词充当谓语,陈述主语的状态或声音。

⑤守塞对当关:守塞,防守边塞,《汉书·晁错传》"然令远方之卒守

塞，一岁而更，不知胡人之能，不如选常居者，家室田作，且以备之"。当关，守关，唐李白《蜀道难》"剑阁峥嵘而崔嵬，一夫当关，万夫莫开"。平仄上，"守塞"是仄仄，"当关"是平平。语法上，两个词语都是动宾结构。

⑥密云千里合，新月一钩弯：上联出自元赵天锡《〔双调〕雁儿落过清江引碧玉箫》："北镇沙陀，千里暮云合。南接黄河，一线衮金波。"新月一钩弯，《训蒙骈句》上卷"十五删"也有"明星千点灿，新月一钩弯"，当化用了唐王周《无题二首》的"帘卷玉楼人寂寂，一钩新月未沉西"。新月，农历每月初出的弯形的月亮，其形如钩，故称"一钩"。平仄上，上联是仄平平仄仄，下联是平仄仄平平。一，《广韵》"於悉切"，入声；合，《广韵》"侯阁切"，入声。语法上，两句皆为主谓结构，谓语"千里合""一钩弯"是状中结构，状语是"千里"对"一钩"。

⑦叔宝君臣皆纵逸，重华父母是嚚（yín）顽：上联说的是陈后主陈叔宝的典故，《南史·陈本纪》载："后主讳叔宝，字元秀，小字黄奴，宣帝嫡长子也。梁承圣二年十一月戊寅，生于江陵。……后主愈骄，不虞外难，荒于酒色，不恤政事。左右嬖佞珥貂者五十人，妇人美貌丽服巧态以从者千余人。常使张贵妃、孔贵人等八人夹坐，江总、孔范等十人预宴，号曰'狎客'。先令八妇人襞采笺，制五言诗，十客一时继和，迟则罚酒。君臣酣饮，从夕达旦，以此为常。而盛修宫室，无时休止。税江税市，征取百端。刑罚酷滥，牢狱常满。"陈后主生活放纵腐朽，贪图安逸，最终导致国家灭亡。下联说的是虞舜的典故，重华就是指舜帝，姚姓，有虞氏，名重华。根据《史记·五帝本纪》的记载："尧曰：'嗟！四岳：朕在位七十载，汝能庸命，践朕位？'岳应曰：'鄙德忝帝位。'尧曰：'悉举贵戚及疏远隐匿者。'众皆言于尧曰：'有矜在民间，曰虞舜。'尧曰：'然，朕闻之。其何如？'岳曰：'盲者子。父顽，母嚚，

弟傲，能和以孝，烝烝治，不至奸。'尧曰：'吾其试哉。'"尧选择贤人来继承自己，众人推荐了舜。舜的父亲顽固，母亲暴虐，弟弟傲慢，但他能够处理好和他们的关系。嚚，暴虐、愚顽，汉贾谊《新书·道术》"亲爱利子谓之慈，反慈为嚚"。平仄上，上联是仄仄平平平仄仄，下联是平平仄仄仄平平。叔，《广韵》"式竹切"，入声。语法上，上下联都是主谓结构："叔宝君臣""重华父母"是主语，都是定中结构；谓语部分"皆纵逸""是嚚顽"是状中结构，这里的"是"有加强判断的意味，相当于"实""诚"。

⑧名动帝畿(jī)，西蜀三苏来日下；壮游京洛，东吴二陆起云间：上联说的是三苏的典故，三苏指苏洵、苏轼、苏辙父子三人，三人皆名列唐宋八大古文家之中，宋王辟之《渑水燕谈录·才识》："嘉祐初，(苏洵)与二子轼、辙至京师……于是，父子名动京师，而苏氏文章擅天下，目其文曰三苏，盖洵为老苏，轼为大苏，辙为小苏也。"帝畿，又叫"京畿"，指京都及其附近地区。西蜀，今四川，古为蜀地，因在西方，故称"西蜀"。日下，本指太阳落下去；这里指京都，古代以帝王比日，因以皇帝所在地为"日下"。下联说的是二陆的典故，二陆指晋陆机、陆云兄弟，吴地人，《晋书·陆云传》："(陆云)少与兄机齐名，虽文章不及机，而持论过之，号曰'二陆。'"此联将"日下""云间"相对，出自《世说新语·排调》："荀鸣鹤、陆士龙二人未相识，俱会张茂先坐。张令共语……陆举手曰：'云间陆士龙。'荀答曰：'日下荀鸣鹤。'"徐震堮校笺："日下，指京都。荀，颍川人，与洛阳相近，故云。"壮游，指怀抱壮志而远游。京洛，洛阳的别称，因东周、东汉均建都于此，故名；也可泛指国都。东吴，指三国时吴国，因其地处江东，故名；也可泛指古吴地。云间，本指天上，古也指松江(今属上海)的古称，陆机、陆云并称"云间二陆"，陆云称"云间陆士龙"。平仄上，上联是平仄仄平，平仄平平平仄仄；下联是仄平平仄，平平仄仄仄

平平。语法上，"名动帝畿"与"壮游京洛"两句都是状中结构，其主语"三苏"与"二陆"蒙下省略，完整的表达是"三苏名动帝畿""二陆壮游京洛"；"西蜀三苏来日下""东吴二陆起云间"是主谓结构。

【译文】

树林和花坞相对，山岭和河湾相对。

白昼漫长和春日闲散相对。

计谋深和声望大相对，委以重任和托付大事相对。

裙裾袅袅摆动，环佩叮当作响。

守边塞和驻边关相对。

浓云千里飘来聚合，新月如钩弯弯斜挂。

陈后主君臣都很放纵淫逸，虞重华父母实在冥顽不灵。

西蜀三苏父子来到京城后，名声震动了整个帝畿；东吴二陆兄弟从松江出发，怀抱壮志在帝都游学。

其二

骄对傲，吝对悭①。

讨逆对平蛮②。

忠肝对义胆，雾鬓对云鬟③。

埋笔冢，烂柯山④。

月貌对天颜⑤。

龙潜终得跃，鸟倦亦知还⑥。

陇树飞来鹦鹉绿，湘筠密处鹧鸪斑⑦。

秋露横江，苏子月明游赤壁；冻云迷岭，韩公雪拥过蓝关⑧。

【注释】

①骄对傲，吝对悭："骄""傲"都是表自大傲慢的态度，"吝""悭"都是表对钱财非常舍不得的观念。平仄上，"骄""悭"是平声，"傲""吝"是仄声。语法上，四个词语都是形容词。

②讨逆对平蛮：讨逆，讨伐叛逆。平蛮，平定野蛮民族；蛮，古代称南方少数民族为"蛮"，也可泛指未开化的民族。平仄上，"讨逆"是仄仄，"平蛮"是平平。语法上，两个词语都是动宾短语。

③忠肝对义胆，雾鬓（bìn）对云鬟（huán）：忠肝、义胆，皆指忠义之心，二者经常并称，宋辛弃疾《水调歌头》"千古忠肝义胆，万里蛮烟瘴雨，往事莫惊猜"。雾鬓，浓密秀美的头发，宋苏轼《洞庭春色赋》"携佳人而往游，勒雾鬓与风鬟"。云鬟，高耸的环形发髻，也可泛指乌黑秀美的头发，唐杜甫《月夜》"香雾云鬟湿，清辉玉臂寒"。可以说，语义上，两组都属于同义或近义词语。平仄上，"忠肝"是平平，"义胆"是仄仄；"雾鬓"是仄仄，"云鬟"是平平。语法上，四个词语都是定中结构。

④埋笔冢（zhǒng），烂柯山："埋笔冢"用了怀素的典故，唐李肇《唐国史补》卷中载："长沙僧怀素好草书，自言得草圣三昧，弃笔堆积，埋于山下，号曰'笔冢'。"书法家怀素喜欢草书，他练字的笔后来埋在山下，就叫"笔冢"。冢，坟墓。烂柯山，南朝梁任昉《述异记》卷上载："信安郡石室山，晋时王质伐木至，见童子数人棋而歌，质因听之。童子以一物与质，如枣核，质含之，不觉饥。俄顷，童子谓曰：'何不去？'质起，视斧柯烂尽，既归，无复时人。"王质去石室山上砍柴，看见几个童子在下棋，他就在旁边听他们唱歌看他们下棋。童子给了他一个枣核一般的东西，含在嘴里，不怕饿。下完棋他再看时，斧头的柄都烂了，回到家里，也不再是当年和他同一个时代的人了。平仄上，"埋笔冢"是平仄仄，"烂柯山"是仄平平。语法上，两个短语都是定中结构。定语是"埋

笔""烂柯",皆为动宾结构。"烂"为使动用法。

⑤月貌对天颜:月貌,形容女子姣美的面容,古人常说"花容月貌"。天颜,一般指天子的容貌或面子,唐杜甫《紫宸殿退朝口号》"昼漏希闻高阁报,天颜有喜近臣知"。平仄上,"月貌"是仄仄,"天颜"是平平。语法上,两个词语都是定中结构。

⑥龙潜终得跃,鸟倦亦知还:龙潜终得跃,语出《周易·乾》:"初九,潜龙勿用。九二,见龙在田,利见大人。九三,君子终日乾乾,夕惕若,厉无咎。九四,或跃在渊,无咎。九五,飞龙在天,利见大人。上九,亢龙有悔。用九,见群龙无首,吉。"意思是人才终于得以有用武之地。鸟倦亦知还,语出晋陶渊明《归去来兮辞》"云无心以出岫,鸟倦飞而知还"。上联表达的是入世的雄心壮志,下联表现的是出世的隐逸情怀。平仄上,"龙潜终得跃"是平平平仄仄,"鸟倦亦知还"是仄仄仄平平。得,《广韵》"多则切",入声。语法上,"龙潜""鸟倦"是主谓结构;"终得跃""亦知还"由状中结构组成,承上省略了主语"龙""鸟"。

⑦陇树飞来鹦鹉绿,湘筠(yún)密处鹧鸪斑:鹦鹉又称"陇鸟""陇禽""陇客",多产于陇西,故称。唐李商隐《五言述德抒情诗一首四十韵献上杜七兄仆射相公》"陇鸟悲丹嘴,湘兰怨紫茎",汉祢衡有《鹦鹉赋》"惟西域之灵鸟兮""挺自然之奇姿""绿衣翠衿"。湘筠,指湘妃竹;筠,竹的青皮,也泛指竹子。鹧鸪,鸟名,胸前有白圆斑点,如珍珠,即鹧鸪斑,或叫"鹧斑";此处鹧鸪斑是比喻湘妃竹上的斑点。平仄上,上联是仄仄平平平仄仄,下联是平平仄仄仄平平。语法上,上下联当都为主谓结构。"飞来"与"密处"不对仗。因为"飞来"是动补短语,由行为动词"飞"和趋向动词"来"组合而成;"密处"是定中短语,表示密集之处。"鹦鹉绿""鹧鸪斑"两个词语在形式上是可以对仗的,不过,"鹦鹉绿"其实是绿鹦鹉的倒装,"绿"并不是中心

语；"鹧鸪斑"是定中结构，"斑"是中心语。故而，从语法上看，此联问题甚多。

⑧秋露横江，苏子月明游赤壁；冻云迷岭，韩公雪拥过蓝关：上联典出宋苏轼《前赤壁赋》："壬戌之秋，七月既望，苏子与客泛舟游于赤壁之下。清风徐来，水波不兴。举酒属客，诵明月之诗，歌窈窕之章。少焉，月出于东山之上，徘徊于斗牛之间。白露横江，水光接天。纵一苇之所如，凌万顷之茫然。"苏子，指苏轼，古人用"子"表示对男子的美称。下联典出唐韩愈《左迁至蓝关示侄孙湘》："一封朝奏九重天，夕贬潮州路八千。欲为圣明除弊事，肯将衰朽惜残年！云横秦岭家何在？雪拥蓝关马不前。知汝远来应有意，好收吾骨瘴江边。"韩公，指韩愈，古人也用"公"表示尊称；韩愈谥号"文"，人称"韩文公"。雪拥，指大雪围绕、围裹。蓝关，即蓝田关；蓝田，在陕西渭河平原南缘、秦岭北麓、渭河支流灞河上游。这两句都是描述被贬文人的遭遇与心境。平仄上，上联是平仄平平，平仄仄平平仄仄；下联是仄平平仄，平平仄仄仄平平。拥，《广韵》"於陇切"，上声。语法上，"秋露横江"与"冻云迷岭"，是整句的环境描写，为主谓结构。"苏子月明游赤壁"与"韩公雪拥过蓝关"都是主谓结构，"月明""雪拥"两个主谓结构充当状语。此联巧用典故，语义、语法、平仄对仗皆比较工稳。

【译文】

骄和傲相对，吝和悭相对。

讨伐逆贼和平定蛮夷相对。

忠肝和义胆相对，浓密的秀发和高耸的发髻相对。

埋下用过的毛笔的土堆，烂掉斧头木柄的石室山。

美丽的容貌和天子的容颜相对。

龙潜伏在水底终有一天会腾飞，鸟飞倦了也知道怎样返回鸟巢。

　　陇山树上飞来绿色的鹦鹉,竹林深处有许多鹧鸪之斑。

　　秋露横于江面,苏轼月夜中驾着船游玩于赤壁之下;冻云低垂山岭,韩愈被贬时骑着马被大雪困在蓝关。

下卷

一 先

【题解】

"先"是"平水韵"中下平声的第一韵部。

"先"在《广韵》中作"苏前切",平声,先韵。

《笠翁对韵》中所用到的韵脚字有年、千、烟、娟、笺、蝉、怜、天、坚、钱、仙、莲、田、眠、钿、传、然、弦、绵、边、先、前、川、鞭、筵、权、泉、鹃等 28 个,《声律启蒙》用到的韵脚字有天、川、田、弦、钱、莲、圆、烟、先、妍、渊、编、肩、眠、船、乾、年、毡、泉、娟、仙等 21 个。两书有 13 个韵脚字相同:年、烟、娟、天、钱、仙、莲、田、眠、弦、先、川、泉。其中《笠翁对韵》用到而《声律启蒙》没有用的韵脚字有千、笺、蝉、怜、坚、钿、传、然、绵、边、前、鞭、筵、权、鹃等 15 个,《声律启蒙》用到而《笠翁对韵》没用到的有圆、妍、渊、编、肩、船、乾、毡等 8 个。

其一

寒对暑,日对年①。

蹴踘对秋千②。

丹山对碧水，淡雨对轻烟③。

歌宛转，貌婵娟④。

雪赋对云笺⑤。

荒芦栖宿雁，疏柳噪秋蝉⑥。

洗耳尚逢高士笑，折腰肯受小儿怜⑦。

郭泰泛舟，折角半垂梅子雨；山涛（简）骑马，接䍦倒着杏花天⑧。

【注释】

①寒对暑，日对年：平仄上，"寒""年"读平声，"暑""日"读仄声。语法上，"寒""暑"是一对反义的形容词，"日""年"都是时间名词。

②蹴鞠（cù jū）对秋千：蹴鞠即蹴鞠，我国古代的一种球类运动，《后汉书·梁冀传》"性嗜酒，能挽满、弹棋、格五、六博、蹴鞠、意钱之戏"，李贤注引汉刘向《别录》"蹴鞠者，传言黄帝所作，或曰起战国之时。蹴鞠，兵势也，所以讲武以知材也"。蹴，踏、踢的意思；鞠，古代一种实心皮球，里面填充柔软之物。秋千，传统体育游戏，两绳下拴横板，上悬于木架，人坐或站在板上，两手分握两绳，前后往返摆动。相传春秋时齐桓公自北方山戎传入，一说本为汉武帝时宫中之戏，作千秋，为祝寿之辞，后倒读为秋千。平仄上，"蹴鞠"是仄仄，"秋千"是平平。鞠，《广韵》"居六切"，入声。语法上，两者皆可作名词。

③丹山对碧水，淡雨对轻烟：丹山，南方当日之地，南朝梁江淹《水上神女赋》"非丹山之赫曦，闻琴瑟之空音"。碧水，绿水，南朝梁简文帝《采莲曲》"桂楫兰桡浮碧水，江花玉面两相似"。淡雨，形容小雨，时有时无，疏疏落落，如《赌棋山庄词话续编·王效成轩霞词》"明烟淡雨，尽描出，可怜情绪"。轻烟，轻淡的烟雾，南朝

梁元帝《咏雾》"乍若轻烟散,时如佳气新"。雨淡、烟轻是两种类似的景象,经常并提,如宋晁元礼《蝶恋花》"激滟长波迎鹢首。雨淡烟轻,过了清明候"。平仄上,"丹山""轻烟"是平平,"碧水""淡雨"是仄仄。语法上,四个词语都是定中结构。

④歌宛转,貌婵娟:宛转,形容声音抑扬动听,明刘易《吴姬年十五》"当筵歌宛转,闲坐弄参差";亦作"婉转"。婵娟,形容姿态、容貌之美好,元张昱《学仙曲》"二八女人貌婵娟,杏花阴里竞秋千"。平仄上,"歌宛转"是平仄仄,"貌婵娟"仄平平。语法上,上下联都是主谓结构。

⑤雪赋对云笺:《雪赋》是南朝宋文学家谢惠连所作的一篇赋。云笺,有云状花纹的纸,宋周邦彦《蕙兰芳引》"更花管云笺,犹写寄情旧曲";笺,精美的小幅纸张,供题诗、写信等用;也是文体名,书札、奏记一类。"云笺"的"笺"本是纸张名,此借"笺"之文体意义,则可与表文体的"赋"相对。平仄上,"雪赋"是仄仄,"云笺"是平平。语法上,"雪赋"是文章之名,"云笺"是纸张之名,名词相对。二者都是定中结构。

⑥荒芦栖宿雁,疏柳噪秋蝉:荒芦,荒芜衰残的芦苇丛,《小三吾亭词话·周星诒勉熹词》有"声声慢云:'荒芦残雪,衰草平烟,萧条水驿停船。回首斜阳,乱鸦秃柳家山。败戍更筹数遍,拥青绫、兀是无眠。难消受,是霜严梦瘦,月冷人单。底事频番载酒,寄相思、都在断雁江天。如梦浮生,能消几度阳关。听风阻潮滋味,叹飘零、尝到今年。归未得,湿江湖、秋泪满衫。'"宿雁,归巢栖息的大雁,常栖息于芦苇之中,如唐骆宾王《晚泊江镇》"夜乌喧粉堞,宿雁下芦洲"。"宿雁"今本多作"南雁",琅环阁藏本作"宿雁"。在古代诗歌中,"宿雁"大量出现于芦苇丛中,南雁则多与思乡、归飞这一类的意境相合,故而本书从琅环阁藏本取"宿雁"。疏柳,入秋以后,柳叶开始凋零,显得枝叶稀稀拉拉,故称

"疏柳"。噪,虫鸟喧叫,南朝梁王籍《入若耶溪》"蝉噪林逾静,鸟鸣山更幽";"噪"或作"叫",亦可。秋蝉,秋天一般蝉不鸣,此当指寒蝉,又称"寒螿""寒蜩",较一般蝉为小,青赤色,其叫声低微,通常表达悲戚之情,用于离别的感伤。宋柳永《雨霖铃》有"寒蝉凄切,对长亭晚"。平仄上,上联是平平平仄仄,下联是平仄仄平平。语法上,"荒芦""疏柳"皆为定中结构,表示事件发生的处所;"栖宿雁""噪秋蝉"是动宾结构,"栖""噪"是后面的宿雁、秋蝉发出的动作。

⑦洗耳尚逢高士笑,折腰肯受小儿怜:上联是许由的典故。晋皇甫谧《高士传·许由》载:"许由,字武仲,阳城槐里人也。为人据义履方,邪席不坐,邪膳不食。"许由是一个隐士,为人品格高尚,尧想将天下让给他,他不肯,"遁耕于中岳颍水之阳,箕山之下,终身无经天下色"。"尧又召为九州长,由不欲闻之,洗耳于颍水滨。时其友巢父牵犊欲饮之,见由洗耳,问其故。对曰:'尧欲召我为九州长,恶闻其声,是故洗耳。'巢父曰:'子若处高岸深谷,人道不通,谁能见子。子故浮游,欲闻求其名誉,污吾犊口。'牵犊上流饮之。"许由不想做九州长,嫌尧的命令污秽了自己的耳朵,就在颍水之滨清洗自己的耳朵,他的朋友巢父正牵着牛饮水,就嘲笑他洗耳的水污秽了自己的牛的嘴巴,赶紧牵着自己的牛去上游饮水。高士,志行高洁之士,此指巢父。下联是陶渊明的典故。《晋书·陶潜传》:"陶潜,字元亮,大司马侃之曾孙也。祖茂,武昌太守。潜少怀高尚,博学善属文,颖脱不羁,任真自得,为乡邻之所贵。……以亲老家贫,起为州祭酒,不堪吏职,少日自解归。州召主簿,不就,躬耕自资,遂抱羸疾。复为镇军、建威参军,谓亲朋曰:'聊欲弦歌,以为三径之资可乎?'执事者闻之,以为彭泽令。在县,公田悉令种秫谷,曰:'令吾常醉于酒足矣。'妻子固请种粳,乃使一顷五十亩种秫,五十亩种粳。素简

贵，不私事上官。郡遣督邮至县，吏白应束带见之，潜叹曰：'吾不能为五斗米折腰，拳拳事乡里小人邪！'义熙二年，解印去县，乃赋《归去来》。"陶渊明品格高洁，不愿意巴结权贵，曾言"不能为五斗米折腰"，辞官而去。折腰，是弯腰弓背的意思，形容谄媚恭敬之态。语义上，两句有流水对的意味，"尚""肯"在这里起到了语义上的连接作用，临水洗耳尚且遭到高士的嘲笑，又岂能弯腰受小人之怜？后一句实际上不是"肯"，而是"不肯"，是反问句。平仄上，上联是仄仄仄平平仄仄，下联是仄平仄仄仄平平。折，《广韵》"旨热切"，入声。语法上，两句对仗还是比较工整的。"洗耳""折腰"都是动宾结构；"逢高士笑""受小儿怜"这里是动宾短语，即"逢高士之笑""受小儿之怜"的意思。

⑧郭泰泛舟，折角半垂梅子雨；山涛（简）骑马，接䍦(lí)倒着杏花天：上联是郭太的典故，郭太即郭泰，字林宗。《后汉书·郭太传》"身长八尺，容貌魁伟，褒衣博带，周游郡国。尝于陈梁间行遇雨，巾一角垫，时人乃故折巾一角，以为'林宗巾'。"折角，就是指林宗巾，宋张耒《赠赵簿景平》之一"定知鲁国衣冠异，尽戴林宗折角巾"。梅子雨，指梅雨，指初夏产生在江淮流域持续较长的阴雨天气，因时值梅子黄熟，故亦称黄梅天，宋贺铸《青玉案》"一川烟草，满城风絮，梅子黄时雨"。山涛，字巨源，竹林七贤之一，或作"山简"，各家版本作"山涛"者居多。从典故上说，当为山简，出自《世说新语·任诞》"山季伦为荆州，时出酣畅。人为之歌曰：'山公时一醉，径造高阳池，日莫倒载归，酩酊无所知。复能乘骏马，倒着白接䍦，举手问葛强，何如并州儿？'高阳池在襄阳。强是其爱将，并州人也"，说的是山季伦的故事，季伦就是山简的字。从格律上说，"简"《广韵》"古限切"，上声，这就与上半句第二个字平仄相同，失对。䍦，古代的一种头巾，或作"篱笆"之"篱"，误。杏花天，杏花开放时节，指春天，《全元散曲·

水仙子过折桂令·行乐》"来寻陌上花钿,正是那玉楼人醉杏花天"。平仄上,上联是仄仄仄平,仄仄仄平平仄仄;下联是平平(仄)平仄,平平仄仄仄平平。郭,《广韵》"古博切",入声;折,《广韵》"旨热切",入声;接,《广韵》"即叶切",入声。着,古作"著",其"穿戴"义《广韵》读"张略切",入声。语法上,"郭泰泛舟"对"山涛(简)骑马"是主谓结构;"折角半垂梅子雨"对"接䍦倒着杏花天"也是主谓结构,其主语"折角""接䍦"是用两个动宾结构指称头巾之名。此联在结构上有倒置的手法,若用现代正常的语序表达,即是"梅子雨中,郭泰泛舟,折角半垂;杏花天里,山涛(简)骑马,接䍦倒着",当然,这样改动之后不但平仄不对,而且诗味也寡淡了。倒置的手法在古代的诗文中是很常见的。

【译文】

寒和暑相对,天和年相对。

蹴鞠和秋千相对。

丹山和绿水相对,淡雨和轻烟相对。

歌声宛转,姿容美好。

咏赞雪的赋和有云纹的笺相对。

荒芜的芦苇丛中栖息着过夜的大雁,稀疏的柳树枝上有寒蝉衰弱的残鸣。

许由临水洗耳尚且遭遇高士巢父的嘲笑,陶潜又怎肯折腰谄媚接受小人的垂怜呢?

梅子雨中,郭泰泛舟游玩,雨将他的头巾折了角;杏花天里,山简骑马醉酒,白接䍦头巾都戴倒了。

其二

轻对重,脆对坚①。

碧玉对青钱②。

郊寒对岛瘦,酒圣对诗仙③。

依玉树,步金莲④。

凿井对耕田⑤。

杜甫清宵立,边韶白昼眠⑥。

豪饮客吞杯底月,酣游人醉水中天⑦。

斗草青郊,几行宝马嘶金勒;看花紫陌,十里香车拥翠钿⑧。

【注释】

①轻对重,脆对坚:平仄上,"轻""坚"都是平声,"重""脆"是仄声。语法上,"轻""重"是表重量大小的一对反义形容词,"脆""坚"是表硬度大小的一对反义形容词,皆可相对。

②碧玉对青钱:碧玉,本是矿物名;也是人名,南朝宋汝南王妾、唐乔知之妾皆名碧玉;后用来借指年轻貌美的婢妾或小家女,唐白居易《南园试小乐》"红萼紫房皆手植,苍头碧玉尽家生"。青钱,即青铜钱,唐杜甫《北邻》"青钱买野竹,白帻岸江皋";也用来比喻优秀人才,唐陈陶《赠江南从事张侍郎》"姻联紫府萧窗贵,职称青钱绣服豪"。语义上,二者皆可用来表示物品,一是玉石,一是青铜;也皆可指人,碧玉指年轻的小家女,青钱比喻优秀的人才。平仄上,"碧玉"是仄仄,"青钱"是平平。语法上,二者都是名词,都是定中结构。

③郊寒对岛瘦,酒圣对诗仙:"郊寒岛瘦"源自宋苏轼《祭柳子玉文》"元轻白俗,郊寒岛瘦。嘹然一吟,众作卑陋"。"郊"是指孟郊,"岛"是指贾岛,二者都是唐代诗人;"寒"指清寒,"瘦"指瘦硬,是说二人的诗歌风格清峭瘦硬,好作苦语,如贾岛以苦吟著称,有

"两句三年得,一吟双泪流"的感慨。酒圣,指杜康,传说他是酿酒始祖,《尚书·酒诰》"惟天降命肇,我民惟元祀",孔颖达疏引《世本》"杜康造酒"。诗仙,指诗才飘逸如神仙的诗人,唐白居易《待漏入阁书事奉赠元九学士阁老》"诗仙归洞里,酒病滞人间"。"诗仙"也常用来特指唐代诗人李白,《唐才子传》载:"白字太白,山东人。母梦长庚星而诞,因以命之。十岁通五经,自梦笔头生花,后天才赡逸。喜纵横,击剑为任侠。轻财好施。……天宝初,自蜀至长安,道未振,以所业投贺知章,读至《蜀道难》,叹曰:'子谪仙人也。'乃解金龟换酒,终日相乐。……白益傲放,与贺知章、李适之、汝阳王琎、崔宗之、苏晋、张旭、焦遂为'饮酒八仙人'。……白晚节好黄、老,度牛渚矶,乘酒捉月,沉水中。"李白的行事做派、诗歌风格以及其人生的结局,都给人一种仙风道骨的感觉,故人们称之为"诗仙"。平仄上,"郊寒"是平平,"岛瘦"是仄仄;"酒圣"是仄仄,"诗仙"是平平。语法上,"郊寒""岛瘦"都是主谓结构,谓语用"寒""瘦"两个形容词陈述二人的性情和诗歌风格;"酒圣""诗仙"都是定中结构。

④依玉树,步金莲:"依玉树"的典故出自南朝宋刘义庆《世说新语·容止》,"魏明帝使后弟毛曾与夏侯玄共坐,时人谓'蒹葭倚玉树'"。蒹葭是芦苇一类的植物,比喻地位卑贱、资质平庸之人。玉树,本是神话传说中的仙树,此处比喻资质好、才华高的人,比如《世说新语·言语》:"谢太傅问诸子侄:'子弟亦何预人事,而正欲使其佳?'诸人莫有言者。车骑答曰:'譬如芝兰玉树,欲使其生于阶庭耳。'"《世说新语·容止》里常用"玉"比喻人容止之美,如"裴令公有俊容仪,脱冠冕,粗服乱头皆好,时人以为'玉人'""见裴叔则,如玉山上行,光映照人""王大将军称太尉'处众人中,似珠玉在瓦石间'"等等。可见,此处的"依玉树"是与才华姿容出众的人相比的意思。步金莲,《南史·齐纪下·废

帝东昏侯》载：“于是大起诸殿，芳乐、芳德、仙华、大兴、含德、清曜、安寿等殿，又别为潘妃起神仙、永寿、玉寿三殿，皆匝饰以金璧。……又凿金为莲华以帖地，令潘妃行其上，曰：‘此步步生莲华也。’涂壁皆以麝香，锦幔珠帘，穷极绮丽。”记录了东昏侯奢侈淫逸的生活。他命人将黄金凿成莲花的形状，让潘妃行走于莲花之上，号称是“步步生莲花”。后人因此以金莲来形容美人的步态之美，唐李商隐《南朝》“谁言琼树朝朝见，不及金莲步步来”。平仄上，“依玉树”是平仄仄，“步金莲”是仄平平。语法上，上下联都是动宾结构，动词带处所宾语。

⑤凿井对耕田：出自《论衡》：“尧时五十之民，击壤于涂。观者曰：‘大哉，尧之德也！’击壤者曰：‘吾日出而作，日入而息，凿井而饮，耕田而食。尧何等力？’”平仄上，“凿井”是仄仄，“耕田”是平平。凿，《广韵》“在各切”，入声。语法上，两个词语都是动宾结构。

⑥杜甫清宵立，边韶白昼眠：上联出自唐杜甫《恨别》：“思家步月清宵立，忆弟看云白日眠。”清宵，清静的夜晚。下联典出《后汉书·边韶传》：“边韶，字孝先，陈留浚仪人也。以文章知名，教授数百人。韶口辩，曾昼日假卧，弟子私嘲之曰：‘边孝先，腹便便。懒读书，但欲眠。’韶潜闻之，应时对曰：‘边为姓，孝为字。腹便便，《五经》笥。但欲眠，思经事。寐与周公通梦，静与孔子同意。师而可嘲，出何典记？’嘲者大惭。韶之才捷皆此类也。”边韶口才敏捷，曾在大白天睡觉，弟子私底下嘲笑他肚子大，懒读书，贪睡眠。结果边韶反唇相讥，说自己肚子大，里面是满腹经纶；爱睡觉，那是梦里和周公、孔子会面呢。平仄上，上联是仄仄平平仄，下联是平平仄仄平。白，《广韵》“傍陌切”，入声。语法上，两句都是主谓结构，“清宵”“白昼”两个定中结构充当时间状语。

⑦豪饮客吞杯底月，酣游人醉水中天：“杯底月”出自宋苏轼《月夜

与客饮酒杏花下》"山城薄酒不堪饮,劝君且吸杯中月",宋杨万里《月下传觞》则有更详细生动的描绘:"老夫渴急月更急,酒落杯中月先入。领取青天并入来,和月和天都蘸湿。天既爱酒自古传,月不解饮真浪言。举杯将月一口吞,举头见月犹在天。老夫大笑问客道:月是一团还两团?酒入诗肠风火发,月入诗肠冰雪泼。一杯未尽诗已成,诵诗向天天亦惊。焉知万古一骸骨,酌酒更吞一团月。""酒落杯中月先入""举杯将月一口吞"正是"吞杯底月"的意思。"酣游人醉水中天"的典故出自唐杜甫《饮中八仙歌》"知章骑马似乘船,眼花落井水底眠"。"水中天"化自唐代诗人贾岛的联诗,《诗人玉屑》卷一五载:"高丽使过海,有诗云:'水鸟浮还没,山云断复连。'贾岛诈为梢人,联下句云:'棹穿波底月,船压水中天。'丽使嘉叹久之,自此不复言诗。"据说贾岛有一次假装自己是船夫,和高丽使者联句,有"棹穿波底月,船压水中天"的佳句,颇得使者的叹赏。平仄上,上联是平仄仄平平仄仄,下联是平平平仄仄平平。琅环阁藏本"豪饮"作"夜饮","酣游"作"春游",皆可。语法上,两句都是主谓结构。主语"豪饮客""酣游人"是定中结构;谓语动词是"吞""醉"相对;宾语"杯底月""水中天"是定中结构。

⑧斗草青郊,几行宝马嘶金勒;看花紫陌,十里香车拥翠钿(tián):斗草,就是斗百草,一种古代游戏,竞采花草,比赛多寡优劣,南朝梁宗懔《荆楚岁时记》载:"五月五日,四民并踏百草,今人又有斗百草之戏。"唐白居易《观儿戏》诗:"弄尘复斗草,尽日乐嬉嬉。"青郊,指春天的郊野。金勒,金饰的带嚼口的马络头;也可指骑马的人,如《白雪遗音·马头调·饯别》"张生上马,车儿东去,马儿西行,金勒望小姐,莺莺望张生,凄凄凉凉心酸痛"。此处当指后者。紫陌,指京师郊野的道路,唐刘禹锡《元和十年自朗州承召至京戏赠看花诸君子》诗"紫陌红尘拂面来,无人不道

看花回"。"十里"或作"千里",唐薛逢《开元后乐》有"邠王玉笛三更咽,虢国金车十里香",从典故和事理逻辑来看,"十里"更恰当一些。香车,"宝马""香车"常相对仗,香车是用香木做的车,泛指华美的车或轿。翠钿,是用翠玉制成的首饰,也指佩戴翠钿首饰的佳人。平仄上,上联是仄仄平平,仄平仄仄平平仄;下联是仄平仄仄,仄仄平平仄仄平。十,《广韵》"是执切",入声。钿,今读 tián、diàn 二音;按照王力《古汉语字典》,古亦有平、去二读,平声读"徒年切",意为形状如花朵的首饰,用金银宝石等镶成,去声读"堂练切",意思是"用金银珠宝贝壳等镶嵌的器物"。"翠钿"之"钿"当读平声。语法上,"斗草青郊"对"看花紫陌",是动补结构,蒙下省去了指人的主语;"草""花"是宾语,"青郊""紫陌"充当补语。"几行宝马嘶金勒"与"十里香车拥翠钿"相对,都是主谓结构。

【译文】

轻和重相对,脆和坚相对。

碧玉和青钱相对。

孟郊清寒的诗风和贾岛瘦硬的诗风相对,酒圣杜康和诗仙李白相对。

倚着玉树临风的人物,踏着雕金莲花的地板。

开凿井水和耕种田地相对。

杜甫在清宵独立,边韶在白天高卧。

月亮将影子投入酒杯中,豪饮的酒客毫不犹豫吞下杯底之月;湖水倒映着蓝蓝的天空,迷醉的游人不知不觉跌进水中之天。

贵族男子们在春天的郊外斗草游戏,他们的坐骑宝马对着他们萧萧嘶鸣;戴着翠钿的佳人在京城的郊野赏花,排了十里远的香车把她们围在中间。

其三

吟对咏,授对传①。

乐矣对凄然②。

凤鹏对雪雁,董杏对周莲③。

春九十,岁三千④。

钟鼓对管弦⑤。

入山逢宰相,无事即神仙⑥。

霞染武陵桃淡淡,烟荒隋苑柳绵绵⑦。

七碗月团,啜罢清风生腋下;三杯云液,饮余红雨晕腮边⑧。

【注释】

①吟对咏,授对传:吟、咏同义,都是诵读或者创作诗歌的意思。授、传也同义,把知识、技艺等教给他人。平仄上,"吟""传"读平声,"咏""授"读仄声。语法上,四个词语都是动词。

②乐矣对凄然:乐矣,出自《左传·昭公元年》"不忧何成,二子乐矣"。矣,语气词,相当于今天的"了"。凄然,悲伤的样子,《庄子·渔父》"客凄然变容"。平仄上,"乐矣"是仄仄,"凄然"是平平。语法上,二者都是表情绪、心理活动的动词带一个虚字组合而成。

③凤鹏对雪雁,董杏对周莲:凤鹏,典出《庄子·逍遥游》:"北冥有鱼,其名为鲲。鲲之大,不知其几千里也。化而为鸟,其名为鹏。鹏之背,不知其几千里也。怒而飞,其翼若垂天之云。是鸟也,海运则将徙于南冥。南冥者,天池也。《齐谐》者,志怪者也。《谐》之言曰:'鹏之徙于南冥也,水击三千里,抟扶摇而上者九万

里,去以六月息者也。'"庄子笔下的大鹏,背都有几千里大,它要飞起来,必须依靠海上大风的力量,环绕着旋风冲上九万里之高。宋李清照《渔家傲》有"九万里风鹏正举。风休住,蓬舟吹取三山去"的句子,亦化用此典,后以"风鹏"比喻得势时有作为的人。雪雁,羽毛洁白,故名。董杏,指三国吴董奉的典故,据晋葛洪《神仙传》载:"董奉者,字君异,侯官县人也。昔吴先主时,有年少作本县长,见君异年三十余,不知有道也。罢去五十余年,复为他职。行经侯官,诸故吏人皆往见故长。君异亦往,颜色如昔。"董奉有长生不老之术,有人年少的时候见过他,过五十年再见,发现他容颜如旧。董奉医术高明,能起死回生。"又君异居山间为人治病,不取钱物,使人重病愈者,使栽杏五株,轻者一株。如此数年,计得十万余株,郁然成林……"他给人治病,不收取钱财,只让人栽种五棵杏树。后因以"杏林"代指良医,并以"杏林春满""誉满杏林"等称颂医术高明。周莲,指的是宋周敦颐的典故。周敦颐,北宋哲学家。他曾撰写《爱莲说》:"水陆草木之花,可爱者甚蕃。晋陶渊明独爱菊。自李唐来,世人甚爱牡丹。予独爱莲之出淤泥而不染,濯清涟而不妖,中通外直,不蔓不枝,香远益清,亭亭净植,可远观而不可亵玩焉。"故此称"周莲"。平仄上,"风鹏"是平平,"雪雁"是仄仄;"董杏"是仄仄,"周莲"是平平。语法上,四个词都是定中结构。

④春九十,岁三千:春九十,是指春天有三个月,共九十天,明张适《雨窗独酌》有"一春九十浑风雨,百里桑麻苦战争"。岁三千,典故出自《汉武故事》:"东郡送一短人,长五寸,衣冠具足。上疑其精,召东方朔至。朔呼短人曰:'巨灵,阿母还来否?'短人不对。因指谓上:'王母种桃,三千年一结子。此儿不良,已三过偷之,失王母意,故被谪来此。'上大惊,始知朔非世中人也。短人谓上曰:'王母使人来告陛下,求道之法,惟有清净,不宜躁扰。'言终

弗见,上愈恨,召朔问其道。朔曰:'陛下自当知。'上以其神人,不敢逼也。"故事中说王母所种之桃,三千年才结一次果实,而东方朔已经偷过三次,故而被贬谪到人间。清梁章钜《楹联丛话》中所搜集的广济寺牌坊上的对联与此类似:"算永东华,若木光腾春九十;祥开南极,蟠桃花放岁三千。"平仄上,"春九十"是平仄仄,"岁三千"是仄平平。十,《广韵》"是执切",入声。语法上,两个词语都是主谓结构,谓语皆由数词充当。

⑤钟鼓对管弦:钟鼓,钟和鼓,古代礼乐器,亦借指音乐。《诗经·周南·关雎》有"参差荇菜,左右采之。窈窕淑女,琴瑟友之。参差荇菜,左右芼之。窈窕淑女,钟鼓乐之"。管弦,管乐器与弦乐器,亦泛指乐器。《淮南子·原道训》有"夫建钟鼓,列管弦","钟鼓""管弦"相对。平仄上,"钟鼓"是平仄,"管弦"是仄平。语法上,二者都是并列结构。

⑥入山逢宰相,无事即神仙:上联典出《南史·陶弘景传》的记载,"陶弘景,字通明,丹阳秣陵人也","至十岁,得葛洪《神仙传》,昼夜研寻,便有养生之志"。"永明十年,脱朝服挂神武门,上表辞禄。诏许之,赐以束帛,敕所在月给伏苓五斤,白蜜二升,以供服饵","于是止于句容之句曲山……乃中山立馆,自号华阳陶隐居",遍历名山,寻访仙药。"武帝既早与之游,及即位后,恩礼愈笃,书问不绝,冠盖相望","帝使造年历,至己巳岁而加朱点,实太清三年也。帝手敕招之,锡以鹿皮巾。后屡加礼聘,并不出","国家每有吉凶征讨大事,无不前以咨询。月中常有数信,时人谓为山中宰相"。南朝梁时陶弘景,好求仙访道,弃官归隐之后,梁武帝仍屡次礼聘,国家有大事也找他一一咨询,故而当时人称他为"山中宰相"。下联出自宋王炎的《临江仙》"拂衣归去好,无事即神仙"。"无事即神仙",这是隐逸之士常持的一种观念。平仄上,上联是仄平平仄仄,下联是平仄仄平平。即,《广韵》"子力

切"，入声。语法上，两句皆是连谓结构，表示连续发生的动作行为，由两个结构组成，"入山"对"无事"，"逢宰相"对"即神仙"。上下联在整体结构上基本对仗，但在词语细节上，反而不似普通的对联那么工整，如位移动词"入"和存现动词"无"相对，事物名词"山"和表泛义的"事"相对，行为动词"逢"和副词"即"相对，都算不上工整。这种情况在《笠翁对韵》里是很少出现的。

⑦霞染武陵桃淡淡，烟荒隋苑柳绵绵：上联典出晋陶渊明《桃花源记》："晋太元中，武陵人捕鱼为业。缘溪行，忘路之远近。忽逢桃花林，夹岸数百步，中无杂树，芳草鲜美，落英缤纷。"后来人们用"世外桃源"来指不受外界影响或理想中的美好社会。霞染，或作"霞映"，语义、格律和语法上，皆通。隋苑，隋炀帝时所建之园，又名西苑。唐薛逢《送卢缄归扬州》有"关河日暮望空极，杨柳渡头人独归。隋苑荒台风袅袅，灞陵残雨梦依依"。绵绵，形容柔软无力的样子。平仄上，上联是平仄仄平平仄仄，下联是平平平仄仄平平。语法上，"霞染武陵"对"烟荒隋苑"，"桃淡淡"对"柳绵绵"，都是主谓结构。"染"与"荒"相对，"荒"用如使动，霞光把武陵染成红色，烟雾使得隋苑荒凉；"霞""烟"本是无生事物，作者用"染""荒"两个词语使得它们仿佛有了生命。

⑧七碗月团，啜（chuò）罢清风生腋下；三杯云液，饮余红雨晕（yùn）腮边：上联用的是唐卢仝的典故，其《走笔谢孟谏议寄新茶》诗为："日高丈五睡正浓，军将打门惊周公。口云谏议送书信，白绢斜封三道印。开缄宛见谏议面，手阅月团三百片。闻道新年入山里，蛰虫惊动春风起。天子须尝阳羡茶，百草不敢先开花。仁风暗结珠琲瓃，先春抽出黄金芽。摘鲜焙芳旋封裹，至精至好且不奢。至尊之余合王公，何事便到山人家。柴门反关无俗客，纱帽笼头自煎吃。碧云引风吹不断，白花浮光凝碗面。一碗喉吻润，两碗破孤闷。三碗搜枯肠，唯有文字五

千卷。四碗发轻汗，平生不平事，尽向毛孔散。五碗肌骨清，六碗通仙灵。七碗吃不得也，唯觉两腋习习清风生。"其中"一碗喉吻润，两碗破孤闷"至"七碗吃不得也，唯觉两腋习习清风生"这部分内容被称为"七碗茶歌"。月团，团茶的一种。啜，饮的意思。人们常用"清风生腋下""两腋生风"形容饮了好茶之后飘飘欲仙、非常舒爽的状态。三杯云液，元仇远《饮陆静复山房分韵得时字》"三杯云液花前酌，一曲琼箫竹下吹"。云液，本指雨水、露水，亦指泉水；也是古代扬州名酒，唐白居易《对酒闲吟赠同老者》"云液洒六腑，阳和生四肢"。红雨，指落在红花上的雨，唐孟郊《同年春燕》"红雨花上滴，绿烟柳际垂"；女子脸上有胭脂，泪落亦如红雨，从而比喻女子落泪，如宋周邦彦《虞美人》有"灯前欲去仍留恋，肠断朱扉远。未须红雨洗香腮，待得蔷薇花谢、便归来"。此联中的"红雨"当指酒后肤色变红的样子。晕，因饮酒或害羞脸上泛起淡红色，宋李居仁《水龙吟·白莲》"酒晕全消，粉痕微渍，色明香莹"；晕腮边，指喝了酒之后，腮上脸色变红的样子，出自宋苏轼《定风波》有"两两轻红半晕腮"。平仄上，上联是仄仄仄平，仄仄平平平仄仄；下联是平平平仄，仄平平仄仄平平。七，《广韵》"亲吉切"，入声。语法上，前半句"七碗月团""三杯云液"相对，都是定中结构；后半句"啜罢清风生腋下""饮余红雨晕腮边"相对，都是状中结构，"啜罢""饮余"表时间，"清风生腋下""红雨晕腮边"都是主谓结构。后半句是陈述饮完"七碗月团""三杯云液"之后的感受。

【译文】

吟和咏相对，授和传相对。

快乐和哀凄相对。

凭风的大鹏与雪白的大雁相对，董君异的杏林和周敦颐的莲花相对。

春天三月共有九十日,仙桃结果一次三千年。

钟鼓和管弦相对。

山中能遇陶宰相,逍遥自在似神仙。

晚霞映照着桃花源,桃花淡淡;烟雾缭绕于隋苑内,柳枝绵绵。

喝下七碗月团茶,两腋凉风习习;饮罢三杯云液酒,腮边红晕朵朵。

其四

中对外,后对先①。

树下对花前②。

玉树对金屋,叠嶂对平川③。

孙子策,祖生鞭④。

盛席对华筵⑤。

醉解知茶力,愁消识酒权⑥。

彩剪芰荷开冻沼,锦妆凫雁泛温泉⑦。

帝女衔石,海中遗魄为精卫;蜀王叫月,枝上游魂化杜鹃⑧。

【注释】

①中对外,后对先:"中"是里面,"外"是外面,是一对反义词。"后"
"先"表后面、前面,也是一对方位相对的词语。平仄上,"中"
"先"是平声,"外""后"是仄声。语法上,都是方位名词。

②树下对花前:平仄上,"树下"是仄仄,"花前"是平平。语法上,两
个词语都是方位短语。

③玉树对金屋,叠嶂对平川:玉树,用珍宝制作的树,《汉武故事》
"上(汉武帝)于是于宫外起神明殿九间……前庭植玉树。植玉
树之法,葺珊瑚为枝,以碧玉为叶,花子或青或赤,悉以珠玉为
之"。汉武帝所种的玉树,是用珊瑚为枝、碧玉为叶,还用各种颜

色的珠玉做成果实或花朵，非常珍贵。金屋，汉武帝有金屋藏娇的典故，也出自《汉武故事》："帝以乙酉年七月七日生于猗兰殿。年四岁，立为胶东王。数岁，长公主嫖抱置膝上，问曰：'儿欲得妇不？'胶东王曰：'欲得妇。'长主指左右长御百余人，皆云不用。末指其女问曰：'阿娇好不？'于是乃笑对曰：'好！若得阿娇作妇，当作金屋贮之也。'"汉武帝刘彻四岁的时候，他的姑姑刘嫖问他："你想娶媳妇吗？"他说"想"，并且说："如果让阿娇做媳妇，我要做一个金屋给她。"叠嶂，重叠的山峰，南朝梁武帝《直石头诗》"夕池出濠渚，朝云生叠嶂"，今常说"重峦叠嶂"；嶂，耸立如屏障的山峰。平川，广阔平坦之地，今人常说"一马平川"。平仄上，"玉树"是仄仄，"金屋"是平仄；"叠嶂"是仄仄，"平川"是平平。屋，《广韵》"乌谷切"，入声；叠，《广韵》"徒协切"，入声。故而"玉树""金屋"第二个字平仄相同，失对。语法上，"玉树""金屋""叠嶂""平川"都是名词相对，都是定中结构。

④孙子策，祖生鞭：孙子，一般指春秋时的军事家孙武，他用兵如神，著有《孙子兵法》一书。根据《史记·孙子吴起列传》记载，"孙子武者，齐人也。以兵法见于吴王阖庐。阖庐曰：'子之十三篇，吾尽观之矣，可以小试勒兵乎？'对曰：'可。'阖庐曰：'可试以妇人乎？'曰：'可。'于是许之。"孙武带上自己的兵书去见吴王阖庐，用宫中美女试演兵法，得到了赏识，"于是阖庐知孙子能用兵，卒以为将。西破强楚，入郢，北威齐晋，显名诸侯，孙子与有力焉"。孙武死后，一百多年，又有孙膑，也是一个军事家，著有《孙膑兵法》，孙膑亦可称孙子。策，本义是驱赶骡马役畜的鞭棒，后也指书简、计策等。此指后一个意义，但这里借前一个意义与下联"鞭"构成对仗，此为借对。祖生鞭，也叫"祖逖鞭"，出自《世说新语·赏誉下》"刘琨称祖车骑为朗诣"，刘孝标注引晋虞预《晋书》曰："刘琨与亲旧书曰：'吾枕戈待旦，志枭逆虏，常恐

祖生(指祖逖)先吾着鞭耳。'"后因以"祖生鞭"为勉人努力进取的典故,唐李白《赠宣城宇文太守兼呈崔侍御》"多逢剿绝儿,先着祖生鞭"。平仄上,"孙子策"是平仄仄,"祖生鞭"是仄平平。语法上,两个词语都是定中结构。

⑤盛席对华筵:盛席,就是盛宴、盛筵,古代"筵""席"同义,都是指宴席的意思。华筵,丰盛的筵席,唐杜甫《刘九法曹郑瑕丘石门宴集》诗"能吏逢联璧,华筵直一金"。平仄上,"盛席"是仄仄,"华筵"是平平。席,《广韵》"祥易切",入声。语法上,二者都是定中结构。

⑥醉解知茶力,愁消识酒权:茶可以醒酒,唐朱庆馀《秋宵宴别卢侍御》"绿茗香醒酒,寒灯静照人",故而上联说"醉解知茶力"。愁消识酒权,当化用自唐郑谷《中年》"情多最恨花无语,愁破方知酒有权"。古人常用酒来消愁解忧,如三国魏曹操《短歌行》"何以解忧? 唯有杜康",唐李白《宣州谢朓楼饯别校书叔云》"抽刀断水水更流,举杯消愁愁更愁"。酒权,称酒的秤,唐元稹《酬窦校书二十韵》"尘土抛书卷,枪筹弄酒权",此当指酒的威力、效用。平仄上,上联是仄仄平平仄,下联是平平仄仄平。识,《广韵》"赏职切",入声。语法上,"醉解"与"愁消"是主谓结构相对,一"解"一"消"皆表示完成,这里有表示时间的意味,酒醉醒了之后,烦愁消除之后;"知茶力""识酒权"是动宾结构,主语指人,省去,这在诗文中很常见。此联对仗很工整。

⑦彩剪芰(jì)荷开冻沼,锦妆凫(fú)雁泛温泉:上联说的是隋炀帝的典故。明诸圣邻等著《秦王逸史》言曰:"大业十二年,隋炀帝荒淫失政,亲信谗邪,疏弃忠直,大兴宫室,取天下名花异卉,奇兽珍禽,充满苑囿。至秋冬,以五色绫锦,剪成花叶,缀于枝条,常如阳春之艳丽。沼内亦剪彩为菱荷。每遇月明之夕,从宫女数千骑,游玩西苑,作清夜之曲,于马上奏之。自长安至江都,置离

宫四十余所,造龙舟往来游幸。酣歌宴乐,殆无虚日。胡会诗云:千里长河一旦开,亡隋波浪九天来。"隋炀帝非常荒淫,大兴土木,到处搜罗奇花异草,充斥于宫廷苑囿之中。他在秋冬万物凋零的时候,用锦绣绫罗做成花叶,缀在枝头上,看起来像阳春三月一般景色绮丽。连池沼内的荷花,也是用彩缎制作而成。芰荷,指菱叶与荷叶。下联典故出自唐郑处诲《明皇杂录》的记载:"玄宗幸华清宫,新广汤池,制作宏丽。安禄山于范阳以白玉石为鱼龙凫雁,仍为石梁及石莲花以献,雕镌巧妙,殆非人工。上大悦,命陈于汤中,又以石梁横亘汤上,而莲花才出于水际。上因幸华清宫,至其所,解衣将入,而鱼龙凫雁皆若奋鳞举翼,状欲飞动。上甚恐,遽命撤去,其莲花至今犹存。"唐玄宗时,安禄山为了讨好皇帝,用白玉石雕琢了鱼龙凫雁等物品进献,唐玄宗命人放在温泉之中,由于那些鱼龙凫雁太过栩栩如生,竟然似乎像要游动或飞舞起来。皇帝感到十分惊恐,赶紧命人撤去了。凫雁,指野鸭与大雁。平仄上,上联是仄仄仄平平仄,下联是仄平平仄仄平平。语法上,上下联都是主谓结构。主语"彩剪芰荷"对"锦妆凫雁",都是定中结构,"彩剪""锦妆"两个状中结构作定语;谓语部分"开冻沼""泛温泉"都是动补短语,"冻沼""温泉"都是定中结构表处所,以两个反义的形容词充当定语。有的版本"冻沼"作"东沼",误。作者在这副对联里巧运匠心,因为"冻沼"和"温泉"中其实本来是不可能出现"芰荷"和"凫雁"的,他借这种反常现象讽刺了隋炀帝和唐玄宗的荒淫。如果改成"东沼",则不但与典不合,而且在用词、格律、格局等方面要逊色很多了。

⑧帝女衔石,海中遗魄为精卫;蜀王叫月,枝上游魂化杜鹃:上联说的是精卫填海的典故,《山海经·北山经》载:"又北二百里曰发鸠之山。其上多柘木。有鸟焉,其状如乌,文首、白喙、赤足,名

曰精卫,其名自詨。是炎帝之少女,名曰女娃。女娃游于东海,
溺而不返,故为精卫。常衔西山之木石,以堙于东海。漳水出
焉,东流注于河。"帝女,精卫是炎帝的女儿,故称。她在东海游
泳的时候淹死了,于是就化为精卫鸟,口衔西山的木石去填东
海。晋陶渊明《读山海经》有"精卫衔微木,将以填沧海"。下联
说的是望帝的典故,《华阳国志·蜀志》载:"后有王曰杜宇,教民
务农,一号杜主。时朱提有梁氏女,利游江源,宇悦之,纳以为
妃。移治郫邑,或治瞿上。七国称王杜宇,称帝号曰望帝,更名
蒲卑。自以功德高诸王,乃以褒斜为前门,熊耳、灵关为后户,玉
垒、峨眉为城郭,江、潜、绵、洛为池泽,以汶山为畜牧,南中为园
苑。会有水灾,其相开明决玉垒山以除水害。帝遂委以政事,法
尧、舜禅授之义,遂禅位于开明,帝升西山隐焉。时适二月,子鹃
鸟鸣,故蜀人悲子鹃鸟鸣也。巴亦化其教而力农务,迄今巴、蜀
民农时先祀杜主君。"杜宇是战国末期人,在蜀称帝,号望帝。他
为蜀地消除水患。禅位退隐之后,蜀人非常思念他。当时是二
月子规(杜鹃)啼鸣之时,人们认为他的魂魄化为子规,故名之为
杜宇。唐李商隐《锦瑟》有"庄生晓梦迷蝴蝶,望帝春心托杜鹃"
之句。平仄上,上联是仄仄平仄,仄平平仄平平仄;下联是仄平
仄仄,平仄平平仄仄平。石,《广韵》"常只切",入声。上下联的
第四字平仄相同,失对。琅环阁藏本"石"作"山",不失对;然不
合逻辑与典故,精卫不当衔山,故本书不从。语法上,"帝女衔
石"对"蜀王叫月",皆是主谓结构;"海中遗魄为精卫"对"枝上游
魂化杜鹃",也是主谓结构,其主语"海中遗魄"对应上文之"帝
女","枝上游魂"对应上文之"蜀王",它们的定语"遗""游"都是
动词,形容魂魄的状态,有游荡无依、徘徊萦绕之态,对得很
巧妙。

【译文】

中和外相对,后和先相对。

树下和花前相对。

玉树和金屋相对,叠嶂和平川相对。

孙子的兵法,祖逖的鞭子。

盛大的宴席和丰盛的酒会相对。

醒酒之后方体会茶的功效,消愁之时始知晓酒的威力。

用彩绸剪的荷花开放在冬天结了冰的池沼之中,用锦缎装扮的水鸟浮游于热气腾腾的温泉之上。

炎帝的女儿溺死在大海里,魂魄化为精卫日日衔着石头去填海;蜀王杜宇禅位后隐居西山,死后变成杜鹃夜夜在枝头对月鸣叫。

二　萧

【题解】

"萧"是"平水韵"中下平声的第二韵部。

"萧"在《广韵》中作"苏彫切",平声,萧韵。

《笠翁对韵》中所用到的韵脚字有瓢、妖、绡、朝、腰、箫、烧、潮、霄、韶、苗、萧、镳、蕉、樵、瑶、桡、遥、桥、消等20个,《声律启蒙》中用到的有骄、遥、谣、雕、消、朝、潇、桥、昭、韶、瑶、腰、瓢、箫、娇、摇、晁、宵、苗、髫、鹨等21字。其中有10个韵脚字是两书共用的:瓢、朝、腰、箫、韶、苗、瑶、遥、桥、消。《笠翁对韵》中用到而《声律启蒙》没有用到的有10字:妖、绡、烧、潮、霄、萧、镳、蕉、樵、桡。《声律启蒙》中用到而《笠翁对韵》没有用到的有11字:骄、谣、雕、潇、昭、娇、摇、晁、宵、髫、鹨。

其一

琴对笛,釜对瓢①。

水怪对花妖②。

秋声对春色，白缣对红绡③。

臣五代，事三朝④。

斗胆对弓腰⑤。

醉客歌金缕，佳人吹紫箫⑥。

风定落花闲不扫，霜余残叶湿难烧⑦。

千载兴周，尚父一竿投渭水；百年霸越，钱王万弩射江潮⑧。

【注释】

①琴对笛，釜（fǔ）对瓢：釜，古炊器，古有"瓦釜雷鸣""破釜沉舟"等成语。平仄上，"琴""瓢"是平声，"笛""釜"是仄声。笛，《广韵》"徒历切"，入声。语法上，"琴""笛"是乐器名词，"釜""瓢"都是厨房用具名词。

②水怪对花妖：水怪，水中的怪物，晋木华《海赋》"其垠则有天琛水怪，鲛人之室"。花妖，花的精怪。平仄上，"水怪"是仄仄，"花妖"是平平。语法上，两个词语都是定中结构。

③秋声对春色，白缣（jiān）对红绡（xiāo）：秋声，指秋天自然界的声音，如风声、落叶声、虫鸟声等。宋欧阳修有《秋声赋》，文章的第一段以诸多比喻描写了秋声的澎湃激越："欧阳子方夜读书，闻有声自西南来者，悚然而听之，曰：'异哉！'初淅沥以萧飒，忽奔腾而砰湃，如波涛夜惊，风雨骤至。其触于物也，鏦鏦铮铮，金铁皆鸣；又如赴敌之兵，衔枚疾走，不闻号令，但闻人马之行声。余谓童子：'此何声也？汝出视之。'童子曰：'星月皎洁，明河在天，四无人声，声在树间。'"春色，春天的景色，宋叶绍翁《游园不值》"春色满园关不住，一枝红杏出墙来"。白缣，白色的细绢，明王

叔承《仲昭约明岁游天台雁荡先以逍遥衣见赠作张公善权二洞歌酬之》"苕川小范同我袍,白缣裁寄湖州雪";缣,双丝织的浅黄色细绢。红绡,红色薄绸,唐白居易《琵琶行》"五陵年少争缠头,一曲红绡不知数";绡,薄的生丝织品,轻纱。平仄上,"秋声"是平平,"春色"是平仄;"白缣"是仄平,"红绡"是平平。白,《广韵》"傍陌切",入声。"白缣""红绡"第二字平仄相同,失对。语法上,四个词语都是定中结构。

④臣五代,事三朝:臣五代,说的是五代时冯道的典故,他历仕后唐、后晋、后汉、后周四朝,其间还向辽太宗称臣,始终担任将相、三公、三师之位。后人对他这种行为颇有非议,《明实录·太祖实录》第五部分道:"盖臣之事君,犹女之适人,一与之醮,终身不改。事君之道,一食其禄,终身无二。昔冯道历仕五代,司马光曰:'不正之女,中士羞以为室;不正之士,中君羞以为臣。'"事三朝,"朝"这里指的是一代帝王的统治时期。历史上事三朝的人很多,比如《旧唐书》"故左仆射、齐国公魏元忠,代冶人望,时称国良。历事三朝,俱展诚效",《宋史》"以公亮逮事三朝,既加优礼,仍给见任支赐"等等。平仄上,"臣五代"是平仄仄,"事三朝"是仄平平。语法上,两个都是动宾结构。"臣""事"在这里都是名词作动词用法:"臣五代"就是做五代之臣,"事三朝"就是给三朝做事。

⑤斗胆对弓腰:斗胆,形容胆子如斗一样大。《三国志·蜀书·姜维传》"维妻子皆伏诛",裴松之注引晋郭颁《魏晋世语》"维死时见剖,胆如斗大"。弓腰,谓向后弯腰及地如弓形,唐段成式《酉阳杂俎·诺皋记上》:"元和初,有一士人,失姓字,因醉卧厅中。及醒,见古屏上妇人等,悉于床前踏歌。歌曰:'长安女儿踏春阳,无处春阳不断肠。舞袖弓腰浑忘却,蛾眉空带九秋霜。'其中双鬟者问曰:'如何是弓腰?'歌者笑曰:'汝不见我作弓腰乎!'乃反首,髻及地,腰势如规焉。"这里的弓腰类似今之所谓"下腰",上身尽

力向后弯曲,手着地,形体如拉满之弓。平仄上,"斗胆"是仄仄,"弓腰"平平。语法上,两个都是工具名词和身体部位名词组合起来的词语,细节构成上是可以对仗的。但从整体结构上来看的话,前者是定中结构,后者是动宾结构;前者是名词,后者是动词,并不对仗。

⑥醉客歌金缕,佳人吹紫箫:醉客,指喝醉酒的人或好饮酒的人。金缕,本指金缕衣,此指曲调《金缕曲》《金缕衣》,唐罗隐《金陵思古》"绮筵《金缕》无消息,一阵征帆过海门"。紫箫,出自唐罗隐《金陵思古》"高洞紫箫吹梦想,小窗残雨湿精魂"。今本多作"品玉箫",亦可。平仄上,上联是仄仄平平仄,下联是平平平仄平。语法上,两句都是主谓结构。

⑦风定落花闲不扫,霜余残叶湿难烧:有很多诗文中出现"落花闲不扫",比如唐温庭筠《春晓曲(一作齐梁体)》有"笼中娇鸟暖犹睡,帘外落花闲不扫",宋邵棠《怀隐居》"花落东风闲不扫,莺啼晓日醉犹眠"等。霜余残叶湿难烧,人们有时候会用秋天的落叶烧火煮酒,比如唐白居易《送王十八归山寄题仙游寺》"林间暖酒烧红叶,石上题诗扫绿苔",元马致远《双调·夜行船》"带霜烹紫蟹,煮酒烧红叶"。平仄上,上联是平仄仄平平仄仄,下联是平平平仄仄平平。湿,《广韵》"失入切",入声。语法上,"风定""霜余"表时间,风住之后,霜降之余,作状语。"落花闲不扫""残叶湿难烧"都是主谓结构,谓语部分"闲不扫""湿难烧"都是状中结构:状语"闲"指向人,人闲而偏不扫落花;"湿"则指向叶,叶因湿而难以燃烧。

⑧千载兴周,尚父(fǔ)一竿投渭水;百年霸越,钱王万弩(nǔ)射江潮:上联说的是姜太公的典故,《史记·齐太公世家》:"太公望吕尚者,东海上人。其先祖尝为四岳,佐禹平水土甚有功。虞夏之际封于吕,或封于申,姓姜氏。夏商之时,申、吕或封枝庶子孙,

或为庶人，尚其后苗裔也。本姓姜氏，从其封姓，故曰吕尚。吕尚盖尝穷困，年老矣，以渔钓奸周西伯。西伯将出猎，卜之，曰'所获非龙非彲，非虎非罴；所获霸王之辅'。于是周西伯猎，果遇太公于渭之阳，与语大说，曰：'自吾先君太公曰"当有圣人适周，周以兴"。子真是邪？吾太公望子久矣。'故号之曰'太公望'，载与俱归，立为师。"姜太公就是尚父，他垂钓之时遇到周文王，后来帮助武王打败商纣，分封齐国，辅佐周代兴盛。千载，周从建立到灭亡差不多八百年历史，可以说近千载。下联说的是吴越王钱镠的典故，据《吴越备史》卷二载："初定其基，而江涛昼夜冲激，沙岸板筑不能就。王命强弩五百，以射涛头，又亲筑胥山祠，仍为诗一章，函钥置于海门。其略曰：'为报龙神并水府，钱塘借取筑钱城。'既而潮头遂趋西陵。王乃命运巨石，盛以竹笼，植巨材捍之，城基始定。其重濠累堑，通衢广陌，亦由是而成焉。"传说钱镠在修建捍海塘时，用强弩射击江涛，定下地基；又命令五百强弩，猛射潮头，使得潮头朝向西陵。又命人运来巨石，用竹笼装着，又竖起巨大的木材来稳固它，终于建成城基。宋苏轼《八月十五日看潮五绝》其五曰"安得夫差水犀手，三千强弩射潮低"，自注说"吴越王尝以弓弩射潮头，与海神战，自尔水不进城"，即用此典。百年，吴越王国由钱镠在公元907年所建，至公元978年钱弘俶"纳土归宋"，取其约数，故曰"百年"。弩，用机械发箭的弓。平仄上，上联是平仄平平，仄仄仄平平仄仄；下联是仄平仄仄，平平仄仄仄平平。一，《广韵》"於悉切"，入声。语法上，"千载兴周"对"百年霸越"，都是状中结构；"尚父一竿投渭水""钱王万弩射江潮"相对，都是主谓结构，其谓语部分"一竿投渭水""万弩射江潮"是状中结构。

【译文】

琴和笛相对，锅和瓢相对。

水怪和花妖相对。

秋声和春色相对,白色的细绢和红色的薄绸相对。

做过五代的臣子,侍奉三朝的天子。

胆大如斗,下腰如弓。

醉酒的客人唱着《金缕曲》,美丽的女子演奏动人的箫声。

风吹花落,人虽闲暇而偏不扫落花;霜过叶残,叶子因潮湿而难以燃烧。

周朝兴盛千年,皆因姜太公在渭水垂钓的时候得到文王的重用;吴越称霸百年,与钱镠建捍海塘时用强弩射击江潮的威势有关。

其二

荣对悴,夕对朝①。

露地对云霄②。

商彝对周鼎,殷濩对虞韶③。

樊素口,小蛮腰④。

六诏对三苗⑤。

朝天车奕奕,出塞马萧萧⑥。

公子幽兰重泛舸,王孙芳草正联镳⑦。

潘岳高怀,曾向秋天吟蟋蟀;王维清兴,尝于雪夜画芭蕉⑧。

【注释】

①荣对悴,夕对朝:荣,草木开花,引申为兴盛;悴,枯萎、憔悴,与"荣"相对,唐韩愈《长安交游者赠孟郊》"何能辨荣悴,且欲分贤愚"。"夕""朝"是傍晚和早晨的意思,意义也相对。平仄上,"荣""朝"都是平声,"悴""夕"都是仄声。夕,《广韵》"祥易切",

入声。语法上，"荣""悴"是一对反义形容词，"夕""朝"是具有相对义的时间名词。

②露地对云霄：露地，是佛教语，喻三界（欲界、色界、无色界）的烦恼俱尽，处于没有覆蔽的地方，《百喻经》"舍弃而走，到于露地，乃至日暮，亦不肯来"。云霄，天际、高空，也比喻地位高，晋陆云《晋故豫章内史夏府君诔》"明明皇储，叡哲时招。奋厥河浒，矫足云霄"。平仄上，"露地"是仄仄，"云霄"是平平。语法上，两个词语都是表地点的名词。结构上，二者都是表天空气象方面的名词。"露""云"与表示空间位置的"地""霄"相组合，形式上是工整的；然其结构关系实有所不同，"露地"是定中结构，"云霄"是并列结构。

③商彝对周鼎，殷濩（huò）对虞韶：商彝、周鼎，《诗镜总论》曰"商彝周鼎，洵可珍也"。彝，指盛酒的尊，引申泛指宗庙常用的礼器；鼎，古代炊器，亦多用为宗庙的礼器。商、周，都是朝代名。殷，也是指商代；濩，指汤之乐舞。古代的舞有很多种，相传有所谓"六代乐舞"，即黄帝时的《云门》《大卷》，唐尧时的《大咸》，虞舜时的《大磬》，夏禹时的《大夏》，商汤时的《大濩》，周文王、周武王时的《大武》。虞，朝代名，帝舜有天下之号；韶，指《韶》乐，舜时候的音乐，《尚书·益稷》"《箫韶》九成，凤皇来仪"，孔传"《韶》，舜乐名"。孔子对《韶》乐的评价很高，《论语·八佾》曰："子谓《韶》：'尽美矣，又尽善也。'"《论语·述而》又曰："子在齐闻《韶》，三月不知肉味。曰：'不图为乐之至于斯也！'"平仄上，"商彝"是平平，"周鼎"是平仄；"殷濩"是平仄，"虞韶"是平平。语法上，四个词语都是定中结构。

④樊素口，小蛮腰：樊素，唐白居易家的歌妓，白居易《不能忘情吟》序云："妓有樊素者，年二十余，绰绰有歌舞态，善唱《杨枝》，人多以曲名名之，由是名闻洛下。"小蛮，唐白居易家的舞妓名。明郎

瑛《七修类稿·诗文类》载:"后白居易有爱妓樊素善歌,小蛮善舞,故尝为诗曰:'樱桃樊素口,杨柳小蛮腰。'"平仄上,"樊素口"是平仄仄,"小蛮腰"是仄平平。语法上,二者都是定中结构。

⑤六诏对三苗:六诏,唐代位于今云南及四川西南的乌蛮六个部落的总称;诏,为王或首领,其帅有六,因号"六诏"。三苗,古国名,《尚书·舜典》"窜三苗于三危",孔传"三苗,国名,缙云氏之后,为诸侯,号饕餮"。平仄上,"六诏"是仄仄,"三苗"是平平。语法上,两个词语都是名词,定中结构。

⑥朝天车奕奕,出塞马萧萧:上联当化自唐苏颋《敬和崔尚书大明朝堂雨后望终南山见示之作》"奕奕轻车至,清晨朝未央"。奕奕,形容众多的样子,如唐陈子昂《三月三日宴王明府山亭》"奕奕车骑,粲粲都人"。萧萧,象声词,可以形容各种声音,包括马叫声、风雨声、流水声、草木摇落声、乐器声等等;此处形容马鸣声,最早出自《诗经·小雅·车攻》"萧萧马鸣,悠悠旆旌"。马鸣萧萧,是边塞常见的景象,唐刘禹锡《边风行》"边马萧萧鸣,边风满碛生"。平仄上,"朝天车奕奕"是平平平仄仄,"出塞马萧萧"是仄仄仄平平。出,《广韵》"赤律切",入声。语法上,两句都是主谓结构:主语是"朝天车""出塞马",都是定中结构,"朝天""出塞"是动宾结构充当定语;谓语部分"奕奕""萧萧"都是形容性的重叠语。

⑦公子幽兰重泛舸(gě),王孙芳草正联镖(biāo):上联的典故出自战国屈原《湘夫人》"沅有芷兮澧有兰,思公子兮未敢言"。公子,先秦本指诸侯之子,后泛指贵族子弟。幽兰,兰花,《楚辞·离骚》"户服艾以盈要兮,谓幽兰其不可佩";常由君子佩戴,用以形容品格高洁,晋陶渊明《饮酒·幽兰生前庭》"幽兰生前庭,含薰待清风"。舸,大船,《方言》第九"南楚、江、湘,凡船大者谓之舸"。下联的典故出自《楚辞·招隐士》:"王孙游兮不归,春草生

兮萋萋。"王孙,周王之孙,后泛指贵族子弟,唐王维《山居秋暝》有"随意春芳歇,王孙自可留",唐白居易《赋得古原草送别》中有"又送王孙去,萋萋满别情"。联镳,犹联鞭,唐权德舆《酬崔千牛四郎早秋见寄》"联镳长安道,接武承明宫",指一起骑马出行。平仄上,上联是平仄平平平仄仄,下联是平平平仄仄平平。语法上,上下联都是主谓结构。

⑧潘岳高怀,曾向秋天吟蟋蟀;王维清兴,尝于雪夜画芭蕉:潘岳,字安仁,西晋文学家,他的《秋兴赋》有"熠耀粲于阶闼兮,蟋蟀鸣乎轩屏"的句子。王维,字摩诘,唐朝著名诗人、画家,他画有《袁安卧雪图》。《梦溪笔谈·书画》载:"如彦远《画评》,言王维画物多不问四时,如画花往往以桃、杏、芙蓉、莲花同画一景。予家所藏摩诘画《袁安卧雪图》有雪中芭蕉,此乃得心应手,意到便成,故造理入神,迥得天意,此难可与俗人论也。"王维绘画不考虑季节的问题,他在一幅《袁安卧雪图》里画出了雪中芭蕉之景。实际上芭蕉是不耐寒的植物,按理说是不大可能在下雪的时候看到的。此联曰"尝于雪夜画芭蕉",和典故原意有所不同。平仄上,上联是平仄平平,平仄平平平仄仄;下联是平平平仄,平平仄仄仄平平。蟋,《广韵》"息七切",入声。语法上,"潘岳高怀""王维清兴"相对,都是定中结构;"曾向秋天吟蟋蟀""尝于雪夜画芭蕉"相对,都是状中结构,状语"曾"对"尝"都是副词、"向秋天"对"于雪夜"都是介宾结构,谓语中心"吟蟋蟀""画芭蕉"都是动宾结构。

【译文】

兴盛和枯萎相对,黄昏和清晨相对。

露地和云霄相对。

商朝的舞和周代的鼎相对,殷朝的濩乐和虞舜的韶乐相对。

樊素优美的歌喉,小蛮善舞的腰肢。

六诏和三苗相对。

朝见天子的车马络绎不绝,出塞将士的战马萧萧嘶鸣。

佩戴着幽兰,公子泛舟游玩兴致高;茂盛春草中,王孙并辔同游情谊长。

潘岳情怀高远,曾在秋日写赋咏蟋蟀;王维志趣清雅,曾在雪夜作画绘芭蕉。

其三

耕对读,牧对樵①。

琥珀对琼瑶②。

兔毫对鸿爪,桂棹对兰桡③。

鱼贯柳,鹿藏蕉④。

水远对山遥⑤。

湘灵能鼓瑟,嬴女解吹箫⑥。

雪点寒梅横小院,风吹弱柳覆平桥⑦。

月牖通宵,绛蜡罢时光不减;风帘当昼,雕盘停后篆难消⑧。

【注释】

①耕对读,牧对樵:渔、樵、耕、读是农耕社会中国常见的四种行业,可以指打鱼、砍柴、耕种、读书四种行为,也指渔夫、樵夫、农夫与书生四种人。牧,放牧、饲养的意思,也指牧人、牧民。平仄上,"耕""樵"是平声,"读""牧"是仄声。读,《广韵》"徒谷切",入声。语法上,两组词语既可以视为动词,也可以都视为名词。

②琥珀对琼瑶:琥珀,古代松柏树脂的化石,色淡黄、褐或红褐,晋张华《博物志》卷四"《神仙传》云'松柏脂入地千年化为茯苓,茯苓化为琥珀',琥珀一名江珠"。琼、瑶,都是美玉之名。平仄上,

"琥珀"是仄仄,"琼瑶"是平平。语法上,"琥珀""琼瑶"都是名词。从其内部结构上看,"琥珀"是联绵词,"琼瑶"是并列结构,严格来说不完全对仗。

③兔毫对鸿爪,桂棹(zhào)对兰桡(ráo):兔毫,兔毛,《初学记》卷二一引晋王羲之《笔经》:"汉时诸郡献兔毫,出鸿都,惟有赵国毫中用。时人咸言兔毫无优劣,管手有巧拙。"鸿爪,大雁的爪子,宋苏轼《和子由渑池怀旧》有"人生到处知何似,应似飞鸿踏雪泥。泥上偶然留指爪,鸿飞那复计东西",后用"鸿爪"比喻往事留下的痕迹。桂棹,桂木制的划船工具,《楚辞·九歌·湘君》"桂棹兮兰枻,斫冰兮积雪",宋苏轼《前赤壁赋》:"于是饮酒乐甚,扣舷而歌之。歌曰:'桂棹兮兰桨,击空明兮溯流光。渺渺兮予怀,望美人兮天一方。'"棹,船桨。兰桡,小舟的美称,唐太宗《帝京篇》之六"飞盖去芳园,兰桡游翠渚";桡,船桨。"桂棹""兰桡"经常并提,《乐府诗集·清商曲辞七·采莲曲》"桂棹兰桡下长浦,罗裙玉腕摇轻橹"。有的版本作"桂楫","楫"也指划船工具,平仄和语义上亦可通。平仄上,"兔毫"是仄平,"鸿爪"是平仄;"桂棹"是仄仄,"兰桡"是平平。语法上,"兔毫""鸿爪"与"桂棹""兰桡"都是定中短语。

④鱼贯柳,鹿藏蕉:鱼贯柳,古人打到鱼以后用柳枝穿过鱼鳃拎住,故称"鱼贯柳"。古诗中常有此语,如宋王之道《立春日雪和赵端质韵》"撷来野蕨和萱草,分得江鱼贯柳枝",宋李虞卿诗句亦有"上岭浑如鱼贯柳,下山恰似雁排空"。此句今本多作"鱼潜藻",然与下联"鹿藏蕉"第二字平仄失对,故本书不取。鹿藏蕉,出自《列子·周穆王》"郑人有薪于野者,遇骇鹿,御而击之,毙之。恐人见之也,遽而藏诸隍中,覆之以蕉,不胜其喜。俄而遗其所藏之处,遂以为梦焉"。郑国有个人在野外砍柴,杀死了一只鹿,怕别人看见,就急忙把它藏起来,用蕉覆盖在上面,后来却忘了藏

哪里了,还以为刚才做了一个梦。平仄上,"鱼贯柳"是平仄仄,"鹿藏蕉"是仄平平。语法上,上下联都是主谓结构:"鱼""鹿"两个动物名词作主语;谓语部分"贯柳""藏蕉"都是动补结构,鱼贯以柳枝,鹿藏于蕉下。

⑤水远对山遥:"山长"与"水远"经常相对,形容路远且坎坷。"山遥"与"山长"类似。平仄上,"水远"是仄仄,"山遥"是平平。语法上,两个词语都是主谓结构。

⑥湘灵能鼓瑟,嬴女解吹箫:上联出自战国时楚国诗人屈原《楚辞·远游》中的"使湘灵鼓瑟兮,令海若舞冯夷",唐李贤注"湘灵,舜妃,溺于湘水,为湘夫人"。湘灵指的是舜的两位夫人娥皇、女英,在舜帝死后自沉于湘江,故又称湘夫人、湘妃。下联出自《列女传·萧史》:"萧史者,秦穆公时人也。善吹箫,能致孔雀白鹤于庭。穆公有女字弄玉,好之,公遂以女妻焉。日教弄玉作凤鸣,居数年,吹似凤声,凤凰来止其屋。公为作凤台,夫妇止其上,不下数年。一日,皆随凤凰飞去。故秦人为作凤女祠于雍宫中,时有箫声而已。"秦穆公的女儿弄玉喜欢上了善于吹箫的萧史,也跟着一起学。后来二人随凤凰飞走。嬴女,就是指弄玉,秦国公室为嬴姓,所以称"嬴女"。能、解,在这里表示善于、擅长、在某方面比较能的意思。平仄上,上联是平平平仄仄,下联是平仄仄平平。语法上,上下联都是主谓结构。

⑦雪点寒梅横小院,风吹弱柳覆平桥:此联出自唐温庭筠《和道溪君别业》中的"风飘弱柳平桥晚,雪点梅花小院春"。古诗中"雪""梅"经常相提并论,宋卢梅坡《雪梅》其一有"梅雪争春未肯降,骚人阁笔费评章。梅须逊雪三分白,雪却输梅一段香"。"柳"与"桥"也是经常一起出现的意象,如唐温庭筠《春洲曲》"门外平桥连柳堤,归来晚树黄莺啼"。弱柳,柳条柔弱,故有此称。平桥,即咸阳桥,亦名西渭桥,唐温庭筠《走马楼三更曲》"马过平桥通

画堂，虎幡龙戟风悠扬"，曾益注"《一统志》：西渭桥在旧长安西，亦曰平桥，唐时名咸阳桥"。平仄上，上联是仄仄平平平仄仄，下联是平平仄仄仄平平。语法上，"雪点寒梅"对"风吹弱柳"，都是主谓结构；"横小院"对"覆平桥"，皆为动宾结构，宾语表处所，表"横（过）""覆（盖）"的对象。有意思的是，第一个结构的宾语和第二个结构的主语是共用的；分开来说，即是"雪点寒梅，寒梅横小院""风吹弱柳，弱柳覆平桥"。《笠翁对韵》中有不少这样的对联，有一种环环相扣的美感。

⑧月牖(yǒu)通宵，绛蜡罢时光不减；风帘当昼，雕盘停后篆难消：上联可能出自宋蔡伸《生查子》"霜寒月满窗，夜永人无寐。绛蜡有余情，偏照鸳鸯被"，描绘了因为月光满窗，故而绛蜡虽然烧残，仍然光照满屋的情形。月牖，透出月光的窗户；牖，窗户，《尚书·顾命》"牖间南向，敷重篾席"，孔颖达疏"牖，谓窗也"。绛蜡，红色的蜡烛，宋苏轼《次韵代留别》"绛蜡烧残玉斝飞，离歌唱彻万行啼"。下联典出宋李清照《满庭芳》"篆香烧尽，日影下帘钩"。风帘，指遮蔽门窗的帘子，南朝齐谢朓《和王主簿季哲怨情》"花丛乱数蝶，风帘入双燕"。雕盘，指盘香；篆，盘香为线条之形，篆书线条宛转，故而盘香又叫"篆"。平仄上，上联是仄仄平平，仄仄仄平平仄仄；下联是平平平仄，平平平仄仄平平。语法上，上下联皆有两个结构。"月牖通宵"对"风帘当昼"，都是主谓结构。"绛蜡罢时光不减"对"雕盘停后篆难消"，都是状中结构；其状语是"绛蜡罢时""雕盘停后"，表时间；"光不减""篆难消"是主谓结构，为中心语。上下联的两个结构之间都是因果关系：因牖有月而光不减，风帘遮蔽所以篆难消。

【译文】

耕种和读书相对，放牧和打柴相对。

琥珀和琼瑶相对。

兔毛和鸿爪相对,桂棹和兰桨相对。

鱼用柳枝穿起来,鹿藏在蕉叶之下。

水远和山长相对。

湘妃能弹瑟,弄玉善吹箫。

雪花点点,梅花枝横小院;轻风吹拂,弱柳覆盖平桥。

月光照耀窗户,即便红烛烧尽屋内却依然明亮;门帘白天低垂,雕盘香已燃尽而烟雾仍然缭绕。

三　肴

【题解】

"肴"是"平水韵"中下平声的第三韵部。

"肴"在《广韵》中作"胡茅切",平声,肴韵。

《笠翁对韵》所用到的韵脚字有爻、捎、肴、巢、獒、梢、筲、交、嘲、胶、抛、胞、袍、敲、茅、庖、铙、蛟、郊、胶等20个,《声律启蒙》所用到的韵脚字有爻、蛟、蛸、哮、胶、茅、嘲、交、巢、苞、郊、包、猫、肴、梢、樵、敲、抛等18个。其中两书共同用到的有12个韵脚字:爻、肴、巢、梢、交、嘲、胶、抛、敲、茅、蛟、郊。《笠翁对韵》用到而《声律启蒙》没用到的有8个字:调、獒、筲、胞、袍、庖、铙、嘹。《声律启蒙》用到而《笠翁对韵》中没用到的有6个:蛸、哮、苞、包、猫、樵。其中《笠翁对韵》所用到的"调"属于"二萧"韵部,獒、袍属于"四豪"韵部;而《声律启蒙》所用到的猫、樵也属于"二萧"韵部。

其一

诗对礼,卦对爻①。

燕引对莺捎②。

晨钟对暮鼓,野薇对山肴③。

雉方乳,鹊始巢④。

猛虎对神獒⑤。

疏星浮荇叶,皓月上松梢⑥。

为邦自古推瑚琏,从政于今愧斗筲⑦。

管鲍相知,能结忘形胶漆友;蔺廉有隙,终为刎颈死生交⑧。

【注释】

①诗对礼,卦对爻:《诗》《书》《礼》《易》《春秋》并称"五经";诗和礼,分别指《诗经》和"三礼",也可泛指儒家经典,如《庄子·外物》"儒以诗、礼发冢"。卦,《周易》中一套有象征意义的符号,以阳爻、阴爻相配合,每卦三爻,组成八卦(即经卦);八卦互相重叠,组成六十四卦;古代视占卜所得之卦判断吉凶。爻,《周易》中组成卦的符号,分为阳爻和阴爻;爻含有交错和变化之意,《周易·系辞上》"爻者,言乎变者也"。平仄上,"诗""爻"是平,"礼""卦"是仄。语法上,两组都是名词相对,一组是"五经"之名,一组是《周易》象征符号之名。

②燕引对莺捎:引,本义是拉弓的意思,引申为带领、招来等意义。唐诗中常见"燕引雏"的情景描写,如唐元稹《哭子十首》"寂寞空堂天欲曙,拂帘双燕引新雏",唐殷遥《春晚山行》"野花成子落,江燕引雏飞"。莺,又称黄鹂、仓庚等,叫声婉转动听,唐温庭筠《南歌子》"隔帘莺百啭,感君心"。捎,拂掠,《史记·司马相如列传》引《上林赋》"拂鹥鸟,捎凤皇"。"莺捎"的意象也常在诗歌中出现,如清钱谦益《读云林园事略追叙昔游凡一千字》"莺捎帘外花,鹤梳镜中羽"。今本多作"莺调",亦可。古诗文中亦常描写黄莺调舌引吭的情形,如宋陈允平《永遇乐》"玉腕笼寒,翠阑凭

晓,莺调新簧"等。平仄上,"燕引"是仄仄,"莺捎"是平平。语法上,"燕引""莺捎"都是主谓结构。

③晨钟对暮鼓,野蔌(sù)对山肴:古代城邑内有专门放置钟鼓的楼,用以计时报更,宋孟元老《东京梦华录·车驾宿大庆殿》"有两楼对峙,谓之'钟鼓楼',上有太史局生,测验刻漏,每时刻作鸡唱,鸣鼓一下"。晨钟,清晨的钟声,北周庾信《陪驾幸终南山和宇文内史》"戍楼鸣夕鼓,山寺响晨钟";暮鼓,晚间报时的鼓声,唐王贞白《长安道》诗"晓鼓人已行,暮鼓人未息"。"晨钟""暮鼓"经常并提或对举。野蔌、山肴,出自宋欧阳修《醉翁亭记》"山肴野蔌,杂然而前陈者,太守宴也"。野蔌,野地里的蔬菜;山肴,山间的野味佳肴。平仄上,"晨钟"是平平,"暮鼓"是仄仄;"野蔌"是仄仄,"山肴"是平平。语法上,两组词语都是定中结构。

④雉方乳,鹊始巢:此联出自《礼记·月令》:"季冬之月,……雁北乡,鹊始巢。雉雊,鸡乳。"乳,生子、分娩的意思,《吕氏春秋·音初》"天大风晦盲,孔甲迷惑,入于民室,主人方乳",高诱注"乳,产";此指鸟产卵,唐王维《晚春严少尹与诸公见过》"鹊乳先春草,莺啼过落花"。平仄上,"雉方乳"是仄平仄,"鹊始巢"是仄仄平。语法上,两句都是主谓结构;"巢"在这里是名词活用为动词,筑巢的意思。

⑤猛虎对神獒(áo):獒,是一种高大凶猛的狗,《尚书·旅獒》"西旅献獒",孔安国传曰"西戎远国贡大犬"。《左传·宣公二年》记载了晋侯企图利用这种大狗来谋杀大夫赵盾的故事:"晋侯饮赵盾酒……公嗾夫獒焉,明搏而杀之",杜预注"獒,猛犬也"。平仄上,"猛虎"是仄仄,"神獒"是平平。语法上,二者都是定中结构。

⑥疏星浮荇(xìng)叶,皓(hào)月上松梢:上联描写天上星星的倒影映照在水中和荇叶之上的情景,化用了宋舒亶《丑奴儿·次师能韵》"一池秋水疏星动"和宋陈尧佐《林处士水亭》"冷光浮荇

叶,静影浸鱼竿"的意境。疏星,疏疏落落的星星,宋苏轼《上元侍饮楼上三首呈同列》"淡月疏星绕建章,仙风吹下御炉香"。荇,一种水生草本植物,《诗经·周南·关雎》曰"参差荇菜,左右流之"。下联所描写的月挂松梢的情形,在很多古诗中都出现过,比如唐李白《送杨山人归嵩山》"长留一片月,挂在东溪松"。平仄上,上联是平平平仄仄,下联是仄仄仄平平。语法上,两句都是主谓结构。

⑦为邦自古推瑚琏(liǎn),从政于今愧斗筲(shāo):瑚琏,典故出自《论语·公冶长》:"子贡问曰:'赐也何如?'子曰:'女,器也。'曰:'何器也?'曰:'瑚琏也。'"瑚、琏,皆是宗庙礼器,后来用以比喻治国安邦之才,《魏书·李平传》"实廊庙之瑚琏,社稷之桢干"。下联典故出自《论语·子路》:"子贡问曰:'何如斯可谓之士矣?'子曰:'行己有耻,使于四方,不辱君命,可谓士矣。'曰:'敢问其次。'曰:'宗族称孝焉,乡党称弟焉。'曰:'敢问其次。'曰:'言必信,行必果,硁硁然小人哉! 抑亦可以为次矣。'曰:'今之从政者何如?'子曰:'噫! 斗筲之人,何足算也?'"斗筲,斗与筲,斗容十升,筲容一斗二升,皆属量小的容器,比喻人的才识短浅、气量狭窄。平仄上,上联是平平仄仄平平仄,下联是平仄平平仄仄平。语法上,上下联都是主谓结构。"为邦""从政"是动宾结构充当主语,"自古推瑚琏""于今愧斗筲"都是状中结构。此联语义、用典、语法结构皆对仗工整。

⑧管鲍相知,能结忘形胶漆友;蔺廉有隙,终为刎颈死生交:"管"指管仲,"鲍"指鲍叔牙,二人是春秋时期齐国的贤人。《史记·管晏列传》载:"管仲夷吾者,颍上人也。少时常与鲍叔牙游,鲍叔知其贤。管仲贫困,常欺鲍叔,鲍叔终善遇之,不以为言。已而鲍叔事齐公子小白,管仲事公子纠。及小白立,为桓公,公子纠死,管仲囚焉。鲍叔遂进管仲。管仲既用,任政于齐,齐桓公以

霸,九合诸侯,一匡天下,管仲之谋也。"管仲和鲍叔牙是年少时就交好的朋友。管仲事奉齐公子纠,鲍叔牙事奉齐公子小白。后来公子纠失败,小白当上了齐国国君。鲍叔牙就推荐管仲帮齐桓公打理国事,成就了霸业。管仲当权后,说起二人的友情,"吾始困时,尝与鲍叔贾,分财利多自与,鲍叔不以我为贪,知我贫也。吾尝为鲍叔谋事而更穷困,鲍叔不以我为愚,知时有利不利也。吾尝三仕三见逐于君,鲍叔不以我为不肖,知我不遭时也。吾尝三战三走,鲍叔不以我为怯,知我有老母也。公子纠败,召忽死之,吾幽囚受辱,鲍叔不以我为无耻,知我不羞小节而耻功名不显于天下也。生我者父母,知我者鲍子也"。管仲这段话是"管鲍相知"最好的注脚。胶漆,胶与漆,比喻事物的牢固结合,也比喻情谊极深、亲密无间,今有成语"如胶似漆"。"蔺"指蔺相如,"廉"指廉颇,二人是战国时期赵国的两位文武大臣。二人的故事出自《史记·廉颇蔺相如列传》,蔺相如本是赵国臣子缪贤的门客,在完璧归赵、渑池会两件事上立下大功,"既罢归国,以相如功大,拜为上卿,位在廉颇之右"。廉颇对此非常不满,扬言要对蔺相如不客气:"我为赵将,有攻城野战之大功,而蔺相如徒以口舌为劳,而位居我上,且相如素贱人,吾羞,不忍为之下","我见相如,必辱之"。蔺相如听到这样的话,就尽量避开廉颇,不和他争功斗气,他的门客都不服气,蔺相如说:"夫以秦王之威,而相如廷叱之,辱其群臣,相如虽驽,独畏廉将军哉?顾吾念之,强秦之所以不敢加兵于赵者,徒以吾两人在也。今两虎共斗,其势不俱生。吾所以为此者,以先国家之急而后私仇也。"原来蔺相如是为了顾全大局,把个人恩怨放在后面,而把国家公利置于最重要的位置。廉颇听说了这样的话,非常羞愧,前去蔺相如门谢罪,"卒相与欢,为刎颈之交"。刎颈,割脖子自杀,《春秋公羊传·宣公六年》""君将使我杀子,吾不忍杀子也。虽然,吾亦不可复见吾君矣'。遂刎颈而死",何休注"勇士自断头也"。平仄上,上联是仄仄平平,平仄仄平平仄仄;下联是仄平仄仄,平平仄仄仄平平。结,《广韵》"古屑切",入声;漆,《广韵》"亲吉切",入声。今本"结"多作"交",虽然语义无违,但平仄不合,会造成平仄上失替和失对问题。本书不取。语法上,"管鲍相知""蔺廉有隙"相对,都是主谓结构。"能结忘形胶漆友""终为刎颈死生交"相对,都是状中结构,承上省去主语"管鲍""蔺廉";其宾语"忘形胶漆友""刎颈死生交"皆为定中结构。此联共用了"忘形""胶漆""刎颈""死生"四个词语来形容友情之深,语义上颇为重复。

【译文】

诗和礼相对,卦和爻相对。

燕带雏和莺掠拂相对。

晨钟和暮鼓相对,野菜和山肴相对。

野鸡正在产卵,喜鹊开始筑巢。

猛虎和神犬相对。

几点疏疏落落的星光映照在水中的荇叶上,一轮皎洁澄亮的月亮高挂在松柏的树梢上,

从古以来治理国家首推瑚琏之才,至今为止从事政治愧做斗筲之人。

管仲鲍叔牙两两相知,结交为忘形之友;廉颇蔺相如本有嫌隙,终变成生死之交。

其二

歌对舞,笑对嘲①。

耳语对神交②。

焉乌对亥豕,獭髓对鸾胶③。

宜久敬，莫轻抛④。

一气对同胞⑤。

祭遵甘布被，张禄恋绨袍⑥。

花径风来逢客访，柴扉月到有僧敲⑦。

夜雨园中，一颗不凋王子柰；秋风江上，三重曾卷杜公茅⑧。

【注释】

①歌对舞，笑对嘲：平仄上，"歌""嘲"是平声，"舞""笑"是仄声。语法上，"歌""舞""笑""嘲"都是行为动词。

②耳语对神交：耳语，附耳低语，《史记·魏其武安侯列传》"行酒次至临汝侯，临汝侯方与程不识耳语，又不避席"。神交，谓心意投合，也指彼此慕名而未谋面的交谊，元吴师道《和黄晋卿客杭见寄》"十载神交未相识，卧淹幽谷恨羁穷"。平仄上，"耳语"是仄仄，"神交"是平平。语法上，"耳语""神交"都由名词和动词组合起来，都是状中结构，"耳""神"都是交流的方式或渠道。

③焉乌对亥豕，獭(tǎ)髓对鸾胶：焉乌，"焉""乌(烏)"二字形似，故而借此泛指字形相似而易混淆的汉字，宋代宋祁有《代人乞出表》"辨色立朝，足居多于跛倚；书思记命，目不辨于焉乌"。亦作"乌焉"，《事物异名录·书籍·书讹》引宋董逌《除正字谢启》"乌焉混淆，鱼鲁杂揉"。亥豕，典出《吕氏春秋·察传》："子夏之晋，过卫，有读史记者曰：'晋师三豕涉河。'子夏曰：'非也，是己亥也。夫己与三相近，豕与亥相似。'至于晋而问之，则曰'晋师己亥涉河'也。"晋国的军队本来是己亥这一天过黄河，但是读史书的人看到的是"三豕"(三头猪)，因为"三豕"和"己亥"字形相近。"亥豕"也是说"亥"和"豕"的篆文字形相似，容易混淆，后来用这

个词指书籍传写或刊印中文字因形近而误。人们亦常说"鲁鱼亥豕",因为"鲁"和"鱼"在古字形中也容易相混。獭髓,《拾遗记》记载,三国吴孙和非常宠爱邓夫人,一次误伤她的脸颊,"命太医合药。医曰:'得白獭髓,杂玉与琥珀屑,当灭此痕。'即购致百金,能得白獭髓者,厚赏之。有富春渔人云:'此物知人欲取,则逃入石穴。伺其祭鱼之时,獭有斗死者,穴中应有枯骨,虽无髓,其骨可合玉舂为粉,喷于疮上,其痕则灭。'和乃命合此膏。"元张可久《一枝花·牵挂》套曲:"猫眼嵌双转轴乌金戒指,獭髓调百和香紫蜡胭脂。"獭髓指獭的骨髓,据说与玉屑、琥珀混合,可作灭疤痕的贵重药物;獭,兽名,栖息水边,善游泳,主食鱼类。鸾胶,据《海内十洲记·凤麟洲》载:"凤麟洲在西海之中央,地方一千五百里。洲四面有弱水绕之,鸿毛不浮,不可越也。洲上多凤麟,数万各为群。又有山川池泽,及神药百种,亦多仙家。煮凤喙及麟角,合煎作膏,名之为续弦胶,或名连金泥。此胶能续弓弩已断之弦、刀剑断折之金,更以胶连续之,使力士掣之,他处乃断,所续之际终无断也。"西海中有凤麟洲,煮凤喙麟角合煎作膏,能续弓弩已断之弦,名叫"续弦胶"或"连金泥"。这种胶后来就叫"鸾胶",多用以比喻续娶后妻(也叫"续弦")。鸾,传说中凤凰一类的神鸟。平仄上,"焉乌"是平平,"亥豕"是仄仄;"獭髓"是仄仄,"鸾胶"是平平。语法上,"焉乌""亥豕"都是并列式名词词语,"獭髓""鸾胶"都是定中式名词词语。

④宜久敬,莫轻抛:上联典出《论语·公冶长》:"子曰:'晏平仲善与人交,久而敬之。'"轻抛,轻易地抛弃,宋张榘《木兰花慢·次韵孙霁窗赋牡丹》"趁取芳时胜赏,莫将年少轻抛"。"宜""莫",前者劝人应该如何,后者告诫不要如此,意义相反。平仄上,"宜久敬"是平仄仄,"莫轻抛"仄平平。语法上,上下联都是状中结构。

⑤一气对同胞:一气,指声气相通、一伙,指理念、志向或趣味相投

的一群人；成语有"沆瀣一气"，比喻气味相投的人联结在一起，多用于贬义；这里的"一"是同一的意思。同胞，指由相同的父母所生之人，如宋王安石《夜梦与和甫别如赴北京时和甫作诗觉而有作因寄纯甫》"同胞苦零落，会合尚栖迟"；后引申为同一国家或同一民族的人民。平仄上，"一气"是仄仄，"同胞"是平平。一，《广韵》"於悉切"，入声。语法上，两个都是名词词语，都是定中结构。

⑥祭遵甘布被，张禄恋绨(tí)袍：上联说的是东汉中兴名将祭遵的典故，《后汉书·祭遵传》载："祭遵字弟孙，颍川颍阳人也。少好经书。家富给，而遵恭俭，恶衣服。丧母，负土起坟。尝为部吏所侵，结客杀之。初，县中以其柔也，既而皆惮焉。……遵为人廉约小心，克己奉公，赏赐辄尽与士卒，家无私财，身衣韦绔，布被，夫人裳不加缘，帝以是重焉。"史载祭遵为人廉洁恭俭，克己奉公，赏赐都分给士卒，盖的被子是布制的，故上联说"祭遵甘布被"。甘，意动用法，以……为甘。下联说的是战国时期纵横家范雎的故事，出自《史记·范雎蔡泽列传》，"范雎者，魏人也，字叔。游说诸侯，欲事魏王，家贫无以自资，乃先事魏中大夫须贾"。史载范雎一开始侍奉魏国的中大夫须贾，须贾出使齐国，范雎跟随。齐王听说范雎口才很好，就派人赐予范雎许多礼物，范雎没有接受。但须贾知道以后，非常愤怒，回国以后告诉魏相，把范雎鞭笞一顿。范雎死里逃生，来到秦国，改名叫张禄，得到了秦王的重用。魏国不知，以为范雎死了很久了，派须贾出使秦国。范雎知道以后，微服去找他，"须贾意哀之，留与坐饮食，曰：'范叔一寒如此哉！'乃取其一绨袍以赐之。"绨袍，厚缯制成之袍；绨，厚实平滑而有光泽的丝织物。须贾不知范雎已经飞黄腾达，还以为他很落魄，就送他一领绨袍以表同情。后来知道范雎就是秦相张禄，惶恐请罪，范雎因为须贾有赠绨袍之恩，说"公

之所以得无死者,以绨袍恋恋,有故人之意,故释公",就宽释了他。恋,今本多作"念",从典故来看,以"恋"为宜。平仄上,上联是仄平平仄仄,下联是平仄仄平平。语法上,上下联都是主谓结构。

⑦花径风来逢客访,柴扉月到有僧敲:上联出自唐杜甫《客至》中的"花径不曾缘客扫,蓬门今始为君开"。花径,花间的小路。下联出自唐贾岛《题李凝幽居》"鸟宿池边树,僧敲月下门"。柴扉,柴门,即指贫寒的家园。平仄上,上联是平仄平平平仄仄,下联是平平仄仄仄平平。语法上,"花径风来"对"柴扉月到",都是状中结构;这两句可以将语序调转,理解为"风来花径"对"月到柴扉","花径"是风来之地,"柴扉"是月到之所。"逢客访""有僧敲"是整个句子的核心内容,都是兼语结构,"客""僧"是"逢"和"有"的宾语,也是"访"和"敲"的主语。

⑧夜雨园中,一颗不凋王子柰;秋风江上,三重曾卷杜公茅:上联出自《晋书·王祥传》的记载:"王祥字休征,琅玡临沂人,汉谏议大夫吉之后也。祖仁,青州刺史。父融,公府辟不就。祥性至孝。早丧亲,继母朱氏不慈,数谮之,由是失爱于父。每使扫除牛下,祥愈恭谨。父母有疾,衣不解带,汤药必亲尝。母常欲生鱼,时天寒冰冻,祥解衣将剖冰求之,冰忽自解,双鲤跃出,持之而归。母又思黄雀炙,复有黄雀数十飞入其幕,复以供母。乡里惊叹,以为孝感所致焉。有丹柰结实,母命守之,每风雨,祥辄抱树而泣。其笃孝纯至如此。"王祥是古代著名的孝子,有卧冰求鲤的故事。他的母亲让他守一棵柰树,每逢风雨把果实打下来,他就抱着树哭泣,可见其纯孝到这样的地步。柰,果树名,也指柰树的果实。凋,植物枯败脱落,或作"雕",误。下联典出唐杜甫《茅屋为秋风所破歌》"八月秋高风怒号,卷我屋上三重茅。茅飞渡江洒江郊,高者挂罥长林梢,下者飘转沉塘坳"。这首诗描写了

农历八月的秋风刮掉了杜甫所居住的茅屋上的茅草的凄惨情
形。平仄上,上联是仄仄平平,仄仄仄平平仄仄;下联是平平平
仄,平平平仄仄平平。一,《广韵》"於悉切",入声;颗,《广韵》"苦
果切",上声;重,此处当读平声,"层"的意思,与"颗"平仄相对。
语法上,上下联都是状中结构。"夜雨园中""秋风江上"相对,表
示时间和地点;"一颗不凋王子柰""三重曾卷杜公茅"也是状中
结构,"一颗"对"三重","不"对"曾",都是状语。此联出于修辞
上强调的目的,在语序上有所调整,如果按照一般的顺序,当为
"夜雨园中,王子柰不凋一颗;秋风江上,杜公茅曾卷三重"。

【译文】

歌和舞相对,笑和嘲相对。

耳语和神交相对。

焉乌和亥豕相对,獭髓和鸾胶相对。

适宜长久尊敬,不要轻易抛弃。

同气好友和同胞兄弟相对。

祭遵甘心盖普通的布被,张禄感念赠绨袍的情谊。

风吹花径处,正遇有客人前来相访;月照柴门时,刚巧有僧人上去
敲门。

园子里夜雨虽大,王祥家的柰子树一颗都不曾掉落;江面上秋风肆
虐,杜甫家的屋子被卷走了三重茅草。

其三

衙对舍,廪对庖①。

玉磬对金铙②。

竹林对梅岭,起凤对腾蛟③。

鲛绡帐,兽锦袍④。

露叶对风梢⑤。

扬州输橘柚,荆土贡菁茅⑥。

断蛇埋地称孙叔,渡蚁编桥识宋郊⑦。

好梦难成,蛩响阶前偏唧唧;良朋远至,鸡声窗外正胶胶⑧。

【注释】

①衙对舍,廪对庖:衙,旧时官署之称。舍,就是房屋。廪,粮仓,《诗经·周颂·丰年》"亦有高廪,万亿及秭"。庖,厨房,《孟子·梁惠王上》有"君子远庖厨",也可以指厨师,如"庖丁解牛",此指前者。平仄上,"衙""舍"是平和仄,"廪""庖"是仄和平。语法上,四个词语都是名词。

②玉磬对金铙:磬,古代打击乐器,用玉、石或金属制成,悬挂于架上,击之而鸣,《诗经·商颂·那》"既和且平,依我磬声"。铙,古代军中用以止鼓退军的乐器,青铜制,以槌击之而鸣,《周礼·地官·鼓人》"以金铙止鼓"。平仄上,"玉磬"是仄仄,"金铙"是平平。语法上,二者都是定中结构。

③竹林对梅岭,起凤对腾蛟:竹林,本指竹子丛生处,魏晋时期有"竹林七贤",《晋书·嵇康传》载,"嵇康……所与神交者惟陈留阮籍、河内山涛,豫其流者河内向秀、沛国刘伶、籍兄子咸、琅玡王戎,遂为竹林之游,世所谓'竹林七贤'也"。后来也用"竹林"来特指这七位古人。梅岭,山名,即大庾岭,五岭之一,岭上多梅,故名。梅岭在江西、广东交界处,是古代沟通南北的要塞。相传南宋名将文天祥被俘后,曾经过梅岭,他开始绝食,写下《南安军》:"梅花南北路,风雨湿征衣。出岭谁同出,归乡不如归。山河千古在,城郭一时非。饥死真吾志,梦中行采薇。"起凤、腾蛟,出自唐

王勃《滕王阁序》"腾蛟起凤,孟学士之词宗;紫电青霜,王将军之武库",是腾飞、跃起之蛟龙、凤凰的意思,比喻才华优异。平仄上,"竹林"是仄平,"梅岭"是平仄;"起凤"是仄仄,"腾蛟"是平平。竹,《广韵》"张六切",入声。语法上,四个词语都是定中结构。

④鲛(jiāo)绡(xiāo)帐,兽锦袍:鲛绡帐,鲛绡纱做的帐子。鲛绡,传说中鲛人所织的绡,非常轻薄,南朝梁任昉《述异记》卷上"南海出鲛绡纱,泉室潜织,一名龙纱。其价百余金,以为服,入水不濡";绡,轻纱。《红楼梦》第九十二回这样描写鲛绡帐的珍贵:"冯紫英道:'这叫做"鲛绡帐"。'在匣子里拿出来时,迭得长不满五寸,厚不上半寸。冯紫英一层一层的打开,打到十来层,已经桌上铺不下了。冯紫英道:'你看,里头还有两褶,必得高屋里去,才张得下。这就是鲛丝所织。暑热天气,张在堂屋里头,苍蝇蚊子一个不能进来,又轻又亮。'贾政道:'不用全打开,怕迭起来倒费事。'詹光便与冯紫英一层一层折好收拾了。冯紫英道:'这四件东西,价儿也不贵,两万银他就卖。母珠一万,鲛绡帐五千,"汉宫春晓"与自鸣钟五千。'贾政道:'那里买的起!'"兽锦袍,是用织有兽形图案的锦所做的袍子,典出唐杜甫《寄李十二白二十韵》"龙舟移棹晚,兽锦夺袍新"。平仄上,"鲛绡帐"是平平仄,"兽锦袍"仄仄平。语法上,两个词语都是定中结构。

⑤露叶对风梢:露叶,沾着露水的叶子,如唐马戴《高司马移竹》"丛居堂下幸君移,翠掩灯窗露叶垂"。风梢,风中的树梢。"叶"今本多作"果"。古诗文如宋向子諲《清平乐》"露叶蘻蘻生光,风梢泛泛飘香",明刘溥《咏衰柳》"露叶烟梢翠色浮,向人长是弄春柔",明杜琼《竹》"露叶风梢接水乡,几回相对忆潇湘"等等,皆是"露叶"与"风梢"或"烟梢"相对,而未见"露果"与"风梢"相对者。从意境、用典来说,取"露叶"更佳。琅环阁藏本正作"露叶"。平仄上,"露叶"是仄仄,"风梢"是平平。语法上,二者都是定中

结构。

⑥扬州输橘柚,荆土贡菁茅:此联出自《尚书·禹贡》,记载了大禹
时期扬州和荆州以及其他各地向天子进贡特产的情况:"达于
淮、海惟扬州……厥贡惟金三品,瑶、琨、筱荡,齿、革、羽、毛惟
木。岛夷卉服。厥篚织贝;厥包橘、柚,锡贡。沿于江、海,达于
淮、泗","荆及衡阳惟荆州……厥贡羽、毛、齿、革,惟金三品,杶、
干、栝、柏、砺、砥、砮、丹,惟箘、簵、楛,三邦底贡厥名。包匦菁
茅;厥篚玄、纁、玑组;九江纳锡大龟"。输,交出、献纳。橘柚,橘
子和柚子,唐李白《秋登宣城谢朓北楼》有"人烟寒橘柚,秋色老
梧桐"。荆,古九州岛之一荆州的简称。菁茅,香草名,茅的一
种,古代祭祀时用以缩酒;《尚书·禹贡》"苞匦菁茅",孔传"匦,
匣也。菁以为菹,茅以缩酒"。平仄上,上联是平平平仄仄,下
联是平仄仄平平。橘,《广韵》"居聿切",入声。语法上,上下联
都是主谓结构。

⑦断蛇埋地称孙叔,渡蚁编桥识宋郊:上联出自《列女传·仁智
传·孙叔敖母》:"楚令尹孙叔敖之母也。叔敖为婴儿之时,出
游,见两头蛇,杀而埋之。归见其母而泣焉,母问其故,对曰:'吾
闻见两头蛇者死,今者出游见之。'其母曰:'蛇今安在?'对曰:
'吾恐他人复见之,杀而埋之矣。'其母曰:'汝不死矣。夫有阴德
者,阳报之。德胜不祥,仁除百祸。天之处高而听卑。《书》不云
乎:"皇天无亲,惟德是辅。"尔嘿矣,必兴于楚。'及叔敖长,为令
尹。君子谓叔敖之母知道德之次。《诗》云:'母氏圣善。'此之谓
也。颂曰:叔敖之母,深知天道,叔敖见蛇,两头岐首,杀而埋之,
泣恐不及,母曰阴德,不死必寿。"相传见了两头蛇必死,孙叔敖
年少时候见过两头蛇,为了不让别人受害,他就把两头蛇杀了埋
了,故而受人称颂。下联是宋代宰相宋郊的故事,清周安士居士
《安士全书·救蚁中状元之选》载:"宋宋郊、宋祁兄弟同在太学。

有僧相之曰：'小宋大魁天下，大宋不失科甲。'后春试毕，僧见大宋贺曰：'似曾活数百万生命者。'郊笑曰：'贫儒何力及此？'僧曰：'蠕动之物皆命也。'郊曰：'有蚁穴为暴雨所浸，吾编竹桥渡之。岂此是耶？'僧曰：'是矣。小宋今当大魁，公终不出其下。'及唱第，祁果状元。章献太后谓弟不可先兄，乃易郊第一，祁第十。始信僧言不谬。"宋代的宋郊有一次看到暴雨浸坏蚂蚁穴，就编了一个竹桥让蚂蚁渡水，后来宋郊就因为救了几百万蚂蚁的生命而积累了福德，中了状元。平仄上，上联是仄平平仄平平仄，下联是仄仄平平仄仄平。叔，《广韵》"式竹切"，入声；识，《广韵》"赏职切"，入声。语法上，"断蛇埋地"对"渡蚁编桥"，皆由两个动词结构组成；"称孙叔"对"识宋郊"，都是动宾结构。两句内部都是因果关系，即"断蛇埋地"是"称孙叔"的原因，"渡蚁编桥"是"识宋郊"的原因。

⑧好梦难成，蛩（qióng）响阶前偏唧唧；良朋远至，鸡声窗外正胶胶：上联化用自宋张闰《秋声》中的"桐杂蝉鸣愁易起，蕉和蛩响梦频醒"和《全元曲·郑月莲秋夜云窗梦》第三折中的"薄设设衾寒枕冷，愁易感好梦难成"。蛩响，即蛩声，蟋蟀的叫声，唐王维《早秋山中作》"草间蛩响临秋急，山里蝉声薄暮悲"；蛩，蟋蟀、蝗虫之类。唧唧，鸟鸣、虫吟声，宋欧阳修《秋声赋》"但闻四壁虫声唧唧，如助余之叹息"。下联化自唐杜甫《羌村三首》其三"群鸡正乱叫，客至鸡斗争。驱鸡上树木，始闻叩柴荆"。良朋远至，出自《论语·学而》的"有朋自远方来"，唐皎然《乐意联句一首》也有"良朋益友自远来"。"远至"或作"远到"，二者皆可。胶胶，鸡鸣之声，出自《诗经·郑风·风雨》"风雨潇潇，鸡鸣胶胶"。今本多作"嘐嘐"，也是鸡的叫声，如唐柳宗元《游朝阳岩遂登西亭二十韵》"晨鸡不余欺，风雨闻嘐嘐"，亦可。平仄上，上联是仄仄平平，平仄平平平仄仄；下联是平平仄仄，平平仄仄平平。唧，

《广韵》"子力切",入声。语法上,"好梦难成""良朋远至"相对,皆为主谓结构。"蛩响阶前偏唧唧"对"鸡声窗外正胶胶",也是主谓结构:主语"蛩响""鸡声"相对;"阶前"对"窗外"与"偏"对"正"两组,皆为状语;由"唧唧""胶胶"两个象声词充当谓语中心。

【译文】

官署和民居相对,粮仓和厨房相对。

玉磬和金铙相对。

竹林和梅岭相对,飞翔的凤凰和腾跃的蛟龙相对。

鲛人织的细绢做的帐子,有兽纹的锦缎做的袍子。

露水沾湿的叶子和微风吹拂的树梢相对。

扬州进献橘柚,荆州纳贡菁茅。

孙叔敖杀死不祥的两头蛇埋在地下让人称道,宋郊编织竹桥让蚂蚁渡过雨水从而高中状元。

好梦难成,因为阶前的蟋蟀唧唧叫个不停;友人来访,窗外的公鸡恰好正在胶胶啼鸣。

四　豪

"豪"是"平水韵"中下平声的第四韵部。

"豪"在《广韵》中作"胡刀切",平声,豪韵。

《笠翁对韵》中所用到的韵脚字有蒿、皋、涛、毛、襃、韬、萄、滔、桃、庬、膏、刀、劳、高、号、豪、曹、袍、舠、醪、羔、骚等22个,《声律启蒙》用到的有刀、高、袍、醪、猱、桃、篙、襃、蒿、萄、糟、滔、羔、涛、毛、劳、缫等17个。其中有13个两书都有用到,分别是蒿、涛、毛、襃、萄、滔、桃、刀、劳、高、羔、袍、醪等。《笠翁对韵》用到而《声律启蒙》没用到的有皋、韬、庬、膏、号、豪、曹、舠、骚等9个字。《声律启蒙》用到而《笠翁对韵》没用到的有猱、篙、糟、缫等4个字。

其一

茭对芡,荻对蒿①。

山麓对江皋②。

莺簧对蝶板,麦浪对松涛③。

骐骥足,凤凰毛④。

美誉对嘉褒⑤。

文人窥蠹简,壮士学龙韬⑥。

马援南征装薏苡,张骞西使进葡萄⑦。

辩口悬河,万语千言常亹亹;词源倒峡,连篇累牍自滔滔⑧。

【注释】

①茭(jiāo)对芡(qiàn),荻(dí)对蒿(hāo):茭,草名,茭白,明李时珍《本草纲目·草八·菰》"江南人呼菰为茭,以其根交结也"。芡,水草名。"茭""芡"皆可食用。今本"芡"多作"茨"。茨(cí),指蒺藜,《诗经·鄘风·墙有茨》"墙有茨,不可扫也",毛传"茨,蒺藜也"。"茭""芡"同类,且"茨"与"茭"皆为平声,失对,当从琅环阁藏本作"芡"为宜。荻,与芦同类,明李时珍《本草纲目·草四·芦》"芦有数种:其长丈许,中空,皮薄,色白者,葭也,芦也,苇也。短小于苇,而中空,皮厚,色青苍者,蒹也,荻也,萑也。其最短小而中实者,蒹也,薕也"。蒿,蒿草,《诗经·小雅·鹿鸣》"呦呦鹿鸣,食野之蒿",朱熹《集传》"蒿,菣也。即青蒿也"。平仄上,"茭""蒿"都是平声,"芡""荻"都是仄声,荻,《广韵》"徒历切",入声。语法上,四个词语都是植物名词。

②山麓对江皋:麓,山脚,《诗经·大雅·旱麓》"瞻彼旱麓,榛楛济

济”，毛亨传曰“麓，山足也”。皋，岸边的意思。平仄上，“山麓”是平仄，“江皋”是平平。语法上，两个词语都是定中结构。

③莺簧对蝶板，麦浪对松涛：莺簧，黄莺的鸣声，以其声如笙簧奏乐，故称；簧，乐器里有弹性的薄片，用竹箬或铜片制成，作为发声的振动体，《诗经·小雅·鹿鸣》“吹笙鼓簧，承筐是将”。板，乐器中用以按拍的拍板，胡三省注《资治通鉴》“板，拍板也。古乐无之。玄宗时，教坊散乐用横笛一，拍板一，腰鼓三，后人因之，歌舞率以板为节，以木若象凡八片，以韦贯之，两手各执其外一片而拍之”；因拍板如蝴蝶翅膀开合，故而拍板有“蝶板”之称。“蝶板”与“莺簧”经常并提，《魏阉全传》第四十二回“哑哑的莺簧蝶板，开蚤衙两部鼓吹”。麦浪，指田地里大片麦子被风吹得起伏像波浪的样子，宋苏轼《南歌子·晚春》“日薄花房绽，风和麦浪轻”。松涛，风撼松林，声如波涛，唐周渭《游兼山》“泉飞石涧游魂冷，风卷松涛匹马嘶”。平仄上，“莺簧”是平平，“蝶板”是仄仄；“麦浪”是仄仄，“松涛”是平平。蝶，《广韵》“徒协切”，入声。语法上，四者都是定中结构。

④骐骥足，凤凰毛：骐骥，骏马，用来比喻贤才。《荀子·劝学》“骐骥一跃，不能十步；驽马十驾，功在不舍”。骐骥足，也是比喻杰出的人才，唐陈子良《赞德上越国公杨素》“君侯称上宰，命世挺才英。本超骐骥足，复蕴风云情”。凤凰毛，凤凰的羽毛，比喻珍贵稀少之物，成语有所谓“凤毛麟角”。“骐骥”与“凤凰”经常相对，如唐白居易《履道西门二首》“跛鳖难随骐骥足，伤禽莫趁凤凰飞”；“骐骥足”也和“凤凰毛”相对，比如宋张伯玉《寄会稽刁景纯学士》“瀛馆久淹骐骥足，越人今识凤凰毛”。平仄上，“骐骥足”是平仄仄，“凤凰毛”是仄平平。足，《广韵》“即玉切”，入声。语法上，两个词语都是定中结构。

⑤美誉对嘉褒：美誉、嘉褒，都是赞美的意思。平仄上，“美誉”是仄

仄，"嘉褒"是平平。语法上，两个词语都是状中结构。

⑥文人窥蠹(dù)简，壮士学龙韬：蠹简，是指书简里长了蛀虫，泛指书籍；蠹，蛀虫。明徐霖《绣襦记·追莫亡辰》"尘几，笔网蛛丝，书从蠹走，牙签帙乱离披"。自古文人都喜读诗书，手不释卷，很多诗文中描写了这样的情景，如宋陈棣《次韵徐庭珍春日杂言十首》"沉酣蠹简不知春，庭设雀罗谁扣门"，宋陆游《初夏杂兴》"终日颓然蠹简中，门前烟水浩无穷"。琅环阁藏本"蠹简"作"政简"，和下文不对仗，不取。"蠹""龙"是动物名相对。壮士，勇士，《战国策·燕策三》"风萧萧兮易水寒，壮士一去兮不复还"。龙韬，本指太公望的兵法《六韬》中的一本，后来泛指兵法，唐钱起《送崔校书从军》"宁惟玉剑报知己，更有《龙韬》佐师律。"下联今本多作"学士书兔毫"，"兔""蠹"皆为仄声，失对，故而以琅环阁藏本之"壮士学龙韬"为是。平仄上，上联是平平平仄仄，下联是仄仄仄平平。语法上，上下联都是主谓结构。

⑦马援南征装薏苡(yì yǐ)，张骞西使进葡萄：上联说的是汉代著名军事家马援的典故，出自《后汉书·马援传》："初，援在交阯，常饵薏苡实，用能轻身省欲，以胜瘴气。南方薏苡实大，援欲以为种，军还，载之一车。时人以为南土珍怪，权贵皆望之。"装，今本多作"载"，意义相同。从平仄对仗上考虑，从"装"稍好一些。薏苡，是一种植物名，可供食用、酿酒、入药。马援在交阯的时候，常吃薏苡的果实，可以轻身省欲、防瘴气。南方的薏苡果实比较大，马援回来时带了一车作种子。下联说的是西汉外交家张骞的典故，据《史记·大宛列传》载："大宛之迹，见自张骞。张骞，汉中人。建元中为郎。……骞身所至者大宛、大月氏、大夏、康居，而传闻其旁大国五六，具为天子言之。曰：'大宛在匈奴西南，在汉正西，去汉可万里。其俗土著，耕田，田稻麦。有蒲陶(即葡萄)酒。多善马，马汗血，其先天马子也。'……宛左右以蒲

陶为酒,富人藏酒至万余石,久者数十岁不败。俗嗜酒,马嗜苜蓿。汉使取其实来,于是天子始种苜蓿、蒲陶肥饶地。"张骞曾两次出使西域,将西域各地的情况和物产介绍给了汉武帝,还引进了葡萄等物。平仄上,上联是仄平平平平仄仄,下联是平平平仄仄平平。上下联的第二个字平仄相同,失对;上联的第二字和第四字平仄相同,失替。语法上,上下联都是主谓结构:谓语"南征装薏苡""西使进葡萄"都是由两个动词性结构组成,"南征"与"装薏苡","西使"和"进葡萄",都是有先后时间关系的动作行为,为承接关系。

⑧辩口悬河,万语千言常亹亹(wěi);词源倒峡,连篇累牍自滔滔:辩口,谓善于辞令,能言善辩,《史记·范睢蔡泽列传》"齐襄王闻睢(或作"雎")辩口,乃使人赐睢金十斤及牛酒,睢辞谢不敢受"。悬河,本指瀑布,比喻论辩滔滔不绝或文辞流畅奔放,今有"口若悬河"一词。亹亹,指诗文或谈论动人,有吸引力,使人不知疲倦,唐卢照邻《〈南阳公集〉序》"岑君论诘亹亹,听者忘疲"。词源倒峡,出自唐杜甫《醉歌行》"词源倒流三峡水,笔阵独扫千人军"。"词源倒流三峡水",形容文辞如三峡之水滔滔不绝,一泻千里,清曾国藩《送周文泉大令之官城武》中的"词源一泻不得休"也是描写文辞的如此气势。三峡是长江上游瞿塘峡、巫峡和西陵峡的合称,水流最是湍急汹涌。连篇累牍,形容篇幅多,文辞长,如《隋书·李谔传》"连篇累牍,不出月露之形;积案盈箱,唯是风云之状"。滔滔,大水奔流的状态,这里形容言辞连续不断,宋梅尧臣《依韵和刘原甫见寄》"语道滔滔是,论情往往牵"。平仄上,上联是仄仄平平,仄仄平平平仄仄;下联是平平仄仄,平平仄仄仄平平。峡,《广韵》"侯夹切",入声;牍,《广韵》"徒谷切",入声。语法上,"辩口悬河"对"词源倒峡",都是主谓结构,属于判断句,由"悬河""倒峡"对主语"辩口""词源"进行比喻性

判断,意为"辩口若悬河""词源如倒峡"。"万语千言常亹亹""连篇累牍自滔滔"也是主谓结构:主语"万语千言""连篇累牍"都是名词性并列结构,"常亹亹""自滔滔"是状中结构作谓语。

【译文】

茭和芰相对,荻和蒿相对。

山脚和江岸相对。

黄莺啼如笙簧和拍板状如蝶翅相对,风吹麦地形如浪与风撼松林声若涛相对。

骐骥的脚,凤凰的毛。

夸赞和褒扬相对。

文人窥看被蠹虫蛀过的书简,勇士学习太公望传下的兵书。

马援南征回来用车装载薏苡,张骞出使西域带回葡萄进献汉帝。

能言善辩的口才好比悬挂的黄河,千言万语道来娓娓动听;连绵不断的文辞好像倾泻的江峡,长篇大论真是滔滔不绝。

其二

梅对杏,李对桃①。

械朴对旌旄②。

酒仙对诗史,德泽对恩膏③。

悬一榻,梦三刀④。

拙逸对贤劳⑤。

玉堂花烛绕,金殿月轮高⑥。

孤山看鹤盘云下,蜀道闻猿向月号⑦。

万事从人,有花有酒应自乐;百年皆客,一丘一壑尽吾豪⑧。

【注释】

①梅对杏,李对桃:平仄上,"梅""桃"是平,"杏""李"是仄。语法上,四个词语都是表花木的名词。

②椋(yù)朴(pò)对旌(jīng)旄(máo):椋朴,白桉和枹木。旌旄,泛指旗帜;旌,古代用牦牛尾或兼五彩羽毛饰竿头的旗子;旄,古代用牦牛尾做竿饰的旗子。平仄上,"椋朴"是仄仄,"旌旄"是平平。朴,表树名之"朴"《广韵》作"蒲木切",入声。语法上,两个词语都是并列式名词结构。

③酒仙对诗史,德泽对恩膏:酒仙,嗜酒的仙人,多用于对酷爱饮酒者的美称,常用来指李白,唐杜甫《饮中八仙歌》"李白斗酒诗百篇,长安市上酒家眠。天子呼来不上船,自称臣是酒中仙"。诗史,指能反映某一时期重大社会事件、有历史意义的诗歌,常指杜甫的诗歌,唐孟棨《本事诗·高逸》"杜(杜甫)所赠二十韵,备叙其事,读其文,尽得其故迹。杜逢禄山之难,流离陇蜀,毕陈于诗,推见至隐,殆无遗事,故当时号为诗史"。德泽,恩德、恩惠。恩膏,犹恩泽,与"恩泽""德泽"义同。平仄上,"酒仙"是仄平,"诗史"是平仄;"德泽"是仄仄,"恩膏"是平平。德,《广韵》"多则切";泽,《广韵》"场伯切"。二者皆为入声字。语法上,两组都是定中结构。

④悬一榻,梦三刀:上联的典故出自《后汉书·徐稺传》:"时陈蕃为太守,以礼请署功曹,稺不免之,既谒而退。蕃在郡不接宾客,唯稺来特设一榻,去则悬之。"指东汉时陈蕃为徐稺特设一榻,徐稺离开,陈蕃就把榻挂起来,只有徐稺来的时候才用,故而有"徐稺榻"或"徐榻"这样的典故,用为好客之典。唐许浑《将为南行陪尚书崔公宴海榴堂》:"宾馆尽开徐稺榻,客帆空恋李膺舟。"下联说的是西晋名将王濬的典故,出自《晋书·王濬传》:"濬夜梦悬三刀于卧屋梁上,须臾又益一刀,濬惊觉,意甚恶之。主簿李毅

再拜贺曰:'三刀为州字,又益一者,明府其临益州乎?'及贼张弘杀益州刺史皇甫晏,果迁濬为益州刺史。"王濬晚上梦见有三把刀悬挂在屋梁上,没过多久又增加了一把,他醒来以后觉得很厌恶。主簿李毅跟他说,三刀是"州"字,增加一把,表示王濬将调到益州去了。后来果然如此。平仄上,"悬一榻"是平仄仄,"梦三刀"是仄平平。一,《广韵》"於悉切",入声。语法上,两个词语都是动宾结构。

⑤拙(zhuō)逸对贤劳:拙逸,拙者的安逸,安逸的意思,古代诗人很多自号"拙逸"、或给书斋取名"拙逸"者;拙,笨拙、迟钝,困穷;逸,安乐、放纵。贤劳,贤者的劳苦、辛劳,实际上就是辛苦的意思,《孟子·万章上》"此莫非王事,我独贤劳也"。明曹学佺《翠娱阁评选曹能始先生小品》卷之二有"庶几拙逸贤劳,补造化之缺陷"。今本多作"贵劳",不知出处,"贵"或因与"贤"形近而讹。平仄上,"拙逸"是仄仄,"贤劳"是平平。拙,《广韵》"职悦切",入声。语法上,二者都是形容词。

⑥玉堂花烛绕,金殿月轮高:上联出自《东坡诗话》"银烛高烧照玉堂,夜深沦茗读阿房"。玉堂,玉饰的殿堂,亦为宫殿的美称,唐崔颢《杂诗》"可怜青铜镜,挂在白玉堂。玉堂有美女,娇弄明月光"。上联琅环阁藏本作"玉堂花槛晓",从语义、用典来看,取"花烛绕"更佳。下联这一句化用唐王昌龄《春宫曲》"昨夜风开露井桃,未央前殿月轮高"。金殿,也是指宫殿。二者在古诗文里常常相对,《训蒙骈句》下卷"七阳"亦有"黄金殿,白玉堂"一联。平仄上,上联是仄平平仄仄,下联是平仄仄平平。烛,《广韵》"之欲切",入声。语法上,二者都是主谓结构。谓语部分"花烛绕""月轮高"也是主谓结构,陈述"玉堂""金殿"的景象。

⑦孤山看鹤盘云下,蜀道闻猿向月号(háo):上联说的是林逋的典故。林逋,北宋隐逸诗人,隐居西湖孤山,终生不仕不娶,植梅养

鹤,自称"以梅为妻,以鹤为子",人称"梅妻鹤子"。孤山,西湖中最大的岛屿。盘云,盘旋于云霄,唐祖咏(一作李端)《赠苗发员外》"宿雨朝来歇,空山天气清。盘云双鹤下,隔水一蝉鸣"。"看鹤",琅环阁藏本作"待鹤",皆可。下联"闻猿",与"看鹤"相对似更佳。故此取"看鹤"。下联出自唐李白《蜀道难》:"噫吁嚱,危乎高哉!蜀道之难,难于上青天!……黄鹤之飞尚不得过,猿猱欲度愁攀援。……问君西游何时还?畏途巉岩不可攀。但见悲鸟号古木,雄飞雌从绕林间。又闻子规啼夜月,愁空山。蜀道之难,难于上青天,使人听此凋朱颜。"蜀道,蜀中的道路,自古以来被人们称为奇丽惊险,行路艰难。平仄上,上联是平平仄仄平平仄,下联是仄仄平平仄仄平。号,古今皆有去、平两个读音,此处是动物引声长鸣的意思,当读平声。语法上,上下联都是状中结构,主语省略。"孤山""蜀道"是处所状语;"看鹤盘云下""闻猿向月号"是动宾结构,其宾语"鹤盘云下""猿向月号"则都是主谓结构。

⑧万事从人,有花有酒应自乐;百年皆客,一丘一壑尽吾豪:万事从人,出自唐刘长卿《睢阳赠李司仓》"一身不家食,万事从人求"。万事,一切事的意思,唐李白《梦游天姥吟留别》"世间行乐亦如此,古来万事东流水"。有花有酒,出自唐白居易《寄明州于驸马使君三绝句》"有花有酒有笙歌,其奈难逢亲故何"。百年皆客,意谓人生在世,匆匆百年,都是过客,宋苏轼《九日湖上寻周李二君不见君亦见寻于湖上以诗见寄明日乃次其韵》"人生如朝露,要作百年客"。一丘一壑,"丘"是指山陵,"壑"是指溪谷,宋吴潜《秋夜雨》"收绳卷索今番稳,尽一丘一壑足乐",宋辛弃疾《鹧鸪天(鹅湖归病起作)》"书咄咄,且休休。一丘一壑也风流"。平仄上,上联是仄仄平平,仄平仄仄平仄仄;下联是仄平平仄,仄平仄仄仄仄平平。一,《广韵》"於悉切",入声。上下联下半句的第二和

第四字平仄相同，失对。上联下半句的第四字和第六字都是仄声，失替；上联下半句的第二字以仄声为宜、第四字以平声为宜。语法上，"万事从人""百年皆客"相对，都是主谓结构；谓语部分"从人""皆客"两个词语不甚相对，"从人"是动宾结构，"皆客"是状中结构，"皆"的意义比"从"要虚。下半句也不甚相对，"有"是动词，"一"是数词，"有花有酒应自乐"是连谓结构，"一丘一壑尽吾豪"则是主谓结构。此联在格律和结构上纰漏虽然不少，但是境界超迈洒脱，亦有可取之处。

【译文】

梅和杏相对，李和桃相对。

械朴和旌旗相对。

酒仙和诗史相对，德泽与恩惠相对。

陈蕃为徐稺特设一榻，王濬夜梦梁上挂三刀。

安逸和辛劳相对。

玉堂之上花烛照耀，金殿之上明月高悬。

林逋隐居孤山看白鹤从云上盘旋而下，李白经过蜀道听见猿猴对着月亮哀号。

万事从心所欲，有花有酒相伴，理应乐在其中；人生百年过客，一丘一壑在前，自当尽我豪情。

其三

台对省，署对曹^①。

分袂对同袍^②。

鸣琴对击剑，返辙对回舠^③。

良借箸，操捉刀^④。

香茗对醇醪^⑤。

涓泉归海大，寸壤积山高⑥。

石室客来煎雀舌，画堂宾至饮羊羔⑦。

被谪贾生，湘水凄凉吟《鵩鸟》；遭逸屈子，江潭憔悴著《离骚》⑧。

【注释】

①台对省，署对曹：台，古代中央政府的官署，常指御史台，《北史·元仲景传》"孝庄时，兼御史中尉，京师肃然。每向台，恒驾赤牛，时人号'赤牛中尉'"。省，王宫禁地，禁中，后为中央官署名，元代以来是行政区域名。署，公署，官署。曹，古代分科办事的官署或部门。平仄上，"台""曹"是平声，"省""署"是仄声。平仄上，四个都是名词。

②分袂(mèi)对同袍：分袂，离别，晋干宝《秦女卖枕记》"(秦女)取金枕一枚，与度(孙道度)为信，乃分袂泣别"；袂，衣袖。同袍，共穿同一袍衫，出自《诗经·秦风·无衣》"岂曰无衣，与子同袍。王于兴师，修我戈矛，与子同仇"；后来用此泛指朋友、同僚等等。平仄上，"分袂"是平仄，"同袍"是平平。语法上，二者都是动宾结构；"同"是共用、同穿的意思，用为动词，与"分"相对。

③鸣琴对击剑，返辙对回舠(dāo)：鸣琴，弹琴，唐高适《登子贱琴堂赋诗》之一"宓子昔为政，鸣琴登此台"。击剑，以剑相击刺，《汉书·司马相如传》"少时好读书，学击剑"。返辙，回车、返行，明徐弘祖《徐霞客游记·滇游日记二》"余觉其误，复返辙而北"；辙，车轮碾过的痕迹。回舠，即回舟、归航的意思；舠，小船。平仄上，"鸣琴"是平平，"击剑"是仄仄；"返辙"是仄仄，"回舠"是平平。击，《广韵》"古历切"，入声；辙，《广韵》"直列切"，入声。语法上，"鸣琴""击剑"是动宾结构；"鸣琴"是使琴鸣，"鸣"用作使动。"返辙""回舠"也是动宾结构，"返""回"也都是使动用法。

④良借箸，操捉刀：上联说的是秦末汉初政治家张良的典故，出自《史记·留侯世家》："食其未行，张良从外来谒。汉王方食，曰：'子房前！客有为我计桡楚权者。'具以郦生语告，曰：'于子房何如？'良曰：'谁为陛下画此计者？陛下事去矣。'汉王曰：'何哉？'张良对曰：'臣请藉前箸为大王筹之。'"项羽将刘邦围困在荥阳的时候，郦食其替刘邦出主意，让他立六国之后。张良否定了这个计策，借用刘邦的筷子来筹算，列出了八条不可立六国之后的理由，"诚用客之谋，陛下事去矣"。刘邦饭也不吃了，大骂"竖儒，几败而公事"。箸，即今之筷子。下联说的是三国时期政治家曹操的故事，出自《世说新语·容止》："魏武将见匈奴使，自以形陋，不足雄远国，使崔季珪代，帝自捉刀立床头。既毕，令间谍问曰：'魏王何如？'匈奴使答曰：'魏王雅望非常；然床头捉刀人，此乃英雄也。'魏武闻之，追杀此使。"有一次，曹操要接见匈奴使者，他认为自己形貌平庸，不足以威慑别国使者，就派了崔琰假冒他，自己就拿着刀站在旁边。后来，他派人去问使者对魏王有什么印象。使者回答说："魏王风度高雅，但在旁边拿刀的那位才是真英雄。"曹操就派人将使者杀死了。捉，手持的意思。平仄上，"良借箸"是平仄仄，"操捉刀"是平仄平。捉，《广韵》"侧角切"，入声。第二字平仄相同，失对。语法上，两句都是主谓结构。

⑤香茗(míng)对醇醪(láo)：香茗，香茶，唐白居易《晚起》"融雪煎香茗，调酥煮乳糜"。醇醪，美酒，《史记·袁盎晁错列传》"乃悉以其装赍置二石醇醪"。平仄上，"香茗"是平仄，"醇醪"是平平。茗，《广韵》"莫迥切"，上声。语法上，两个词语都是定中结构。

⑥涓泉归海大，寸壤积山高：许多文献中有与此联类似的表达，如《荀子·劝学》有"不积小流，无以成江海"，秦李斯《谏逐客书》"是以太山不让土壤，故能成其大；河海不择细流，故能就其深；

王者不却众庶,故能明其德"。涓,细小水流,《说文解字·水部》
"涓,小流也"。壤,泥巴。平仄上,上联是平平平仄仄,下联是仄
仄仄平平。积,《广韵》有"资昔切""子智切"两读,一入一去,都
是仄声。语法上,两句都是主谓结构:主语"涓泉""寸壤"是定中
结构,"涓""寸"本是名词,此皆用于形容对象的细小或量少。上
下联都浓缩了两句话,"涓泉归海而海大""寸壤积山而山高"。
"海"是"归"的宾语,"大"的主语,"山"是"积"的宾语,"高"的主
语;前后两个结构的成分相重合,产生了环环相扣的感觉。

⑦石室客来煎雀舌,画堂宾至饮羊羔:此联化用明代名臣于谦《于
忠肃集·雪赋》"绡金帐中饮羊羔而低唱,红炉火上烹雀舌以馨
香"。石室,指传说中的神仙洞府,汉刘向《真君传》"赤松子者,
神农时雨师……数往昆仑山中,常止西王母石室中,随风雨上
下"。雀舌,茶名,以嫩芽焙制的上等茶,宋沈括《梦溪笔谈·杂
志一》"茶芽,古人谓之'雀舌''麦颗',言其至嫩也"。画堂,泛指
华丽的堂舍,南朝梁简文帝《伐庐陵内史王修应令》"回池泻飞
栋,浓云垂画堂"。羊羔,本指小羊,此指酒名,元宋伯仁《酒小
史》"汾州乾和酒,山西羊羔酒。"饮羊羔,琅环阁藏本作"奉羊
羔",本书从典故上考虑,取"饮"。平仄上,上联是仄仄仄平平仄
仄,下联是仄平平仄仄平平。石,《广韵》"常隻切",入声。语法
上,"石室""画堂"都是处所名词充当状语;中心语"客来煎雀舌"
"宾至饮羊羔"是主谓结构;其谓语成分"来煎雀舌""至饮羊羔"
都是连谓结构,表示两个连续的动作行为。

⑧被谪(zhé)贾生,湘水凄凉吟《鹏(fú)鸟》;遭谗屈子,江潭憔悴著
《离骚》:上联说的是西汉著名政论家、文学家贾谊的典故。贾谊
少有才名,文帝时任博士,后被贬谪为长沙王太傅,世称"贾长
沙""贾太傅"。被召回长安后,担任梁怀王太傅。梁王坠马而
死,贾谊内疚抑郁而亡。谪,指古代官吏因罪而被降职或流放,

汉贾谊《吊屈原赋》序"谊为长沙王太傅，既以谪去，意不自得"。湘水，指湘江，长江的支流，流经长沙。《鹏鸟》，指贾谊谪居长沙时所创作的《鹏鸟赋》。下联说的是战国时楚国著名爱国诗人屈原的故事。屈原曾得楚怀王信任，任左徒、三闾大夫，后被谗毁，先后被流放至汉北和沅湘流域。楚国郢都被秦攻破后，屈原自沉汨罗江而亡。谗，说陷害、毁谤的话。江潭憔悴，典出《楚辞·渔父》："屈原既放，游于江潭，行吟泽畔，颜色憔悴，形容枯槁。"江潭，就是江边的意思。憔悴，形容身体容貌黄瘦、瘦损。《离骚》，是屈原所创作的抒情长诗，记叙了他自己高贵的身世、遭受排挤的悲剧命运，抒发了自己对楚国命运的满腔忧愤。司马迁在《史记》中把屈原、贾谊列入同一传记，写了《屈原贾生列传》，故后世把二人并称为"屈贾"，传中提到两人创作《离骚》和《鹏鸟赋》的过程："屈平疾王听之不聪也，谗谄之蔽明也，邪曲之害公也，方正之不容也，故忧愁幽思而作《离骚》"，"贾生为长沙王太傅三年，有鸮飞入贾生舍，止于坐隅。楚人命鸮曰'服'。贾生既以谪居长沙，长沙卑湿，自以为寿不得长，伤悼之，乃为赋以自广"。平仄上，上联是仄仄仄平，平仄平平平仄仄；下联是平平仄仄，平平平仄仄平平。谪，《集韵》"陟革切"，入声；鹏，《广韵》"房六切"，入声；屈，《广韵》"区勿切"，入声。语法上，上下联皆为主谓结构。"被谪贾生""遭谗屈子"为主语，其定语"被谪""遭谗"都是动宾结构。谓语部分"湘水凄凉吟《鹏鸟》""江潭憔悴著《离骚》"是状中结构；状语"湘水""江潭"表处所，"凄凉""憔悴"也是状语，形容状态；动宾结构"吟《鹏鸟》""著《离骚》"充当谓语中心语。此联用典、意境、结构各方面的对仗都比较工稳。

【译文】

台和省相对,署和曹相对。

分道扬镳和共穿袍衫相对。

弹琴和击剑相对,回车和返航相对。

张良借用刘邦的筷子来筹算,曹操假装卫士拿着刀站一旁。

香茶和醇酒相对。

一滴滴的涓涓细流终能成就海之广大,一寸寸的细小土壤最终堆成山之巍峨。

石室来了宾客宜烹煮雀舌这样的好茶,画堂有了客人要共饮羊羔这样的好酒。

被贬谪到长沙的贾谊,凄凉地在湘水边吟诵《鹏鸟赋》;遭谗毁被流放的屈原,憔悴地在江潭边撰写《离骚》诗。

五　歌

【题解】

"歌"是"平水韵"中下平声的第五韵部。

"歌"在《广韵》中作"古俄切",平声,歌韵。

《笠翁对韵》中所用到的韵脚字有多、柯、蓑、酡、歌、罗、何、梭、苛、娑、莎、戈、波、鹅、河、荷、萝、坡、磨、窝、囮、科、和、娥等24个,《声律启蒙》所用到的韵脚字有河、萝、歌、磨、荷、搓、柯、波、多、驼、鹅、科、颇、和、何、蓑等16个。其中有13个韵脚字两书都有用到,分别是多、柯、蓑、歌、何、波、鹅、河、荷、萝、磨、科、和。《笠翁对韵》中用到而《声律启蒙》没用到的有11字:酡、罗、梭、苛、娑、莎、戈、坡、囮、窝、娥。《声律启蒙》用到而《笠翁对韵》中没用到的有3字:搓、驼、颇。

其一

微对巨,少对多①。

直干对平柯②。

蜂媒对蝶使,雨笠对烟蓑③。

眉淡扫,面微酡④。

妙舞对清歌⑤。

轻衫裁夏葛,薄袂剪春罗⑥。

将相兼行唐李靖,霸王杂用汉萧何⑦。

月本阴精,岂有羿妻曾窃药;星为夜宿,虚传织女漫投梭⑧。

【注释】

①微对巨,少对多:微,少、小的意思。巨,大的意思。平仄上,“微”“多”是平声,“巨”“少”是仄声。语法上,四个词语都是形容词。

②直干对平柯:直干,挺直的树干,常与“曲枝”“旁枝”相对,南朝梁丘迟《题琴材奉柳吴兴》“清心有素体,直干无曲枝”。平柯,指横平的树枝,明孙绪《寒鸦万点图二绝》“高树平柯满上林,夕阳未下昼阴阴”。“平”在这里是“横”的意思,故而与“直”语义相反;“干”“柯”则是树干和树枝相对。平仄上,“直干”是仄仄,“平柯”是平平。直,《广韵》“除力切”,入声。语法上,两个词语都是定中结构。

③蜂媒对蝶使,雨笠对烟蓑:蜂媒,即指蜜蜂,以花为生,采摘花粉、花蜜,在花间穿梭。蝶使,指蝴蝶,蝴蝶经常吸食花蜜,翩跹于花间。因为二者都经常在花间飞来飞去,故也比喻为男女双方的媒人使者。“蜂媒”“蝶使”经常并提,如宋王之道《宴山亭·海棠》“曾约小桃新燕,有蜂媒蝶使,为传芳信”。雨笠,遮雨的笠帽。烟蓑,指挡雨的蓑衣,二者是农夫渔父的打扮,也经常并提,表示隐逸情怀。宋张元幹《八声甘州·西湖有感寄刘晞颜》“问

苍颜华发,烟蓑雨笠,何事重来"。平仄上,"蜂媒"是平平,"蝶使"是仄仄;"雨笠"是仄仄,"烟蓑"是平平。蝶,《广韵》"徒协切",入声。语法上,四个词语都是定中结构。

④眉淡扫,面微酡:眉淡扫,指女子画眉,诗文中多有此语,宋晏几道《生查子》"轻匀两脸花,淡扫双眉柳",宋欧阳修《玉楼春》"金雀双鬟年纪小,学画蛾眉红淡扫"。酡,饮酒脸红貌,也泛指脸红。平仄上,"眉淡扫"是平仄仄,"面微酡"是仄平平。语法上,两个词语都是主谓结构。

⑤妙舞对清歌:清歌,不用乐器伴奏的歌唱,也指清亮的歌声,此当指后者。"清歌""妙舞"经常并提,晋葛洪《抱朴子·知止》"轻体柔声,清歌妙舞"。平仄上,"妙舞"是仄仄,"清歌"是平平。语法上,两个词语都是定中结构。

⑥轻衫裁夏葛(gé),薄袂剪春罗:衫,一般指单衣。夏葛,指夏天穿的葛衣,唐薛能《水帘吟》"豪客每来清夏葛,愁人才见认秋檐";葛,指草木纤维制成的织物。袂,衣袖。春罗,丝织品的一种,元吴当《潘子华画上都花鸟》"不知天上寒多少,谁剪春罗作舞衣"。平仄上,上联是平平平仄仄,下联是仄仄仄平平。葛,《广韵》"古达切",入声;薄,《广韵》"傍各切",入声。语法上,两句都是主谓结构。主语"轻衫""薄袂"是受事,是谓语动词"裁""剪"的结果;"夏葛""春罗"皆表裁剪所用的材料,充当宾语。

⑦将相兼行唐李靖,霸王杂用汉萧何:上联说的是唐初军事家李靖的典故,《旧唐书·王珪传》载:"后尝侍宴,太宗谓珪(王珪)曰:'卿识鉴清通,尤善谈论,自房玄龄等,咸宜品藻,又可自量,孰与诸子贤?'对曰:'孜孜奉国,知无不为,臣不如玄龄;才兼文武,出将入相,臣不如李靖;敷奏详明,出纳惟允,臣不如温彦博;处繁理剧,众务必举,臣不如戴胄;以谏诤为心,耻君不及于尧、舜,臣不如魏征。至如激浊扬清,嫉恶好善,臣于数子,亦有一日之

长。'"王珪是初唐名相,他对房玄龄、李靖、温彦博、戴胄、魏征等人一一进行了点评,认为自己在"才兼文武,出将入相"方面比不上李靖,当是"将相兼行唐李靖"的出处。李靖,本名药师,京兆三原(今陕西三原)人,精熟兵法。高祖时,任行军总管;太宗时,历任兵部尚书、尚书右仆射等职。将相,将帅和丞相,将是武官,相是文官,"将相兼行"是形容李靖文武双全。下联说的是汉初名相萧何的典故,萧何,沛县(今属江苏)人,曾为沛县吏。秦末时辅佐刘邦起义。后封酂侯,位次第一。《史记·高祖本纪》载刘邦之言:"夫运筹策帷帐之中,决胜于千里之外,吾不如子房。镇国家,抚百姓,给馈饷,不绝粮道,吾不如萧何。连百万之军,战必胜,攻必取,吾不如韩信。此三者,皆人杰也,吾能用之,此吾所以取天下也。"霸王,指的是霸道和王道:霸道,指君主凭借武力、刑法、权势等进行统治;王道,儒家提出的一种以仁义治天下的政治主张。"霸道"与"王道"常常相对,唐张九龄《应道侔伊吕科对策》之二"王道务德,不来不强臣;霸道尚功,不伏不偃甲"。萧何巩固刘邦的大后方,提供武力所必需的粮饷,这是"霸";但同时他又在后方安抚百姓,推行德政,这是"王"。平仄上,上联是仄仄平平平仄仄,下联是仄平仄仄仄平平。杂,《广韵》"徂合切",入声。语法上,上下联都是主谓结构,有判断的意味。"将相兼行"者,乃"唐李靖"也;"霸王杂用"者,则"汉萧何"也。主语部分"将相兼行""霸王杂用"也是主谓结构,谓语"唐李靖""汉萧何"是定中结构。

⑧月本阴精,岂有羿妻曾窃药;星为夜宿(xiù),虚传织女漫投梭:上联说的是后羿和嫦娥的传说,典出《淮南子·览冥训》:"譬若羿请不死之药于西王母,姮娥窃以奔月,怅然有丧,无以续之。"高诱注"姮娥"也说:"姮娥,羿妻。羿请不死之药于西王母,未及服之,姮娥盗食之,得仙,奔入月中,为月精也。"姮娥,后常作嫦娥,

唐李商隐《嫦娥》有"嫦娥应悔偷灵药，碧海青天夜夜心"。羿从西王母那里求得不死之药，结果被姮娥偷了，飞升到月亮上去，成了月中女神。羿，传说中善于射箭的人，《孟子·离娄下》"逢蒙学射于羿，尽羿之道，思天下惟羿为愈己，于是杀羿"。下联也是一个民间传说——牛郎和织女的故事，出自《月令广义·七月令》引南朝梁殷芸《小说》"天河之东有织女，天帝之子也。年年机杼劳役，织成云锦天衣，容貌不暇整。帝怜其独处，许嫁河西牵牛郎，嫁后遂废织纴。天帝怒，责令归河东，但使一年一度相会"。这是古人从牵牛星和织女星而演绎出来的故事，传统诗文里大量使用此典，如《古诗十九首》"迢迢牵牛星，皎皎河汉女。纤纤擢素手，札札弄机杼。终日不成章，泣涕零如雨。河汉清且浅，相去复几许。盈盈一水间，脉脉不得语"，唐杜甫《牵牛织女》"牵牛出河西，织女处其东。万古永相望，七夕谁见同"。宿，星宿，我国古代指某些星的集合体。虚传，就是空传的意思，今本多作"浪传"，与"虚传"同义，如唐杜甫《得舍弟消息》诗之二"浪传乌鹊喜，深负鹡鸰诗"，仇兆鳌注"弟不能归，空传乌鹊之喜"。漫，随意、胡乱，如唐杜甫《闻官军收河南河北》"却看妻子愁何在，漫卷诗书喜欲狂"。投梭，织布时来回投射梭子，指织布。平仄上，上联是仄仄平平，仄仄仄平平仄仄；下联是平平仄仄，平平仄仄仄平平。织，《广韵》"之翼切"，入声。语法上，"月本阴精"对"星为夜宿"，是主谓结构，表判断。"岂有羿妻曾窃药""虚传织女漫投梭"是对"嫦娥奔月"和"牛郎织女"两个传说的否定，都是状中结构："岂""虚"作状语；谓语中心"有羿妻曾窃药""传织女漫投梭"是动宾结构。对仗工整。

【译文】

小和大相对，少和多相对。

挺直的树干和横平的树枝相对。

蜂为媒和蝶作使相对,斗笠和蓑衣相对。

娥眉淡扫,面颊微红。

美妙的舞姿和清亮的歌声相对。

轻衫乃由夏葛裁成,薄袂是用春罗剪成。

文武双全还得推唐代李靖为第一,霸道王道并用是汉代萧何的策略。

月亮本是阴气的精华,哪里会有什么后羿的妻子嫦娥偷药变成月中之神的事情;织女是二十八宿之一,她为了和牛郎相会投梭织布的故事原是荒诞虚无的传说。

其二

慈对善,虐对苛①。

缥缈对婆娑②。

长杨对细柳,嫩蕊对寒莎③。

追风马,挽日戈④。

玉液对金波⑤。

紫诏衔丹凤,黄庭换白鹅⑥。

画阁江城梅作调,兰舟野渡竹为歌⑦。

门外雪飞,错认空中飘柳絮;岩边瀑响,误疑天半落银河⑧。

【注释】

①慈对善,虐对苛:慈,上爱下、父母爱子女,即所谓父慈子孝之"慈"。善,吉祥,美好。今"慈""善"常并提,有"慈善"一词,仁慈、富有同情心的意思。虐,残害、残暴的意思。苛,狠虐、严厉的意思。两组词语,第一组是褒义,第二组是贬义。平仄上,

"慈""苛"是平声,"善""虐"是仄声。语法上,两组都是形容词。

②缥缈对婆娑:缥缈,形容高远隐约貌。婆娑,一般形容舞姿的优美。平仄上,"缥缈"是平仄,"婆娑"是平平。语法上,两个词语都是形容词,且都为联绵词,其内部结构不可拆分。

③长杨对细柳,嫩蕊对寒莎(suō):长杨,长杨宫的省称,《三辅黄图·秦宫》"长杨宫,在今盩厔县东南三十里,本秦旧宫,至汉修饰之以备行幸。宫中有垂杨数亩,因为宫名,门曰射熊馆。秦汉游猎之所"。细柳,此为"细柳营"的简称。据《史记·绛侯周勃世家》载,"文帝之后六年,匈奴大入边",当时周亚夫驻军细柳营,文帝去劳军,结果被细柳营的各种军令所限。对此,文帝称赏不已,感叹"嗟乎,此真将军矣",拜亚夫为中尉。嫩蕊,含苞欲放的花,唐杜甫《江畔独步寻花》"繁枝容易纷纷落,嫩蕊商量细细开"。莎,草名,即莎草,南唐李中《安福县秋吟寄陈锐秘书》有"卧听寒蛩莎砌月,行冲落叶水村风"。平仄上,"长杨"是平平,"细柳"是仄仄;"嫩蕊"是仄仄,"寒莎"是平平。语法上,"长杨""细柳"皆为地名的简称,定中结构;"嫩蕊""寒莎"也是定中结构,形容词修饰植物名词。

④追风马,挽日戈:"追风"本是形容足力强、速度快,比如孔颖达《春秋左传正义》"然则千里之路,往还八反,车率日行一百六十里,计则一万六千里,虽追风逐日之足,犹将不逮于此";后来作为骏马的名称,北魏杨衒之《洛阳伽蓝记·法云寺》"琛在秦州,多无政绩,遣使向西域求名马,远至波斯国,得千里马,号曰'追风赤骥'"。挽日戈,出自鲁阳公的典故,《论衡·对作篇》曰"《淮南书》言共工与颛顼争为天子,不胜,怒而触不周之山,使天柱折,地维绝。尧时十日并出,尧上射九日。鲁阳战而日暮,援戈麾日,日为却还",据说鲁阳作战的时候太阳下山了,他就拿起戈把太阳给挽回来了。有大量诗词赞美鲁阳的勇武,唐岑参《送裴

侍御赴岁入京》"惜别津亭暮,挥戈忆鲁阳",明冯琦《送操江张中丞二首》"练甲含江动,雕戈挽日回"。平仄上,"追风马"是平平仄,"挽日戈"是仄仄平。语法上,二者都是定中结构,其定语"追风""挽日"都是动宾结构。

⑤玉液对金波:玉液,比喻美酒。金波,亦泛指酒。二者经常并提,或作"玉液金波",或作"金波玉液",比如《西厢记·崔莺莺夜听琴》"他其实咽不下玉液金波。谁承望月底西厢,变做了梦里南柯"。平仄上,"玉液"是仄仄,"金波"是平平。语法上,二者都是定中结构。

⑥紫诏衔丹凤,黄庭换白鹅:上联说的是周文王和周武王的典故,《今本竹书纪年·周武王》载:"文王梦日月著其身,又鸑鷟鸣于岐山。孟春六旬,五纬聚房。后有凤凰衔书,游文王之都。书又曰:'殷帝无道,虐乱天下。星命已移,不得复久。灵祇远离,百神吹去。五星聚房,昭理四海。'文王既没,太子发代立,是为武王。"传说有凤凰衔着诏书游于文王之都,昭示殷商快要灭亡的预言。后来果然周武王灭商,建立了周朝。《宋书·符瑞上》亦有类似的记载。紫诏,又叫"紫泥诏""紫泥书",指皇帝诏书,古人以泥封书信,泥上盖印,皇帝诏书则用紫泥,故名。唐李白《玉壶吟》有"凤凰初下紫泥诏,谒帝称觞登御筵"。丹凤,头和翅膀上的羽毛为红色的凤鸟,比喻下达诏书的使者,唐黄滔《贺清源仆射新命》"二天在顶家家咏,丹凤衔书岁岁来",明高明《琵琶记·春宴杏园》"九重天上声名重,紫泥封已传丹凤"。下联说的是王羲之的典故,王羲之写经换鹅有两次,《七修类稿·辩证类·换鹅经》有详细的解说:"羲之书经换鹅事,张汉《云谷杂记》辨之甚明,但文多而难备录,盖以羲之两次事也,今予略具辨,直著其义于左。一书《道德经》,是偶悦山阴道士之鹅,求市不得,因为之写换也。此出传中所谓'写毕,欣然笼鹅而归'。一书《黄

庭经》,亦山阴道士好黄庭,又知羲之爱白鹅,逆以数头赠之,得其妙翰。俱缘以写经换鹅,故后人指为一事,辩之纷纷也。独李太白于《右军》诗曰:'右军本清真,潇洒在风尘,山阴遇羽客,爱此好鹅宾,扫素写道德,笔精妙入神,书罢笼鹅去,何曾别主人?'又《送贺宾客归越》诗:'镜湖秋水漾晴波,狂客归舟逸兴多,山阴道士如相见,应写黄庭换白鹅。'此可知矣。至若衍极之论固精,恐白不至如此误也。"这两次换鹅都与山阴道士有关,一个喜欢《道德经》,一个喜欢《黄庭经》,皆请王羲之写经以换鹅,李渔此处用的是后一个典故,故作"黄庭换白鹅"。平仄上,上联是仄仄平平仄,下联是平平仄仄平。白,《广韵》"傍陌切",入声。语法上,两句都是主谓结构,表达的是紫诏衔于丹凤、黄庭换取白鹅的含义。此联一共用了四个颜色词来对仗,构思巧妙。

⑦画阁江城梅作调,兰舟野渡竹为歌:上联典出唐李白《与史郎中钦听黄鹤楼上吹笛》(或作《黄鹤楼闻笛》)"黄鹤楼中吹玉笛,江城五月落梅花"。到现在黄鹤楼还有一副楹联作"何时黄鹤重来,且自把金樽,看洲渚千年芳草;今日白云尚在,问谁吹玉笛,落江城五月梅花"。"画阁"指彩绘华丽的楼阁,即黄鹤楼;"江城"指临江之城市,武汉濒临长江,别称"江城"。黄鹤楼位于武汉长江南岸的武昌蛇山之巅,濒临万里长江,故曰"画阁江城",其楹联有"对江楼阁参天立,全楚山河缩地来"。调,戏曲和歌曲的乐律、调子。琅环阁藏本"画阁"作"画角","调"作"引"。引,也有乐曲的意思,亦可。然"画角"是边城军乐,与黄鹤楼无关,当以"画阁"为是。兰舟,木兰舟,亦用为小舟的美称。野渡,荒落之处或村野的渡口,唐韦应物《滁州西涧》有"春潮带雨晚来急,野渡无人舟自横"。竹为歌,指的是《竹枝词》,原为四川东部一带民歌,唐代诗人刘禹锡根据民歌创作新词,多写男女爱情和乡土风俗,流传甚广,比如他的《竹枝词》有"杨柳青青江水平,闻

郎江上唱歌声"。平仄上,上联是仄仄平平平仄仄,下联是平平
仄仄仄平平。阁,《广韵》"古落切",入声;竹,《广韵》"张六切",
入声。语法上,"画阁江城"对"兰舟野渡",皆由两个名词组成,
表达的是"画阁立于江城""兰舟横于野渡"的意思,谓语动词省
略;"梅作调"对"竹为歌",都是主谓结构。

⑧门外雪飞,错认空中飘柳絮;岩边瀑响,误疑天半落银河:上联是
东晋才女谢道韫的典故,出自《世说新语·言语》:"谢太傅寒雪
日内集,与儿女讲论文义。俄而雪骤,公欣然曰:'白雪纷纷何所
似?'兄子胡儿(谢朗小字)曰:'撒盐空中差可拟。'兄女曰:'未若
柳絮因风起。'公大笑乐。即公大兄无奕女,左将军王凝之(羲之
第二子)妻也。"谢道韫年少时候和兄弟姐妹们一起学习,当时下
起了大雪,叔叔谢安问他们:"白雪纷纷拿什么来比喻好?"谢道
韫以柳絮比拟雪花飘舞,颇得谢安的称赏。后人因此用"咏絮之
才"比喻有文才的女子。下联典出唐李白《望庐山瀑布》"日照香
炉生紫烟,遥看瀑布挂前川。飞流直下三千尺,疑是银河落九
天"。平仄上,上联是平仄仄平,仄仄平平平仄仄;下联是平平仄
仄,仄平平仄仄平平。语法上,"门外雪飞"对"岩边瀑响",是状
中结构,由"门外""岩边"两个方位短语修饰"雪飞""瀑响"两个
主谓结构;"错认空中飘柳絮"对"误疑天半落银河",也是状中短
语,主语省略,"错""误"充当状语,谓语中心"认空中飘柳絮""疑
天半落银河"是动宾结构,"空中飘柳絮""天半落银河"是主谓结
构充当宾语。结构虽然复杂,对仗非常工整。

【译文】

慈爱和善良相对,残暴和苛刻相对。

缥缈和婆娑相对。

长杨宫和细柳营相对,娇嫩的花蕊和秋天的莎草相对。

追风一般迅捷的马,能把太阳挽回的戈。

　　玉液般的美酒和金波般的醇酿相对。

　　皇帝的诏书由丹凤口衔而来，白鹅是王羲之用黄庭经所换。

　　黄鹤楼立于江城之中，有人在楼中吹奏笛曲《梅花落》；木兰舟泊于野渡之口，有人在岸边高声歌唱《竹枝词》。

　　门外大雪纷飞，才女谢道韫将雪比作空中柳絮飘扬；山岩瀑布鸣响，诗仙李太白把它当作九天银河飞落。

其三

松对竹，荇对荷①。

薜荔对藤萝②。

雕云对镂月，樵唱对渔歌③。

升鼎雉，听经鹅④。

北海对东坡⑤。

吴郎哀废宅，邵子乐行窝⑥。

丽水良金皆待冶，昆山美玉总须磨⑦。

雨过皇州，琉璃色灿华清瓦；风来帝苑，荷芰香飘太液波⑧。

【注释】

①松对竹，荇对荷："松"与"竹"皆属古代"岁寒三友"，作为品格正直、高洁的象征物。"荇"与"荷"皆为水生植物，可以食用和入药；荇，《诗经·周南·关雎》有"参差荇菜，左右流之"。平仄上，"松""荷"是平声，"竹""荇"是仄声。竹，《广韵》"张六切"，入声。语法上，四个词语都是植物名词。

②薜荔对藤萝：薜荔，常绿藤本植物，蔓生，《楚辞·离骚》"揽木根以结茝兮，贯薜荔之落蕊"，王逸注曰"薜荔，香草也，缘木而生蕊实也"。藤萝，紫藤的通称。二者经常并提，比如清李斗《扬州画

舫录·小秦淮录》"门挂藤萝,墙封薜荔"。平仄上,"薜荔"是仄仄,"藤萝"是平平。语法上,两者都是藤蔓类植物名词。不过,"薜荔"是联绵词,不能拆分;"藤萝"是并列式合成词。

③雕云对镂月,樵唱对渔歌:"雕""镂"义同,都是雕刻的意思。古文中常见二者并提,如清解鉴《益智录》"……然无损于己,有益于人,犹胜于俪白妃红,雕云镂月,浪费笔墨而已也",清周凯《厦门志》卷十四"陈龙寿,字藕君,泉州人;鸿胪寺卿科捷季女也。……生长名门,雅娴吟咏。……然不肯多作,谓'雕云镂月,非闺阁所宜'"。可见,"雕云镂月"当是比喻在文字上的雕饰。今本多作"梯云对步月"。樵,柴薪,引申为打柴,还引申为打柴人、樵夫,此指后者,宋王安石《谢公墩》"问樵樵不知,问牧牧不言"。渔,打鱼,引申为渔父,此也指后者。平仄上,"雕云"是平平,"镂月"是仄仄;"樵唱"是平仄,"渔歌"是平平。语法上,"雕云""镂月"都是动宾结构,"樵唱""渔歌"都是主谓结构。

④升鼎雉,听经鹅:升鼎雉,典出《尚书·高宗肜日》:"高宗肜日,越有雊雉。祖己曰:'惟先格王,正厥事。'乃训于王曰:'惟天监下民,典厥义。降年有永有不永;非天夭民,民中绝命。民有不若德,不听罪;天既孚命正厥德,乃曰:"其如台?"呜呼!王司敬民;罔非天胤,典祀无丰于昵。'"《史记·殷本纪》也对此有详细记载。武丁祭祀高宗的那一天,有一只野鸡跳到鼎上鸣叫。祖己就提醒武丁说要修政事,武丁按照他所说的去实行,终于实现殷道复兴,百姓和乐。听经鹅,这类故事甚多。据清徐谦《物犹如此·通慧鉴》引《第一功德录》载:"明侍中钟公复秀、徐公遵寿,俱住罗家巷,奉佛,持《金刚经》。别洁一佛堂,二公联坐而诵。钟家有双白鹅,闻其念佛,辄尾二公后,作声而行,逐之不去,亦不近逼。其行其止,皆随鱼子声。严寒行多,鹅掌冻裂露骨,强行益力。逾数年,双鹅并对经案立化。二公为瘗于净业寺后地,

号'听经鹅冢'。"明代的钟复秀、徐遵寿住在罗家巷,他们信仰佛教,诵读《金刚经》。钟家有两只鹅,听到他们念佛,就跟随二人之后,赶也赶不走。几年后,两只鹅对着经案立化,钟、徐二人就把它们埋在净业寺,谓之"听经鹅冢"。除此以外,此书还引《两京记》曰"净因寺沙门慧远,养一鹅,尝随听经。每闻讲经,则入堂伏听。泛说他事,则鸣翔而出",说的都是鹅听经的故事。平仄上,"升鼎雉"是平仄仄,"听经鹅"是平平平。语法上,"升鼎雉""听经鹅"都是定中结构,其定语"升鼎""听经"都是动宾结构。

⑤ 北海对东坡:北海,古代泛指北方最远僻之地,也是汉代的郡名,汉景帝中元二年置,汉末孔融任北海相,人称孔北海,亦称北海。东坡,本指东边坡地,也是一个地名,在湖北黄冈,宋苏轼《东坡》诗曰"雨洗东坡月色清,市人行尽野人行",后苏轼就以此为号。平仄上,"北海"是仄仄,"东坡"是平平。语法上,两个词语都可为指人、地的名词,都是定中结构。

⑥ 吴郎哀废宅,邵子乐行窝:上联说的是唐代诗人吴融的典故,他有一首诗名叫《废宅》:"风飘碧瓦雨摧垣,却有邻人与锁门。几树好花闲白昼,满庭荒草易黄昏。放鱼池涸蛙争聚,栖燕梁空雀自喧。不独凄凉眼前事,咸阳一火便成原。"这首诗感叹了项羽火烧咸阳的历史往事。下联说的是宋代哲学家邵雍的典故。据《宋史·道学一》载:"(邵雍)初至洛,蓬荜环堵,不芘风雨,躬樵爨以事父母,虽平居屡空,而怡然有所甚乐,人莫能窥也。及执亲丧,哀毁尽礼。富弼、司马光、吕公著诸贤退居洛中,雅敬雍,恒相从游,为市园宅。雍岁时耕稼,仅给衣食。名其居曰'安乐窝',因自号'安乐先生'。旦则焚香燕坐,晡时酌酒三四瓯,微醺即止,常不及醉也,兴至辄哦诗自咏。春秋时出游城中,风雨常不出,出则乘小车,一人挽之,惟意所适。士大夫家识其车音,争

相迎候,童孺厮隶皆欢相谓曰:'吾家先生至也。'不复称其姓字。或留信宿乃去。好事者别作屋如雍所居,以候其至,名曰'行窝'。"邵雍在洛阳的时候,居室简陋,需要自耕以供食用。但他怡然自得,把自己居住的陋室称为"安乐窝",自号"安乐先生"。一些好事者模仿他的居所,谓之"行窝",恭候邵雍的来访。郎、子,都是对男子的美称。平仄上,上联是平平平仄仄,下联是仄仄仄平平。宅,《广韵》"场伯切",入声。语法上,上下联都是主谓结构。谓语部分"哀废宅""乐行窝"是动宾结构,"哀""乐"皆为心理动词,意为"为……而哀""为……而乐"。

⑦丽水良金皆须冶,昆山美玉总须磨:上联典故出自《韩非子·内储说上·七术》:"是以丽水之金不守,而积泽之火不救","荆南之地,丽水之中生金,人多窃采金。采金之禁,得而辄辜磔于市,甚众,壅离其水也,而人窃金不止"。下联出自《史记·李斯列传》:"今陛下致昆山之玉,有随、和之宝,垂明月之珠,服太阿之剑,乘纤离之马,建翠凤之旗,树灵鼍之鼓。此数宝者,秦不生一焉,而陛下说之,何也?"可见丽水之金、昆山之玉皆被古代视为珍宝。"待",琅环阁藏本作"入",此取"待",因其与下文"须"对仗更工整。待、须,二者在此同义,都是"等待""需要"的意思。平仄上,上联是仄仄平平平仄仄,下联是平平仄仄仄平平。语法上,上下联都是主谓结构。

⑧雨过皇州,琉璃色灿华清瓦;风来帝苑,荷芰(jì)香飘太液波:皇州,帝都、京城,南朝宋鲍照《侍宴覆舟山》诗之二"繁霜飞玉闼,爱景丽皇州";此处当指唐都长安。琉璃,此指用铝和钠的硅酸化合物烧制成的釉料,用来做砖瓦等,清唐孙华《东岳庙》"我来瞻庙貌,碧瓦琉璃光"。华清,长安有华清池,也有华清宫,唐白居易《长恨歌》"春寒赐浴华清池,温泉水滑洗凝脂";唐杜牧有《过华清宫绝句》"长安回望绣成堆,山顶千门次第开",描写华清

官的壮观华丽。此指后者。苑，指帝王或贵族的园林。荷芰，荷花和菱角，唐杜审言《夏日过郑七山斋》"薜萝山径入，荷芰水亭开"。太液，指太液池，汉、唐、元、明、清都有太液池，唐白居易《长恨歌》有"归来池苑皆依旧，太液芙蓉未央柳"。平仄上，上联是仄仄平平，平平仄仄平平仄；下联是平平仄仄，平仄平平仄仄平。语法上，"雨过皇州""风来帝苑"相对，描写自然环境，都是主谓结构。"琉璃色灿华清瓦"对"荷芰香飘太液波"，也是主谓结构；主语"琉璃""荷芰"不对仗，"琉璃"是联绵词，"荷芰"是并列结构；谓语部分"色灿华清瓦""香飘太液波"是对主语的陈述，也是主谓短语。

【译文】

松和竹相对，荇菜和荷花相对。

薜荔和藤萝相对。

雕云和镂月相对，樵夫唱山曲和渔夫唱渔歌相对。

飞到鼎上的野鸡，听人诵经书的鹅。

北海太守孔融和东坡居士苏轼相对。

吴融写《废宅》诗为项羽火烧咸阳而哀叹，邵雍因受到时人尊敬筑造行窝而怡然自乐。

丽水所采的金子也需冶炼方好，昆山所产的美玉也得打磨而成。

下过雨的皇城，华清宫的琉璃瓦色彩灿烂；清风吹来帝苑，太液池中的荷花香气袭人。

其四

笼对槛，饵对囮①。

及第对登科②。

冰清对玉润，地利对人和③。

韩擒虎,荣驾鹅④。

青女对素娥⑤。

破头朱泚笏,折齿谢鲲梭⑥。

留客酒怀应恨少,动人诗句不须多⑦。

绿野凝烟,但听村前双牧笛;沧江积雪,惟看滩上一渔蓑⑧。

【注释】

①笼对槛(jiàn),饵对囮(é):笼,用竹片编成的盛物的器具,引申为饲养鸟、虫、家禽等的笼子,《庄子·天地》"则鸠鸮之在于笼也,亦可以为得矣"。槛,关动物的大笼子、栅栏,《庄子·天地》"而虎豹在于囊槛,亦可以为得矣"。囮,一种用于诱捕同类鸟的鸟。笼、槛都是饲养动物的笼子;饵、囮都是猎捕动物的诱饵。平仄上,"笼""囮"都是平声;"槛""饵"都是仄声。今本"饵对囮"多作"巢对窝",然"巢""窝"都是平声,失对。故本书取琅环阁藏本作"饵""囮"。语法上,两组都是名词。

②及第对登科:及第,科举应试中选,因榜上题名有甲乙次第,故名。登科,科举时代应考人被录取。两个词语语义上都跟科举考试有关。平仄上,"及第"是仄仄,"登科"是平平。及,《广韵》"其立切",入声。语法上,二者都是动宾结构。

③冰清对玉润,地利对人和:冰清,像冰一样高洁,比喻德行高洁,《东观汉记·樊准传》"樊准,字幼陵,为州从事,临职公正,不发私书,世称冰清",现在有成语"冰清玉洁"。玉润,像玉一样温润,也是形容德行美好,《礼记·聘义》"君子比德于玉焉,温润而泽,仁也"。玉,《说文解字》如此解释:"石之美有五德:润泽以温,仁之方也;鰓理自外,可以知中,义之方也;其声舒扬,专以远

闻,知之方也;不挠而折,勇之方也;锐廉而不忮,絜之方也。"玉器之美,其中之一就是因为"润泽以温",合乎古代儒家对于君子的要求。地利,本指对农业生产有利的土地条件,后也指地理优势,如《孙膑兵法·月战》"天时、地利、人和,三者不得,虽胜有殃",《孟子·公孙丑下》"天时不如地利,地利不如人和",赵岐注"地利,险阻城池之固也"。人和,指人事和协,民心和乐。平仄上,"冰清"是平平,"玉润"是仄仄;"地利"是仄仄,"人和"是平平。语法上,"冰清""玉润"是状中结构,"冰""玉"皆为名词作状语,表比喻;"地利""人和"是主谓结构。

④韩擒虎,荣驾鹅:上联说的是隋朝名将韩擒虎。《隋书》中有《韩擒虎传》:"韩擒字子通,河南东垣人也,后家新安。父雄,以武烈知名,仕周,官至大将军、洛、虞等八州刺史。擒少慷慨,以胆略见称,容貌魁岸,有雄杰之表。性又好书,经史百家皆略知大旨。周太祖见而异之,令与诸子游集。后以军功,拜都督、新安太守,稍迁仪同三司,袭爵新义郡公。"荣驾鹅,春秋时期鲁国大夫名,是一位贤臣。《左传·定公元年》载:"六月癸亥,公之丧至自乾侯。戊辰,公即位。季孙使役如阚公氏,将沟焉。荣驾鹅曰:'生不能事,死又离之,以自旌也。纵子忍之,后必或耻之。'乃止。"鲁昭公曾经攻打权臣季氏,失败以后逃到国外,最后客死在他乡。昭公的灵柩从乾侯运回的时候,季孙出于报复心理打算挖一条沟。荣驾鹅劝止他说:"国君在世的时候不能侍奉他,死后又要将他与祖墓隔开,这是要彰显自己的过错吗?"后来还劝谏季孙不要给昭公恶谥,季氏都接纳了他的意见。平仄上,"韩擒虎"是平平仄,"荣驾鹅"是平仄平。两个词语都是人名。语法上,其结构形式都可以分析为主谓结构:"韩""荣"都是古国名,也可以是姓,为主语;"擒""驾"是行为动词,它们所带的宾语"虎""鹅"都是动物名词。对仗十分巧妙。

⑤青女对素娥：青女，传说中掌管霜雪的女神，《淮南子·天文训》高诱注曰"青女，天神，青霄玉女，主霜雪也"。素娥，也是传说中古代神女，月宫仙女；娥，是美女的意思。平仄上，"青女"是平仄，"素娥"是仄平。语法上，都是表示天女的名词，皆为定中结构。

⑥破头朱泚（cǐ）笏（hù），折齿谢鲲（kūn）梭：上联说的是唐代著名忠臣名将段秀实的典故，据《旧唐书·段秀实传》载，"段秀实，字成公，陇州汧阳人也"，"四年，朱泚盗据宫阙，源休教泚伪迎銮驾，阴济逆志"，"泚以秀实尝为泾原节度，颇得士心，后罢兵权，以为蓄愤且久，必肯同恶，乃召与谋议"。唐建中四年，泾原兵变，朱泚占据长安，想任用段秀实，段无奈假装相从。"秀实初诈从之，阴说大将刘海宾、何明礼、姚令言判官岐灵岳同谋杀泚，以兵迎乘舆"，段秀实暗中与人谋划诛杀朱泚，迎接德宗。"明日，泚召秀实议事，源休、姚令言、李忠臣、李子平皆在坐。秀实戎服，与泚并膝，语至僭位，秀实勃然而起，执休腕，夺其象笏，奋跃而前，唾泚面大骂曰：'狂贼，吾恨不斩汝万段，我岂逐汝反耶！'遂击之。泚举臂自捍，才中其颡，流血匍匐而走。凶徒愕然，初不敢动；而海宾等不至，秀实乃曰：'我不同汝反，何不杀我！'凶党群至，遂遇害焉。海宾、明礼、灵岳相次被杀。德宗在奉天闻其事，惜其委用不至，垂涕久之"。朱泚传召段秀实等人商议称帝之事，段秀实夺了源休的象牙笏，击打朱泚，击中朱泚的额头。朱的凶徒上来杀死了秀实，其他相与谋划刺杀朱泚的人也相继被杀。笏，古代臣朝见君时所执的狭长板子，用玉、象牙、竹木制成。下联是晋代名士谢鲲的典故，《晋书·谢鲲传》载："邻家高氏女有美色，鲲尝挑之，女投梭，折其两齿。时人为之语曰：'任达不已，幼舆折齿。'鲲闻之，傲然长啸曰：'犹不废我啸歌。'"谢鲲曾调戏邻家高氏女，结果被这女子用织梭打断了两颗门牙。

齿,本义指门牙,后以"投梭折齿"作为女子拒绝调戏的典故,亦作"投梭之拒",或省作"投梭"。平仄上,上联是仄平平仄仄,下联是仄仄仄平平。折,《广韵》"旨热切",入声。语法上,上下联都运用了倒置的手法,语序比较独特。"破头"与"折齿"相对,皆为动宾结构,"破""折"皆用如使动;"朱泚"对"谢鲲",是"头""齿"的领有者;"笏""梭"是"破""折"所用之工具。按照正常的语序表达,即笏破朱泚头,梭折谢鲲齿。

⑦留客酒怀应恨少,动人诗句不须多:古人送行之时,常常痛饮以畅离情别绪,如唐李白《金陵酒肆留别》"金陵子弟来相送,欲行不行各尽觞",唐王维《送元二使安西》"劝君更尽一杯酒,西出阳关无故人"等等,与上联意境相类。下联仿造了宋王安石《石榴花》诗中的"浓绿万枝红一点,动人春色不须多"(按,亦或作唐人诗)。平仄上,上联是平仄仄平平仄,下联是仄平平仄仄平。语法上,上下联皆为主谓结构。主语是"留客酒怀""动人诗句"两个定中结构;"应恨少""不须多"是谓语部分,皆为状中结构。二者略有不相对仗之处,"应恨少"的结构当为"应/恨少","不须多"的结构是"不须/多"。

⑧绿野凝烟,但听村前双牧笛;沧江积雪,惟看滩上一渔蓑:牧笛,牧童或牧民所吹的笛子,宋陆游《看梅绝句》有"月淡烟深听牧笛,死生常事不须愁"。沧江,江流、江水,唐陈子昂《群公集毕氏林亭》"子牟恋魏阙,渔父爱沧江"。蓑,雨具名,即蓑衣,唐张志和《渔歌子》"青箬笠,绿蓑衣,斜风细雨不须归"。村中牧童吹笛常常和江上渔翁垂钓一起构成古诗中的意境,比如唐张乔《题河中鹳雀楼》"渔人遗火成寒烧,牧笛吹风起夜波"。平仄上,上联是仄仄平平,仄仄平平平仄仄;下联是平平仄仄,平平平仄仄平平。笛,《广韵》"徒历切",入声;积,《广韵》"资昔切",入声,或者"子智切",去声。听,《广韵》有平、去两个读音,都有"聆"的意

思,此取去声,以合格律。看,《广韵》亦有平、去二读,此取平声以合平仄。语法上,"绿野凝烟""沧江积雪"相对,都是主谓结构。"但听村前双牧笛""惟看滩上一渔蓑"相对,都是状中结构,宾语"村前双牧笛""滩上一渔蓑"都是定中结构。从语法上看,二者对仗较为工整。

【译文】

笼和槛相对,捕鱼的饵和猎鸟的罝相对。

科举中选和应试录取相对。

像冰一样高洁和像玉一样温润相对,地势有利与民心和谐相对。

隋朝名将韩擒虎,春秋贤臣荣驾鹅。

霜雪女神和月宫仙女相对。

段秀实用笏打破了朱泚的额头,邻家女用梭打断了谢鲲的门牙。

劝远行的客人留下只恨酒太少,打动人的诗句却不需要写太多。

绿色的郊野炊烟袅袅,只听见村前两个骑牛牧童在吹笛;苍茫的江面积雪覆盖,只看到滩上一个蓑衣渔翁在垂钓。

六　麻

【题解】

"麻"是"平水韵"中下平声的第六韵部。

"麻"在《广韵》中作"莫霞切",平声,麻韵。

《笠翁对韵》所用到的韵脚字有嘉、夸、牙、槎、华、砂、笳、家、衙、霞、茶、花、涯、葭、斜、嗟、蛇、沙、纱、鸦、麻、叉、哗、瓜等24个,《声律启蒙》所用到的韵脚字有麻、衙、鸦、茶、笳、花、纱、琶、凹、涯、沙、瓜、巴、霞、槎、砂等16个。其中两书共用的韵脚字有13个:槎、砂、笳、衙、霞、茶、花、涯、沙、纱、鸦、麻、瓜。《笠翁对韵》用到而《声律启蒙》未用的有11个,嘉、夸、牙、华、家、葭、斜、嗟、蛇、叉、哗;《声律启蒙》用到而《笠翁对韵》未用到的有琶、凹、巴3个。

其一

清对浊，美对嘉^①。

鄙吝对矜夸^②。

花须对柳眼，屋角对檐牙^③。

志和宅，博望槎^④。

秋实对春华^⑤。

乾炉烹白雪，坤鼎炼丹砂^⑥。

深宵望冷沙场月，绝塞听残野戍笳^⑦。

满院松风，鱼声隐隐为僧舍；半窗花月，鹤影依依是道家^⑧。

【注释】

① 清对浊，美对嘉："清""浊"是一对反义词，可以表示清水、浊水的意思，也可以表示品性的高低、还可以表示声音的清浊等等。"美""嘉"都是好的意思，褒义词。平仄上，"清""嘉"是平声，"浊""美"是仄声。浊，《广韵》作"直角切"，入声。语法上，四个词语都是形容词。

② 鄙吝对矜夸：鄙吝，形容心胸狭窄，也形容过分爱惜钱财。矜夸，夸耀。二者都是贬义词。平仄上，"鄙吝"是仄仄，"矜夸"是平平。语法上，二者都是形容词，都是并列结构。

③ 花须对柳眼，屋角对檐牙：花须，就是花蕊，蕊在花心内，形如触须一般。柳眼，早春初生的柳叶如人睡眼初展，故称，唐元稹《生春》"何处生春早，春生柳眼中"。檐牙，檐际翘出如牙的部分，唐杜牧《阿房宫赋》"五步一楼，十步一阁；廊腰缦回，檐牙高啄；各抱地势，钩心斗角"。屋角，屋檐如角的部分，宋辛弃疾《满江红》

"云破林梢添远岫,月临屋角分层阁"。四个词语中的"须""眼""角""牙"皆用于比喻义。平仄上,"花须"是平平,"柳眼"是仄仄;"屋角"是仄仄,"檐牙"是平平。屋,《广韵》"乌谷切",入声;角,《广韵》"古岳切",入声。语法上,"花须""柳眼"都是与植物有关的名词,二者都是定中结构;"屋角""檐牙"都是与建筑相关的名词,也是定中结构。

④志和宅,博望槎(chá):上联说的是唐代诗人张志和的典故,他浪迹江湖,隐居不仕,《新唐书·隐逸传·张志和》载:"张志和,字子同,婺州金华人。始名龟龄。……十六擢明经,以策干肃宗,特见赏重,命待诏翰林,授左金吾卫录事参军,因赐名。后坐事贬南浦尉,会赦还,以亲既丧,不复仕,居江湖,自称烟波钓徒。……兄鹤龄恐其遁世不还,为筑室越州东郭,茨以生草,椽栋不施斤斧。豹席桦屏,每垂钓不设饵,志不在鱼也。……观察使陈少游往见,为终日留,表其居曰玄真坊。以门隘,为买地大其闳,号回轩巷。……颜真卿为湖州刺史,志和来谒,真卿以舟敝漏,请更之,志和曰:'愿为浮家泛宅,往来苕、霅间。'"从"浮家泛宅"可见,"志和宅"指的是隐士张志和所渴望的浮踪浪迹、超然物外的生活,不是指某个现实的宅院,如明祝允明《家藏刘松年小方》有"湖上烟波志和宅,山阴风雪戴逵家"。下联说的是西汉博望侯张骞的典故,《史记·卫将军骠骑列传》"张骞从大将军,以尝使大夏,留匈奴中久,导军,知善水草处,军得以无饥渴,因前使绝国功,封骞博望侯"。博望槎,宋胡仔《苕溪渔隐丛话前集·杜少陵六》引南朝梁宗懔《荆楚岁时记》:"张华《博物志》云:汉武帝令张骞穷河源,乘槎经月而去,至一处,见城郭如官府,室内有一女织,又见一丈夫牵牛饮河。骞问云:'此是何处?'答曰:'可问严君平。'织女取支机石与骞而还。"汉武帝喜欢求仙访道,有一次他派张骞去黄河的源头,乘坐木筏,来到一处。在那里,

张骞遇到一个女子在室内织布,还见到一个男子牵着牛在河里饮水。槎,木筏,晋张华《博物志》卷三"年年八月,有浮槎去来不失期"。张骞槎说的是神仙故事,象征的是古人对于神仙世界的向往和追求。平仄上,"志和宅"是仄平仄,"博望槎"是仄仄平。宅,《广韵》"场伯切",入声;博,《广韵》"补各切",入声。语法上,二者都是定中结构。

⑤秋实对春华:秋实,秋季成熟的谷物及果实;春华,春天的花。"秋实"常与"春华"相对:北齐颜之推《颜氏家训·勉学》"夫学者犹种树也,春玩其华,秋登其实。讲论文章,春华也;修身利行,秋实也"。平仄上,"秋实"是平仄,"春华"是平平。实,《广韵》"神质切",入声。语法上,二者都是定中结构。

⑥乾炉烹白雪,坤鼎炼丹砂:清代道士傅金铨《丹道吕洞宾》曰:"安炉立鼎譬内外,两个乾坤,炼己筑基,固彼我一身邦国。"又曰:"鼎器法天象地,因而有乾炉坤鼎之喻,有内鼎外鼎之称。"乾炉、坤鼎,是道家用来煮茶炼丹的器皿,亦可作"坤炉""乾鼎"。烹白雪,是指用雪水煮茶,唐喻凫《送潘咸》有"煮雪问茶味,当风看雁行"。炼丹砂,道教法术,源于古代方术,指置朱砂于炉中炼制。汉刘向《列仙传》:"主柱者,不知何所人也。与道士共上宕山,言此有丹砂,可得数万斤。宕山长吏,知而上山封之。砂流出,飞如火,乃听柱取。为邑令章君明饵砂,三年得神砂飞雪,服之,五年能飞行,遂与柱俱去云。主柱同窥,道士精彻。玄感通山,丹砂出穴。荧荧流丹,飘飘飞雪。宕长悟之,终然同悦。"道家认为服用丹砂可以长生或飞升。平仄上,上联是平平平仄仄,下联是平仄仄平平。白,《广韵》"傍陌切",入声。语法上,上下联都是主谓结构。

⑦深宵望冷沙场月,绝塞听残野戍笳:上联化用唐王昌龄《出塞二首》(或作李白诗)的"战罢沙场月色寒"。深宵,深夜。沙场,战

场,唐王翰《凉州词二首》其一"醉卧沙场君莫笑,古来征战几人回"。下联化用明刘基《杀气》中的"夜哭城笳里,朝烟野戍傍"。绝塞,指极边远的塞外。野戍,指野外驻防之处;戍,戍守,守边。笳,就是胡笳,汉时流行于塞北和西域一带;传说是汉张骞从西域传入,其音悲凉;魏晋以后成为军乐,三国魏杜挚《笳赋》"羁旅之士,感时用情,乃命狄人,操笳扬清"。月、关、笳,是古代边塞诗词中常见的意象,皆有凄清、寒冷的意境。如唐孟浩然《凉州词》"异方之乐令人悲,羌笛胡笳不用吹。坐看今夜关山月,思杀边城游侠儿"。平仄上,上联是平平仄仄平平仄,下联是仄仄平平仄仄平。绝,《广韵》"情雪切",入声。"沙场"之"场"今读上声,chǎng;《广韵》"直良切",平声。语法上,上下联都是状中结构:"深宵""绝塞",都是定中结构作地点状语;谓语中心"望冷沙场月""听残野戍笳"是动宾结构,"冷""残"在这里充当补语。

⑧满院松风,鱼声隐隐为僧舍;半窗花月,鹤影依依是道家:此联以"满院风""半窗月"相对,化用唐杜荀鹤《题唐兴寺小松》中的"侵僧半窗月,向客满襟风"。满院松风,庭院中种植松树,有风时便是满院松风,典出《晋书·陶弘景传》:"弘景为人员通谦谨,出处冥会,心如明镜,遇物便了。言无烦舛,有亦随觉。永元初,更筑三层楼,弘景处其上,弟子居其中,宾客至其下。与物遂绝,唯一家僮得至其所。本便马善射,晚皆不为,唯听吹笙而已。特爱松风,庭院皆植松,每闻其响,欣然为乐。有时独游泉石,望见者以为仙人。"鱼声隐隐,寺庙中僧人敲木鱼所发出的声音;今本多作"钟声隐隐"。隐隐,象声词。半窗,古代诗文常用"半窗"形容月光照耀,窗棂明暗各半的情景,唐王建《李处士故居》"一院落花无客醉,半窗残月有莺啼",宋王之道《惜奴娇》"花月多情,摇碎半窗清影"。鹤影,隐逸诗中常见的意象,如唐齐己《湖西逸人》"老隐洞庭西,渔樵共一溪。琴前孤鹤影,石上远僧题"。今本多

作"锡影"。依依,是隐约的意思,晋陶渊明《归园田居》之一"暧暧远人村,依依墟里烟"。"钟声""锡影"亦可对仗,然而"鱼声"与"僧舍"、"鹤影"与"道家"照应更佳,故本书取此说。平仄上,上联是仄仄平平,平平仄仄平仄;下联是仄平平仄,仄仄平平仄仄平。语法上,"满院松风"对"半窗花月",皆为定中结构,描写环境;"松风""花月"也是定中结构,意为吹拂松树之风,映衬花影之月。"鱼声隐隐为僧舍""鹤影依依是道家"相对,都是主谓结构:其主语"鱼声隐隐""鹤影依依"也是主谓结构,谓语"为僧舍""是道家"对其作出判断。此联对仗工整。

【译文】

清和浊相对,美和好相对。

鄙陋吝啬和骄傲浮夸相对。

花蕊和柳叶相对,屋角和檐牙相对。

张志和的浮宅,博望侯的木筏。

秋天的果实和春天的花朵相对。

乾炉烹煮白雪,坤鼎炼制丹砂。

深夜里望着沙场上的月色慢慢清冷,边塞上听着郊野里的笳声逐渐微弱。

风吹得满院松树沙沙,远处传来寺庙隐隐的木鱼声;月照得半窗花影摇曳,依稀可以看到鹤飞过的身影。

其二

雷对电,雾对霞①。

蚁阵对蜂衙②。

寄梅对怀橘,酿酒对烹茶③。

宜男草,益母花④。

杨柳对蒹葭⑤。

班姬辞帝辇,蔡琰泣胡笳⑥。

舞榭歌楼千万户,竹篱茅舍两三家⑦。

珊枕半床,月明时梦飞塞外;银筝一曲,花落处人在天涯⑧。

【注释】

①雷对电,雾对霞:平仄上,"雷""霞"是平声,"电""雾"是仄声。语法上,两组都是名词。

②蚁阵对蜂衙:蚁阵,蚂蚁战斗时的阵势;蜂衙,群蜂早晚聚集,簇拥蜂王,如旧时官吏到上司衙门排班参见。蚁阵,琅环阁藏本作"蚁阙",今本多作"蚁阵"。古代诗文中"蚁阵""蜂衙"并提之例甚多,用于比喻人们追逐名利,有如蚁集蜂拥,不知疲倦。比如《秦修然竹坞听琴》第二折"都为那蜗角虚名,蝇头微利,蚁阵蜂衙"等等。从用典的角度看,以"蚁阵"为佳。《声律启蒙》下"六麻"亦作"蚁阵对蜂衙"。平仄上,"蚁阵"是仄仄,"蜂衙"是平平。语法上,二者都是定中结构。

③寄梅对怀橘,酿酒对烹茶:寄梅,是南朝时陆凯与范晔的典故,《太平御览·果部》引《荆州记》曰:"陆凯与范晔相善,自江南寄梅花一枝诣长安与晔并赠花诗,曰:'折花逢驿使,寄与陇头人。江南无所有,聊赠一枝春。'"后人常用此典,如《全唐诗》中徐铉《送应之道人归江西》曰"岁暮定知回未得,信来凭为寄梅花"。怀橘,说的是三国时吴国陆绩的故事,出自《三国志·吴书·陆绩传》的记载:"陆绩字公纪,吴郡吴人也。父康,汉末为庐江太守。绩年六岁,于九江见袁术。术出橘,绩怀三枚,去,拜辞堕地,术谓曰:'陆郎作宾客而怀橘乎?'绩跪答曰:'欲归遗母。'术

大奇之。"陆绩见袁术的时候,才六岁。袁术给他橘子,他在怀里揣了三个。临走的时候拜辞,橘子掉到了地上。袁术问他为什么做客还偷藏橘子,他说是带给母亲吃。"寄梅""怀橘",前者对友人寄托思念,后者对母亲表达孝心,情怀类似。平仄上,"寄梅"是仄平,"怀橘"是平仄;"酿酒"是仄仄,"烹茶"是平平。橘,《广韵》"居聿切",入声。语法上,两组词语都是动宾结构。

④宜男草,益母花:宜男草,萱草的别名,古人认为孕妇佩戴萱草则生男。清孙枝蔚《房兴公新姬》诗之二:"生儿便是宜男草,对客休矜解语花。"益母,草药名,明李时珍《本草纲目》曰"益母草之根、茎、花、叶、实,并皆入药,可同用。若治手、足厥阴血分风热,明目益精,调女人经脉,则单用茺蔚子为良。若治肿毒疮疡,消水行血,妇人胎产诸病,则宜并用为良。盖其根、茎、花、叶专于行,而子则行中有补故也",可见古人主要用它来治疗妇女产前产后的一些疾病,故曰"益母"。平仄上,"宜男草"是平平仄,"益母花"是仄仄平。语法上,两个词语都是定中结构。

⑤杨柳对蒹葭:杨柳,指杨树和柳树,也可以特指杨柳,《诗经·小雅·采薇》"昔我往矣,杨柳依依"。此处当指前者。蒹葭,荻草与芦苇,《诗经·秦风·蒹葭》"蒹葭苍苍,白露为霜"。平仄上,"杨柳"是平仄,"蒹葭"是平平。语法上,二者都是名词,都是并列结构。

⑥班姬辞帝辇,蔡琰(yǎn)泣胡笳:上联说的是班婕妤的典故,出自《汉书·外戚传》:"孝成班婕妤。帝初即位选入后宫。始为少使,蛾而大幸,为婕妤,居增成舍,再就馆,有男,数月失之。成帝游于后庭,尝欲与婕妤同辇载,婕妤辞曰:'观古图画,贤圣之君皆有名臣在侧,三代末主乃有嬖女,今欲同辇,得无近似之乎?'上善其言而止。太后闻之,喜曰:'古有樊姬,今有班婕妤。'婕妤诵《诗》及《窈窕》《德象》《女师》之篇。每进见上疏,依则古礼。"

班姬就是班婕妤,她是汉成帝宫中女官,德才兼备,为成帝所宠幸。成帝让她和自己同车出行,她拒绝了,说:"古代的图画中,圣贤之君都是名臣在身边,末代天子才让宠爱的女人在旁侍奉,如果让我同车,那不就类似这种情况吗?"赵飞燕得宠后,班婕妤被冷落。下联说的是蔡琰的典故,蔡琰是蔡邕的女儿,字文姬,也是一个才貌双全的女子。《后汉书·列女传》记载:"陈留董祀妻者,同郡蔡邕之女也,名琰,字文姬。博学有才辩,又妙于音律。适河东卫仲道。夫亡无子,归宁于家。兴平中,天下丧乱,文姬为胡骑所获,没于南匈奴左贤王,在胡中十二年,生二子。曹操素与邕善,痛其无嗣,乃遣使者以金璧赎之,而重嫁于祀。"史书记载蔡琰在第一任丈夫去世后回到家中,又遇到战乱,被匈奴掳走,嫁给了南匈奴左贤王,生了两个孩子。十二年后,曹操把她赎回,嫁给了董祀。相传她曾作《胡笳十八拍》,叙述自己一生悲惨的遭遇,表达了她思念故乡又不舍骨肉的矛盾心情。平仄上,上联是平平平仄仄,下联是仄仄仄平平。平仄上,两句都是主谓结构。

⑦ 舞榭歌楼千万户,竹篱茅舍两三家:榭,建在高台上的木屋,多为游观之所。"舞榭"常与"歌楼""歌台"并提,皆指供歌舞用的楼屋,如唐武元衡《古意》"舞榭黄金梯,歌楼白云面",唐许尧佐《石季伦金谷园》"舞榭苍苔掩,歌台落叶繁"。竹篱茅舍,常指乡村中简陋的屋舍。乡村居处不如城里密集,故而前面是"千万户",而后面是"两三家",这是古诗词里常见的景象。如宋汪莘《蓦山溪》"竹篱茅舍,鸡犬两三家"。平仄上,上联是仄仄平平平仄仄,下联是仄平平仄仄平平。竹,《广韵》"张六切",入声。语法上,上下联都是主谓结构:主语"舞榭歌楼""竹篱茅舍"皆为名词性并列结构;谓语"千万户""两三家"是数量短语,陈述主语的数量情况。

⑧珊枕半床,月明时梦飞塞外;银筝一曲,花落处人在天涯:珊枕,用珊瑚装饰的枕头,宋韩淲《恋绣衾》"香浓翠被屏山曲,把珊枕,侧过又移"。半床,古人常用"半床空""半床月"来表现女子对远在天涯的情郎的思念,比如唐许浑《南海府罢南康阻浅行侣稍稍登陆而遇宴饯至频暮宿东溪》"离歌不断如留客,归梦初惊似到家。山鸟一声人未起,半床春月在天涯",宋贺铸《小重山》"楚梦冷沉踪。一双金缕枕,半床空"等等,上联当是化用了这样的诗句。银筝,用银装饰的筝,常借来表示女子思念情郎的心情,如唐王涯《杂曲歌辞·秋夜曲》"银筝夜久殷勤弄,心怯空房不忍归"。人在天涯,元马致远《天净沙·秋思》有"夕阳西下,断肠人在天涯"的句子,融化在此联中,意境非常吻合。此联两句都是表达闺中人对远在塞外、天涯的情郎的思念之情。平仄上,上联是平仄仄平,仄平平仄平仄;下联是平平仄仄,平仄仄平仄平平。一,《广韵》"於悉切",入声。上联下半句的第四字和第六字都是仄声,失替;下联下半句的第四字和第六字都是平声,失替。语法上,"珊枕半床"与"银筝一曲"相对,都是主谓结构。"月明时梦飞塞外"与"花落处人在天涯"相对,都是状中结构:"月明时""花落处"作状语,"处"在这里和"时"意思差不多,乃对文互训,意思是月明之时,花落之时;中心语"梦飞塞外""人在天涯"是主谓结构。

【译文】

雷和电相对,雾和霞相对。

蚂蚁排列如战阵和群蜂聚集如衙门相对。

寄一枝梅花给友人和藏三只橘子给母亲相对,酿酒和煮茶相对。

宜男草,益母花。

杨柳和芦苇相对。

班婕妤拒绝和皇帝共坐辇车,蔡文姬写下了感人的胡笳曲。

歌舞亭台多达千万户,农家茅舍只有三两家。

月明之时,梦里已经飞到边塞外,而眼前只有半床珊枕相伴;落花时节,弹奏起动听的银筝曲,思念远在天涯的那个情郎。

其三

圆对缺,正对斜①。

笑语对咨嗟②。

沈腰对潘鬓,孟笋对卢茶③。

百舌鸟,两头蛇④。

帝里对仙家⑤。

尧仁敷率土,舜德被流沙⑥。

桥上授书曾纳履,壁间题句已笼纱⑦。

远塞迢迢,露碛风沙何可极;长沙渺渺,雪涛烟浪信无涯⑧。

【注释】

①圆对缺,正对斜:圆、缺,在形容月亮的变化上是相反的一组词,宋苏轼《水调歌头》有"人有悲欢离合,月有阴晴圆缺,此事古难全"的话。"正""斜"也是一对相反意义的词,唐王周《志峡船具诗·梢》"制之居首尾,俾之辨斜正"。平仄上,"圆""斜"是平声,"缺""正"是仄声。缺,《广韵》"苦穴切",入声。语法上,四个词语都是形容词。

②笑语对咨嗟:笑语,谈笑、说笑,唐贾岛《喜雍陶至》"今朝笑语同,几日百忧中"。咨嗟,感叹、叹息,汉焦赣《易林·离之升》"车伤牛罢,日暮咨嗟"。"咨""嗟"义同,《尚书·尧典》:"帝曰:'咨!汝羲暨和。'"孔安国传:"咨,嗟。"平仄上,"笑语"是仄仄,"咨嗟"

是平平。语法上,二者都是动词,都是并列结构。

③沈腰对潘鬓,孟笋对卢茶:沈腰,说的是南朝沈约的典故,据《梁书·沈约传》载,“初,约久处端揆,有志台司,论者咸谓为宜,而帝终不用,乃求外出,又不见许”。因为得不到重用,“与徐勉素善,遂以书陈情于勉”,和徐勉关系好,所以写信跟他陈情:“……外观傍览,尚似全人,而形骸力用,不相综摄。常须过自束持,方可僶俛。解衣一卧,支体不复相关”,“百日数旬,革带常应移孔;以手握臂,率计月小半分。以此推算,岂能支久?若此不休,日复一日,将贻圣主不追之恨。冒欲表闻,乞归老之秩。若天假其年,还得平健,才力所堪,惟思是策”。他表示自己身体不好,瘦骨难支,请求告老归乡。后来人们就用“沈腰”作为腰围瘦减的代称。潘鬓,说的是晋潘岳的典故,潘岳有《秋兴赋》序“余春秋三十有二,始见二毛”,二毛是头发花白的意思,后来人们以“潘鬓”表示鬓发初白。沈腰、潘鬓连用,用于表示饱受摧折的神情外貌,南唐李煜《破阵子》中有“一旦归为臣虏,沈腰潘鬓销磨”。孟笋,说的是三国吴人孟宗的典故,《三国志·吴书·吴主传》裴松之注孟宗之事曰:“《吴录》曰:仁字恭武,江夏人也,本名宗,避皓字,易焉。少从南阳李肃学。……迁吴令。时皆不得将家之官,每得时物,来以寄母,常不先食。及闻母亡,犯禁委官,语在权传。特为减死一等,复使为官,盖优之也。《楚国先贤传》曰:宗母嗜笋,冬节将至。时笋尚未生,宗入竹林哀叹,而笋为之出,得以供母,皆以为至孝之所致感。”孟宗至孝,他母亲喜欢吃笋,时值冬日,笋未形成,孟宗在竹林中哀叹,竟使得竹笋提前长了出来。卢茶,指的是唐代诗人卢仝的典故,他著有《茶谱》,人称“茶仙”,有《走笔谢孟谏议寄新茶》一诗,其中有“七碗茶歌”颇负盛名:“一碗喉吻润;二碗破孤闷;三碗搜枯肠,唯有文字五千卷;四碗发轻汗,平生不平事,尽向毛孔散;五碗肌骨清;六碗通仙

灵；七碗吃不得也，唯觉两腋习习清风生。”平仄上，“沈腰”是仄平，“潘鬓”是平仄；“孟笋”是仄仄，“卢茶”是平平。语法上，四个词语都是定中结构，名词。

④百舌鸟，两头蛇：百舌鸟，鸟名，《礼记·月令》“(仲夏之月)反舌无声”，汉郑玄注“反舌，百舌鸟”。两头蛇，蛇名，古人传说见到这种蛇就会死，汉贾谊《新书·春秋》：“孙叔敖之为婴儿也，出游而还，忧而不食。其母问其故，泣而对曰：‘今日吾见两头蛇，恐去死无日矣。’其母曰：‘今蛇安在？’曰：‘吾闻见两头蛇者死，吾恐他人又见，吾已埋之也。’其母曰：‘无忧，汝不死。吾闻之，有阴德者，天报以福。’”孙叔敖年幼的时候，见了两头蛇，怕别人见到之后遭殃，就把蛇杀了埋了。平仄上，“百舌鸟”是仄仄仄，“两头蛇”是仄平平。百，《广韵》“博陌切”，入声；舌，《广韵》“食列切”，入声。语法上，两个词语都是名词，定中结构。

⑤帝里对仙家：帝里，就是帝都，唐李百药《赋得魏都》“帝里三方盛，王庭万国来”。仙家，就是仙人所住的地方，唐车融《天台》“洞里无尘通客境，人间有路入仙家”。平仄上，“帝里”是仄仄，“仙家”是平平。语法上，两个词语都是名词，定中结构。

⑥尧仁敷率土，舜德被流沙：敷，传布、散布，《尚书·大禹谟》“文命敷于四海，祗承于帝”。率土，《诗经·小雅·北山》有“普天之下，莫非王土；率土之滨，莫非王臣”，王引之《经义述闻》云：“《尔雅》曰：‘率，自也。’‘自土之滨’者，举外以包内，犹言‘四海之内，莫非王臣’。”“率土”和“普天”相对，都是境域之内的意思。被，达到、延及，《尚书·禹贡》“东渐于海，西被于流沙”，孔安国传“被，覆”。流沙，就是沙漠，因为沙经常被风吹而流动，故名；《楚辞·离骚》“忽吾行此流沙兮，遵赤水而容与”，王逸注“流沙，沙流如水也”。平仄上，上联是平平平仄仄，下联是仄仄仄平平。德，《广韵》“多则切”，入声。语法上，上下联都是主谓结构。

⑦桥上授书曾纳履（lǚ），壁间题句已笼纱：上联说的是张良的故事。张良的祖先是战国时期韩国人，根据《史记·留侯世家》载，韩国被秦国所灭之后，张良曾与大力士试图在博浪沙刺杀秦始皇而失败，不得不到下邳躲起来。"良尝闲从容步游下邳圯上，有一老父，衣褐，至良所，直堕其履圯下，顾谓良曰：'孺子，下取履！'良鄂（愕）然，欲殴之。为其老，强忍，下取履。父曰：'履我！'良业为取履，因长跪履之。父以足受，笑而去。良殊大惊，随目之。父去里所，复还，曰：'孺子可教矣。后五日平明，与我会此。'良因怪之，跪曰：'诺。'"他在下邳遇到一位老人，他的鞋子掉到桥下，让张良去捡起来，还要张良为自己穿上。张良一一照做，老人就约他五天后的早上相见。"五日平明，良往。父已先在，怒曰：'与老人期，后，何也？'去，曰：'后五日早会。'五日鸡鸣，良往。父又先在，复怒曰："后，何也？"去，曰：'后五日复早来。'五日，良夜未半往。有顷，父亦来，喜曰：'当如是。'出一编书，曰：'读此则为王者师矣。后十年兴。十三年孺子见我济北，谷城山下黄石即我矣。'遂去，无他言，不复见。旦日视其书，乃太公兵法也。良因异之，常习诵读之。"经过反复地考验以后，老人送了他一本兵书。张良学了之后，辅佐刘邦打下了天下。纳履，穿鞋的意思，《乐府诗集·相和歌辞七·君子行》"瓜田不纳履，李下不正冠"。下联的典故是有关唐代诗人王播的，《苕溪渔隐丛话后集·唐人杂纪上》引《古今诗话》云："王播少孤贫，尝客扬州惠昭寺木兰院，随僧斋飧，僧颇厌之；及播至，已饭矣。后二纪，播自重位镇是邦，因访旧游，向所题以碧纱笼之。播乃题二绝云：'二十年前此院游，木兰花发院初修。而今再到经行处，树老无花僧白头。'上堂已了各西东，惭愧阇黎饭后钟。二十年来尘扑面，而今始得碧纱笼。'"王播贫弱之时，寄食于木兰院，遭到僧人们的厌弃。等到二十多年后做了大官回去，发现原来题在寺里

的诗句已经用碧纱笼罩起来了,于是就有了"二十年来尘扑面,而今始得碧纱笼"的诗句。平仄上,上联是平仄仄平平仄仄,下联是仄平平仄仄平平。语法上,"桥上授书"与"壁间题句"相对,都是状中结构,主语省去。"曾纳履"与"已笼纱"相对,两个都是状中结构,也省去主语。

⑧ 远塞迢迢,露碛(qì)风沙何可极;长沙渺渺,雪涛烟浪信无涯:迢迢,形容道路遥远,唐孟浩然《凉州词》"胡地迢迢三万里,那堪马上送明君"。碛,沙漠的意思,《资治通鉴·隋炀帝大业四年》"世雄孤军度碛,伊吾初谓隋军不能至,皆不设备;闻世雄军已度碛,大惧,请降",胡三省注"流沙亦谓之碛"。渺渺,悠远,宋王安石《忆金陵》"想见旧时游历处,烟云渺渺水茫茫"。信,确实、实在,唐李白《梦游天姥吟留别》"海客谈瀛洲,烟涛微茫信难求"。无涯,没有边际。平仄上,上联是仄仄平平,仄仄平平平仄仄;下联是平平仄仄,仄平平仄仄平平。碛,《广韵》"七迹切",入声;极,《广韵》"渠力切",入声。语法上,"远塞迢迢"对"长沙渺渺",皆为主谓结构。"露碛风沙何可极"对"雪涛烟浪信无涯",也都是主谓结构;谓语部分"何可极""信无涯"皆为状中结构;状语"何""信",前者用疑词表反问,后者用确语表肯定,都表达一种无可置疑的语气。

【译文】

圆和缺相对,正和斜相对。

谈笑和叹息相对。

沈约的细腰和潘岳的苍鬓相对,孟宗的笋和卢仝的茶相对。

百舌鸟,两头蛇。

帝王所居之处和仙人所处之家相对。

尧帝的仁德遍及天下,虞舜的德泽传到流沙。

张良在桥上遇到老人,他给老人穿鞋,老人授与他兵书;王播曾在寺墙上题诗,二十多年之后,诗句被罩上碧纱。

边塞迢迢,那裸露的沙砾如何可以穷尽;平沙渺渺,这海上的波浪实在无边无涯。

其四

疏对密,朴对华①。

义鹘对慈鸦②。

鹅群对雁阵,白苎对黄麻③。

读三到,吟八叉④。

肃静对喧哗⑤。

围棋兼把钓,沉李并浮瓜⑥。

羽客片时能煮石,狐禅千劫似蒸沙⑦。

党尉粗豪,金帐笼香斟美酒;陶生清逸,银铛融雪啜团茶⑧。

【注释】

①疏对密,朴对华:朴,指未经加工的木料,与"华丽""华美"的"华"意义相对。平仄上,"疏""华"是平声,"密""朴"是仄声。朴,《广韵》"匹角切",入声。语法上,两组词语皆是意义相对的形容词。

②义鹘(hú)对慈鸦:义鹘,典出唐杜甫《义鹘行》诗:"阴崖有苍鹰,养子黑柏颠。白蛇登其巢,吞噬恣朝餐。雄飞远求食,雌者鸣辛酸。力强不可制,黄口无半存。其父从西归,翻身入长烟。斯须领健鹘,痛愤寄所宣。斗上捩孤影,噭哮来九天。修鳞脱远枝,巨颡拆老拳。高空得蹭蹬,短草辞蜿蜒。折尾能一掉,饱肠皆已穿。生虽灭众雏,死亦垂千年。物情有报复,快意贵目前。兹实鸷鸟最,急难心炯然。功成失所往,用舍何其贤。近经湣水湄,

此事樵夫传。飘萧觉素发，凛欲冲儒冠。人生许与分，只在顾盼间。聊为义鹘行，用激壮士肝。"苍鹰的孩子被白蛇吃了，雌鸟力不能胜。后来雄鸟从外面觅食归来，得知此事，翻身去找来一只健鹘。鹘、蛇大斗一场，终得报仇雪恨。功成之后，鹘却不知所踪，故而诗人记录了此鹘的侠义之事，流传人间。鹘，鸟名，飞得很快，善于袭击其它鸟类，亦名隼，明李时珍《本草纲目·禽四·鹘》"鹘，小于鸦而最猛捷，能击鸠、鸽，亦名鹞子，一名笼脱"。慈鸦，就是慈乌，乌鸦的一种，相传此鸟能反哺其母，故称。明李时珍《本草纲目·禽三·慈乌》"此鸟初生，母哺六十日，长则反哺六十日，可谓慈孝矣"。平仄上，"义鹘"是仄仄，"慈鸦"是平平。鹘，《广韵》"户骨切"，入声。语法上，"义鹘""慈鸦"都是定中结构。

③鹅群对雁阵，白苎(zhù)对黄麻：鹅群，这里用的是王羲之的典故，《晋书·王羲之传》载："又山阴有一道士，养好鹅，羲之往观焉，意甚悦，固求市之。道士云：'为写《道德经》，当举群相赠耳。'羲之欣然写毕，笼鹅而归，甚以为乐。"王羲之好鹅，曾写《道德经》与山阴道士换一群鹅。雁阵，成列而飞的雁群，唐王勃《滕王阁序》"雁阵惊寒，声断衡阳之浦"。兵法和书法中都有"雁阵"之说。白苎，白色的苎麻；黄麻，大麻。二者都是药名，李时珍的《本草纲目》中皆有提及。平仄上，"白苎"是仄仄，"黄麻"是平平。白，《广韵》"傍陌切"，入声。语法上，四个词语都是定中结构。

④读三到，吟八叉：读三到，清代教育家李毓秀《弟子规》有"读书法，有三到，心眼口"，这个典故出自南宋朱熹《训学斋规》："余尝谓读书有'三到'，谓心到、眼到、口到。心不在此，则眼不看仔细，心眼既不专一，只漫浪诵读，决不能记，记不能久也。'三到'之中，心到最急。心既到矣，眼口岂不到乎?"吟八叉，是唐代诗

人温庭筠的典故。据《唐才子传》载:"庭筠字飞卿,旧名岐,并州人,宰相彦博之孙也。少敏悟,天才雄赡,能走笔成万言。善鼓琴吹笛,云:'有弦即弹,有孔即吹,何必爨桐与柯亭也。'侧词艳曲,与李商隐齐名,时号'温、李'。才情绮丽,尤工律赋。每试,押官韵,烛下未尝起草,但笼袖凭几,每一韵一吟而已,场中曰'温八吟'。又谓八叉手成八韵,名'温八叉'。"温庭筠写诗,押官韵,每一韵一吟又一次手,人称"温八吟""温八叉"。平仄上,"读三到"是仄平仄,"吟八叉"是平仄平。读,《广韵》"徒谷切",入声;八,《广韵》"博拔切",入声。语法上,"读三到""吟八叉"都是主谓结构:主语"读""吟"都是动词,指读书、吟诗两种行为,是古代文人常做的两件事;"三到""八叉"陈述读书的要求和吟诗的状态,皆为状中结构。

⑤肃静对喧哗:肃静,严肃而安静。喧哗,声音嘈杂混乱。二者语义相对。平仄上,"肃静"是仄仄,"喧哗"是平平。语法上,二者都是形容词,并列结构。

⑥围棋兼把钓,沉李并浮瓜:把钓,就是手持钓竿钓鱼,唐韩偓《秋深闲兴》"把钓覆棋兼举白,不离名教可颠狂";把,手持的意思。围棋、钓鱼皆颇为耗时,古人常通过描写这两种行为来抒发隐逸散淡的情怀。沉李浮瓜,这个词语又作"浮瓜沉李",出自三国魏曹丕《与朝歌令吴质书》"浮甘瓜于清泉,沉朱李于寒水",谓以凉水泡洗瓜果解渴;后便借此来代指消夏乐事,宋苏轼《答苏伯固四首》之四"大盆如命取去,为暑中浮瓜沉李之一快也"。平仄上,上联是平平平仄仄,下联是平仄仄平平。语法上,两句皆用两个动作行为表并列关系,用"兼""并"两个词连接。

⑦羽客片时能煮石,狐禅千劫似蒸沙:羽客,指神仙或方士,唐柳宗元《摘樱桃赠元居士时在望仙亭南楼与朱道士同处》"蓬莱羽客如相访,不是偷桃一小儿"。煮石,就是煮白石,据说神仙以煮白

石为粮,晋葛洪《神仙传·白石先生》"(白石先生)常煮白石为粮,因就白石山居"。狐禅,禅门指妄称开悟、流入邪僻者,后用以泛指异端邪说,又叫"野狐禅""野狐"。千劫,指旷远的时间与无数的生灭成坏,唐太宗《圣教序》"无灭无生历千劫";劫,是佛教名词,"劫波"的略称,意为极久远的时节。蒸沙,出自《大佛顶如来密因修证了义诸菩萨万行首楞严经》:"是故阿难,若不断淫修禅定者,如蒸沙石,欲其成饭,经百千劫,祇名热沙。何以故?此非饭本,沙石成故。汝以淫身求佛妙果,纵得妙悟,皆是淫根。"佛经中常见此语,如《宗镜录》"足抹大地石,蒸沙成饭无"等。可见下联意谓如果其心不正,修野狐禅这种邪门外道,则即便历尽千劫,如蒸沙做饭,也是不能得道成功的。平仄上,上联是仄仄仄平平仄仄,下联是平平平仄仄平平。石,《广韵》"常隻切",入声;劫,《广韵》"居怯切",入声。语法上,上下联都是主谓结构:"羽客""狐禅"是主语,前者是正道,后者是外道;谓语部分"片时能煮石""千劫似蒸沙",都是状中结构,状语是"片时""千劫",表时间,前者强调时间之短,后者表示历时之久。

⑧党尉粗豪,金帐笼香斟美酒;陶生清逸,银铛(chēng)融雪啜团茶:此联说的是北宋名臣陶谷的典故,《苕溪渔隐丛话前集》载:"宋陶谷,字秀实,为学士,得党太尉家姬。遇雪,陶取雪水烹茶,谓姬曰:'党家有此风否?'对曰:'彼粗人,安有此。但能于销金帐中浅斟低唱,饮羊羔儿酒耳。'陶默然,惭其言。"陶谷有个小妾,曾是党太尉的家姬。这一天下雪,陶谷就取雪水煮茶,问这歌姬说:"党家有没有这样的做法?"她回说:"那是个粗人,怎么会做这种事情?他只会在销金帐中浅斟低唱,饮羊羔酒罢了!"陶谷听了感到很惭愧。铛,一种古代的温器,用来把茶和酒温热。铛一般以金属或陶、瓷等制成,此处说用银,当是嘲讽陶生的卖弄。啜,饮的意思。团茶,宋代用圆模制成的茶饼,宋欧阳

修《归田录》卷二"茶之品,莫贵于龙凤,谓之团茶,凡八饼重一斤"。平仄上,上联是仄仄平平,平仄平平平仄仄;下联是平平平仄,平平平仄仄平平。语法上,"党尉粗豪"对"陶生清逸",是主谓结构,形容词充当谓语。"金帐笼香""银铛融雪"相对,是状中结构,"金帐""银铛"是表工具的状语。"斟美酒""啜团茶"相对,都是动宾结构。对仗工整。

【译文】

疏和密相对,朴和华相对。

仁义的鹡和慈孝的鸦相对。

鹅群和雁阵相对,白苎和黄麻相对。

古人读书讲究三到,温庭筠吟诗须八叉。

肃静和喧哗相对。

一边围棋一边垂钓,又是泡李又是浸瓜。

神仙方士片刻就能把石头煮成食物,邪魔外道历经千劫也无法修成正果。

党尉性情粗豪,在销金帐里斟饮美酒;陶谷为人清雅,用银铛融雪烹煮好茶。

七　阳

【题解】

"阳"是"平水韵"中下平声的第七韵部。

"阳"在《广韵》中读"与章切",平声,阳韵。

《笠翁对韵》中所用到的韵脚字有塘、阳、娘、肠、浆、香、床、常、黄、长、樯、乡、凰、觞、廊、强、妆、杨、羊、光、梁、墙、王、霜、堂、房、梁、凉等28个,《声律启蒙》用到的有长、香、王、塘、妆、堂、霜、阳、汤、唐、肠、黄、庄、杨、廊、乡、螂、煌等18个字。其中两书共用到的有12个字:长、香、王、塘、妆、堂、霜、阳、肠、杨、廊、乡。仅《笠翁对韵》用到的有娘、浆、床、常、黄、槍、凰、觞、强、羊、光、梁、墙、房、梁、凉等 16 个字,仅《声律启蒙》用到的有汤、唐、黄、庄、螂、煌等 6 个字。

其一

台对阁,沼对塘^①。

朝雨对夕阳^②。

游人对隐士,谢女对秋娘^③。

三寸舌,九回肠^④。

玉液对琼浆^⑤。

秦皇照胆镜,徐肇返魂香^⑥。

青萍夜啸芙蓉匣,黄卷时摊薜荔床^⑦。

元亨利贞,天地一机成化育;仁义礼智,圣贤千古立纲常^⑧。

【注释】

①台对阁,沼对塘:台,是一种高而上平的方形建筑物,主要用于眺望和观赏。阁,也是一种建筑物的名称,可以用来指楼阁,如《淮南子·主术训》"高台层榭,接屋连阁,非不丽也"。沼、塘,皆指水池。平仄上,"台""塘"是平声,"阁""沼"是仄声。阁,《广韵》"古落切",入声。语法上,四个词语都是名词。

②朝雨对夕阳:朝雨,早晨的雨,唐王维《送元二使安西》"渭城朝雨浥轻尘,客舍青青柳色新"。夕阳,傍晚的太阳,常与"朝雨"并举,唐王昌龄《送欧阳会稽之任》"万室霁朝雨,千峰迎夕阳"。一早一晚,一雨一晴,恰好相对。平仄上,"朝雨"是平仄,"夕阳"是仄平。夕,《广韵》"祥易切",入声。语法上,两个词语都是定中结构。

③游人对隐士,谢女对秋娘:游人,一般指闲散的人、游玩的人,唐韦庄《菩萨蛮》"人人尽说江南好,游人只合江南老";出来做官的人也叫宦游人,唐王勃《送杜少府之任蜀州》"与君离别意,同是宦游人"。隐士,指隐居不出来做官的人。谢女,指晋女诗人谢道韫,唐李绅《登禹庙日降雪五言二十韵》"麻引诗人兴,盐牵谢女才"。《世说新语·言语》:"谢太傅(指谢安)寒雪日内集,与儿女讲论文义,俄而雪骤,公欣然曰:'白雪纷纷何所似?'兄子胡儿曰:'撒盐空中差可拟。'兄女曰:'未若柳絮因风起。'公大笑乐。即公大兄无奕女,左将军王凝之妻也。"文中的才女就是谢道韫。秋娘,有两个所指,一是泛指唐代歌妓女伶,唐白居易《琵琶行》"曲罢曾教善才伏,妆成每被秋娘妒";一是指唐时金陵女子杜秋娘,本为李锜妾,后锜叛变被诛,入宫有宠于宪宗。穆宗立,为皇子傅姆。皇子废,秋娘赐归故乡,穷老而终。此当指后者,杜秋娘有才,曾作《金缕衣》(亦有人认为是无名氏所作)"劝君莫惜金缕衣,劝君惜取少年时。花开堪折直须折,莫待无花空折枝"。唐杜牧有《杜秋娘》一诗叙述她的故事。平仄上,"游人"是平平,"隐士"是仄仄;"谢女"是仄仄,"秋娘"是平平。语法上,四个词语都是指人的名词,都是定中结构。

④三寸舌,九回肠:三寸舌,今有所谓"三寸不烂之舌",出自《史记·留侯世家》"今以三寸舌,为帝者师,封万户,位列侯,此布衣之极,于良足矣",形容口齿伶俐,口才很好。九回肠,"九回"形容反复翻转,比喻忧思郁结难解,语出汉司马迁《报任少卿书》"是以肠一日而九回"。平仄上,"三寸舌"是平仄仄,"九回肠"是仄平平。舌,《广韵》读"食列切",入声。语法上,二者不甚相对,三寸舌指三寸之舌,其停顿是"三寸/舌",定中结构;九回肠是状中结构,其停顿当为"九/回肠",多次回转其肠,形容很痛苦。

⑤玉液对琼浆:玉液,琼树花蕊的汁液,引申泛指甘美的浆汁,如南

朝梁庾肩吾《答陶隐居赍术蒸启》"味重金浆,芳逾玉液",后来用于比喻美酒。琼浆,本指仙人的饮料,也用来比喻美酒。"玉液""琼浆"经常相提并论,唐吕岩《赠刘方处士》"瑶琴宝瑟与君弹,琼浆玉液劝我醉"。平仄上,"玉液"是仄仄,"琼浆"是平平。语法上,两个词语都是定中结构。

⑥秦皇照胆镜,徐肇返魂香:上联出自《西京杂记》:"高祖初入咸阳宫,周行库府,金玉珍宝不可称言。……有方镜,广四尺,高五尺九寸。表里有明,人直来照之,影则倒见。以手扪心而来,则见肠胃五脏,历然无硋。人有疾病在内,掩心而照之,则知病之所在。又女子有邪心,则胆张心动。秦始皇常以照宫人,胆张心动者则杀之。高祖悉封闭,以待项羽。羽并将以东,后不知所在。"刘邦攻破咸阳之时,在秦朝的府库里发现了一面镜子,可以照见人的五脏六腑,且能照到疾病之所在,也能看出人是否有邪心。秦始皇常常用这个来照宫人之心,如有胆张大而心动摇者,就把他们杀掉。秦皇,指秦始皇。下联是有关徐肇的典故,明《香乘》引宋洪刍《香谱》:"司天主簿徐肇,遇苏氏子德哥者,自言善为返魂香,手持香炉,怀中以一帖如白檀香末,撮于炉中,烟气袅袅直上,甚于龙脑。德哥微吟曰:'东海徐肇,欲见先灵,愿此香烟,用为引道。'尽见其父母曾高。德哥曰:'但死经八十年以上者,则不可返矣。'"徐肇曾经遇到一个名叫苏德哥的,善于制作返魂香,放在香炉里点燃,能引导人见其亲人亡灵,不过若是去世八十年以上,就不能返魂。徐肇,或作"徐兆",误。返魂香,汉东方朔《海内十洲记》较早记录了返魂香的来历,"聚窟洲……山多大树,与枫木相类,而花叶香闻数百里,名为返魂树。……死者在地,闻香气乃却活,不复亡也。以香熏死人,更加神验"。平仄上,上联是平平仄仄仄,下联是平仄仄平平。语法上,上下联都是由两个名词组合而成,构成定中结构:"秦皇""徐肇"是人名充

当定语;中心语"照胆镜""返魂香"也是定中结构,由动宾结构"照胆""返魂"充当定语。

⑦青萍夜啸芙蓉匣,黄卷时摊薜荔床:青萍,亦作"青苹",古宝剑名,《文选·陈琳〈答东阿王笺〉》"君侯体高世之才,秉青苹、干将之器",吕延济注"青苹、干将,皆剑名也"。晋王嘉《拾遗记·颛顼》记载:"帝颛顼高阳氏,黄帝孙昌意之子。……颛顼居位,奇祥众祉,莫不总集。……有曳影之剑,腾空而舒,若四方有兵,此剑则飞起,指其方则克伐。未用之时,常于匣里,如龙虎之吟。"传说颛顼拥有一把宝剑,如果四方有战争,这把剑就会飞起来,指着哪个方向就能把那个地方的战乱平息下去;不用的时候,它就在剑匣中作虎啸龙吟之声。古诗中常用此典,如唐李白《邺中赠王大》"紫燕栖下嘶,青萍匣中鸣"。下联化用了宋朱敦儒《浪淘沙》中的"拥被换残香。黄卷堆床。开愁展恨甯思量"。黄卷,书籍,晋葛洪《抱朴子·疾谬》"杂碎故事,盖是穷巷诸生,章句之士,吟咏而向枯简,匍匐以守黄卷者所宜识",杨明照校笺"古人写书用纸,以黄蘗汁染之防蠹,故称书为黄卷"。因佛道两家写书用黄纸,因此也指道书或佛经。薜荔床,隐士们所用的草木之床;薜荔,香草名。平仄上,上联是平平仄仄平平仄,下联是平仄平平仄仄平。匣,《广韵》"胡甲切",入声。语法上,上下联都是主谓结构,谓语"夜啸芙蓉匣""时摊薜荔床"都是状中结构,"夜""时"充当状语。

⑧元亨利贞,天地一机成化育;仁义礼智,圣贤千古立纲常:元亨利贞,出自《周易·乾》"乾,元亨利贞",孔颖达疏曰:"元亨利贞者,是《乾》之四德也。《子夏传》云:'元,始也;亨,通也;利,和也;贞,正也。'"天地一机成化育,与宋代理学家程颐的理念有关,其《程氏易传》曰:"元亨利贞,谓之四德。元者,万物之始;亨者,万物之长;利者,万物之遂;贞者,万物之成。"可见元、亨、利、贞就

是天地造化万物的四种德行。仁义礼智，出自《孟子·公孙丑上》："恻隐之心，仁之端也；羞恶之心，义之端也；辞让之心，礼之端也；是非之心，智之端也。人之有是四端也，犹其有四体也。"从孟子起，儒家多认为仁、义、礼、智是人生而固有的道德。纲常，"三纲五常"的简称："三纲"指君为臣纲、父为子纲、夫为妻纲，"五常"指仁、义、礼、智、信。平仄上，上联是平平仄平，平仄仄平平仄仄；下联是平仄仄仄，仄平平仄仄平平。一，《广韵》"於悉切"，入声。上联上半句第二字和第四字都是平声，失替；下联上半句的第二字和第四字都是仄声，亦失替。语法上，上下联两句都是主谓结构：主语"元亨利贞""仁义礼智"，皆为四个词语并列的结构；谓语部分"天地一机成化育""圣贤千古立纲常"，也是主谓结构，对其主语进行陈述。

【译文】

高台和楼阁相对，沼泽和池塘相对。

朝雨和夕阳相对。

游人和隐士相对，谢道韫和杜秋娘相对。

三寸不烂之舌，多次翻转愁肠。

玉液和琼浆相对。

秦始皇留下的照胆镜，徐肇所用到的返魂香。

青萍剑夜晚在芙蓉匣中作龙虎之吟，黄卷书写的经书时时放在薜荔床上。

元亨利贞，天地以此化生天下万物；仁义礼智，圣贤立下人世千古纲常。

其二

红对白，绿对黄①。

昼永对更长②。

龙飞对凤舞，锦缆对牙樯③。

云弁使，雪衣娘④。

故国对他乡⑤。

雄文能徙鳄，艳曲为求凰⑥。

九日高峰惊落帽，暮春曲水喜流觞⑦。

僧占名山，云绕双林藏古殿；客栖胜地，风飘万叶响空廊⑧。

【注释】

①红对白，绿对黄：平仄上，"红""黄"是平声，"白""绿"是仄声。白，《广韵》"傍陌切"，入声。语法上，四个词语都是颜色名词。

②昼永对更长：昼永，白昼漫长。更长，以更鼓声长形容夜晚漫长，唐蒋贻恭《咏蚕》"辛勤得茧不盈筐，灯下缫丝恨更长"；更，更鼓。平仄上，"昼永"是仄仄，"更长"是平平。语法上，两个词语都是主谓结构，"永""长"是形容词充当谓语。

③龙飞对凤舞，锦缆对牙樯：龙飞，出自《周易·乾》"飞龙在天，利见大人"，孔颖达疏"若圣人有龙德，飞腾而居天位"，后来以"龙飞"为帝王的兴起或即位。凤舞，琅环阁藏本作"鲤跃"，今本多作"凤舞"，龙、凤都是传说中的神奇动物，二者常相并举，今有成语"龙飞凤舞"。故本书取"凤舞"。锦缆，锦制的缆绳。牙樯，象牙装饰的桅杆；一说桅杆顶端尖锐如牙，故名。后为桅杆的美称。"锦缆""牙樯"二者经常并提，如唐杜甫《城西陂泛舟》"春风自信牙樯动，迟日徐看锦缆牵"。平仄上，"龙飞"是平平，"凤舞"是仄仄；"锦缆"是仄仄，"牙樯"是平平。语法上，"龙飞""凤舞"都是主谓结构，"锦缆""牙樯"都是定中结构。

④云弁(biàn)使，雪衣娘：云弁使，一般认为是指蜻蜓，大约因为蜻

蜓头部形如古人所戴之弁帽。《恒春县志》卷九云："蜻蜓:《尔雅》疏'一名负劳,一名桑根。《方言》谓之螂蛉',《吕览》注'谓之白宿',《古今注》'谓之青亭,又名赤衣使者',又曰'赤弁丈人'。"弁,一种帽子,通常是礼仪场合时使用。雪衣娘,指白鹦鹉。《太平御览》卷九二四引唐郑处诲《明皇杂录》曰:"开元中,岭南献白鹦鹉,养之宫中……忽一日,飞上贵妃镜台,语曰:'雪衣娘昨夜梦为鸷鸟所搏,将尽于此乎?'"平仄上,"云弁使"是平仄仄,"雪衣娘"是仄平平。语法上,二者皆为定中结构。蜻蜓本为"赤弁使",为了与"雪"构成对仗,换为"云弁使"。实际上"雪衣娘"之"雪"表颜色,与"赤"相对更佳。

⑤故国对他乡:平仄上,"故国"是仄仄,"他乡"是平平。国,《广韵》"古或切",入声。语法上,二者都是定中结构。

⑥雄文能徙鳄,艳曲为求凰:上联说的是唐代大文豪韩愈的典故。元和十四年,韩愈因谏迎佛骨而被贬为潮州刺史。据《新唐书·韩愈传》记载:"初,愈至潮,问民疾苦,皆曰:'恶溪有鳄鱼,食民畜产且尽,民以是穷。'"韩愈刚到潮州的时候,都说恶溪的鳄鱼危害百姓甚多,"数日,愈自往视之,令其属秦济以一羊一豚投溪水而祝之"。"今与鳄鱼约:'尽三日,其率丑类南徙于海,以避天子之命吏。三日不能,至五日;五日不能,至七日;七日不能,是终不肯徙也,是不有刺史、听从其言也。不然,则是鳄鱼冥顽不灵,刺史虽有言,不闻不知也。夫傲天子之命吏,不听其言,不徙以避之,与顽不灵而为民物害者,皆可杀。刺史则选材技民,操强弓毒矢,以与鳄鱼从事,必尽杀乃止,其无悔!'"过了几天,韩愈就亲自去了解情况,他令属下把一头羊一头猪扔到溪水里,并且向神祷告。他和鳄鱼约定,限鳄鱼三天之内迁徙到南海去,最多宽限到七日。如果七日之内不走,那就是冥顽不灵。到时官吏们就会准备好强弓毒箭,杀尽不肯迁徙的鳄鱼。当晚电闪雷

鸣,几天之内溪水干涸了,鳄鱼全都迁走了。"雄文"就是指韩愈的《祭鳄鱼文》。下联是说西汉文学家司马相如的典故。据《史记·司马相如列传》载:"临邛中多富人,而卓王孙家僮八百人,程郑亦数百人,二人乃相谓曰:'令有贵客,为具召之。'并召令。令既至,卓氏客以百数。至日中,谒司马长卿,长卿谢病不能往,临邛令不敢尝食,自往迎相如。相如不得已,强往,一坐尽倾。酒酣,临邛令前奏琴曰:'窃闻长卿好之,愿以自娱。'相如辞谢,为鼓一再行。是时卓王孙有女文君新寡,好音,故相如缪与令相重,而以琴心挑之。相如之临邛,从车骑,雍容闲雅甚都;及饮卓氏,弄琴,文君窃从户窥之,心悦而好之,恐不得当也。既罢,相如乃使人重赐文君侍者通殷勤。文君夜亡奔相如,相如乃与驰归成都。"司马相如在临邛的时候,曾以艳曲追求卓文君,最终促使文君与他一起私奔。艳曲,爱情歌曲,后多带贬义。据《乐府诗集·琴曲歌辞四》,司马相如所弹之曲为:"凤兮凤兮归故乡,遨游四海求其凰。时未遇兮无所将,何悟今夕升斯堂。有艳淑女在闺房,室迩人遐毒我肠。何缘交颈为鸳鸯,胡颉颃兮共翱翔。凤兮凤兮从我栖,得托孳尾永为妃。交情通体心和谐,中夜相从知者谁。双翼俱起翻高飞,无感我思使余悲。"此曲即名为"凤求凰",司马相如利用此曲赢得了卓文君的芳心。凤凰,古代传说中的百鸟之王,雄的叫凤,雌的叫凰。平仄上,上联是平平平仄仄,下联是仄仄仄平平。语法上,两句都是主谓结构。

⑦九日高峰惊落帽,暮春曲水喜流觞(shāng):上联讲的是东晋名士孟嘉的典故,据《晋书·桓温传》载:"孟嘉,字万年,江夏鄳人,吴司空宗曾孙也。……后为征西桓温参军,温甚重之。九月九日,温燕龙山,僚佐毕集。时佐吏并着戎服,有风至,吹嘉帽堕落,嘉不之觉。温使左右勿言,欲观其举止。嘉良久如厕,温令取还之,命孙盛作文嘲嘉,着嘉坐处。嘉还见,即答之,其文甚

美,四坐嗟叹。"九月九日,桓温在龙山宴请诸吏,风吹落了孟嘉的帽子。桓温故意命人写文章嘲讽他,孟嘉也写文章酬答之,且文辞甚美,在座之人都觉叹服。下联说的是曲水流觞的典故,晋王羲之《兰亭集序》曰:"永和九年,岁在癸丑,暮春之初,会于会稽山阴之兰亭,修禊事也。群贤毕至,少长咸集。此地有崇山峻岭,茂林修竹,又有清流激湍,映带左右,引以为流觞曲水,列坐其次。虽无丝竹管弦之盛,一觞一咏,亦足以畅叙幽情。是日也,天朗气清,惠风和畅。仰观宇宙之大,俯察品类之盛,所以游目骋怀,足以极视听之娱,信可乐也。"古人夏历三月初三到水边洗濯沐浴,以驱除不祥,谓之"修禊"。王羲之、谢安等在公元353年三月初三聚会于山阴兰亭,进行修禊。他们在曲绕的水流中放置酒杯,临流取饮。王羲之还创作了千古名篇《兰亭集序》,从此人们就以为习俗,谓之"曲水流觞"。觞,一种酒杯。平仄上,上联是仄仄平平平仄仄,下联是仄平仄仄平平。语法上,上下联皆为状中结构。"九日"对"暮春",作时间状语;"高峰"对"曲水",作处所状语。中心语"惊落帽""喜流觞"是动宾结构,"惊""喜"都是动词用于为动,"为……惊""为……喜"的意思,"落帽""流觞"是动宾结构充当宾语。

⑧僧占名山,云绕双林藏古殿;客栖胜地,风飘万叶响空廊:上联典出唐吴融《题越州法华寺》"寺在五峰阴,穿缘一径寻。云藏古殿暗,石护小房深。宿鸟连僧定,寒猿应客吟。上方应见海,月出试登临"。下联典出宋王镃《宿香严院》的"地炉煨火柏枝香,借宿寒寮到上方。山近白云归古殿,风高黄叶响空廊"。清徐世昌辑《晚晴簃诗汇》所收贾田祖的《落叶》诗,与下联意境类似:"西风吹败叶,半夜响空廊。似我无依客,终年辞故乡。暂谋栖息地,狼藉避繁霜。"平仄上,上联是平仄平平,平仄平平平仄仄;下联是仄平仄仄,平平仄仄仄平平。语法上,"僧占名山"对"客栖

胜地"，是主谓结构；"云绕双林"对"风飘万叶"，也是主谓结构；
"藏古殿"对"响空廊"，前者为动宾结构，后者为动补结构。其中
对联的下半句所包含的两个结构是相扣的，即：云绕双林，（双
林）藏古殿；风飘万叶，（万叶）响空廊。

【译文】

红和白相对，绿和黄相对。

白昼漫漫和更鼓绵长相对。

龙飞和凤舞相对，锦缎做的缆绳和象牙做的桅杆相对。

云弁使，雪衣娘。

故国和他乡相对。

韩愈在潮州作《祭鳄鱼文》能让鳄鱼迁走，司马相如在临邛弹奏《凤求凰》追求文君。

重阳九月九登高，人们为吹落孟嘉之帽而惊讶；暮春三月三修禊，王羲之在兰亭曲水流觞为乐。

僧人住在名山上，云雾缭绕树林茂密掩藏着古老的寺庙；游人栖息于胜地，风吹落叶的声音回响在空寂的长廊里。

其三

衰对壮，弱对强①。

艳饰对新妆②。

御龙对司马，破竹对穿杨③。

读班马，识求羊④。

水色对山光⑤。

仙棋藏绿橘，客枕纳黄粱⑥。

池草入诗因有梦，海棠带恨为无香⑦。

风起画堂，帘箔影翻青荇沼；月斜金井，辘轳声度碧梧墙⑧。

【注释】

①衰对壮，弱对强：平仄上，"衰""强"是平声，"壮""弱"都是仄声。语法上，两组词语是两对反义形容词。

②艳饰对新妆：艳饰，装扮得很浓艳；新妆，打扮装饰得新颖别致。平仄上，"艳饰"是仄仄，"新妆"是平平。语法上，可以理解为状中结构，动词；也可以理解为定中结构，即浓艳、新颖的打扮方式。

③御龙对司马，破竹对穿杨：御龙，官名，帝王近卫官卒，宋庞元英《文昌杂录》卷三"仗马每面三疋，每疋御龙官四人"；复姓，《左传·昭公二十九年》载"夏后嘉之，赐氏曰御龙"。司马，官名，掌军旅之事；也是复姓。破竹，是劈开竹子的意思，比喻循势而下，顺利无阻，《晋书·杜预传》"昔乐毅藉济西一战以并强齐，今兵威已振，譬如破竹，数节之后，皆迎刃而解，无复着手处也"。今有"势如破竹"一词。穿杨，指射箭能于远处命中杨柳的叶子，出自《战国策·西周策》"楚有养由基者，善射；去柳叶者百步而射之，百发百中"。今有"百步穿杨"形容射箭技术高超。平仄上，"御龙"是仄平，"司马"是平仄；"破竹"是仄仄，"穿杨"是平平。竹，《广韵》"张六切"，入声。语法上，"御龙"对"司马"，都是官名、复姓名词相对，其内部结构都是动宾结构。"破竹""穿杨"都是动宾结构，"破""穿"在这里都是使动用法。

④读班马，识求羊：班马，指的是班固和司马迁；此指二人的著作班固的《汉书》和司马迁的《史记》，故曰"读班马"。下联说的是东汉隐士蒋诩的典故。李善注《文选·谢灵运〈田南树园激流植援〉诗》"唯开蒋生径，永怀求羊踪"时，引《三辅决录》曰："蒋诩，字元卿，隐于杜陵。舍中三径，惟羊仲、求仲从之游。"蒋诩品格廉洁正直，王莽篡位以后，他告病返乡，终身不仕。他庭院中有三条小路，只与羊、求二位隐士来往。求羊，指汉代隐士求仲与

羊仲,唐皎然《因游支硎寺寄邢端公》"论文征贾马,述隐许求羊"。平仄上,"读班马"是仄平仄,"识求羊"是仄平平。读,《广韵》"徒谷切",入声;识,《广韵》"赏职切",入声。上下联第二字平仄相同,失对。语法上,两个词语都是动宾结构,宾语"班马""求羊"都是并列结构。

⑤水色对山光:此联琅环阁藏本作"山色对江光",此从今本。平仄上,"水色"是仄仄,"山光"是平平。语法上,两个词语都是定中结构。

⑥仙棋藏绿橘,客枕纳黄粱:上联出自明张岱《夜航船·荒唐部》引《幽怪录》所载:"巴邛人剖橘而食,橘中有二叟弈棋。一叟曰:'橘中之乐,不减商山。'一叟曰:'君输我瀛洲玉尘九斛,龙缟袜八辆,后日于青城草堂还我。'乃出袖中一草,食其根,曰:'此龙根脯也。'食讫,以水喷其草,化为龙,二叟骑之而去。"故事说有个巴邛人剖开橘子吃的时候,发现橘子中有两位老人在下棋。他们还从袖子里拿出一根草,吃了草根。之后喷了一口水,草化为龙,两人骑龙而去。下联本自唐沈既济的传奇《枕中记》,记叙落第的卢生遇到道士吕翁,后来卢生觉得很困。"时主人方蒸黍。翁乃探囊中枕以授之,曰'子枕吾枕,当令子荣适如志'",主人正在蒸黍,给了他一个枕头,让他睡觉去。卢生在梦中官运亨通,子孙满堂,一生享尽荣华富贵。临终之时,"卢生欠伸而悟,见其身方偃于邸舍,吕翁坐其傍,主人蒸黍未熟,触类如故。生蘧然而兴,曰:'岂其梦寐也?'翁谓生曰:'人生之适,亦如是矣。'生怃然良久,谢曰:'夫宠辱之道,穷达之运,得丧之理,死生之情,尽知之矣。此先生所以窒吾欲也。敢不受教!'稽首再拜而去"。《夜航船·九流部》也有类似的记载,只不过主人公则换成了汉钟离和吕纯阳(即吕洞宾)。吕纯阳也是梦到自己享尽荣华富贵。梦醒之时,"黄粱犹未熟",故谓之黄粱梦。明汤显祖的戏

剧《邯郸记》也是根据类似的故事写成。平仄上，上联是平平平仄仄，下联是仄仄仄平平。橘，《广韵》"居聿切"，入声。语法上，上下联都是主谓结构。

⑦池草入诗因有梦，海棠带恨为无香：上联出自《南史·谢惠连传》："（谢方明）子惠连，年十岁能属文，族兄灵运嘉赏之，云'每有篇章，对惠连辄得佳语'。尝于永嘉西堂思诗，竟日不就，忽梦见惠连，即得'池塘生春草'，大以为工。常云'此语有神功，非吾语也'。"南朝宋诗人谢灵运《登池上楼》诗有"池塘生春草，园柳变鸣禽"的名句，据说是因梦见族弟谢惠连而得。下联出自北宋惠洪的《冷斋夜话》卷九："（刘渊材）尝曰：'吾平生无所恨，所恨者五事耳。'人问其故。渊材敛目不言，久之曰：'吾论不入时听，恐汝曹轻易之。'问者力请说，乃答曰：'第一恨鲥鱼多骨，第二恨金橘太酸，第三恨莼菜性冷，第四恨海棠无香，第五恨曾子固不能作诗。'闻者大笑，而渊材瞠目曰：'诸子果轻易吾论也。'"平仄上，上联是平仄仄平平仄仄，下联是仄平仄仄仄平平。语法上，上下联皆为表示因果关系的句子。"池草入诗""海棠带恨"是果，"因有梦""为无香"是因。细究起来，上下联在主语问题上也有不对仗之处。上联"入诗"的主语是"池草"，"有梦"的主语当为谢灵运；下联"带恨"和"无香"的主语都是"海棠"。其实从典故上看，"无香"的是海棠，"带恨"的却是刘渊材其人，对联把"海棠"移到前面，是为了构成对仗；即便如此，仍然留下了结构上的漏洞。可见在创作对联时，运用典故、安排文字和结构，有时很难两全其美。

⑧风起画堂，帘箔（bó）影翻青荇（xìng）沼；月斜金井，辘轳（lú）声度碧梧墙：上联当化用了唐韩偓《秋雨内宴（乙卯年作）》中的"一带清风入画堂，搽真珠箔碎玎璫"。画堂，古代宫中有彩绘的殿堂，也用来泛指华丽的堂舍。帘箔，帘子；箔，也是帘子的意思。青荇，即荇菜，是一种可以食用和入药的水生植物，《诗经·周南·

关雎》有"参差荇菜,左右流之"。下联当化用唐陆龟蒙《井上桐》"美人伤别离,汲井长待晓。愁因辘轳转,惊起双栖鸟。独立傍银床,碧桐风袅袅"。金井,井栏雕饰华美的井。辘轳,古代一种井上汲水的起重装置。金井与辘轳是常常一起在诗中出现的意象,宋苏轼《用前韵答西掖诸公见和》"双狨蟠础龙缠栋,金井辘轳鸣晓瓮"。碧梧墙,或作"碧桐墙",从语义、语法、平仄上看,二者皆可。平仄上,上联是平仄仄平,平仄仄平平仄仄;下联是仄平平仄,仄平平仄仄平平。箔,《广韵》"傍各切",入声。语法上,"风起画堂"对"月斜金井",都是主谓结构;"帘箔影翻青荇沼""辘轳声度碧梧墙"相对,也是主谓结构,其中的"帘箔"和"辘轳"严格说来不甚相对,前者是并列结构,后者则是联绵词。

【译文】

衰和壮相对,弱和强相对。

浓艳的装饰和新潮的打扮相对。

御龙氏和司马氏相对,劈开竹子和射穿杨柳相对。

阅读班固和司马迁的史书,结识求仲和羊仲两位隐士。

水色和山光相对。

有人剖开橘子发现里面竟藏着两个下棋的仙人,客人梦见一生荣华的时间里其实黄粱都没煮熟。

谢灵运梦里得到"池塘生春草"的佳句,刘渊材平生有遗憾乃是因为"海棠无香"。

微风吹动帘箔,映照在满是青荇的池塘中的影子也在轻轻摇曳;月影斜掠井栏,辘轳的声音也悄悄越过碧绿的梧桐传到了墙外。

其四

臣对子,帝对王①。

日月对风霜②。

乌台对紫府,蔀屋对岩廊③。

香山社,昼锦堂④。

雪牖对云房⑤。

芬椒涂内壁,文杏饰高梁⑥。

贫女幸分东壁影,幽人高卧北窗凉⑦。

绣阁探春,丽日半笼青镜色;水亭醉夏,薰风常透碧筒香⑧。

【注释】

①臣对子,帝对王:平仄上,"臣""王"是平声,"子""帝"是仄声。语法上,四个词语都是名词。

②日月对风霜:"日月"包括太阳和月亮,引申指时光;"风霜"指风和霜,引申指艰辛。平仄上,"日月"是仄仄,"风霜"是平平。语法上,两个都是名词,且都是并列结构。

③乌台对紫府,蔀(bù)屋对岩廊:乌台,指御史台;紫府,道教称仙人所居。蔀屋,草席盖顶之屋,一般指贫穷简陋的房子,宋王安石《寄道光大师》"秋雨漫漫夜复朝,可嗟蔀屋望重霄";蔀,覆盖于棚架上遮蔽阳光的草席。岩廊,高峻的廊庑,是富贵之人的居所;岩,表示崖岸,山或高地的边,引申为高的意思。平仄上,"乌台"是平平,"紫府"是仄仄;"蔀屋"是仄仄,"岩廊"是平平。屋,《广韵》"乌谷切",入声。语法上,四个词语都是定中结构。"蔀屋对岩廊"或作"雪牖对云房",即与注⑤对调,此从琅环阁藏本之序。

④香山社,昼锦堂:香山社,即香火社,因香山居士曾参与,故名;香山居士是唐代诗人白居易的别号。昼锦堂,宋代丞相韩琦曾建昼锦堂,欧阳修曾为之创作《昼锦堂记》,"公,相人也,世有令德,

为时名卿。自公少时,已擢高科,登显仕。海内之士闻下风而望余光者,盖亦有年矣",韩琦少登高位,然不以此炫耀于人前,不愿学那苏秦和朱买臣做了高官回家乡炫耀于嫂、妻之前,而以德泽百姓为己之志向,"惟德被生民而功施社稷,勒之金石,播之声诗,以耀后世而垂无穷,此公之志,而士亦以此望于公也"。"公在至和中,尝以武康之节来治于相,乃作'昼锦'之堂于后圃",韩琦在治理相州的时候在后花园建了一座"昼锦堂",还在石碑上刻诗赠送给当地的百姓,"其言以快恩仇、矜名誉为可薄,盖不以昔人所夸者为荣,而以为戒"。欧阳修盛赞韩琦的才能和品格,说"余虽不获登公之堂,幸尝窃诵公之诗,乐公之志有成,而喜为天下道也。于是乎书"。昼锦,《汉书·项籍传》载项羽入函谷关以后,不愿留在关中,而要回江东老家,说"富贵不归故乡,如衣锦夜行";后称富贵还乡为"衣锦昼行",省作"昼锦"。平仄上,"香山社"是平平仄,"昼锦堂"是仄仄平。语法上,二者都是定中结构,"香山""昼锦"修饰"社""堂"。然而定语不相对仗:"香山"是一个名词,定中结构,"昼锦"是状中结构,"锦"在这里用作动词,穿锦绣之服的意思;从字面上看,形容词"香"与时间名词"昼","山"与"锦"亦不能说对仗工稳。

⑤雪牖(yǒu)对云房:本指映着雪光的窗户,形容贫穷的读书人勤奋读书的情景,唐顾云《上池州庾员外启》"披经阅史,无怠于光阴;雪牖萤窗,每加于悬刺"。这个典故又叫"映雪"或"映雪读书",《南史·范云传》曰:"孙伯翳,太原人,晋秘书监盛之玄孙。曾祖放,晋国子博士、长沙太守。父康,起部郎,贫常映雪读书,清介,交游不杂。"牖,窗户,唐韩愈《东都遇春》"朝曦入牖来,鸟唤昏不醒"。云房,僧道或隐者所居住的房屋,唐刘得仁《山中寻道人不遇》"石路特来寻道者,云房空见有仙经"。二者也常并提,如唐姚鹄《题终南山隐者居》"夜吟明雪牖,春梦闭云房"。平

仄上，"雪牖"是仄仄，"云房"是平平。语法上，二者都是定中结构。

⑥芬椒涂内壁，文杏饰高梁：芬椒，指芬芳馥郁的花椒，古人一般叫"芳椒"，古人用之和泥涂抹在墙壁上，《楚辞·九歌·湘夫人》"荪壁兮紫坛，匊芳椒兮成堂"。汉代以花椒涂抹后宫的墙壁，取温暖、芬芳、多子之义，谓之"椒房"，《三辅黄图·未央宫》"椒房殿在未央宫，以椒和泥涂，取其温而芬芳也"。下联出自汉司马相如《长门赋》的"刻木兰以为榱兮，饰文杏以为梁"。文杏，就是银杏，木质纹理坚密，古人用来建筑房屋，此后用来指代文杏做的房梁，唐李商隐《越燕二首》之一"卢家文杏好，试近莫愁飞"。平仄上，上联是平平平仄仄，下联是平仄仄平平。语法上，二者都是主谓结构。

⑦贫女幸分东壁影，幽人高卧北窗凉：上联典出《战国策·秦策二·甘茂亡秦且之齐》："夫江上之处女，有家贫而无烛者，处女相与语，欲去之。家贫无烛者将去矣，谓处女曰：'妾以无烛，故常先至，扫室布席。何爱余明之照四壁者？幸以赐妾，何妨于处女？妾自以有益于处女，何为去我？'处女相与语以为然，而留之。"有几个没出嫁的女子，其中一个家里贫穷，晚上点不起蜡烛。有钱点蜡烛的女子想把她赶出去，不让她分享自己的烛光。贫女说："我因为没有蜡烛，所以每次先到，打扫好房间，铺好席子。我对你们是有益处的，你们为什么要舍不得这一点照在四壁上的余光呢？"下联出自晋陶渊明《与子俨等疏》"常言五六月中，北窗下卧，遇凉风暂至，自谓是羲皇上人"，后常以"北窗高卧"形容闲散之人。幽人，隐居之士。北窗，北向的窗户，一般比较凉快，古人夏日常在北窗下高卧纳凉。诗人多爱化用此句，如唐李白《戏赠郑溧阳》"清风北窗下，自谓羲皇人"，唐韦应物《夏景园庐》"群木昼阴静，北窗凉气多"。平仄上，上联是平仄仄平

平仄仄,下联是平平平仄仄平平。语法上,两句皆为主谓结构。

⑧绣阁探春,丽日半笼青镜色;水亭醉夏,薰风常透碧筒香:绣阁,指女子的绣房,因女子的居室装饰华丽如绣,故称。探春,早春郊游,唐宋风俗,都城士女在正月十五日收灯后争先至郊外宴游,谓之探春,唐孟郊《长安早春》"公子醉未起,美人争探春"。丽日,明媚的太阳,《清平山堂话本·洛阳三怪记》"这一年四季,无过是春天,最好景致。日谓之'丽日',风谓之'和风'"。青镜,青铜做的镜子,唐李峤《梅》"妆面回青镜,歌尘起画梁"。水亭,临水的亭子,宋欧阳修《荷花赋》"况其晚浦烟霞,水亭风日",因为临水,故而比较凉快。薰风,和暖的风,或作"熏风",皆可,明徐渭《忆潘公》诗"记得当时官舍里,熏风已过荔枝红"。碧筒,又作"碧筒杯""碧桐""碧桐杯""碧筩""碧筩杯",一种用荷叶制成的饮酒器,故而带有清香。唐段成式《酉阳杂俎·酒食》载:"历城北有使君林。魏正始中,郑公悫三伏之际,每率宾僚避暑于此。取大莲叶置砚格上,盛酒二升,以簪刺叶,令与柄通,屈茎上轮菌(按,轮菌,盘曲的样子)如象鼻,传吸之,名为'碧筩杯'。历下学之,言酒味杂莲气,香冷胜于水。"郑悫(què)在历城避暑时,把大荷叶放在砚格上,上面倒上二升酒,又用簪子刺穿叶子和柄相连接处,在叶茎下吸食。酒味掺杂着莲叶的香气,比喝水更加清凉可口。后人纷纷效法,宋冯取洽《金菊对芙蓉》有"夜深欢极忘归去,锦江酿透碧筒香"。平仄上,上联是仄仄仄平,仄仄仄平平仄仄;下联是仄平仄仄,平平平仄仄平平。阁,《广韵》"古落切",入声。语法上,"绣阁探春""水亭醉夏"相对,主语指人,已省略,二者皆为状中结构。"丽日半笼青镜色"对"薰风常透碧筒香",都是主谓结构。

【译文】

臣和子相对,帝和王相对。

日月和风霜相对。

御史台和仙人居相对，茅草之屋和高峻之廊相对。

白居易参加的香山社，韩琦所建造的昼锦堂。

雪窗和云房相对。

芬芳的花椒涂抹在宫廷的内墙上，文理漂亮的银杏木用来装饰房梁。

贫女有幸与邻家女子分得烛光，隐士夏日高卧于北边窗下纳凉。

在绣阁中探春，看到明媚的日光照耀着房中的青铜镜；在水亭内乘凉，陶醉于和煦的凉风中透出的荷叶清香。

八　庚

【题解】

"庚"是"平水韵"中下平声的第八韵部。

"庚"在《广韵》中读"古行切"，平声，庚韵。

《笠翁对韵》中所用到的韵脚字有声、京、筝、卿、莺、茎、笙、兵、情、行、瀛、评、成、城、清、英、明、晴、兄、生、鸣、平、耕、名等24个，《声律启蒙》在此用了轻、声、酲、行、明、倾、赓、迎、庚、鲸、琤、茎、莺、耕、笙、筝、生、营、惊等20个韵脚字。两书共同用到的有7个韵脚字：声、茎、笙、行、明、生、耕。《笠翁对韵》用到而《声律启蒙》没用的韵脚字有京、筝、卿、莺、兵、情、瀛、评、成、城、清、英、晴、兄、鸣、平、名等17个，《声律启蒙》用到而《笠翁对韵》没有用到的韵脚字有轻、酲、倾、赓、迎、庚、鲸、琤、莺、倾、筝、营、惊等13个。

其一

形对貌，色对声①。

夏邑对周京②。

江云对渭树，玉磬对银筝③。

人老老,我卿卿④。

晓燕对春莺⑤。

玄霜春玉杵,白露贮金茎⑥。

贾客君山秋弄笛,仙人缑岭夜吹笙⑦。

帝业独兴,尽道汉高能用将;父书空读,谁言赵括善知兵⑧。

【注释】

①形对貌,色对声:平仄上,"形""声"是平声,"貌""色"是仄声。语法上,四个词语都是名词。

②夏邑对周京:"夏""周"是朝代名;"邑""京"都有京城、国都的意思,也有城市的意思,是同义词。平仄上,"夏邑"是仄仄,"周京"是平平。语法上,二者都是名词性词语,且都是定中结构。

③江云对渭树,玉磬对银筝:江云,长江上的云。渭树,渭水边的树。"江云""渭树"常并提,如宋葛长庚《贺新郎》"渭树江云多少恨,离合古今非偶"。玉磬,古代一种石制乐器,《礼记·郊特牲》"诸侯之宫县,而祭以白牡,击玉磬……诸侯之僭礼也"。银筝,用银装饰的筝或用银字表示音调高低的筝。平仄上,"江云"是平平,"渭树"是仄仄;"玉磬"是仄仄,"银筝"是平平。语法上,四个词语都是定中结构。

④人老老,我卿卿:人老老,出自《孟子·梁惠王上》"老吾老,以及人之老;幼吾幼,以及人之幼"。第一个"老"是尊敬、赡养的意思,用作动词;第二个"老"是老人的意思,用作名词。"人老老"就是人们都尊敬老人。我卿卿,出自《世说新语·惑溺》:"王安丰妇,常卿安丰。安丰曰:'妇人卿婿,于礼为不敬,后勿复尔。'妇曰:'亲卿爱卿,是以卿卿;我不卿卿,谁当卿卿!'遂恒听之。"

王安丰的妻子总是以"卿"来称呼安丰,安丰觉得不符合礼,让她
不要这样称呼。他妻子回答说:"我爱你所以才用卿来称呼你,
我不用这个称呼,谁该用这个称呼呢?"第一个"卿"是动词用法,
用"卿"来称呼的意思;第二个"卿"是名词,是一种称呼语,指对
方。平仄上,上联是平仄仄,下联是仄平平。语法上,二者都是
主谓结构,谓语"老老""卿卿"是动宾结构。此联在语义、用典、
平仄、语法上对仗都十分工整。

⑤晓燕对春莺:平仄上,"晓燕"是仄仄,"春莺"是平平。语法上,二
者都是定中结构。

⑥玄霜舂玉杵,白露贮金茎:上联用了裴航的典故。唐裴铏《传
奇·裴航》记载,唐长庆中有个秀才裴航,因下第而游于鄂渚,拜
访故旧友人崔相国。相国赠钱二十万,他雇了一条大船回京。
当时同船的有一位樊夫人,长得天姿国色。裴航非常倾慕这个
女子,但女子已经罗敷有夫,且操行高洁。夫人送给他一首诗:
"一饮琼浆百感生,玄霜捣尽见云英。蓝桥便是神仙窟,何必崎
岖上玉清。"裴航当时并不能理解诗中的含义。之后樊夫人不告
而别,不知所踪,裴航遍寻不得。后来他经过蓝桥驿附近,找浆
水喝的时候看见几间茅屋,有个老太太在织麻,叫她的孙女云英
给他取来水浆。这云英姿容绝丽,裴航求娶之。老妇回答说:
"渠已许嫁一人,但时未就耳。我今老病,只有此女孙。昨有神
仙遗灵丹一刀圭,但须玉杵臼捣之百日,方可就吞,当得后天而
老。君约取此女者,得玉杵臼,吾当与之也。其余金帛,吾无用
处耳。"老妇的意思是必须要有一个玉杵臼才能许嫁。裴航寻访
数月,终于在一个药铺找到杵臼。回到蓝桥驿,女子说需要捣药
百日,方议姻好。老妇从襟带间解下药来,裴航为她捣药,白天
工作晚上休息,晚上老妇将药臼收到内室。裴航听到夜晚有捣
药声,偷看的时候却看到有玉兔持杵臼,"雪光辉室,可鉴毫芒",

于是裴航意志更加坚定,终于娶得云英。结婚当日,发现原来当日同船的樊夫人就是云英的姐姐云翘夫人。玄霜,神话中的一种仙药;玄,指赤黑色或黑色。春,用杵臼捣去谷物的皮壳,或把药物捣碎。杵,春药物的棒槌。下联的典故和汉武帝有关,《史记·孝武本纪》载武帝"作柏梁铜柱,承露仙人掌之属",司马贞《史记索隐》注引"《三辅故事》曰'建章宫承露盘高三十丈,大七围,以铜为之。上有仙人掌承露,和玉屑饮之'。故张衡赋曰'立修茎之仙掌,承云表之清露'是也"。汉武帝好求长生不老,故而在柏梁台建了铜柱,在建章宫有铜承露盘,用来接取天上降落的甘露。金茎,指用以擎承露盘的铜柱,《文选》收班固《西都赋》曰"抗仙掌以承露,擢双立之金茎",李善注"金茎,铜柱也"。后代诗人常用此典,唐杜甫《秋兴八首》其五"蓬莱高阙对南山,承露金茎霄汉间",唐李商隐《汉宫词》"侍臣最有相如渴,不赐金茎露一杯"。平仄上,上联是平平平仄仄,下联是仄仄仄平平。白,《广韵》"傍陌切",入声。语法上,两句都是主谓结构,主语皆为受事,宾语皆是工具。其实际意思是:(以)玉杵春玄霜,(用)金茎贮白露。

⑦贾(gǔ)客君山秋弄笛,仙人缑(gōu)岭夜吹笙:上联的典故出自唐谷神子《博异志·吕卿筠》的记载,据说洞庭有个商人名叫吕卿筠,"常以货殖贩江西杂货,逐什一之利",如果挣的钱有余,就"施贫亲戚,次及贫人,更无余贮"。卿筠"善吹笛,每遇好山水,无不维舟探讨,吹笛而去。尝于中春月夜,泊于君山侧,命樽酒独饮,饮一杯而吹笛数曲",结果有一位须眉皆白的老人乘渔舟而来,老人跟他说,"闻君笛声嘹亮,曲调非常,我是以来"。卿筠请他一起喝酒,老人说自己从小就以吹笛为业,愿意教他吹笛。他拿出三支笛子,"其一大如合拱,其次大如常人之蓄者,其一绝小,如细笔管"。卿筠拜请老人吹一曲,老人说"其大者不可发",

卿筠却说"愿闻其不可发者"。老人说:"其第一者在诸天,对诸上帝,或元君,或上元夫人,合上天之乐而吹之。若于人间吹之,人消地坼,日月无光,五星失次,山岳崩圮,不暇言其余也。第二者对诸洞府仙人、蓬莱姑射、昆丘王母及诸真君等,合仙乐而吹之。若于人间吹之,飞沙走石,翔鸟坠地,走兽脑裂,五里内稚幼振死,人民僵踣,不暇言其余也。其小者,是老身与朋侪所乐者,庶类杂而听之,吹的不安,未知可终一曲否?"说完,抽出笛子吹了三声,果然"湖上风动,波涛沆瀁,鱼鳖跳喷",卿筠和童仆吓得悚然变色;吹了五六声之后,"君山上鸟兽叫噪,月色昏昧。舟楫大恐"。老人于是停了笛声,喝酒数杯,与卿筠约了第二年秋天再会,就摇船而去,"隐隐渐没于波间"。"至明年秋,卿筠十旬于君山伺之,终不复见也"。贾客,就是指商人,古代商人叫商或贾。君山,在湖南洞庭湖口,又名湘山,北魏郦道元《水经注·湘水》"湖(洞庭湖)中有君山……湘君之所游处,故曰君山矣"。下联的典故出自汉刘向《列仙传·王子乔》:"王子乔者,周灵王太子晋也。好吹笙作凤凰鸣。游伊、洛之间,道士浮丘公接以上嵩高山。三十余年后,求之于山上,见桓良,曰:'告我家,七月七日待我于缑氏山巅。'至时,果乘白鹤驻山头,望之不得到,举手谢时人,数日而去。"王子乔好吹笙,后来得道。遇到故人桓良,就跟他说:"告诉我家里人,七月七日在缑氏山顶等我。"届时果然见到王子乔骑着白鹤停留于山头。缑岭,缑氏山,一般指修道成仙之处。平仄上,上联是仄仄平平平仄仄,下联是平平平仄仄平平。笛,《广韵》"徒历切",入声。语法上,上下联都是主谓结构;谓语部分"君山秋弄笛""缑岭夜吹笙"皆为状中结构,"君山""缑岭"为地点状语,"秋""夜"为时间状语。

⑧帝业独兴,尽道汉高能用将;父书空读,谁言赵括善知兵:上联是汉高祖刘邦的典故,出自《史记·淮阴侯列传》:"上常从容与信

言诸将能不，各有差。上问曰：'如我能将几何？'信曰：'陛下不过能将十万。'上曰：'于君何如？'曰：'臣多多而益善耳。'上笑曰：'多多益善，何为为我禽？'信曰：'陛下不能将兵，而善将将，此乃信之所以为陛下禽也。且陛下所谓天授，非人力也。'"刘邦曾经与韩信讨论各位将领的才能，韩信说自己带兵是多多益善。刘邦笑说，那你为什么被我所擒呢。韩信说，陛下虽然不能带兵，但善于带将领。下联说的是战国时候赵国将领赵括的故事。赵括是赵国名将赵奢的儿子，《史记·廉颇蔺相如列传》载，秦赵长平之战时期，"时赵奢已死，而蔺相如病笃，赵使廉颇将攻秦，秦数败赵军，赵军固壁不战。秦数挑战，廉颇不肯"。于是秦国施行反间计，说"秦之所恶，独畏马服君赵奢之子赵括为将耳"。赵王于是以赵括为将，取代廉颇。蔺相如劝谏说"王以名使括，若胶柱而鼓瑟耳。括徒能读其父书传，不知合变也"，意思是赵括虽然能熟读他父亲的兵书，却不知道灵活运用。赵王没有采纳蔺相如的建议。"赵括自少时学兵法，言兵事，以天下莫能当。尝与其父奢言兵事，奢不能难，然不谓善"，赵奢虽然不能在书本上难倒赵括，但并不认为他的兵法学得好，他生前曾跟自己的夫人说，将来害得赵国军队大败的一定是赵括。赵括被命为将领的时候，他的母亲上书进言说"赵括不能做将领"，赵王还是没听。后来果然在长平之战中大败，赵国损失惨重，从此一蹶不振。后有"纸上谈兵"一词，说的就是赵括的事。平仄上，上联是仄仄仄平，仄仄仄平平仄仄；下联是仄平平仄，平平仄仄仄平平。独、读，《广韵》皆为"徒谷切"，入声。语法上，"帝业独兴"对"父书空读"，是主谓结构。"尽道汉高能用将"与"谁言赵括善知兵"相对，二者语法上不相对仗。前者是状中结构，后者为主谓结构，因为"尽"是副词，"谁"是代词。不过，"尽"有全、都的意思，上联表示大家都认为汉高祖善用将；"谁"在此表反问，意即没有

    人认为赵括真的会用兵。二者语义上恰好构成对比。

【译文】

外形和相貌相对,颜色和声音相对。

夏代的城邑和周代的京师相对。

长江上的白云和渭水边的树木相对,玉磬和银筝相对。

别人尊敬老人,我们夫妻恩爱。

晓燕和春莺相对。

玄霜由玉杵春成,白露用金茎收集。

商人吕卿筠秋夜在君山遇仙人吹笛,周王子乔在缑山之巅吹笙给家人听。

刘邦建立汉朝基业,皆因他善于任用将才;赵括空读满腹兵书,谁说他善于用兵打仗?

其二

功对业,性对情①。

月上对云行②。

乘龙对附骥,阆苑对蓬瀛③。

春秋笔,月旦评④。

东作对西成⑤。

隋珠光照乘,和璧价连城⑥。

三箭三人唐将勇,一琴一鹤赵公清⑦。

汉帝求贤,诏访严滩逢故旧;宋廷优老,年尊洛社重耆英⑧。

【注释】

①功对业,性对情:"功""业"意义相近,都是功业、功绩的意思。"性""情"意义也相类,表示人的禀性、气质。平仄上,"功""情"

是平声,"业""性"是仄声。语法上,四者都是名词。

②月上对云行:月上,月亮上升,唐戴叔伦《对月答袁明府》"山下孤城月上迟,相留一醉本无期",宋欧阳修《生查子·元夕》"月上柳梢头,人约黄昏后"。云行,浮云在天空飘移,《周易·乾》:"《象》曰:大哉乾元,万物资始,乃统天。云行雨施,品物流形……"平仄上,"月上"是仄仄,"云行"是平平。语法上,两个词语都是主谓结构。

③乘龙对附骥(jì),阆(làng)苑对蓬瀛:乘龙,比喻趁时而动,如《周易·乾》"时乘六龙以御天",王弼注"升降无常,随时而用,处则乘潜龙,出则乘飞龙,故曰'时乘六龙'也"。后来也用以比喻得佳婿,今人常说"乘龙快婿"。附骥,附骥尾的意思,即蚊蝇附在骏马的尾巴上,从而达到远行千里的目的,一般用来比喻依附先辈或名人之后而成名,《史记·伯夷列传》"颜渊虽笃学,附骥尾而行益显",司马贞《索隐》"按:苍蝇附骥尾而致千里,以譬颜回因孔子而名彰也"。骥,骏马,《荀子·劝学》有"骐骥一跃,不能十步;驽马十驾,功在不舍"的话。"乘""附"两个动词在这里都有骑或附着在某物身上以达到行进或上升目的的意思,动作对象"龙""骥"都是神勇的动物,能飞跃或奔驰很远的距离。前者褒义,后者贬义,语义正相对。阆苑,阆风之苑,传说中仙人的住处;阆风,山名,在昆仑之上。《红楼梦》中的《枉凝眉》有"一个是阆苑仙葩,一个是美玉无瑕"。蓬瀛,蓬莱和瀛洲,神山名,相传为仙人所居之处,晋葛洪《抱朴子·对俗》"(得道之士)或委华驷而辔蛟龙,或弃神州而宅蓬瀛"。"阆苑""蓬瀛"相类,都是表仙人之所。平仄上,"乘龙""蓬瀛"是平平,"附骥""阆苑"是仄仄。语法上,"乘龙""附骥"都是动宾结构;"阆苑""蓬瀛"都是名词,结构上不甚相对,前者是定中结构,后者是并列结构。

④春秋笔,月旦评:春秋笔,相传孔子据史实修《春秋》,字寓褒贬,

不佞不谀,使乱臣贼子惧,后来人们就以"春秋笔"指据事直书的史笔。春秋,指的是五经之一的《春秋》,是春秋时期鲁国的史书,据说经过了孔子的编定。月旦评,出自《后汉书·许劭传》"初,劭与靖俱有高名,好共核论乡党人物,每月辄更其品题,故汝南俗有'月旦评'焉",也可以省作"月评"。月旦,农历的每月初一叫月旦,"旦"是第一天的意思。"春秋笔"与"月旦评"经常并提,宋刘辰翁《读杜拾遗百忧集行有感》"毁誉都忘月旦评,姓名不上《春秋》笔"。平仄上,"春秋笔"是平平仄,"月旦评"是仄仄平。语法上,二者都是定中结构。不过定语"春秋"是并列结构,"月旦"是定中结构。

⑤东作对西成:两词皆出自《尚书·尧典》:"寅宾出日,平秩东作",孔安国传"岁起于东,而始就耕,谓之东作";"平秩西成",孔颖达疏"秋位在西,于时万物成熟"。春天色青,五行属木,对应东方;秋天色白,五行属金,对应西方。故而"东作"指春耕,"西成"指秋天庄稼成熟,农事完成。平仄上,"东作"是平仄,"西成"是平平。语法上,两个词语都是状中结构,"东""西"是表方位的名词,又暗指春季和秋天两个时间,用作状语。

⑥隋珠光照乘,和璧价连城:此联化自宋陆游《书宛陵集后》"赵璧连城价,隋珠照乘明"。隋珠,隋侯之珠,是稀世珍宝,出自《淮南子·览冥训》"譬如隋侯之珠,和氏之璧,得之者富,失之者贫",高诱注曰:"隋侯,汉东之国,姬姓诸侯也。隋侯见大蛇伤断,以药傅之。后蛇于江中衔大珠以报之,因曰隋侯之珠,盖明月珠也。"据说隋侯曾经遇到一只受伤的蛇,于是为它敷药治疗。后来蛇衔来一颗大珠报答,这颗珠子就叫"隋侯之珠"。照乘,过去有所谓"照乘珠",光亮能照明车辆,唐高适《涟上别王秀才》"何意照乘珠,忽然欲暗投"。下联出自《史记·廉颇蔺相如列传》记载,"赵惠文王时,得楚和氏璧。秦昭王闻之,使人遗赵王书,愿

以十五城请易璧"。蔺相如担当了送和氏璧到秦国交换十五座城市的艰巨任务,后来虽未得到城池,他终究做到了完璧归赵,和氏璧"价值连城"的典故也因此流传下来。和璧即和氏璧,由和氏发现,出自《韩非子·和氏》的记载,"楚人和氏得玉璞楚山中",和氏发现了一块玉璞,知道它的价值,献给厉王、武王,都被认为是在撒谎,被先后砍掉了左脚和右脚。文王即位时,和氏抱着玉璞在楚山下哭了三天三夜,泪流干了,眼睛就流出血来。文王找玉匠雕琢这块玉璞,果然是一块难得的宝玉,因此命名为和氏璧。连城,连成一片的许多城池,即指《史记·廉颇蔺相如列传》中秦王交换和氏璧的十五座城池。"隋侯珠"与"和氏璧"经常并提,《汉书·邹阳传》"故无因而至前,虽出随珠、和璧,只怨结而不见德"。平仄上,上联是平平平仄仄,下联是平仄仄平平。语法上,上下联都是主谓结构。主语"隋珠""和璧"都是定中结构,谓语"光照乘""价连城"是主谓结构,陈述主语的珍贵程度。

⑦三箭三人唐将勇,一琴一鹤赵公清:上联说的是薛仁贵的故事。《旧唐书·薛仁贵传》载,"薛仁贵,绛州龙门人。贞观末,太宗亲征辽东,仁贵谒将军张士贵应募,请从行。至安地,有郎将刘君昂为贼所围甚急,仁贵往救之,跃马径前,手斩贼将,悬其头于马鞍,贼皆慑伏,仁贵遂知名"。高宗的时候,"又领兵击九姓突厥于天山,将行,高宗内出甲,令仁贵试之。上曰:'古之善射有穿七札者,卿且射五重。'仁贵射而洞之,高宗大惊,更取坚甲以赐之。时九姓有众十余万,令骁健数十人逆来挑战,仁贵发三矢,射杀三人,自余一时下马请降。仁贵恐为后患,并坑杀之。更就碛北安抚余众,擒其伪叶护兄弟三人而还。军中歌曰:'将军三箭定天山,战士长歌入汉关。'九姓自此衰弱,不复更为边患"。薛仁贵非常神勇,在天山攻打九姓突厥的时候,三箭射杀三人。

其余的人吓得赶紧下马请降。下联的典故出自《宋史·赵抃传》:"赵抃,字阅道,衢州西安人。进士及第,为武安军节度推官。……神宗立,召知谏院。故事,近臣还自成都者,将大用,必更省府,不为谏官。大臣以为疑,帝曰:'吾赖其言耳,苟欲用之,无伤也。'及谢,帝曰:'闻卿匹马入蜀,以一琴一鹤自随,为政简易,亦称是乎?'未几,擢参知政事。抃感顾知遇,朝政有未协者,必密启闻,帝手诏褒答。"赵抃为人清廉,为政简易,只带一琴一鹤去蜀地上任。平仄上,上联是平仄平平平仄仄,下联是仄平仄仄仄平平。一,《广韵》"於悉切",入声。语法上,两句都是主谓结构。不过,主语"三箭三人"与"一琴一鹤"在语义关系上不甚对仗,"三箭三人"是用三箭射中三人的省说;"一琴一鹤"是赵公所拥有的两件物品,是并列结构。

⑧汉帝求贤,诏访严滩逢故旧;宋廷优老,年尊洛社重(zhòng)耆(qí)英:上联说的是汉光武帝刘秀和严子陵的故事。据《后汉书·逸民列传》载:"严光字子陵,一名遵,会稽余姚人也。少有高名,与光武同游学。及光武即位,乃变名姓,隐身不见。……除为谏议大夫,不屈,乃耕于富春山,后人名其钓处为严陵濑焉。建武十七年,复特征,不至。年八十,终于家。帝伤惜之,诏下郡县赐钱百万、谷千斛。"严子陵和汉光武帝刘秀年轻时候交好。后来光武帝即位,严子陵就隐居不见。后人把他隐居垂钓的地方叫严陵濑。严滩就是严陵濑。下联说的是文彦博等人的故事,据《宋史·文彦博传》记载:"彦博虽穷贵极富,而平居接物谦下,尊德乐善,如恐不及。其在洛也,洛人邵雍、程颢兄弟皆以道自重,宾接之如布衣交。与富弼、司马光等十三人,用白居易九老会故事,置酒赋诗相乐,序齿不序官,为堂,绘像其中,谓之'洛阳耆英会',好事者莫不慕之。"文彦博等人,效法唐诗人白居易的"九老会",在洛阳聚集了一些人,重视年长而不重视高位,一

起置酒赋诗相乐。优老,优待老人,宋陆游《拜敕口号》"恭惟优
老政,千古照青编",宋代重视优老政策,所谓"尊老尚齿"。耆
英,年高望重者,明方孝孺《休日奉陪蜀府诸公宴集》"群公尽耆
英,过从恨殊晚";耆,古称六十岁为耆,后来泛指老者、长者。下
联的"年尊洛社重耆英"在"重老"这一语义上有重复之嫌。平仄
上,上联是仄仄平平,仄仄平平平仄仄;下联是仄平平仄,平平仄
仄仄平平。语法上,"汉帝求贤""宋廷优老"相对,是主谓结构;
"诏访严滩逢故旧""年尊洛社重耆英"相对,皆由两个动词结构
组成,"诏访严滩"与"逢故旧"是连谓结构,"年尊洛社"和"重耆
英"是并列结构。

【译文】

功和业相对,性和情相对。

月亮上升和白云飘浮相对。

乘飞龙和附骥尾相对,阆风之苑和蓬莱仙山相对。

孔子的春秋笔法,许劭的月旦品评。

春天耕种和秋天收获相对。

隋侯珠能照亮车马,和氏之璧价值连城。

唐朝大将薛仁贵三箭射死三个敌人,宋代赵抃去蜀地赴任只带一
琴一鹤。

汉帝诏令使者访求自己的旧日好友严子陵于严滩,洛阳贤老因为
宋廷优老政策而受尊于洛阳耆英会。

其三

昏对旦,晦对明①。

久雨对新晴②。

蓼湾对花港,竹友对梅兄③。

黄石叟，丹丘生④。

犬吠对鸡鸣⑤。

暮山云外断，新水月中平⑥。

半榻清风宜午梦，一犁好雨趁春耕⑦。

王旦登庸，误我十年迟作相；刘贲下第，愧他多士早成名⑧。

【注释】

①昏对旦，晦对明：昏，天刚黑的时候，傍晚；旦，天亮的时候，早晨。晦，昏暗、不明亮；明，光线比较亮。平仄上，"昏""明"是平声，"旦""晦"是仄声。语法上，"昏""旦"是时间名词；"晦""明"是形容词，形容光线的不同。

②久雨对新晴：久雨与新晴语义相对。平仄上，"久雨"是仄仄，"新晴"是平平。语法上，两者都是状中结构。

③蓼（liǎo）湾对花港，竹友对梅兄：蓼湾，长有许多蓼草的水湾，宋张咏《过武陵溪二首》"武陵山下水冲溶，往事追寻兴莫穷。欲就渔人问闲趣，叶舟齐过蓼湾东"；蓼，水草名；湾，水流弯曲之处。港，与江河湖泊相通的小河，西湖胜景中有"花港观鱼"，宋王镃《花港观鱼》"桃花落尽杏花嫣，碧港红沉水底天。山雨忽晴风亦退，钓鱼人在小湖船"。竹友、梅兄，是对"竹""梅"的雅称，意谓视竹、梅为好友、兄弟，宋吴潜《朝中措（老香堂和刘自昭韵）》"谩寻欢笑，翠涛杯满，金缕歌清。况有兰朋竹友，柳词贺句争鸣"，宋高观国《金人捧露盘》"杯擎清露，醉春兰友与梅兄"。平仄上，"蓼湾"是仄平，"花港"是平仄；"竹友"是仄仄，"梅兄"是平平。竹，《广韵》"张六切"，入声。语法上，四个词语皆为定中结构。

④黄石叟，丹丘生：上联说的是黄石老人的典故，《史记·留侯世家》载，张良曾经在下邳一座桥上遇到一位老人，老人让他去桥

下拾鞋子,还要求给他穿上。后来这位老人见他孺子可教,送给他一部书,"读此则为王者师矣。后十年兴。十三年孺子见我济北,谷城山下黄石即我矣"。叟,老人。丹丘生,或作"丹邱生",皆可。唐李白《将进酒》"岑夫子,丹丘生,将进酒,杯莫停",王琦注"岑夫子,即集中所称岑征君是;丹丘生,即集中所称元丹丘是,皆太白好友也"。生,先生。平仄上,"黄石叟"是平仄仄,"丹丘生"是平平平。石,《广韵》"常隻切",入声。语法上,两个词语都是指人名词,都是定中结构。

⑤犬吠对鸡鸣:平仄上,"犬吠"是仄仄,"鸡鸣"是平平。语法上,两个词语都是主谓结构。

⑥暮山云外断,新水月中平:此联化用了唐崔湜《江楼夕望》中的"试陟江楼望,悠悠去国情。楚山霞外断,汉水月中平"。暮山,日暮时分的青山,唐许浑《忆长洲》"鱼沉秋水静,鸟宿暮山空"。新水,春水,唐雍陶《晴诗》"新水乱侵青草路,残阳犹傍绿杨村"。平仄上,上联是仄平平仄仄,下联是平仄仄平平。语法上,两句都是主谓结构;谓语部分"云外断""月中平"是状中结构,"云外""月中"是处所状语,谓语中心词"断""平"表山和水因与云和月相参照而形成的空间状态。

⑦半榻清风宜午梦,一犁好雨趁春耕:上联化用了唐殷尧藩《闲居》的"花影一阑吟夜月,松声半榻卧秋风"和宋陈著《次韵雪窦寺主僧炳同招游山二首》中的"肯分半榻清风况,翻怪诗来挠聒闲"。榻,狭长而矮的坐卧用具。下联化用了宋赵师侠《蝶恋花》中的"宜入新春闻好语,一犁处处催耕雨"和宋葛长庚《水调歌头》中的"一犁梅雨,前村布谷正催耕"。一犁,古人经常用来形容春雨的量,如《全唐文》有詹敦仁的《清隐堂记》"春而耕,一犁雨足;秋而敛,万顷云黄",正以"一犁"对"万顷"。好雨,出自唐杜甫《春夜喜雨》中的"好雨知时节,当春乃发生"。平仄上,上联是仄仄

平平平仄仄，下联是仄平仄仄仄平平。一，《广韵》"於悉切"，入声。语法上，两句都是主谓结构：主语"半榻清风""一犁好雨"都是定中结构，谓语"宜午梦""趁春耕"都是状中结构。

⑧王旦登庸，误我十年迟作相；刘蕡下第，愧他多士早成名：上联说的是王旦的典故。王旦，北宋著名宰相，为人正直，知人善任。据《宋史·王旦传》载，"帝欲相王钦若，旦曰：'钦若遭逢陛下，恩礼已隆，且乞留之枢密，两府亦均。臣见祖宗朝未尝有南人当国者，虽古称立贤无方，然须贤士乃可。臣为宰相，不敢沮抑人，此亦公议也。'真宗遂止"，王旦曾经阻止皇帝任用王钦若。"旦没后，钦若始大用，语人曰：'为王公迟我十年作宰相。'"王旦去世以后，王钦若才爬上相位，故而声称是王旦导致他迟了十年才做宰相。王钦若，《宋史·王钦若传》载，"王钦若，字定国，临江军新喻人"，"智数过人，每朝廷有所兴造，委曲迁就，以中帝意。又性倾巧，敢为矫诞。马知节尝斥其奸状，帝亦不之罪。其后仁宗尝谓辅臣曰：'钦若久在政府，观其所为，真奸邪也。'王曾对曰：'钦若与丁谓、林特、陈彭年、刘承珪，时谓之"五鬼"。奸邪险伪，诚如圣谕。'"王钦若是一个奸佞之臣。登庸，选拔任用，《尚书·尧典》"帝曰：畴咨若时登庸"，孔安国传"畴，谁。庸，用也。谁能咸熙庶绩，顺是事者，将登用之"。下联说的是刘蕡的典故，《旧唐书·文苑下》载，刘蕡"字去华，昌平人。父勉"，"宝历二年进士擢第。博学善属文，尤精《左氏春秋》"，"好谈王霸大略，耿介嫉恶。言及世务，慨然有澄清之志"。文宗太和二年，策试贤良，刘蕡极力劝谏文宗诛杀宦官，"言论激切，士林感动"。当时的考官不敢录用刘蕡，"物论喧然不平之"，当时登科的李郃对人说："刘蕡不第，我辈登科，实厚颜矣！"下第，就是科举考试不中的意思。多士，出自《尚书·多方》"猷告尔有方多士，暨殷多士"，指众多的贤士。平仄上，上联是平仄平平，仄仄仄平平仄仄；下联是平

平仄仄,仄平平仄仄平平。十,《广韵》"是执切",入声。语法上,上下联都是主谓结构。主语是"王旦登庸""刘蒉下第",是主谓结构指称事件,是这两个事件导致了后面事情的发生。谓语部分"误我十年迟作相""愧他多士早成名"相对,但这两句不太对仗。"十年"是修饰"迟作相"的状语,"多士"是"早成名"的主语。二者一表时间,一指人,作不同的句子成分。

【译文】

黄昏和早晨相对,晦暗和明亮相对。

下很久的雨和天刚刚放晴相对。

蓼湾和花港相对,竹子和梅花相对。

黄石老人,丹丘先生。

狗吠和鸡鸣相对。

傍晚时分的青山被白云隔断,一池春水在月光下波平如镜。

清风吹拂床榻,正宜睡个午觉;一犁春雨下过,正好趁机耕田。

王旦举用之事,导致王钦若十年之后迟迟才做了宰相;刘蒉落第之事,使其他士子因为比他早成名而觉惭愧。

九 青

【题解】

"青"是"平水韵"中下平声的第九韵部。

"青"在《广韵》中作"仓经切",平声,青韵。

《笠翁对韵》中所用到的韵脚字有丁、庭、屏、汀、鸰、星、铃、青、宁、萍、亭、型、经、馨、婷等15个,《声律启蒙》所用到的有青、扃、经、翎、亭、星、醒、屏、霆、蜓、汀、铭、萤、鸰、萍、铃、冥等17字。其中两书共用的有屏、汀、鸰、星、铃、青、萍、亭、经9个字;仅《笠翁对韵》用的有丁、庭、宁、型、馨、婷等6个字;仅《声律启蒙》用的有8个,包括扃、翎、醒、霆、蜓、铭、萤、冥。

其一

庚对甲,巳对丁^①。

魏阙对彤庭^②。

梅妻对鹤子,珠箔对银屏^③。

鸳浴沼,鹭飞汀^④。

鸿雁对鹡鸰^⑤。

人间寿者相,天上老人星^⑥。

八月好修攀桂斧,三春须系护花铃^⑦。

江阁秋登,一水净连天际碧;石栏晓倚,群山秀向雨余青^⑧。

【注释】

①庚对甲,巳对丁:两组词都是干支里的项,古人以"甲、丙、戊、庚、壬"和"子、寅、辰、午、申、戌"相配,"乙、丁、己、辛、癸"和"丑、卯、巳、未、酉、亥"相配,排列组合成六十组,用以纪年、月、日,周而复始,循环使用。平仄上,"庚""丁"是平声,"甲""巳"是仄声。语法上,四个词语皆是名词。

②魏阙(què)对彤庭:魏阙,古代宫门外两边的楼观,用来借指朝廷,《庄子·让王》"身在江海之上,心居乎魏阙之下"。彤庭,汉代宫廷,用朱漆涂饰,汉班固《西都赋》"于是玄墀扣砌,玉阶彤庭";后用来泛指皇宫,唐杜甫《自京赴奉先县咏怀五百字》"彤庭所分帛,本自寒女出"。平仄上,"魏阙"是仄仄,"彤庭"是平平。语法上,二者都是指建筑物的名词;二者结构上不甚对仗,"魏阙"是同义并列结构,"彤庭"则是定中结构。

③梅妻对鹤子,珠箔对银屏:梅妻、鹤子,指的是宋代隐逸诗人林逋

的典故，清吕留良等《〈和靖诗钞〉序》"逋不娶，无子，所居多植梅、畜鹤。泛舟湖中，客至，则放鹤致之，因谓'梅妻鹤子'云"。林逋隐居杭州孤山，以梅为妻，以鹤为子。珠箔、银屏，出自唐白居易的《长恨歌》"揽衣推枕起徘徊，珠箔银屏迤逦开"。珠箔，珠帘；银屏，镶银的屏风。平仄上，"梅妻"是平平，"鹤子"是仄仄；"珠箔"是平仄，"银屏"是平平。箔，《广韵》"傍各切"，入声。语法上，四者都是定中结构。

④鸳浴沼，鹭飞汀：鸳浴沼，鸳鸯在水池中游弋；沼，水池。汀，水洲，水边平整的沙地。诗文中，白鹭经常在沙汀出没，如唐李白《送殷淑三首》其三"醉歌惊白鹭，半夜起沙滩"，唐贾岛《送朱可久归越中》"汀鹭潮冲起，船窗月过虚"。平仄上，"鸳浴沼"是平仄仄，"鹭飞汀"是仄平平。语法上，上下联都是主谓结构。

⑤鸿雁对鹡鸰(jí líng)：鸿雁，即大雁，《孟子·梁惠王上》"王立于沼上，顾鸿雁麋鹿"；后常用来借指书信，"鸿雁往来"，指互相通信。鸿、雁，都是大雁的意思，《诗经·小雅·鸿雁》"鸿雁于飞，肃肃其羽"，毛亨传曰"大曰鸿，小曰雁"。鹡鸰，鸟名，晋葛洪《抱朴子·守塉》"鹓鹏戾赤霄以高翔，鹡鸰傲蓬林以鼓翼"，还可写作"脊令""脊鸰"；常用来比喻兄弟，出自《诗经·小雅·常棣》"脊令在原，兄弟急难"。二者经常在诗中并提，比如宋黄庭坚《和答元明黔南赠别》"急雪脊令相并影，惊风鸿雁不成行"。平仄上，"鸿雁"是平仄，"鹡鸰"是仄平。鹡，《集韵》"资昔切"，入声。语法上，二者都是指鸟的名词，但其内部结构不甚相对，"鸿雁"是并列结构，"鹡鸰"是联绵词。

⑥人间寿者相，天上老人星：相，佛教称一切事物的外观形状叫"相"；佛教有四相，《金刚经》曰"须菩提！又念过去于五百世作忍辱仙人，于尔所世，无我相、无人相、无众生相、无寿者相。是故须菩提！菩萨应离一切相，发阿耨多罗三藐三菩提心，不应住

色生心,不应住声香味触法生心,应生无所住心。若心有住,即为非住。是故佛说:'菩萨心不应住色布施'"。寿者相,就是人之所谓寿命、所谓生命的期限。老人星,指的是南部天空一颗光度较亮的星,古人认为它象征长寿,故又名"寿星"。平仄上,上联是平平仄仄仄,下联是平仄仄平平。语法上,上下联都是定中结构。

⑦八月好修攀桂斧,三春须系护花铃:攀桂,攀援或攀折桂枝,古代用来比喻科举及第,又称"蟾宫折桂""折桂",唐杜甫《同豆卢峰知字韵》"梦兰他日应,折桂早年知"。《汉语大词典》认为"攀桂"这个典故出自《晋书·郤诜传》:"武帝于东堂会送,问诜曰:'卿自以为何如?'诜对曰:'臣举贤良对策,为天下第一,犹桂林之一枝,昆山之片玉。'"护花铃,为保护花朵、驱赶鸟雀而设置的铃,典出五代王仁裕《开元天宝遗事·花上金铃》:"天宝初,宁王(按,指李宪)日侍好声乐,风流蕴藉,诸王弗如也。至春时,于后园中纫红丝为绳,密缀金铃,系于花梢之上。每有鸟鹊翔集,则令园吏掣铃索以惊之,盖惜花之故也。"宁王李宪非常爱惜花木。他会在春天的时候给花枝系上红色的丝绳,上面缀满金铃。如果有鸟雀飞来,就让园吏拉铃绳吓走它们,以保护花木不受鸟雀的啄食。三春,春季有三个月,称孟春、仲春、季春,故三春指春天。平仄上,上联是仄仄仄平平仄仄,下联是平平平仄仄平平。八,《广韵》"博拔切",入声。语法上,上下联都是主谓结构。主语"八月"对"三春",都是数词修饰时间名词的定中结构;谓语"好修攀桂斧""须系护花铃"是状中结构,陈述"八月""三春"所当做之事。

⑧江阁秋登,一水净连天际碧;石栏晓倚,群山秀向雨余青:上联化自唐李白《黄鹤楼送孟浩然之广陵》"故人西辞黄鹤楼,烟花三月下扬州。孤帆远影碧空尽,唯见长江天际流"。江阁,江边的高

楼,宋晏几道《愁倚阑令》"凭江阁,看烟鸿。恨春浓";此当指黄鹤楼。下联当化自宋曹勋《山居杂诗》"水阔夕阳红,雨余群山秀"。石栏,石头雕的栏杆。雨余,刚下过雨之后的时刻,这时空气特别湿润,山总是特别青翠,花木也显得特别娇嫩,比如宋蔡伸《菩萨蛮》"双双紫燕来华屋,雨余芳草池塘绿",宋陆游《晨起》"徐行梧楸阴,爱此雨余绿"和《春晓东郊送客》"雨余气清润,迫我送客时",皆是这种意境的描写。平仄上,上联是平仄平平,仄仄仄平平仄;下联是仄平仄仄,平平仄仄仄平平。阁,《广韵》"古落切",入声;石,《广韵》"常隻切",入声。语法上,"江阁秋登"对"石栏晓倚",都是主谓结构;主语"江阁""石栏"都是动作的对象;"秋登""晓倚"都是状中结构作谓语。今本"秋登"或作"凭临","晓倚"或作"闲倚",不如"秋登""晓倚"对仗工整,故不取。"一水净连天际碧"对"群山秀向雨余青",也是主谓结构。

【译文】

庚和甲相对,巳和丁相对。

宫门之外的楼观和朱漆装饰的宫廷相对。

以梅为妻和以鹤为子相对,珠帘和银屏相对。

鸳鸯在池塘中游水,白鹭在沙汀上盘旋。

大雁和鹈鹕相对。

人间的寿命期限,天上的长寿星宿。

八月正是修葺折桂斧的好时候,春天应该系好保护花枝的铃铛。

秋日登上江边的楼阁,远望江水清澈碧绿连天;清晨倚靠石雕的栏杆,雨后群山秀美青绿如洗。

其二

危对乱,泰对宁^①。

纳陛对趋庭^②。

金盘对玉箸,泛梗对浮萍③。

群玉圃,众芳亭④。

旧典对新型⑤。

骑牛闲读史,牧豕自横经⑥。

秋首田中禾颖重,春余园内菜花馨⑦。

旅次凄凉,塞月江风皆惨淡;筵前欢笑,燕歌赵舞独娉婷⑧。

【注释】

①危对乱,泰对宁:泰,安宁的意思。平仄上,"危""宁"是平声,"乱""泰"是仄声。语法上,四者都是形容词。

②纳陛对趋庭:纳陛,根据《汉语大词典》,是古代帝王赐给有殊勋的诸侯或大臣的"九锡(赐)"之一,凿殿基为登升的陛级,纳之于檐下,不使尊者露而升,故名。《韩诗外传》卷八:"诸侯之有德,天子锡之,一锡车马……五锡纳陛。"趋庭,出自《论语·季氏》"(孔子)尝独立,鲤趋而过庭。曰:'学诗乎?'对曰:'未也。''不学诗,无以言。'鲤退而学诗。他日,又独立,鲤趋而过庭。曰:'学礼乎?'对曰:'未也。''不学礼,无以立。'鲤退而学礼。"后来用"趋庭"表示子承父教。平仄上,"纳陛"是仄仄,"趋庭"是平平。语法上,二者都是动补结构。

③金盘对玉箸,泛梗对浮萍:玉箸,玉做的筷子。泛梗,典出《战国策·齐策三》:"有土偶人与桃梗相与语。桃梗谓土偶人曰:'子,西岸之土也,挺子以为人。至岁八月,降雨下,淄水至,则汝残矣。'土偶曰:'不然,吾西岸之土也,土则复西岸耳。今子东国之桃梗也,刻削子以为人,降雨下,淄水至,流子而去,则子漂漂者将何如耳。'"有土做的人偶和桃木做的人偶讲话。桃木人对泥

偶人说："你本来就是西岸的土，人们把你做成人。到八月下雨的时候，水一涨，你就被水冲坏啦！"泥偶人就说："我本来就是西岸的泥巴，冲坏了就回到西岸做泥巴。而你是东国的桃木，人们把你刻削成人。下雨的时候，水把你冲走，那你就不知道漂到哪里去啦。"后来就用"泛梗"比喻漂泊。浮萍，浮生在水面上的一种草本植物，用来比喻漂泊不定的人或身世，唐杜甫《巴西驿亭观江涨呈窦使君》"相看万里外，同是一浮萍"。平仄上，"金盘"是平平，"玉箸"是仄仄；"泛梗"是仄仄，"浮萍"是平平。语法上，四者都是定中结构。"泛梗""浮萍"二词表示浮游之梗、漂泊之萍的意思。

④群玉圃，众芳亭：群玉，《穆天子传》卷二"天子北征，东还，乃循黑水。癸巳，至于群玉之山……先王之所谓策府"，郭璞注"言往古帝王以为藏书册之府，所谓藏之名山者也"。唐李白《清平调》有"云想衣裳花想容，春风拂槛露华浓。若非群玉山头见，会向瑶台月下逢"，以此形容杨玉环之绝世容貌。众芳，本指百花，如宋林逋《山园小梅》"众芳摇落独暄妍，占尽风情向小园"；古有修众芳亭者，如元王恽《秋涧集》有《题李巨川众芳亭》，曰"主人襟韵有余馨，俯仰乾坤一草亭"。平仄上，"群玉圃"是平仄仄，"众芳亭"是仄平平。语法上，二者都是定中结构。

⑤旧典对新型：旧典，旧的制度、规则，《尚书·君牙》"君牙，乃惟由先正旧典时式"，孔颖达疏"惟当奉用先世正官之法，诸臣所行故事旧典，于是法则之"。新型，新的类型、式样。平仄上，"旧典"是仄仄，"新型"是平平。语法上，两个词语都是定中结构。

⑥骑牛闲读史，牧豕(shǐ)自横经：上联典故与唐李密有关。据《新唐书·李密传》载，"李密，字玄邃，一字法主，其先辽东襄平人"，"(李密)闻包恺在缑山，往从之。以蒲鞯乘牛，挂《汉书》一帙角上，行且读。越国公杨素适见于道，按辔蹑其后，曰：'何书生勤

如此？'密识素，下拜。问所读，曰：'《项羽传》。'因与语，奇之"。李密听说包恺在缑山，就去找寻；他骑在牛上，把《汉书》挂在牛角上，且行且读。下联说的是汉公孙弘的故事。《汉书·公孙弘传》载："公孙弘，菑川薛人也。少时为狱吏，有罪，免。家贫，牧豕海上。年四十余，乃学《春秋》杂说。"公孙弘少年时候曾以给人放猪为生。豕，猪。横经，横陈经籍，指受业或读书，清丁耀亢《蚺蛇胆》有"长歌自反，挂角横经歌夜旦。我想古人多少牧豕饭牛，后来发迹，做了一代名臣，何况俺杨椒山"。平仄上，上联是平平平仄仄，下联是仄仄仄平平。读，《广韵》"徒谷切"，入声。语法上，"骑牛"与"闲读史"、"牧豕"与"自横经"，皆表示两个同时进行的行为，是并列的动词结构关系。

⑦秋首田中禾颖重，春余园内菜花馨：秋首，就是首秋，指农历七月，南朝梁元帝《纂要》"七月孟秋，亦曰初秋、首秋"。禾颖，谷物带芒的穗，唐太宗《幸武功庆善宫》"芸黄遍原隰，禾颖积京畿"。春余，春天将尽未尽之时，唐孟浩然《山中逢道士云公》"春余草木繁，耕种满田园"。馨，芳香。平仄上，上联是平仄平平平仄仄，下联是平平平仄仄平平。语法上，两句对仗工整，都是状中结构："秋首""春余"是时间状语，"田中""园内"是地点状语；"禾颖重""菜花馨"是主谓结构。

⑧旅次凄凉，塞月江风皆惨淡；筵前欢笑，燕（yān）歌赵舞独娉（pīng）婷：旅次，旅游居住的所在；次，宿处，《周易·旅》"旅即次，怀其资，得童仆贞"，王弼注"次者，可以安行旅之地也"。旅居总是孤独凄清的，故曰"旅次凄凉"，如唐杜甫《毒热寄简崔评事十六弟》"老夫转不乐，旅次兼百忧"。塞月，边塞上所看到的月，一般也是给人带来思乡、凄凉的感受，唐白居易《听李士良琵琶》"声似胡儿弹舌语，愁如塞月恨边云"。筵，宴席。燕歌赵舞，古燕赵人擅长歌舞，后以此泛指美妙的歌舞。娉婷，姿态美好之

貌。平仄上,上联是仄仄平平,仄仄平平平仄仄;下联是平平平仄,平平仄仄仄平平。燕,今读平、去二声,地名读平声。独,《广韵》"徒谷切",入声。语法上,"旅次凄凉"对"筵前欢笑",都是状中结构;"塞月江风皆惨淡"与"燕歌赵舞独娉婷"相对,都是主谓结构,其谓语中心"惨淡"是并列结构,"娉婷"是联绵词。上下联整体结构对仗,细节略有不工整之处。

【译文】

危和乱相对,泰和宁相对。

纳陛之赐和快步过庭相对。

镶金的盘子和玉雕的筷子相对,漂泊的桃木和浮生的萍草相对。

群玉圃,众芳亭。

旧的制度和新的式样相对。

李密骑在牛背上读史书,公孙弘边放猪边学经书。

秋天到来的时候,田里的谷穗沉甸甸的;春天将尽的时刻,园内的菜花香喷喷的。

旅居在外心境凄凉,塞上的月光、江上的清风让人感到悲伤;筵席之上心情欢快,燕地的歌声、赵地的舞蹈格外动人心扉。

十 蒸

【题解】

"蒸"是"平水韵"中下平声的第十韵部。

"蒸"在《广韵》中作"煮仍切",平声,蒸韵。

《笠翁对韵》用到的韵脚字有菱、罾、绫、升、征、僧、绳、灯、称、曾、登、朋、蝇、兴、丞等15个;《声律启蒙》用到的韵脚字有16个,包括升、鹰、冰、罾、鹏、灯、蝇、僧、朋、兴、蒸、滕、绳、登、陵、藤。其中两书共用的韵脚字有罾、升、僧、绳、灯、登、朋、蝇、兴9个;仅《笠翁对韵》用到的有菱、绫、征、称、曾、丞等6个字,仅《声律启蒙》用到的有鹰、冰、鹏、蒸、藤、陵、藤等7个字。

其一

蘋对蓼，芡对菱①。

雁弋对鱼罾②。

齐纨对鲁缟，蜀锦对吴绫③。

星渐没，日初升④。

九聘对三征⑤。

萧何曾作吏，贾岛昔为僧⑥。

贤人视履循规矩，大匠挥斤按准绳⑦。

野渡春风，人喜乘潮移酒舫；江天暮雨，客愁隔岸对渔灯⑧。

【注释】

①蘋(pín)对蓼(liǎo)，芡(qiàn)对菱：蘋，水草名，《诗经·召南·采蘋》"于以采蘋？南涧之滨"，毛亨传"蘋，大蓱也"。蓼，水草名，《诗经·周颂·良耜》"以薅荼蓼"，毛亨传"蓼，水草也"。芡，水生植物名，种子称"芡实"，供食用或入药。芡，琅嬛阁藏本作"茨"，今本多作"芡"。茨，蒺藜，平声；芡，仄声。取"芡"更佳。菱，水草名，果实有硬壳，一般有角，俗称菱角。平仄上，"蘋""菱"都是平声，"蓼""芡"皆为仄声。语法上，四个词语都是水生植物名词。

②雁弋(yì)对鱼罾(zēng)：雁弋，指射雁的箭；弋，带丝绳的箭，《楚辞·九章·惜诵》"矰弋机而在上兮，罻罗张而在下"。鱼罾，捕鱼的网；罾，用木棍或竹竿做支架的方形鱼网，《楚辞·九歌·湘君》"鸟何萃兮蘋中，罾何为兮木上"，王逸注"罾，鱼网也"。平仄上，"雁弋"是仄仄，"鱼罾"是平平。语法上，两个词语都是定中

结构，且皆以狩猎对象名词作为定语。

③齐纨（wán）对鲁缟（gǎo），蜀锦对吴绫：齐纨，齐地出产的白细
绢，是很名贵的丝织品，《列子·周穆王》"衣阿锡，曳齐纨"，张湛
注"齐，名纨所出也"。鲁缟，古代鲁地出产的一种白色生绢，以
薄细著称，《淮南子·说山训》"矢之于十步贯兕甲，于三百步不
能入鲁缟"，古有所谓"强弩之末势不能穿鲁缟"的话。蜀锦，四
川生产的彩锦，色彩鲜艳，质地坚韧，唐杜甫《白丝行》"缫丝须长
不须白，越罗蜀锦金粟尺"。吴绫，吴地所产的绫，《新唐书·地
理志》"明州余姚郡，上。开元二十六年，采访使齐浣奏以越州之
鄮县置，以境有四明山为名。土贡：吴绫、交梭绫、海味、署预、附
子……"；绫，一种薄而细、纹如冰凌、光如镜面的丝织品。平仄
上，"齐纨"是平平，"鲁缟"是仄仄；"蜀锦"是仄仄，"吴绫"是平
平。语法上，四个词语都是定中结构。

④星渐没，日初升：星渐没，星星逐渐沉没，意味着早晨来临；日初
升，太阳刚刚升起，也是早晨到来的意思。平仄上，"星渐没"是
平仄仄，"日初升"是仄平平。语法上，二者都是主谓结构。

⑤九聘对三征：九聘，多次聘请；三征，朝廷三次征召，《晋书·刘兆
传》"武帝时，五辟公府，三征博士，皆不就"。三、九，皆泛指多
数。二者经常并用，泛指朝廷多次以隆重之礼征召，《快心编传
奇二集》卷之二："设非高宗汤文，卑辞枉躬，重之以三征九聘之
礼，则亦终守岩壑，老死而无闻。"平仄上，"九聘"是仄仄，"三征"
是平平。语法上，两个词语都是状中结构。

⑥萧何曾作吏，贾岛昔为僧：上联说的是西汉开国元勋萧何的典
故。据《史记·萧相国世家》载，"高祖为布衣时，何数以吏事护
高祖。高祖为亭长，常左右之"，在汉高祖刘邦发迹之前，萧何常
伴其左右。萧何曾经"以文无害为沛主吏掾"，即在沛县做一个
管人事的小吏，故曰"萧何曾作吏"。下联说的是唐代诗人贾岛

的典故。贾岛曾出家为僧,有"鸟宿池边树,僧敲月下门"的名句,后来还俗,屡试不第。平仄上,上联是平平平仄仄,下联是仄仄仄平平。昔,《广韵》"思积切",入声。语法上,两句都是主谓结构。

⑦贤人视履循规矩,大匠挥斤按准绳:视履,观察其行为,出自《周易·履》"上九:视履考祥,其旋元吉",孔颖达疏"视履考祥者,祥谓征祥,上九处履之极,履道已成。故视其所履之行,善恶得失,考其祸福之征祥"。规矩,就是规和矩两种工具,规用来校正圆形,矩用来校正方形,今有"不以规矩,不成方圆"的成语。挥斤,挥舞斧头,出自《庄子·徐无鬼》"运斤成风"的典故:"郢人垩漫其鼻端,若蝇翼,使匠石斫之。匠石运斤成风,听而斫之,尽垩而鼻不伤。"楚国有个涂墙的匠人,白粉落到他鼻端,薄薄一层。他的好朋友是个木匠,挥舞斧头砍下去,白粉没了,鼻子却丝毫没有受伤。准绳,测定物体平直的器具,准是测平面的水准器,绳是量直度的墨线。平仄上,上联是平平仄仄平平仄,下联是仄仄平平仄仄平。语法上,上下联都是主谓结构。主语"贤人视履""大匠挥斤"也都是主谓结构;动宾结构"循规矩""按准绳"作谓语,陈述主语,即"贤人视履""大匠挥斤"必须做到遵循规矩、按照准绳。

⑧野渡春风,人喜乘潮移酒舫;江天暮雨,客愁隔岸对渔灯:野渡,荒落之处或村野的渡口,唐韦应物《滁州西涧》"春潮带雨晚来急,野渡无人舟自横"。乘潮,顺着潮水,唐刘希夷《相和歌辞·江南曲八首》"舣舟乘潮去,风帆振草凉"。酒舫,供人饮酒作乐的船,唐元结《石鱼湖上醉歌》"长风连日作大浪,不能废人运酒舫"。下联当化用唐张继《枫桥夜泊》的"江枫渔火对愁眠"和宋柳永的《安公子》"雨残稍觉江天暮。拾翠汀洲人寂静,立双双鸥鹭。望几点、渔灯隐映蒹葭浦。停画桡、两两舟人语。道去程今

夜,遥指前村烟树。游宦成羁旅。短檐吟倚闲凝伫。万水千山迷远近,想乡关何处"。江天,江上的天空,江天一色,故而更显空阔辽远。暮雨,傍晚的雨。平仄上,上联是仄仄平平,平仄平平平仄仄;下联是平平仄仄,仄平仄仄仄平平。隔,《广韵》"古核切",入声。语法上,上下联都是状中结构。"野渡春风""江天暮雨"描述环境,前者表处所,后者表天气,作状语。"人喜乘潮移酒舫""客愁隔岸对渔灯"是句子的主体,为主谓结构;谓语动词"喜""愁"是两个心理活动动词,在此是"为……喜""为……愁"的用法;"乘潮移酒舫""隔岸对渔灯"两个状中结构作"喜""愁"的宾语。此联结构复杂,然而其对仗十分工整。

【译文】

蘋草和蓼草相对,芡实和菱角相对。

射雁的箭和捕鱼的网相对。

齐国产的纨和鲁国产的缟相对,蜀地产的锦和吴地产的绫相对。

星星逐渐隐没,太阳刚刚升起。

多次聘请和频频征召相对。

萧何曾经担任小吏,贾岛一度出家为僧。

贤德的人做事遵循规矩,高超的匠人运斧有准头。

村野渡口春风吹拂,人们高高兴兴利用潮水移动酒船;傍晚江边细雨绵绵,游子面对着隔岸的渔灯愁绪满怀。

其二

谈对吐,谓对称^①。

冉闵对颜曾^②。

侯嬴对伯嚭,祖逖对孙登^③。

抛白纻,宴红绫^④。

胜友对良朋⑤。

争名如逐鹿，谋利似趋蝇⑥。

仁杰姨惭周不仕，王陵母识汉方兴⑦。

句写穷愁，浣花寄迹传工部；诗吟变乱，凝碧伤心叹右丞⑧。

【注释】

① 谈对吐，谓对称："谈""吐"都是表"谈论"义的同义词，"谓""称"都是表"称呼"义的同义词。平仄上，"谈""称"是平声，"吐""谓"是仄声。语法上，四个词语都是动词。

② 冉闵对颜曾：冉指冉求，字子有；闵指闵损，字子骞。孔子的弟子还有冉伯牛、冉仲弓的姓氏为冉，但只有冉求有被尊为"子"的记录，《论语·雍也》"子华使于齐，冉子为其母请粟"；闵损亦是如此，《论语·先进》"闵子侍侧，訚訚如也"。四人皆是孔子的弟子，各有专长，《论语·先进》曰："德行：颜渊、闵子骞、冉伯牛、仲弓；言语：宰我、子贡；政事：冉有、季路；文学：子游、子夏。"颜指颜回，字子渊；曾指曾参，字子舆。颜回也是德行科弟子。曾参是孔子弟子曾点的儿子，是孔门晚期最出名的弟子，据传《大学》是他所著。平仄上，"冉闵"是仄仄，"颜曾"是平平。语法上，四个词语都是指人名词。

③ 侯嬴对伯嚭（pǐ），祖逖（tì）对孙登：侯嬴，战国时期魏国的一位贤德忠义之士，据《史记·魏公子列传》载，"魏有隐士曰侯嬴，年七十，家贫，为大梁夷门监者"，魏公子信陵君听说此人非常贤德，三番几次去拜访，又邀请他参加盛宴，向满座高朋介绍他。侯嬴也观察到信陵君确实是礼贤下士之人，为他出谋划策，不惜牺牲性命。唐李白《侠客行》有"闲过信陵饮，脱剑膝前横。将炙啖朱

亥,持觞劝侯嬴",即是叙写侯嬴等人的侠义行为。伯嚭,春秋末期楚国人,后逃亡吴国,得到吴王夫差的信任。伯嚭为人贪婪,是一个奸佞之臣。据《史记·越王勾践世家》载,勾践被吴国打败以后,派大夫文种去吴国求和,向吴国称臣。文种跟勾践说"夫吴太宰嚭贪,可诱以利",于是勾践就用美女宝器等贿赂伯嚭,伯嚭就在吴王面前说越国的好话,使得吴王答应了越国谈和的请求。最后,吴王夫差不但在伯嚭的谗言下杀死了忠臣伍子胥,还最终导致了吴国的灭亡。祖逖,东晋时期的军事家,《晋书·祖逖传》载,"祖逖字士稚,范阳遒人也。世吏二千石,为北州旧姓"。祖逖为人轻财好义,又博览群书,有经世之才,有闻鸡起舞的典故:"与司空刘琨俱为司州主簿,情好绸缪,共被同寝。中夜闻荒鸡鸣,蹴琨觉曰:'此非恶声也。'因起舞。逖、琨并有英气,每语世事,或中宵起坐,相谓曰:'若四海鼎沸,豪杰并起,吾与足下当相避于中原耳。'"后率部北伐,收复黄河以南大片土地,却也因此被朝廷忌惮,受到牵制,忧愤而死。孙登,《晋书·隐逸传》载:"孙登,字公和,汲郡共人也。无家属,于郡北山为土窟居之,夏则编草为裳,冬则被发自覆。好读《易》,抚一弦琴,见者皆亲乐之。性无恚怒,人或投诸水中,欲观其怒,登既出,便大笑。时时游人间,所经家或设衣食者,一无所辞,去皆舍弃。"嵇康曾经跟他一起交游三年,问他志向,始终不答。分别时,嵇康问他是否有什么话说,孙登跟他说:"子识火乎? 火生而有光,而不用其光,果在于用光。人生而有才,而不用其才,而果在于用才。故用光在乎得薪,所以保其耀;用才在乎识真,所以全其年。今子才多识寡,难乎免于今之世矣! 子无求乎?"嵇康没有听进去他的话,果然死于非命,临死之前作《幽愤诗》曰:"昔惭柳下,今愧孙登。平仄上,"侯嬴"是平平,"伯嚭"是仄仄;"祖逖"是仄仄,"孙登"是平平。伯,《广韵》"博陌切",入声。语法上,四个词语都是指人名词。"侯""伯"本为表爵位的名词,"祖""孙"本为表辈分的名词,作者利用其构成对仗。

④抛白纻(zhù),宴红绫:抛白纻,就是抛弃一身白纻,丢掉白衣的身份,出自《聊斋志异·叶生》,"淮阳叶生者,失其名字。文章词赋,冠绝当时,而所遇不偶,困于名场",叶生才华很高,可惜时运不济,总是科场失利。丁乘鹤在叶生所在的地方做县令,对他的才华十分欣赏,时时接济他。后来科考,叶生仍然铩羽而归,从此一病不起。丁公慰问不绝,因为任期已到,他打算带着叶生一起走,一直等候叶生病愈。后来叶生忽然来到,丁公大喜,命自己的儿子拜叶生为师,从此学业大进。"生以生平所拟举业悉录授读,闱中七题,并无脱漏,中亚魁。公一日谓生曰:'君出余绪,遂使孺子成名。然黄钟长弃若何!'生曰:'是殆有命! 借福泽为文章吐气,使天下人知半生沦落,非战之罪也,愿亦足矣。且士得一人知已可无憾,何必抛却白纻,乃谓之利市哉!'"丁乘鹤很为叶生惋惜,叶生说:人生得一知己可以无憾,不一定非要抛却白纻成就功名才知足。后来叶生返回家中,发现原来自己早已身故,跟随丁乘鹤离去的只是他的魂魄。白纻,白衣,古代士人未得功名时所穿衣服。宴红绫,《夜航船·选举部》记载了一个"红绫饼"的故事:"唐僖宗幸南内兴庆池,泛舟,方食饼。时进士在曲江,有闻喜宴。上命御府依人数各赐红绫饼餤。所司以金盒进,上命中官驰以赐。故徐演诗云:'莫欺老缺残牙齿,曾吃红绫饼餤来。'"唐僖宗有一次在兴庆池游玩,泛舟吃饼。当时中榜的进士们正在曲江亭子举行闻喜宴,庆祝高中,僖宗就命人赐予他们红绫饼。平仄上,"抛白纻"是平仄仄,"宴红绫"是仄平平。白,《广韵》"傍陌切",入声。语法上,两个都是动宾结构。

⑤胜友对良朋:胜友,就是良友、良朋的意思,唐王勃《滕王阁序》"十旬休暇,胜友如云;千里逢迎,高朋满座"。二者是同义词。

平仄上,"胜友"是仄仄,"良朋"是平平。语法上,二者都是定中结构。

⑥争名如逐鹿,谋利似趋蝇:逐鹿,出自《史记·淮阴侯列传》"秦失其鹿,天下共逐之,于是高材疾足者先得焉",这里的鹿指的是政权。趋蝇,追逐苍蝇般微小的利益,宋苏轼《满庭芳》"蜗角虚名,蝇头微利,算来着甚干忙"。平仄上,上联是平平平仄仄,下联是平仄仄平平。逐,《广韵》"直六切",入声。语法上,上下联都是主谓结构:"争名""谋利"为主语,"逐鹿""趋蝇"为宾语,都是动宾结构。

⑦仁杰姨惭周不仕,王陵母识汉方兴:上联说的是唐代名臣狄仁杰的典故。《太平广记·妇人·卢氏》引《松窗杂录》载:"狄仁杰之为相也,有卢氏堂姨居于午桥南别墅。姨止有一子,而未尝来都城亲戚家。仁杰每伏腊晦朔修礼甚谨。常经雪后休假,仁杰因候卢姨安否。适表弟挟弓矢、携雉兔而来归,进膳于母,顾揖仁杰,意甚轻简。仁杰因启于姨曰:'某今为相,表弟有何乐从,愿悉力从其旨。'姨曰:'相自贵尔,姨止有一子,不欲令其事女主。'仁杰大惭而退。"狄仁杰担任宰相的时候,有一次去探望他的堂姨卢氏。正逢卢氏的儿子带着猎物归来,狄仁杰对堂姨说,我现在担任宰相,表弟有什么想做的事,我一定尽力帮忙。他堂姨说,宰相你做你的官,我只有一个儿子,可不想让他去侍奉女主。狄仁杰听了这话感到十分惭愧。周,武则天称帝以后,改国号为周。下联说的是秦末汉初王陵的典故,《史记·陈丞相世家》载,"王陵者,故沛人,始为县豪,高祖微时,兄事陵。陵少文,任气,好直言。及高祖起沛,入至咸阳,陵亦自聚党数千人,居南阳,不肯从沛公",王陵一开始并未跟随刘邦。"及汉王之还攻项籍,陵乃以兵属汉。项羽取陵母置军中,陵使至,则东乡坐陵母,欲以招陵。陵母既私送使者,泣曰:'为老妾语陵,谨事汉王。汉王,

长者也，无以老妾故，持二心。妾以死送使者。'遂伏剑而死。项王怒，烹陵母。陵卒从汉王定天下。"后来，王陵带着自己的兵归服刘邦，项羽就把王陵的母亲抓起来，王陵母亲对使者说："请替我转告我儿子：好生跟随汉王，不要因为我的缘故而怀有二心。"伏剑而死。平仄上，上联是平仄平平平仄仄，下联是平平仄仄仄平平。杰，《广韵》"渠列切"，入声；识，《广韵》"赏职切"，入声。语法上，上下联都是主谓结构。其谓语部分"惭周不仕""识汉方兴"在语义结构上不对仗："惭周"的主语是"仁杰姨"，"不仕"的主语是仁杰姨的儿子；下联"识汉方兴"是动宾结构，"识"的主语是"王陵母"，"方兴"的主语是"汉"。可见上联的结构是"惭周/不仕"，下联是"识/汉方兴"。

⑧句写穷愁，浣花寄迹传工部；诗吟变乱，凝碧伤心叹右丞：上联用的是唐代诗人杜甫的典故。安史之乱爆发，杜甫移居成都，在浣花溪上筑草堂而居。其《萧八明府堤处觅桃栽》诗曰"奉乞桃栽一百根，春前为送浣花村。河阳县里虽无数，濯锦江边未满园"，唐张籍《送客游蜀》亦曰"行尽青山到益州，锦城楼下二江流。杜家曾向此中住，为到浣花溪水头"。杜甫的诗歌沉郁顿挫，多写百姓愁苦，如"三吏""三别"等，因为真实反映唐朝由盛转衰的历史，其诗歌被称为"诗史"。《自京赴奉先县咏怀五百字》中说他自己"穷年忧黎元，叹息肠内热"，其穷愁多为推己及百姓的痛苦和忧虑，如其《茅屋为秋风所破歌》曰"安得广厦千万间，大庇天下寒士俱欢颜！风雨不动安如山。呜呼！何时眼前突兀见此屋，吾庐独破受冻死亦足"。寄迹，托身，借住。杜工部，杜甫因做过检校工部员外郎，故称。下联说的是唐代诗人王维的典故。根据《旧唐书·王维传》载："禄山陷两都，玄宗出幸，维扈从不及，为贼所得。维服药取痢，伪称喑病。禄山素怜之，遣人迎置洛阳，拘于普施寺，迫以伪署。禄山宴其徒于凝碧宫，其乐工皆

梨园弟子、教坊工人。维闻之悲恻,潜为诗曰:'万户伤心生野烟,百官何日再朝天? 秋槐花落空宫里,凝碧池头奏管弦。'贼平,陷贼官三等定罪。维以《凝碧诗》闻于行在,肃宗嘉之。会缙请削己刑部侍郎以赎兄罪,特宥之,责授太子中允。乾元中,迁太子中庶子、中书舍人,复拜给事中,转尚书右丞。"安禄山攻破长安时,唐玄宗出逃,王维来不及逃亡,被安贼所得,拘禁于普施寺(疑即菩提寺),不得已接受了叛贼所安排的伪职。王维听到安禄山等人在凝碧宫用玄宗的梨园弟子、教坊工人奏乐,非常伤心,作诗遣怀。后来叛乱平定,王维也因为这首诗而得到了赦免。右丞,王维曾做过尚书右丞,故人称"王右丞"。平仄上,上联是仄仄平平,仄平仄仄平平仄;下联是平平仄仄,平仄平平仄仄平。迹,《广韵》"资昔切",入声。语法上,"句写穷愁"对"诗吟变乱",都是主谓结构。"浣花寄迹传工部"对"凝碧伤心叹右丞",也都是主谓结构;主语"浣花""凝碧"皆为动宾结构,实际为事物之名。

【译文】

谈和吐相对,谓和称相对。

冉有、闵损和颜回、曾参相对。

侯嬴和伯嚭相对,祖逖和孙登相对。

丢弃平民的身份,赐予红绫包的饼。

好友和良朋相对。

争名好比逐鹿,谋利像是趋蝇。

狄仁杰的堂姨为武后所建的周朝羞惭不肯让儿子做官,王陵的母亲认识到汉朝一定会兴起不让儿子归附项羽。

杜工部曾住在浣花溪边,留下了许多抒发百姓穷困与愁苦的句子;王右丞困厄于安史之祸,为凝碧池遭遇丧乱写下忧国伤怀的诗篇。

十一　尤

"尤"是"平水韵"中下平声的第十一韵部。

"尤"在《广韵》中作"羽求切",平声,尤韵。

《笠翁对韵》中所用到的韵脚字有忧、缪、鸥、愁、头、秋、钩、畴、裘、幽、筹、流、丘、讴、悠、鸠、楼、牛、侯、游、洲、舟等 22 个,《声律启蒙》所用到的有忧、游、牛、愁、头、秋、楼、洲(州)、鸠、舟、钩、裘、流、幽、畴等 15 个字。其中《声律启蒙》所用到的韵脚字,《笠翁对韵》都用到了,而缪、鸥、筹、丘、讴、悠、侯等 7 个字是《声律启蒙》没有用到的。

其一

荣对辱,喜对忧^①。

缱绻对绸缪^②。

吴娃对越女,野马对沙鸥^③。

茶解渴,酒消愁^④。

白眼对苍头^⑤。

马迁修史记,孔子作春秋^⑥。

莘野耕夫闲举耜,磻溪渔父晚垂钩^⑦。

龙马游河,羲圣因图而画卦;神龟出洛,禹王取法以明畴^⑧。

【注释】

①荣对辱,喜对忧:"荣""辱"这对概念是指地位的高低、名誉的好坏;"喜""忧"这对概念说的是情绪上的相对。两对都是反义词。

平仄上,"荣""忧"是平声,"辱""喜"是仄声。语法上,"荣""辱"
是形容词,"喜""忧"是表心理活动的动词。

②缱绻(qiǎn quǎn)对绸缪(móu):缱绻,纠缠萦绕、固结不解,《诗
经·大雅·民劳》"无纵诡随,以谨缱绻";引申为缠绵,形容感情
深厚,宋王安石《解使事泊棠阴时三弟皆在京师》"久留非吾意,
欲去犹缱绻"。绸缪,紧密缠绵貌,《诗经·唐风·绸缪》"绸缪束
薪,三星在天",毛亨传"绸缪,犹缠绵也";引申为情意殷切,汉李
陵《与苏武诗》之二"独有盈觞酒,与子结绸缪"。二者属于同义
词。平仄上,"缱绻"是仄仄,"绸缪"是平平。语法上,二者都是
联绵词。

③吴娃对越女,野马对沙鸥:吴娃,《资治通鉴·周赧王二十年》载
"主父初以长子章为太子,后得吴娃,爱之",胡三省注"吴娃……
吴、楚之间谓美女曰娃"。越女,越国的美女,如西施,汉枚乘《七
发》"越女侍前,齐姬奉后"。沙鸥,栖息于沙洲上的鸥鸟,唐杜甫
《旅夜书怀》"飘飘何所似,天地一沙鸥"。平仄上,"吴娃"是平
平,"越女"是仄仄;"野马"是仄仄,"沙鸥"是平平。语法上,四个
词语都是定中结构。

④茶解渴,酒消愁:消愁,消除忧愁,唐李白《宣州谢朓楼饯别校书
叔云》"抽刀断水水更流,举杯消愁愁更愁"。平仄上,"茶解渴"
是平仄仄,"酒消愁"是仄平平。语法上,二者都是主谓结构。

⑤白眼对苍头:白眼,眼白比较多的眼睛,此处说的是唐代将领张
公素的典故,《新唐书·张公素传》:"诏公素为节度使,进同中书
门下平章事。性暴厉,眸子多白,燕人号'白眼相公'。"史书上说
张公素这人性格比较暴躁,眼白多,人称"白眼相公"。苍头,指
以青巾裹头的军队,出自《史记·项羽本纪》"少年欲立婴便为
王,异军苍头特起",裴骃《集解》引应劭曰"苍头特起,言与众异
也。苍头,谓士卒皂巾,若赤眉、青领,以相别也"。平仄上,"白

眼"是仄仄,"苍头"是平平。白,《广韵》"傍陌切",入声。语法上,二者都是名词,且都为定中结构。

⑥马迁修史记,孔子作春秋:马迁,指西汉著名史学家司马迁,著有《史记》一书。孔子,春秋末期儒家学派的代表人物,相传他编定了鲁国的史书《春秋》。平仄上,上联是仄平平仄仄,下联是仄仄仄平平。语法上,二者都是主谓结构。

⑦莘(shēn)野耕夫闲举耜(sì),磻(pán)溪渔父(fǔ)晚垂钩:莘野,这个典故和伊尹有关,伊尹是商汤时的大臣,相传生于伊水,故名伊尹。本是汤妻陪嫁的奴隶,后助汤伐夏桀。汤去世后,辅佐卜丙、仲壬、太甲、沃丁。太甲荒淫,伊尹把他流放到桐宫,三年后看太甲改悔,就迎之复位。《孟子·万章上》"伊尹耕于有莘之野",赵岐注"有莘,国名。伊尹初隐之时,耕于有莘之国",后来,"莘野"就用来指隐居之所。耜,耕田的用具耒的下端铲土的部件,可拆卸置换。下联说的是姜太公的故事。磻溪,水名,传说为姜太公还没遇到周文王时的垂钓之处,《韩诗外传》卷八"太公望少为人婿,老而见去,屠牛朝歌,赁于棘津,钓于磻溪"。平仄上,上联是平仄平平平仄仄,下联是平平平仄仄平平。语法上,两句都是主谓结构。

⑧龙马游河,羲圣因图而画卦;神龟出洛,禹王取法以明畴:出自《汉书·五行志》:"刘歆以为,虑羲氏继天而王,受《河图》,则而画之,八卦是也;禹治洪水,赐《洛书》,法而陈之,《洪范》是也。"上联是有关伏羲氏的典故,《周易·系辞》曰"天垂象,见吉凶,圣人象之;河出图,洛出书,圣人则之"。龙马,传说龙头马身的神兽,《尚书·顾命》"天球,河图,在东序",孔安国传曰"伏牺王天下,龙马出河。遂则其文,以画八卦,谓之河图"。河,在古代特指黄河。羲圣,即虑羲氏、伏牺,就是伏羲氏,又作宓羲、宓戏等,古代传说中的三皇之一。下联说的是大禹的典故,禹是古代部

落联盟的领袖,也是古代的圣王之一。曾奉命治水,后舜传位于他,建立了夏代。《尚书·洪范》:"惟十有三祀,王访于箕子。王乃言曰:'呜呼!箕子,惟天阴骘下民,相协厥居,我不知其彝伦攸叙。'箕子乃言曰:'我闻在昔,鲧陻洪水,汨陈其五行。帝乃震怒,不畀洪范九畴,彝伦攸斁。鲧则殛死,禹乃嗣兴,天乃锡禹洪范九畴,彝伦攸叙。初一曰五行,次二曰敬用五事,次三曰农用八政,次四曰协用五纪,次五曰建用皇极,次六曰乂用三德,次七曰明用稽疑,次八曰念用庶征,次九曰向用五福、威用六极。'"孔安国传曰:"天与禹,洛出书,神龟负文而出,列于背,有数至于九。禹遂因而第之,以成九类。"箕子所说就是"洪范九畴"的由来,是上天赐予大禹的所谓治国安民的法则;"初一曰……六极"就是"洪范九畴"的纲目,汉儒将之视为《洛书》的本文,据说是神龟从洛水中背负而出。洪范九畴,九类大法则;范,法则;畴,类。洛,洛水。平仄上,上联是平仄平平,平仄平平平仄仄;下联是平平仄仄,仄平仄仄仄平平。出,《广韵》"赤律切",入声。语法上,"龙马游河"对"神龟出洛",都是主谓结构;"羲圣因图而画卦"对"禹王取法以明畴",也是主谓结构,其中"明"是形容词用于使动,与"画"相对。

【译文】

荣和辱相对,喜和忧相对。

缱绻和绸缪相对。

吴国的美女和越国的佳人相对,野马和沙鸥相对。

茶能解渴,酒可消愁。

眼白比较多的眼睛和用青巾裹头的军队相对。

司马迁撰写《史记》,孔仲尼编定《春秋》。

商朝的伊尹曾经在莘野举耜耕田,周朝的姜尚过去在磻溪垂钓钓鱼。

龙马游于黄河,伏羲氏根据《河图》画出了八卦;神龟出于洛水,夏禹王根据《洛书》制定了法则。

其二

冠对履,舄对裘①。

院小对庭幽②。

面墙对膝地,错智对良筹③。

孤嶂耸,大江流④。

方泽对圜丘⑤。

花潭来越唱,柳屿起吴讴⑥。

莺懒燕忙三月雨,蛩摧蝉报一天秋⑦。

钟子听琴,荒径入林山寂寂;谪仙捉月,洪涛接岸水悠悠⑧。

【注释】

①冠对履,舄(xì)对裘:冠,古代贵族所戴的礼帽,后来泛指所有的帽子。履,鞋子。舄,古代一种以木为复底的鞋,也可泛指鞋子。裘,皮毛大衣,《诗经·豳风·七月》"一之日于貉,取彼狐狸,为公子裘"。平仄上,"冠""裘"是平声,"履""舄"是仄声。语法上,四个词语都是名词。

②院小对庭幽:平仄上,"院小"是仄仄,"庭幽"是平平。语法上,二者都是主谓结构,都是形容词充当谓语。

③面墙对膝地,错智对良筹:面墙,面孔对着墙壁,《尚书·周官》"不学墙面,莅事惟烦",孔安国传"人而不学,其犹正墙面而立,临政事必烦",孔颖达疏"人而不学,如面向墙无所睹见,以此临事,则惟烦乱不能治理"。后来就用"面墙"比喻不学而识见浅

薄,也指静心修养。膝地,两膝着地,唐黄滔《丈六金身碑》"檀信及门而膝地,童耋遍城而掌胶"。错智,指晁错的聪明,典出《史记·袁盎晁错列传》:"晁错者,颍川人也。学申商刑名于轵张恢先所,与雒阳宋孟及刘礼同师。以文学为太常掌故。"汉孝文帝的时候,曾师从伏生学习《尚书》,回来后"因上便宜事,以《书》称说。诏以为太子舍人、门大夫、家令。以其辩得幸太子,太子家号曰'智囊'"。良筹,指张良的筹策,据《史记·留侯世家》载,张良曾经从黄石老人那里得到太公兵法之书,后跟随刘邦打天下,"汉六年正月,封功臣",张良并没有军功,刘邦说:"运筹策帷帐中,决胜千里外,子房功也。"子房,是张良的字。平仄上,"面墙"是仄平,"膝地"是仄仄;"错智"是仄仄,"良筹"是平平。膝,《广韵》"息七切",入声。语法上,"面墙""膝地"两个词语都是动词性结构;"面""膝"都是名词活用为动词,"面"表示面孔朝向某个位置或方向,"膝"表示膝部靠近某个位置。"错智""良筹"都是定中结构。

④**孤嶂(zhàng)耸,大江流**:此联出自明唐文凤《梧冈集》"池口镇"其一:"城依孤嶂耸,水入大江流。"孤嶂,孤立的高山;嶂,耸立如屏障的山峰,宋范仲淹《渔家傲》"千嶂里,长烟落日孤城闭"。大江,即长江,宋苏轼《念奴娇·赤壁怀古》"大江东去,浪淘尽,千古风流人物"。平仄上,"孤嶂耸"是平仄仄,"大江流"是仄平平。结构上,二者都是主谓结构。

⑤**方泽对圜(yuán)丘**:方泽,古代夏至祭地祇的方坛,设于泽中,故称,出自《周礼·春官·大司乐》:"夏日至,于泽中之方丘奏之,若乐八变,则地示皆出,可得而礼矣。"圜丘,古代帝王冬至祭天的地方,后亦用以祭天地,出自《周礼·春官·大司乐》"冬日至,于地上之圜丘奏之",贾公彦疏"案《尔雅》,土之高者曰丘。取自然之丘圜者,象天圜也"。圜丘,今本或作"园丘",误;或作"圆

丘”，亦不确。因为“圜”既有天的意思，又有圆的意思；而“圜丘”就是祭天的地方，又因古人认为天圆地方，故而“圜丘”本就含有“圆丘”之义；而“圆丘”之“圆”仅有“圆”义，而无“天”义。故本书从琅环阁藏本作“圜丘”。古代“方泽”“圜丘”经常并提，如唐杨炯《少室山少姨庙碑铭》“圜丘方泽，所以享天神地祇”。平仄上，“方泽”是平仄，“圜丘”是平平。泽，《广韵》“场伯切”，入声。语法上，两个词语都是定中结构。

⑥花潭来越唱，柳屿起吴讴：此联化自唐王勃《相和歌辞·采莲归》：“采莲归，绿水芙蓉衣，秋风起浪凫雁飞。桂棹兰桡下长浦，罗裙玉腕摇轻橹。叶屿花潭极望平，江讴越吹相思苦。”花潭，旁边种有许多花卉的池塘，唐储光羲《同武平一员外游湖五首时武贬金坛令》“花潭竹屿傍幽蹊，画楫浮空入夜溪”。越唱，越地的歌曲；越，本是春秋时期的国名，后来指浙江或浙东地区。柳屿，有许多垂柳的小岛。吴讴，吴地的歌曲；吴，本是春秋时期的国名，后来泛指我国东南（江苏南部和浙江北部）一带。讴，歌唱、歌曲。越唱和吴讴，都是江南民歌。平仄上，上联是平平平仄仄，下联是仄仄仄平平。语法上，上下联都是主谓结构，主语是处所名词，其句意实际是越唱来自花潭、吴讴起于柳屿。

⑦莺懒燕忙三月雨，蛩（qióng）摧蝉报一天秋：上联化用了宋陆游《幽居》“花过莺初懒，泥新燕正忙”。莺、燕在古诗中常常并提，如唐白居易《钱塘湖春行》“几处早莺争暖树，谁家新燕啄春泥”，也是描写春天黄莺与燕子忙碌的状态。下联也是出自陆游的诗句，陆游《闻蛩》有“蝉声未断已蛩鸣，徂岁峥嵘得我惊”，《秋思》又有“过雁未惊残月晓，片云先借一天秋”。蛩，蟋蟀。一般来说，蟋蟀会随着气候逐渐变冷，而离人的居所越来越近，《诗经·豳风·七月》曰“七月在野，八月在宇，九月在户，十月蟋蟀入我床下”。如此步步渐近，仿佛在提醒人们，秋天近了，如鼓声一般

有催促之感。摧，催、催促，如唐郑愔《秋闺》"音书秋雁断，机杼夜虫催"。"报"，今本或作"退"，表义不明。平仄上，上联是平仄仄平平仄仄，下联是平平平仄仄平平。一，《广韵》"於悉切"，入声。语法上，"莺懒燕忙"与"虫摧蝉报"相对，都是并列结构；"三月雨"与"一天秋"相对，都是定中结构。

⑧钟子听琴，荒径入林山寂寂；谪仙捉月，洪涛接岸水悠悠：上联说的是春秋时楚人钟子期的故事。《列子·汤问》曰："伯牙善鼓琴，钟子期善听。伯牙鼓琴，志在登高山。钟子期曰：'善哉！峨峨兮若泰山！'志在流水，钟子期曰：'善哉！洋洋兮若江河！'伯牙所念，钟子期必得之。伯牙游于泰山之阴，卒逢暴雨，止于岩下；心悲，乃援琴而鼓之。初为霖雨之操，更造崩山之音，曲每奏，钟子期辄穷其趣。伯牙乃舍琴而叹曰：'善哉善哉！子之听夫，志想象犹吾心也。吾于何逃声哉？'"伯牙善于弹琴，而钟子期每每能听懂他琴声中的志趣。下联说的是唐代诗人李白的故事。据《唐才子传》记载，"白字太白，山东人。母梦长庚星而诞，因以命之"，"天宝初，自蜀至长安"，贺知章将他推荐给玄宗。后来因为得罪杨贵妃、高力士等人，故"恳求还山，赐黄金，诏放归"。安禄山叛乱时，李白跟随永王李璘。璘又起兵造反，李白被流放夜郎。"白晚节好黄、老，度牛渚矶，乘酒捉月，沉水中"。李白为捉月而死，其真实性颇受人怀疑，但亦不失为一个美丽的传说。平仄上，上联是平仄平平，平仄仄平平仄仄；下联是仄平仄仄，平平仄仄仄平平。谪，《广韵》"陟革切"，入声；捉，《广韵》"侧角切"，入声；接，《广韵》"即叶切"，入声。语法上，"钟子听琴"对"谪仙捉月"，都是主谓结构；"荒径入林"对"洪涛接岸"，也是主谓结构；"山寂寂"对"水悠悠"，也都是主谓结构。

【译文】

帽子和鞋子相对，鞋子和大衣相对。

院落小巧和庭院幽深相对。

面对墙壁和膝盖着地相对,晁错的智慧和张良的谋划相对。

高山耸立,大江奔流。

方形的地坛和圆形的天坛相对。

花潭中有人歌越人曲,柳屿上有人唱吴地歌。

三月的雨天中,黄莺悠闲,燕子繁忙;秋日的天气里,蟋蟀鸣叫,知了噪声。

钟子期听伯牙的琴声,仿佛荒凉的小径延伸到寂静山林;李太白醉酒捕捉月亮,此时悠悠江水中巨浪拍打着岸边。

其三

鱼对鸟,鸽对鸠①。

翠馆对红楼②。

七贤对三友,爱日对悲秋③。

虎类狗,蚁如牛④。

列辟对诸侯⑤。

陈唱临春乐,隋歌清夜游⑥。

空中事业麒麟阁,地下文章鹦鹉洲⑦。

旷野平原,猎士马蹄轻似箭;斜风细雨,牧童牛背稳如舟⑧。

【注释】

①鱼对鸟,鸽对鸠:平仄上,"鱼""鸠"是平声,"鸟""鸽"是仄声。鸽,《广韵》"古沓切",入声。语法上,四者都是动物名词。

②翠馆对红楼:翠馆,就是青楼妓院,元张宪《席上得摇字》"翠馆行厨雪乍消,墙头新柳又垂条"。红楼,指华美的楼房,也常用来指

青楼妓院。平仄上，"翠馆"是仄仄，"红楼"是平平。语法上，二者都是定中结构。

③七贤对三友，爱日对悲秋：七贤，即"竹林七贤"，指魏晋时七个名士，《晋书·嵇康传》"（嵇康）所与神交者，惟陈留阮籍，河内山涛；豫其流者，河内向秀，沛国刘伶，籍兄子咸，琅玡王戎。遂为竹林之游，世所谓'竹林七贤'也"。三友，指松、竹、梅，俗称"岁寒三友"，清朱耷《题三友图》诗序"三友，岁寒梅、竹、松也"。爱日，爱惜时光，《吕氏春秋·上农》"敬时爱日，至老不休"。悲秋，为万物凋零的秋景而伤感，古代文人常常伤春悲秋，引发时日无多的悲伤情感，唐杜甫《登高》"万里悲秋常作客，百年多病独登台"。平仄上，"七贤"是仄平，"三友"是平仄；"爱日"是仄仄，"悲秋"是平平。七，《广韵》"亲吉切"，入声。语法上，"七贤""三友"都是定中结构，"爱日""悲秋"都是动宾结构。

④虎类狗，蚁如牛：虎类狗，出自《后汉书·马援传》的记载，"马援字文渊，扶风茂陵人也。其先赵奢为赵将，号曰马服君，子孙因为氏"。"初，兄子严、敦并喜讥议，而通轻侠客。援前在交阯，还书诫之曰：'吾欲汝曹闻人过失，如闻父母之名，耳可得闻，口不可得言也。好论议人长短，妄是非正法，此吾所大恶也，宁死不愿闻子孙有此行也。汝曹知吾恶之甚矣，所以复言者，施衿结褵，申父母之戒，欲使汝曹不忘之耳。龙伯高敦厚周慎，口无择言，谦约节俭，廉公有威，吾爱之重之，愿汝曹效之。杜季良豪侠好义，忧人之忧，乐人之乐，清浊无所失，父丧致客，数郡毕至，吾爱之重之，不愿汝曹效也。效伯高不得，犹为谨敕之士，所谓刻鹄不成尚类鹜者也。效季良不得，陷为天下轻薄子，所谓画虎不成反类狗者也。讫今季良尚未可知，郡将下车辄切齿，州郡以为言，吾常为寒心，是以不愿子孙效也。'"马援听说自己的侄儿喜欢议论他人，就写信跟他们说：龙伯高敦厚谨慎，谦逊内敛，廉洁

节约;而杜季良豪侠仗义,朋友遍天下。但马援愿意自己的侄儿学习龙伯高,不愿意他们学习杜季良。因为学习龙伯高不成功,还可以成为一个谨慎之人,"所谓刻鹄不成尚类鹜者";要是学习杜季良失败,那就会成为一个轻薄之人,"画虎不成反类狗者"。蚁如牛,出自《世说新语·纰漏》:"殷仲堪父病虚悸,闻床下蚁动,谓是牛斗。孝武不知是殷公,问仲堪:'有一殷病如此不?'仲堪流涕而起曰:'臣进退维谷。'"殷仲堪的父亲殷师得了心悸病,听到床下蚂蚁的动静,以为是牛在斗。孝武帝不知道情况,问起这件事,殷仲堪流泪起身回答说:臣进退两难,不知如何作答。平仄上,"虎类狗"是仄仄仄,"蚁如牛"是仄平平。语法上,两句都是主谓结构。

⑤ 列辟对诸侯:列辟,指诸侯或历代君主,汉司马相如《封禅文》"历选列辟,以迄于秦"。"列辟"与"诸侯"是同义词。平仄上,"列辟"是仄仄,"诸侯"是平平。语法上,二者都是定中结构。

⑥ 陈唱临春乐,隋歌清夜游:上联说的是陈后主的典故。陈,指南朝陈国,其亡国之君是陈叔宝,一般称他为"陈后主"。据《南史·后妃下》:"后主每引宾客,对贵妃等游宴,则使诸贵人及女学士与狎客共赋新诗,互相赠答。采其尤艳丽者,以为曲调,被以新声。选宫女有容色者以千百数,令习而歌之,分部迭进,持以相乐。其曲有《玉树后庭花》《临春乐》等。"陈后主和他的妃嫔、狎客们作了许多浓词艳曲,让宫女们唱来听,其中有一首取名"临春乐",故上联曰"陈唱临春乐"。下联说的是隋炀帝的典故,据《资治通鉴·隋纪四》曰:"五月,筑西苑,周二百里;其内为海,周十余里;为蓬莱、方丈、瀛洲诸山,高出水百余尺,台观殿阁,罗络山上,向背如神","上好以月夜从宫女数千骑游西苑,作《清夜游曲》,于马上奏之"。隋炀帝喜欢在月夜带着几千宫女骑马游玩于西苑,还作了《清夜游曲》,在马上弹奏表演,故下联曰

"隋歌清夜游"。平仄上,上联是平仄平平仄,下联是平平平仄平。语法上,上下联都是主谓结构。

⑦空中事业麒麟阁,地下文章鹦鹉洲:麒麟阁,汉代的阁名,在未央宫中。汉宣帝曾令人画了霍光等十一位功臣的画像,挂在麒麟阁,以表彰他们的功绩。《汉书·李广苏建传》:"甘露三年,单于始入朝。上思股肱之美,乃图画其人于麒麟阁,法其形貌,署其官爵、姓名。唯霍光不名,曰大司马大将军博陆侯姓霍氏,次曰卫将军富平侯张安世,次曰车骑将军龙额侯韩增,次曰后将军营平侯赵充国,次曰丞相高平侯魏相,次曰丞相博阳侯丙吉,次曰御史大夫建平侯杜延年,次曰宗正阳城侯刘德,次曰少府梁丘贺,次曰太子太傅萧望之,次曰典属国苏武。皆有功德,知名当世,是以表而扬之,明著中兴辅佐,列于方叔、召虎、仲山甫焉。凡十一人,皆有传。"颜师古注引张晏曰:"武帝获麒麟时作此阁,图画其像于阁,遂以为名。"封建时代多以画像于麒麟阁表示卓越功勋和最高荣誉。空中事业,即霍光等人的事业不过是空中楼阁,过眼云烟。下联出自《后汉书·祢衡传》:"祖长子射为章陵太守,尤善于衡。……射时大会宾客,人有献鹦鹉者,射举卮于衡曰:'愿先生赋之,以娱嘉宾。'衡揽笔而作,文无加点,辞采甚丽。"东汉黄祖的长子黄射和祢衡关系很好。当时黄射大宴宾客,有人献了一只鹦鹉。黄射请祢衡作赋,祢衡一挥而就,写成了《鹦鹉赋》。因为此赋非常有名,后来人们就把宴会之地叫作"鹦鹉洲"。祢衡后来遭黄祖杀害。"地下文章"是指其人虽死而文仍著,其文章之名永远留在了"鹦鹉洲"这一名称上。元钱惟善《江月松风集·挽翟公》有"地下文章仍著作,天涯魂魄定归来"。平仄上,上联是平平仄仄平平仄,下联是仄仄平平平仄平。阁,《广韵》"古落切",入声。语法上,上下联皆为判断句,"空中事业"与"麒麟阁","地下文章"和"鹦鹉洲"构成被判断和判断的

关系。主语是"空中事业""地下文章","麒麟阁""鹦鹉洲"两个表处所的名词充当谓语,对主语进行说明。

⑧旷野平原,猎士马蹄轻似箭;斜风细雨,牧童牛背稳如舟:上联当化用唐王维《观猎》中的诗句"风劲角弓鸣,将军猎渭城。草枯鹰眼疾,雪尽马蹄轻"。下联当化用唐张志和《渔歌子》"青箬笠,绿蓑衣,斜风细雨不须归"和宋陆游《牧牛儿》"溪深不须忧,吴牛自能浮。童儿踏牛背,安稳如乘舟"。平仄上,上联是仄仄平平,仄仄仄平平仄仄;下联是平平仄仄,仄平平仄仄平平。语法上,上下联都是状中结构:"旷野平原""斜风细雨"皆是表环境的状语,都是并列结构;中心语部分"猎士马蹄轻似箭""牧童牛背稳如舟"是主谓结构,其谓语"轻似箭""稳如舟"也是主谓结构。

【译文】

鱼和鸟相对,鸽和鸠相对。

翠馆和红楼相对。

竹林七贤和岁寒三友相对,爱惜时光和为秋悲伤相对。

画虎不成反像狗,床下蚁声像牛斗。

君主和诸侯相对。

陈后主命人唱《临春乐》,隋炀帝让人奏《清夜游》。

麒麟阁上画的功臣所建的不过是空中事业,鹦鹉洲上祢衡作的辞赋死后还是千古文章。

空旷的平原上,猎士的马蹄轻快得好像离弦之箭;斜风细雨之中,牧童骑在牛背上平稳得就像小船。

十二　侵

【题解】

"侵"是"平水韵"中下平声的第十二韵部。

"侵"在《广韵》中作"七林切",平声,侵韵。

　　《笠翁对韵》所用到的韵脚字有吟、今、岑、林、金、砧、针、临、霖、深、擒、音、骎、心、阴等15个,《声律启蒙》所用到的韵脚字有心、琴、砧、森、参、金、阴、今、禽、深、襟、吟、霖、针等14个。其中属于两书共用的有9个字:吟、今、砧、针、霖、深、心、阴、金。其中仅《笠翁对韵》用到的有岑、林、临、擒、音、骎6个字,仅《声律启蒙》用到的有琴、森、参、禽、襟等5个字。

其一

　　歌对曲,啸对吟①。

　　往古对来今②。

　　山头对水面,远浦对遥岑③。

　　勤三上,惜寸阴④。

　　茂树对平林⑤。

　　卞和三献玉,杨震四知金⑥。

　　青皇风暖催芳草,白帝城高急暮砧⑦。

　　绣虎雕龙,才子窗前挥彩笔;描鸾刺凤,佳人帘下度金针⑧。

【注释】

　　①歌对曲,啸对吟:啸,撮口吹出声音,《诗经·召南·江有汜》"不我过,其啸也歌",郑玄笺"啸,蹙口而出声"。吟,吟咏,诵读。"歌""曲"是同义词;"啸""吟"皆指从嘴里发出声音,语义也相类,只是方式有所不同。平仄上,"歌""吟"是平声,"曲""啸"是仄声。语法上,第一组是名词,第二组是动词。

　　②往古对来今:往古,从前、过去。来今,今天、当下。《鹖冠子·世兵》:"往古来今,事孰无邮。"这两个词语可以理解为已经过去的

从前、正在走来的现在,这是古人对时间变化的一种理解,时间好像流水,如孔子所谓"逝者如斯夫"。平仄上,"往古"是仄仄,"来今"是平平。语法上,二者都是定中结构,由动词"往""来"修饰时间名词"古""今"。

③山头对水面,远浦对遥岑(cén):远浦,远处的港湾,《夜航船·地理部》记载了"潇湘八景","远浦归帆"即是其中一景;浦,河岸,可以泊船的水湾。遥岑,指远处的小山,宋辛弃疾《水龙吟·登建康赏心亭》"楚天千里清秋,水随天去秋无际。遥岑远目,献愁供恨,玉簪螺髻";岑,《尔雅·释山》"山小而高曰岑"。平仄上,"山头"是平平,"水面"是仄仄;"远浦"是仄仄,"遥岑"是平平。语法上,都是定中结构。

④勤三上,惜寸阴:三上,宋欧阳修《归田录》曰:"钱思公虽生长富贵,而少所嗜好。在西洛时,尝语僚属言:'平生惟好读书,坐则读经史,卧则读小说,上厕则阅小辞,盖未尝顷刻释卷也。'谢希深亦言:'宋公垂同在史院,每走厕必挟书以往,讽诵之声琅然闻于远近,其笃学如此。'余因谓希深曰:'余平生所作文章,多在三上:乃马上、枕上、厕上也。'盖惟此尤可以属思尔。"欧阳修说他所作的文章多,即马上、枕上、厕上完成,非常勤奋。惜寸阴,珍惜时间的意思,出自《淮南子·原道训》的"圣人不贵尺之璧,而重寸之阴,时难得而易失也",后人常用此语,如《晋书·陶侃传》中"(陶侃)常语人曰:'大禹圣人,乃惜寸阴;至众人,当惜分阴'";寸阴,古人常曰"一寸光阴一寸金,寸金难买寸光阴",古人用寸金和寸阴来比拟,说明光阴的短暂和宝贵。平仄上,"勤三上"是平平仄,"惜寸阴"是仄仄平。惜,《广韵》"思积切",入声。语法上,上下联不甚对仗。"勤三上"是勤于三上的意思,故而是述补结构;"惜寸阴"是动宾结构。

⑤茂树对平林:茂树,繁盛茂密的树。平林,平原上的林木;《诗

经·小雅·车辖》"依彼平林,有集维鹬",毛亨传"平林,林木之
在平地者也";唐李白《菩萨蛮》有"平林漠漠烟如织,寒山一带伤
心碧"。平仄上,"茂树"是仄仄,"平林"是平平。语法上,二者都
是定中结构。

⑥卞和三献玉,杨震四知金:上联的典故出自《韩非子·和氏》:"楚
人和氏得玉璞楚山中,奉而献之厉王,厉王使玉人相之,玉人曰:
'石也。'王以和为诳,而刖其左足。及厉王薨,武王即位,和又奉
其璞而献之武王,武王使玉人相之,又曰:'石也。'王又以和为
诳,而刖其右足。武王薨,文王即位,和乃抱其璞而哭于楚山之
下,三日三夜,泣尽而继之以血。王闻之,使人问其故,曰:'天下
之刖者多矣,子奚哭之悲也?'和曰:'吾非悲刖也,悲夫宝玉而题
之以石,贞士而名之以诳,此吾所以悲也。'王乃使玉人理其璞而
得宝焉,遂命曰:'和氏之璧。'"楚国人和氏得到一块玉璞,先后
献给厉王、武王,玉匠都不识货,和氏被视为骗子,被两位楚王先
后砍掉了左脚和右脚。文王即位的时候,和氏抱着这块玉璞在
楚山下哭了三天三夜,眼睛都哭出血来了。文王找人剖开这块
玉璞,果然得到了价值连城的宝玉,制作成了一块璧,谓之"和氏
璧"。《史记·鲁仲连邹阳列传》谓"昔卞和献宝,楚王刖之",把
和氏称为"卞和"。下联出自《后汉书·杨震传》,"杨震字伯起,
弘农华阴人也。……大将军邓骘闻其贤而辟之,举茂才,四迁荆
州刺史、东莱太守","当之郡,道经昌邑,故所举荆州茂才王密为
昌邑令,谒见,至夜怀金十斤以遗震。震曰:'故人知君,君不知
故人,何也?'密曰:'暮夜无知者。'震曰:'天知,神知,我知,子
知。何谓无知!'密愧而出"。杨震博览群书,为官清廉。他之前
所推荐的荆州茂才王密,大晚上怀揣十斤金来谒见杨震,杨震拒
收。王密说:"晚上无人知道。"杨震说:"天知、神知、我知、你知,
怎么能说'无人知道'!"此"天知""神知""我知""你知"即"四

知"。平仄上，上联是仄平平仄仄，下联是平仄仄平平。语法上，上下联不太对仗，"卞和"对"杨震"都是指人名词；"三献玉"对"四知金"，都是数词和动宾结构组合。不过，上联的"三"是指动作（献玉）的次数，下联的"四"是"知金"的主语；"知"不是杨震发出的动作，"献"是卞和发出的。上联是主谓结构，下联不是；"三献玉"是状中结构，"四知金"则属于主谓结构。可见此联不对仗。

⑦青皇风暖催芳草，白帝城高急暮砧（zhēn）：青皇，即青帝，是位于东方的司春之神，又称苍帝、木帝，唐黄巢《题菊花》"他年我若为青帝，报与桃花一处开"；古代神话的五大天帝，除了青帝还有位于西方的白帝、主宰南方的赤帝、主宰北方的黑帝、中央的黄帝。催芳草，是指春天的暖风刮来，万物复苏，花草开始生长。宋张耒《偶成》"风送落花填小堑，雨催芳草上空墙"，这里是写雨的滋润使得芳草长势更加茂盛。下联出自唐杜甫《秋兴》诗之一"寒衣处处催刀尺，白帝城高急暮砧"，描写冬天临近，人们在忙着赶制御寒的冬衣，白帝城高，使得傍晚的捣衣声听起来更加急迫。此时杜甫正寓居四川，而曾经盛极一时的大唐正处于风雨飘摇之中，百姓流离失所，家园狼烟四起。"砧"和"捣衣"的描写多与远别家乡的战士有关，此诗一"催"一"急"相对，都是动词用法，写出了思妇们忙于给远方戍边打仗的丈夫制作寒衣的情景，也写出了杜甫对前线战况的担忧。白帝城，在今四川奉节东白帝山，东汉初公孙述在此筑城，自称"白帝"，故名；唐李白有《早发白帝城》"朝辞白帝彩云间，千里江陵一日还。两岸猿声啼不住，轻舟已过万重山"。砧，捣衣石；捣衣就是洗衣时用木杵在砧上捶击布匹，是制作寒衣前的一道工序，常常在秋天的傍晚或入夜时候进行，如北周庾信《夜听捣衣》"秋夜捣衣声，飞度长门城"，唐李白《子夜吴歌·秋歌》"长安一片月，万户捣衣声。秋风吹不

尽，总是玉关情"。此处说"暮砧"，指的就是傍晚之后的捣衣声。平仄上，上联是平平平仄平平仄，下联是仄仄平平仄仄平。白，《广韵》"傍陌切"，入声；急，《广韵》"居立切"，入声。语法上，上下联都是主谓结构。主语"青皇风暖""白帝城高"也是主谓结构，谓语"催芳草""急暮砧"都是动宾结构。两句的结构所表达出来的意义是：青皇风暖这种状况催生了草木的芬芳茂盛，是白帝城的高耸带来了暮砧急切的感觉。

⑧绣虎雕龙，才子窗前挥彩笔；描鸾刺凤，佳人帘下度金针：绣虎，根据《汉语大词典》，《类说》卷四引《玉箱杂记》"曹植七步成章，号绣虎"，"绣"谓其词华隽美，"虎"谓其才气雄杰，后遂以"绣虎"称擅长诗文、词藻华丽者。雕龙，根据《汉语大词典》，也是比喻善于修饰文辞，语出《史记·孟子荀卿列传》："驺衍之术迂大而闳辩；奭也文具难施；淳于髡久与处，时有得善言。故齐人颂曰：'谈天衍，雕龙奭，炙毂过髡。'"裴骃《史记集解》引刘向《别录》："驺奭修衍之文，饰若雕镂龙文，故曰'雕龙'。"彩笔，南朝梁钟嵘《诗品》卷中载："初，淹罢宣城郡，遂宿冶亭，梦一美丈夫，自称郭璞，谓淹曰：'吾有笔在卿处多年，可以见还。'淹探怀中，得五色笔以授之。尔后为诗，不复成语，故世传'江淹才尽'。"据说江淹年少时，曾梦人授以五色笔，从此文思大进，后来再梦见一个自称郭璞的人索还此笔，之后就江郎才尽了。描鸾刺凤，形容女子刺绣功夫很高，亦称"描龙刺凤""描龙绣凤"，《清平山堂话本·风月瑞仙亭》"诗词歌赋，琴棋书画，描龙刺凤，女工针指，饮馔酒浆，无所不通"。度金针，传授刺绣的秘法、诀窍，比喻把秘法传给别人，金元好问《论诗》诗之三"鸳鸯绣了从教看，莫把金针度与人"。金针，针的美称，典出唐冯翊子《桂苑丛谈·史遗》"（采娘）七夕夜陈香筵祈于织女。是夕梦云舆雨盖，蔽空驻车，命采娘曰：'吾织女，祈何福？'曰：'愿丐巧耳。'乃遗一金针，长寸余，缀于纸上，置裙带

中,令三日勿语,汝当奇巧",七月七日的晚上,采娘向天上的织女祷告希望得到智巧,于是织女就送给她一根金针。平仄上,上联是仄仄平平,平仄平平平仄仄;下联是平平仄仄,平平平仄仄平平。语法上,上下联都是主谓结构:"绣虎雕龙""描鸾刺凤"为并列结构,作主语;谓语部分"才子窗前挥彩笔""佳人帘下度金针"也是主谓结构,对主语进行具体解说。

【译文】

歌和曲相对,啸和吟相对。

过去和如今相对。

山头和水面相对,远水和遥山相对。

欧阳修在马上枕上厕上勤奋写作,人们必须珍惜每一寸宝贵的光阴。

茂盛的树木和平原的丛林相对。

卞和先后三次奉献璞玉给楚王,杨震说有四者知道送金的事情。

司春之神青帝用温暖的春风催发了草木的芬芳,位于四川的白帝城傍晚传来声声急促的捣衣声。

绣虎雕龙,比喻才子们在窗前挥毫泼墨;描鸾刺凤,正是佳人们在帘下走线飞针。

其二

登对眺,涉对临①。

瑞雪对甘霖②。

主欢对民乐,交浅对言深③。

耻三战,乐七擒④。

顾曲对知音⑤。

大车行槛槛,驷马骤骎骎⑥。

紫电青虹腾剑气,高山流水识琴心⑦。

屈子怀君,极浦吟风悲泽畔;王郎忆友,扁舟卧雪访山阴⑧。

【注释】

①登对眺,涉对临:登,往高处爬;眺,往远处看。涉,徒步过河;临,从上面往下看。语义上,"登""涉"皆是人的位移动作,前者一般指登山,后者一般指渡水;"眺""临"都是人视觉上的动作,前者的对象是远处,后者的对象是低处。这两组词语对仗不甚工整,若改为"登"与"涉"相对、"眺"与"临"对仗,似乎更好。平仄上,"登""临"是平声,"眺""涉"是仄声。语法上,四个词语都是行为动词。

②瑞雪对甘霖:瑞雪,应时好雪,以能杀虫保温,多视为丰年的预兆,故称,过去常说"瑞雪兆丰年"。甘霖,对农作物有好处的降水,过去亦有"久旱逢甘霖"的俗语。平仄上,"瑞雪"是仄仄,"甘霖"是平平。语法上,两个词语都是定中结构。

③主欢对民乐,交浅对言深:主欢,在上位者高兴,唐戴叔伦《春日早朝应制》"仙仗肃朝官,承平圣主欢",唐李白《送窦司马贬宜春》"天马白银鞍,亲承明主欢"。民乐,百姓欢乐,唐齐己《寄当阳张明府》"吏愁清白甚,民乐赋输忘"。交浅,交情不深;言深,谈话深入。出自《战国策·赵策四》:"客有见人于服子者,已而请其罪。服子曰:'公之客独有三罪:望我而笑,是狎也;谈语而不称师,是倍也;交浅而言深,是乱也。'客曰:'不然。夫望人而笑,是和也;言而不称师,是庸说也;交浅而言深,是忠也。'"平仄上,"主欢"是仄平,"民乐"是平仄;"交浅"是平仄,"言深"是平平。语法上,四个词语都是主谓结构。

④耻三战,乐七擒:耻三战,《史记·鲁仲连邹阳列传》载,鲁仲连遗

燕将书,其中有言曰:"且吾闻之,规小节者不能成荣名,恶小耻者不能立大功。……曹子为鲁将,三战三北,而亡地五百里。乡使曹子计不反顾,议不还踵,刎颈而死,则亦名不免为败军禽将矣。曹子弃三北之耻,而退与鲁君计。桓公朝天下,会诸侯,曹子以一剑之任,枝桓公之心于坛坫之上,颜色不变,辞气不悖,三战之所亡,一朝而复之。天下震动,诸侯惊骇,威加吴、越。"曹子,指的是春秋时期的曹沫,根据《史记·刺客列传》记载:"曹沫者,鲁人也,以勇力事鲁庄公。庄公好力。曹沫为鲁将,与齐战,三败北。鲁庄公惧,乃献遂邑之地以和,犹复以为将。"鲁国和齐国交战,三战三败,鲁庄公只好献地求和。齐鲁在柯地会盟的时候,曹沫用匕首劫持齐桓公,令齐答应尽数归还鲁国的土地。故而鲁仲连称赞他"弃三北之耻",不恶小耻,最终能做到"三战之所亡,一朝而复之"。乐七擒,说的是三国时期诸葛亮七擒孟获的典故。据东晋习凿齿《汉晋春秋·后主》载:"建兴三年,亮在南中,所在战捷。闻孟获者,为夷、汉并所服,募生致之。既得,使观于营阵之间,问曰:'此军何如?'获对曰:'向者不知虚实,故败。今蒙赐观看营阵,若只如此,即定易胜耳。'亮笑,纵使更战,七纵七擒,而亮犹遣获。获止不去,曰:'公,天威也,南人不复反矣。'遂至滇池。"诸葛亮七次生擒南中的部落首领孟获,又七次释放了他,最后孟获心悦诚服,跟随诸葛亮去成都为官,蜀汉顺利收服了南方各族的民心。乐,琅环阁藏本作"示",今本则多作"乐"。然"示"与"耻"不相对。故本书从今本作"乐"。平仄上,"耻三战"是仄平仄,"乐七擒"是仄仄平。七,《广韵》"亲吉切",入声。语法上,上下联都是动宾结构。"耻""乐"在这里都是意动用法。宾语"三战""七擒"都是状中结构,指三战之事、七擒之事。

⑤顾曲对知音:顾曲,典出《三国志·吴书·周瑜传》:"瑜少精意于音乐,虽三爵之后,其有阙误,瑜必知之,知之必顾,故时人谣曰:

'曲有误,周郎顾。'"周瑜年少时精通音乐,每每在宴会上听出乐声中的阙误,就会回头看看。所以当时人编了歌谣说"曲有误,周郎顾"。后来引申为欣赏乐曲的意思,清孔尚任《桃花扇·侦戏》"一片红毹铺地,此乃顾曲之所"。顾,本是回首的意思,引申为看。知音,懂得音律,《礼记·乐记》"是故不知声者不可与言音,不知音者不可与言乐,知乐则几于礼矣";引申为知己的意思,典出《列子·汤问》"伯牙善鼓琴,钟子期善听。伯牙鼓琴,志在登高山,钟子期曰:'善哉!峨峨兮若泰山!'志在流水,钟子期曰:'善哉!洋洋兮若江河!'伯牙所念,钟子期必得之"。两个词语皆与音乐有关。平仄上,"顾曲"是仄仄,"知音"是平平。语法上,两个词语都是动宾结构。

⑥大车行槛槛(jiàn),驷马骤骎骎(qīn):上联出自《诗经·王风·大车》"大车槛槛,毳衣如菼",郑玄笺"槛槛,车行声也"。大车,牛拉的载重的车。下联出自《诗经·曲风·鹿鸣之什》"驾彼四骆,载骤骎骎"。驷,古人称驾一车之四马或四马所驾之车为驷;骤,马疾走;骎骎,马快速奔跑的样子。平仄上,上联是仄平平仄仄,下联是仄仄仄平平。语法上,两句都是主谓结构。

⑦紫电青虹腾剑气,高山流水识琴心:紫电,古宝剑名,晋崔豹《古今注·舆服》中提到"吴大皇帝有宝刀三,宝剑六",其中有一剑名"紫电"。青虹,本是彩虹的意思,后来亦作宝剑之名。下联用的是伯牙和钟子期的典故,典出《列子·汤问》,见注释⑤。钟子期懂得伯牙的琴声中所包含的志趣,伯牙志在高山或流水,他都能辨识出来。平仄上,上联是仄仄平平平仄仄,下联是平平平仄仄平平。识,《广韵》"赏职切",入声。语法上,"紫电青虹"对"高山流水",为并列结构;"腾剑气"对"识琴心",都是动宾结构。不过,上下联的整体结构关系不同:"紫电青虹"是句子的主语,上联是主谓结构;"高山流水"是状语,钟子期通过高山流水之音懂

得伯牙之心，下联是状中结构。

⑧屈子怀君，极浦吟风悲泽畔；王郎忆友，扁（piān）舟卧雪访山阴：上联出自《楚辞·渔父》"屈原既放，游于江潭，行吟泽畔，颜色憔悴，形容枯槁"和《楚辞·九叹》的"吟泽畔之江滨"。屈子，指战国末期楚国著名的爱国诗人屈原，"子"是先秦对男子的美称。极浦，遥远的水滨，《楚辞·九歌·湘君》"望涔阳兮极浦，横大江兮扬灵"，王逸注"极，远也；浦，水涯也"。泽畔，湖边、江边；泽，水积聚的地方。下联出自《世说新语·任诞》："王子猷居山阴，夜大雪，眠觉，开室命酌酒，四望皎然。因起彷徨，咏左思招隐诗。忽忆戴安道。时戴在剡，即便夜乘小舟就之。经宿方至，造门不前而返。人问其故，王曰：'吾本乘兴而行，兴尽而返，何必见戴？'"王郎，指书法家王羲之的儿子王徽之，字子猷，东晋名士。戴逵，字安道，东晋画家。王徽之住在山阴时，有天晚上下了大雪，他醒来饮酒吟诗，忽然想起好友戴逵来，于是乘小船去剡地看望他。一夜方至，到的时候兴致已尽，竟不去造访就直接回家去了。扁舟，小船。平仄上，上联是仄仄平平，仄仄平平仄仄；下联是平平仄仄，平平仄仄仄平平。屈，《广韵》"区勿切"，入声；极，《广韵》"渠力切"，入声；泽，《广韵》"场伯切"，入声。语法上，"屈子怀君"对"王郎忆友"，是主谓结构；"极浦吟风悲泽畔"对"扁舟卧雪访山阴"，皆为状中结构。为了化用典故和构成对仗，作者将"山阴""雪"等用入对联，其实存在很多问题：首先，屈原是在泽畔行吟，"泽畔"是动作发生的处所，而"山阴"并不是王徽之造访的地方，是王徽之当时所居之处；其次，"卧雪访山阴"亦不合逻辑，因为"卧雪"是静态的，"访山阴"是位移的动作。

【译文】

登山和望远相对，涉江和临渊相对。

瑞雪和甘霖相对。

君主高兴与百姓和乐相对,交情一般和言谈深入相对。

鲁国三战三败之后终于洗去耻辱,孟获七擒七释之后乐于归附蜀汉。

周公瑾精通音乐,钟子期知晓琴音。

牛车行驶声音槛槛,马车奔跑速度如飞。

紫电青虹这些宝剑的剑气飞腾,钟子期懂得琴声中的高山流水。

屈原怀念楚怀王,在江边临风悲吟;王徽之想念戴逵,乘小舟雪夜访友。

十三　覃

【题解】

"覃"是"平水韵"中下平声的第十三韵部。

"覃"在《广韵》中作"徒含切",平声,覃韵。

《笠翁对韵》中用到的韵脚字有龛、南、谈、楠、三、簪、蓝、酣、谙、柑、男、岚、眈、聃、贪等15个;《声律启蒙》中用到的有18字,包括三、南、庵、蓝、潭、眈、酣、蚕、堪、覃、柑、惭、谈、男、甘、堪、岚、骖等。其中两书共用的有三、南、蓝、眈、柑、谈、男、岚等8个字;仅《笠翁对韵》用到的有龛、楠、簪、谙、聃、贪7个字,仅《声律启蒙》用到的有庵、潭、酣、蚕、堪、覃、惭、甘、堪、骖10个字。

其一

宫对阙,座对龛①。

水北对天南②。

蜃楼对蚁郡,伟论对高谈③。

遴杞梓,树梗楠④。

得一对函三⑤。

八宝珊瑚枕，双珠玳瑁簪⑥。

萧王待士心惟赤，卢相欺君面独蓝⑦。

贾岛诗狂，手拟敲门行处想；张颠草圣，头能濡墨写时酣⑧。

【注释】

①宫对阙（què），座对龛（kān）：宫，本是对房屋、居所的通称，秦汉以后指帝王所居的房子。阙，宫门、城门两侧的高台，中间有道路，台上起楼观。座，座位，坐具。龛，供奉神佛或神主的石室或小阁子。平仄上，"宫""龛"是平声，"阙""座"是仄声。语法上，四个词语都是名词。

②水北对天南：天南，过去指岭南，泛指南方，唐白居易《得潮州杨相公继之书并诗以此寄之》"诗情书意两殷勤，来自天南瘴海滨"。平仄上，"水北"是仄仄，"天南"是平平。语法上，二者都是方位短语。

③蜃楼对蚁郡，伟论对高谈：蜃楼，又叫海市蜃楼，光线经过不同密度的空气层，发生显著折射或全反射时，把远处景物显示在空中或地面而形成的各种奇异景象，常发生在海上或沙漠地区；古人误认为蜃吐气而成，故称"蜃楼"。唐杜甫《第五弟丰独在江左，近三四载寂无消息，觅使寄此二首》其二"影著啼猿树，魂飘结蜃楼"。蚁郡，唐李公佐《南柯太守传》写了一个名叫淳于棼的人，"吴、楚游侠之士。嗜酒使气，不守细行。累巨产，养豪客"，"所居宅南，有大古槐一株，枝干修密，清阴数亩。淳于生日，与群豪大饮其下"。"唐贞元七年九月，因沉醉致疾。时二友人于坐扶生归家，卧于堂东庑之下。二友谓生曰：'子其寝矣！余将秣马濯足，俟子小愈而去'"，于是淳于棼解衣就枕，梦见槐安国的使者前来邀请他。他跟随前去，从槐树的洞穴口钻进去，来到了大

槐安国。国王将次女瑶芳嫁给他，又做了南柯郡的太守。"自守郡二十载，风化广被，百姓歌谣，建功德碑，立生祠宇。王甚重之，赐食邑，锡爵位，居台辅。"淳于棼生有五男二女，儿子也做了高官，女儿嫁给王族，"荣耀显赫，一时之盛，代莫比之"。后来，他带兵打了败仗，公主又死了，国王疑忌，逐渐不再受到重用，就被遣送回家。醒来发现"己身卧于堂东庑之下"，"见家之僮仆拥彗于庭，二客濯足于榻，斜日未隐于西垣，余樽尚湛于东牖。梦中倏忽，若度一世矣"。淳于棼把梦里的情形告诉自己的两位朋友，大家都觉得惊骇，于是就走出来到大槐树下寻找，果然看到了一个洞穴，两个朋友就让人用斧头将槐树砍开，里面是土壤积成的亭台楼阁，还有许多蚂蚁围着一只"素翼朱首，长可三寸"的大蚂蚁，就是所谓的槐安国，旁边还有一个土城，就是所谓南柯郡。伟论，高明超卓的言论；高谈，高明的谈吐。"论"，琅环阁藏本作"伦"。"伟伦"多与"魁彦"并举，皆表杰出的人物；且"伦"为平声，意义、平仄皆不合。今本多作"论"，故此从之。平仄上，"蜃楼"是仄平，"蚁郡"是仄仄；"伟论"是仄仄，"高谈"是平平。语法上，四个词语都是定中结构。

④遴杞梓(qǐ zǐ)，树楩(pián)楠：上联出自《晋书·陆机陆云传》"观夫陆机、陆云，实荆衡之杞梓，挺珪璋于秀实，驰英华于早年"。遴，选拔，遴选。杞梓，都是美好的木材，比喻优秀人材。树，种植，树立。楩楠，楩木与楠木，皆大木，比喻栋梁之材，《墨子·公输》有"荆有长松、文梓、楩楠、豫章，宋无长木，此犹锦绣之与短褐也"。因此，上下联语义上都带双关义，既可指遴选、种植好木材，也可指选拔、培养人才。"楩"琅环阁藏本作"梗"，也是树名。然"梗"是仄声字，与"杞"失对，故本书不取。平仄上，上联是平仄仄，下联是仄平平。语法上，上下联都是动宾结构。

⑤得一对函三：得一，得道。《老子》"昔之得一者：天得一以清，地

得一以宁,神得一以灵,谷得一以盈,万物得一以生,侯王得一以为天下贞",王弼注曰"一,数之始而物之极也,各是一物之生,所以为主也。物皆各得此一以成"。函三,谓包含天、地、人三气,《汉书·律历志上》"太极元气,函三为一。极,中也。元,始也",颜师古注引孟康曰"元气始起于子。未分之时,天地人混合为一,故子数独一也"。平仄上,"得一"是仄仄,"函三"是平平。得,《广韵》"多则切";一,《广韵》"於悉切"。二者皆为入声字。语法上,两个词语都是动宾结构,此处数词"一""三"指称哲学上的概念。

⑥八宝珊瑚枕,双珠玳瑁簪:八宝珊瑚枕,装饰有很多珍宝的珊瑚枕头。双珠玳瑁簪,装饰有两颗珍珠的玳瑁做的簪子;玳瑁,形似龟的爬行动物,其甲壳黄褐色,有黑斑和光泽,可做装饰品,《汉书·东方朔传》"宫人簪瑇瑁(玳瑁),垂珠玑"。"珊瑚""玳瑁"是古代贵族居室里常见的饰物,经常入诗,如唐权德舆《玉台体十二首》"泪尽珊瑚枕,魂销玳瑁床",唐罗隐《咏史》"徐陵笔砚珊瑚架,赵胜宾朋玳瑁簪"。平仄上,上联是仄仄平平仄,下联是平平仄仄平。八,《广韵》"博拔切",入声。语法上,上下联都是定中结构:"八宝""双珠"是结构的第一层定语,为定中结构;第二层定语是"珊瑚""玳瑁",都是联绵词。

⑦萧王待士心惟赤,卢相欺君面独蓝:上联说的是汉光武帝刘秀的典故。《后汉书·光武帝纪》载:"世祖光武皇帝讳秀,字文叔,南阳蔡阳人,高祖九世之孙也,……是时长安政乱,四方背叛。……光武将击之,先遣吴汉北发十郡兵。幽州牧苗曾不从,汉遂斩曾而发其众。秋,光武击铜马于鄡,吴汉将突骑来会清阳。贼数挑战,光武坚营自守;有出卤掠者,辄击取之,绝其粮道。积月余日,贼食尽,夜遁去,追至馆陶,大破之。受降未尽,而高湖、重连从东南来,与铜马余众合,光武复与大战于蒲阳,

悉破降之,封其渠帅为列侯。降者犹不自安,光武知其意,敕令各归营勒兵,乃自乘轻骑按行部陈。降者更相语曰:'萧王推赤心置人腹中,安得不投死乎!'由是皆服。悉将降人分配诸将,众遂数十万,故关西号光武为'铜马帝'。"刘秀在做萧王的时候,对前来投降者都推心置腹,以赤心待人,故而得到了大家的信服。下联说的是唐代佞臣卢杞的典故。《新唐书·奸臣列传》载:"卢杞,字子良。父弈,见《忠义传》。杞有口才,体陋甚,鬼貌蓝色,不耻恶衣菲食,人未悟其情,咸谓有祖风节","既得志,险贼浸露。贤者媢,能者忌。小忤己,不傅死地不止。将大树威,胁众市权为自固者"。卢杞心胸狭隘,党同伐异,陷害忠良;貌似忠厚,其实奸邪,欺君罔上。故下联谓之"欺君面独蓝"。平仄上,上联是平平仄仄平平仄,下联是平仄平平仄仄平。独,《广韵》"徒谷切",入声。语法上,"萧王待士""卢相欺君"相对,都是主谓结构,谓语"待士""欺君"亦皆为动宾结构;"心惟赤""面独蓝"相对,也是主谓结构,颜色名词"赤""蓝"作谓语中心。此联对仗十分工整。

⑧贾岛诗狂,手拟敲门行处想;张颠草圣,头能濡墨写时酣:贾岛,唐代诗人,与孟郊并称,人称"郊寒岛瘦"。明末清初张岱《夜航船·文学部·推敲》载:"贾岛于京师驴背得句:'鸟宿池边树,僧敲月下门。'既下'敲'字,又欲下'推'字,拣之未字,引手作推、敲势。时韩愈权京兆尹,岛不觉冲其前导。拥至尹前,具道所以。愈曰:'敲字佳矣。'与并辔归,为布衣交。"贾岛在京师的时候,有一次骑着驴吟出一句"鸟宿池边树,僧敲月下门"。他拿不定主意"敲"要不要换成"推",于是手作推和敲的姿势,不知不觉冲撞了京兆尹韩愈的马队。下联说的是唐代书法家张旭的典故。张旭,以草书著称,人称"草圣",他的草书与"白(李白)歌诗、裴旻剑舞"号称"三绝"(《新唐书·李白传》)。《旧唐书·贺知章传》

云"时有吴郡张旭,亦与知章相善。旭善草书,而好酒,每醉后号呼狂走,索笔挥洒,变化无穷,若有神助,时人号为张颠",《新唐书·张旭传》更曰"嗜酒,每大醉,呼叫狂走,乃下笔,或以头濡墨而书,既醒自视,以为神,不可复得也,世呼'张颠'"。平仄上,上联是仄仄平平,仄仄平平平仄仄;下联是平平仄仄,平平平仄仄平平。语法上,上下联都是主谓结构:主语"贾岛诗狂""张颠草圣"相对,是复指结构,"诗狂"即贾岛,"草圣"即张颠;谓语部分"手拟敲门"对"头能濡墨","行处想"对"写时酣",前者为主谓结构,后者为状中结构,皆用来陈述前面主语的行为特征。

【译文】

宫和阙相对,座和龛相对。

水的北边和天的南面相对。

海上蜃楼和蚂蚁巢穴相对,超凡的言论和高明的谈吐相对。

选拔人才,培养贤能。

万物得一和包涵三气相对。

八种宝石镶嵌的珊瑚枕,两颗珍珠装饰的玳瑁簪。

萧王刘秀对待部下推心置腹,宰相卢杞面色如蓝欺君罔上。

诗狂贾岛,一边走路一边用手模拟推和敲的姿势;草圣张旭,喝醉了酒呼号狂走用头发蘸墨水写字。

其二

闻对见,解对谙①。

三橘对双柑②。

黄童对白叟,静女对奇男③。

秋七七,径三三④。

海色对山岚⑤。

鸾声何哕哕，虎视正眈眈⑥。

仪封疆吏知尼父，函谷关人识老聃⑦。

江相归池，止水自盟真是止；吴公作宰，贪泉虽饮亦何贪⑧。

【注释】

①闻对见，解对谙：闻，是指听觉行为；见，是指视觉行为。解、谙，语义相近，都是了解、知道的意思。平仄上，"闻""谙"是平声，"见""解"是仄声。语法上，四个词语都是动词。

②三橘对双柑：三橘，《三国志·吴书·陆绩传》载："陆绩字公纪，吴郡吴人也。父康，汉末为庐江太守。绩年六岁，于九江见袁术。术出橘，绩怀三枚，去，拜辞堕地，术谓曰：'陆郎作宾客而怀橘乎？'绩跪答曰：'欲归遗母。'术大奇之。"陆绩小时候被袁术接见。袁术拿橘子给他吃，他就偷偷藏了三个。离开拜别的时候，橘子掉了出来。袁术问他为什么到人家做客还偷橘子，他说想回去送给母亲吃。双柑，又叫"双柑斗酒"，这个典故出自唐冯贽《云仙杂记》卷二："戴颙春日携双柑斗酒，人问何之，曰：'往听黄鹂声。此俗耳针砭，诗肠鼓吹，汝知之乎？'"后来成为春日雅游的典故。橘、柑皆为果树名，其果实亦谓之"橘""柑"，皆可入药。平仄上，"三橘"是平仄，"双柑"是平平。橘，《广韵》"居聿切"，入声。语法上，两个词语都是定中结构。

③黄童对白叟，静女对奇男：黄童，指幼童，因其头发为黄色，故名。白叟，老人，因其头发为白色，故名。这两个词语出自唐韩愈《元和圣德诗》"黄童白叟，踊跃欢呀"。静女，指贤淑的女子，出自《诗经·邶风·静女》"静女其姝，俟我于城隅"。奇男，不平凡的男子，《佛祖通载》卷第十九："法师元净，字无象，徐氏，杭州於潜人。客有过其舍者曰：'嘉气上腾，当生奇男。'既生，左肩肉超如

袈裟条。"杭州於潜人徐氏家生了一个奇特的孩子,左肩膀上的肉生下来就像袈裟的条纹一样。平仄上,"黄童"是平平,"白叟"是仄仄。白,《广韵》"傍陌切",入声。"静女"是仄仄,"奇男"是平平。语法上,四个词语都是定中结构。

④秋七七,径三三:此联化用宋周必大《上巳访杨廷秀》诗:"四环自斸三三径,顷刻常开七七花。"秋七七,据道教典籍《云笈七签·续仙传·殷文祥》载:"殷七七,名文祥,又名道筌。常自称七七,俗多呼之,不知何所人也。游行天下,人言久见之,不测其年寿。面光白,若四十许人,到处或易其姓名不定。⋯⋯鹤林寺杜鹃花高丈余,每春末花烂熳。僧传言:'贞元年中,有外国僧自天台钵盂中以药养其根来种之。'自后构饰,花院锁闭。人或窥见女子红裳艳丽,游于树下。有辄采花折枝者,必为所祟,俗传女子花神也。所以人共保惜,故繁艳异于常花。其花欲开,探报分数,节度使宾僚官属,继日赏玩。其后一城士女四方之人,无不以酒乐游从。连春入夏,自旦及昏,闾里之间,殆于废业。宝一日谓七七曰:'鹤林之花,天下奇绝,尝闻能开非时之花,此可开否?'七七:'可也。'宝曰:'今重九将近,能副此日否?'七七诺之。乃前三日往鹤林寺宿焉。中夜女子来谓七七曰:'道者欲开此花耶?'七七乃问:'何人深夜到此?'女子曰:'妾为上玄所命,下司此花,在人间已逾百年,非久即归阆苑去,今与道者共开之,非道者无以感妾。'于是女子倏然不见。来日晨起,寺僧或讶花渐拆蕊。及九日,烂熳如春。"记录了殷七七在秋日重阳使得杜鹃花开的故事。后来人们就以"七七花"指非时令所开之花。径三三,此典多表隐逸情怀,原本是东汉蒋诩的典故,晋赵岐《三辅决录·逃名》载"蒋诩归乡里,荆棘塞门,舍中有三径,不出,唯求仲、羊仲从之游";后来晋陶渊明《归去来兮辞》有"三径就荒,松菊犹存";宋杨万里有《三三径》诗曰"三径初开自蒋卿,再开三径

是渊明。诚斋奄有三三径,一径花开一径行"。从典故的角度上说,"秋七七"若作"花七七",更加贴切,与"径三三"的对仗也更工整。平仄上,上联是平仄仄,下联是仄平平。七,《广韵》"亲吉切",入声。语法上,二者皆由名词和数词叠用组合而成,形式上完全相同。从词语之间的结构关系来看,"秋七七"是定中结构,表秋日所开的非时之花;"径三三"是主谓结构,"三三"陈述"径"的数量。从这个角度看,二者在语法上对仗并不工整。

⑤海色对山岚:海色,海面呈现的景色,唐祖咏《江南旅情》"海色晴看雨,江声夜听潮"。山岚,山中的雾气,唐顾非熊《陈情上郑主司》"茅屋山岚入,柴门海浪连"。平仄上,"海色"是仄仄,"山岚"是平平。语法上,两个词语都是定中结构。

⑥鸾声何哕哕(huì),虎视正眈眈:上联出自《诗经·小雅·庭燎》"夜如何其?夜未艾。庭燎晢晢。君子至止,鸾声哕哕"。鸾声,鸾铃鸣声。何,副词,多么,表示感叹。哕哕,有节奏的铃声。下联出自《周易·颐》"虎视眈眈,其欲逐逐"。眈眈,威视貌,今有成语"虎视眈眈",形容像猛虎一样凶狠地注视着。平仄上,上联是平平平仄仄,下联是仄仄仄平平。语法上,上下联都是主谓结构。

⑦仪封疆吏知尼父(fǔ),函谷关人识老聃:上联出自《论语·八佾》:"仪封人请见。曰:'君子之至于斯也,吾未尝不得见也。'从者见之。出曰:'二三子,何患于丧乎?天下之无道也久矣,天将以夫子为木铎。'"仪邑的封疆官吏见到了孔子,他说:"天下无道很久了,上天将让夫子做木铎。"仪封人的意思是天下无道,上天想要让孔子宣扬大道于天下,所以才让孔子周游列国的。封,边境的意思。疆吏,边境上的官员。尼父,指孔子,孔子名丘,字仲尼;父,古代对男子的美称,后多作"甫"。下联出自《史记·老子韩非列传》:"老子修道德,其学以自隐无名为务。居周久之,见周

之衰，乃遂去。至关，关令尹喜曰：'子将隐矣，强为我著书。'于
是老子乃著书上下篇，言道德之意五千余言而去，莫知其所终。"
老子出函谷关的时候，守关的官员看他要隐居了，请求他著书立
言。于是老子就写下了五千余言的《道德经》，之后不知所终。
关人，古代守关的官吏。老聃，指老子，姓李，名耳，字聃，故称。
平仄上，上联是平平平仄平平仄，下联是平仄平平仄仄平。识，
《广韵》"赏职切"，入声。语法上，上下联都是主谓结构。

⑧江相归池，止水自盟真是止；吴公作宰，贪泉虽饮亦何贪：上联说
的是宋代江万里的典故。《宋史·江万里传》载，"江万里，字子
远，都昌人"，"少神隽，有锋颖，连举于乡。入太学，有文声"。曾
任宰相，性情刚正不阿，被罢相。"明年，大元兵渡江，万里隐草
野间，为游骑所执，大诟，欲自戕，既而脱归。先是，万里闻襄樊
失守，凿池芝山后圃，扁其亭曰'止水'，人莫谕其意，及闻警，执
门人陈伟器手，曰：'大势不可支，余虽不在位，当与国为存亡。'"
元军攻占襄樊时，他开凿了一个水池，名"止水"，决心与国家共
存亡。"及饶州城破，军士执万顷，索金银不得，支解之。万里竟
赴止水死。左右及子镐相继投沼中，积尸如叠。翼日，万里尸独
浮出水上，从者草敛之。万里无子，以蜀人王櫄子为后，即镐也。
事闻，赠太傅、益国公，后加赠太师，谥文忠。"饶州被攻破之后，
江万里就投止水殉国了。下联说的是晋朝吴隐之的故事。《晋
书·吴隐之传》载，"吴隐之，字处默，濮阳鄄城人，魏侍中质六世
孙也。隐之美姿容，善谈论，博涉文史，以儒雅标名。弱冠而介
立，有清操，虽日晏歠菽，不飨非其粟，儋石无储，不取非其道"。
吴隐之后来担任了广州刺史。"朝廷欲革岭南之弊，隆安中，以
隐之为龙骧将军、广州刺史、假节，领平越中郎将。未至州二十
里，地名石门，有水曰贪泉，饮者怀无厌之欲。隐之既至，语其亲
人曰：'不见可欲，使心不乱。越岭丧清，吾知之矣。'乃至泉所，

酌而饮之，因赋诗曰：'古人云此水，一歃怀千金。试使夷齐饮，终当不易心。'及在州，清操逾厉，常食不过菜及干鱼而已，帷帐器服皆付外库，时人颇谓其矫，然亦终始不易。"广州附近有贪泉，人们都说喝了贪泉的水就会产生无尽的贪欲。吴隐之就到泉边舀来喝了，最终他的廉洁情操也毫无改变。平仄上，上联是平仄平平，仄仄仄平平仄仄；下联是平平仄仄，平平平仄仄平平。语法上，"江相归池"和"吴公作宰"相对，都是主谓结构。"止水自盟真是止""贪泉虽饮亦何贪"两句对仗不甚工整。"止水自盟真是止"是主谓结构，"止水自盟"为主语，是指江万里在止水前自己盟誓的事情；谓语是对这个事件的判断。"贪泉虽饮亦何贪"则是一个表转折关系的复句，包含"贪泉虽饮"和"亦何贪"两个分句。

【译文】

闻和见相对，解和谐相对。

三橘和双柑相对。

幼童和老人相对，贤淑的女子和奇特的男儿相对。

殷七七秋天让杜鹃开了花，蒋诩在家中开了三条小径。

大海的颜色和山中的雾气相对。

车铃声哕哕地响着，老虎威严地注视着。

仪地边境的官吏明白孔子的天命所在，函谷关守关的人懂得留下老子的著述。

江万里在止水之前发誓要与国家共存亡，后来真的投水殉国；吴隐之虽然在广州做刺史时喝了贪泉水，终究毫无贪婪之意。

十四　盐

【题解】

"盐"是"平水韵"中下平声的第十四韵部。

"盐"在《广韵》中作"余廉切",平声,盐韵。

《笠翁对韵》中所用到的韵脚字有炎、严、髯、廉、谦、潜、帘、拈、添、恬、尖、纤、占、盐、淹、嫌、瞻、檐、签、奁等 20 个;《声律启蒙》中所用到的有 20 个韵脚字,包括嫌、蟾、尖、纤、甜、帘、潜、炎、添、盐、镰、檐、恬、瞻、阎、髯、淹、厌、谦、占等。其中两书共用的有炎、髯、谦、潜、帘、添、恬、尖、纤、占、盐、淹、嫌、瞻、檐等 15 个;仅《笠翁对韵》用到的有 5 个,包括严、廉、拈、签、奁;仅《声律启蒙》用到的有 5 个,包括蟾、甜、镰、阎、厌。

其一

宽对猛,冷对炎[1]。

清直对尊严[2]。

云头对雨脚,鹤发对龙髯[3]。

风台谏,肃堂廉[4]。

保泰对鸣谦[5]。

五湖归范蠡,三径隐陶潜[6]。

一剑成功堪佩印,百钱满挂便垂帘[7]。

浊酒停杯,容我半酣愁际饮;好花傍座,看他微笑悟时拈[8]。

【注释】

①宽对猛,冷对炎:宽,宽厚、宽缓、宽松。猛,严厉的意思。"宽""猛"语义相反,《左传·昭公二十年》"宽以济猛,猛以济宽,政是以和"。炎,是热的意思。"冷""炎"也是反义词。第一组往往用来形容态度,后一组多用来形容温度。平仄上,"宽""炎"是平声,"猛""冷"是仄声。语法上,四个词语都是形容词。

②清直对尊严:清直,清廉正直,《旧唐书·职官志》"其吏在官公廉

正己,清直守节者,必谨而察之"。尊严,庄重肃穆、尊贵威严,《荀子·致士》"尊严而惮,可以为师"。平仄上,"清直"是平仄,"尊严"是平平。直,《广韵》"除力切",入声。语法上,两个词语都是形容词,且都是并列结构。

③云头对雨脚,鹤发对龙髯:云头,云端,宋苏舜钦《中秋松江新桥对月和柳令之作》"云头艳艳开金饼,水面沉沉卧彩虹"。雨脚,雨点,唐杜甫《茅屋为秋风所破歌》"床头屋漏无干处,雨脚如麻未断绝"。鹤发,白发,南朝梁庾肩吾《八关斋夜赋四城门·第三赋南城门老》"鹤发辞轩冕,鲐背烹葵菽"。龙髯,《史记》的《孝武本纪》和《封禅书》都有关于黄帝和龙髯的典故,"黄帝采首山铜,铸鼎荆山下。鼎既成,有龙垂胡髯下迎黄帝。黄帝上骑,群臣后宫从上龙七十余人,乃上去。余小臣不得上,乃悉持龙髯。龙髯拔,堕黄帝之弓。百姓仰望黄帝既上天,乃抱其弓与龙胡髯号。故后世因名其处曰鼎湖,其弓曰乌号"。据说黄帝在首山采铜,在荆山铸鼎。鼎完成之后,有龙垂下胡须来迎接黄帝。黄帝就骑上了龙背,群臣后宫也随之上去。其他小臣就都抓着龙的胡须上天。"龙髯"后来就引申指帝王之须。平仄上,"云头"是平平,"雨脚"是仄仄;"鹤发"是仄仄,"龙髯"是平平。语法上,四个词语都是定中结构。

④风台谏,肃堂廉:风台谏,《清实录·乾隆朝实录》卷之一百三十九"……仲永檀身为言官,能发奸摘伏,直陈无隐,甚属可嘉,应加超擢,以风台谏";风,此处是"使……奋起"的意思;台谏,台官和谏官的合称,唐宋时以专司纠弹的御史为台官,以职掌建言的给事中、谏议大夫等为谏官,两者虽各有所司,而职责往往相混,故多以"台谏"泛称,宋李纲《上渊圣皇帝实言封事》"立乎殿陛之间与天子争是非者,台谏也"。肃,整肃,使……肃,用法与"风"相类;堂廉,本指殿堂的侧边,后来借指朝廷,《明史·刘宗周传》

"厂卫司讥察,而告讦之风炽;诏狱及士绅,而堂廉之等夷";廉,是侧边的意思。平仄上,"风台谏"是平平仄,"肃堂廉"是仄平平。上下联第二字平仄相同,失对。语法上,两个词语都是动宾结构:"风""肃"皆活用为使动用法;宾语"台谏""堂廉"的内部结构不甚对仗,前者是并列结构,后者是定中结构。

⑤保泰对鸣谦:保泰,保持安定、通畅的政治局面,今有"国泰民安"的成语;泰,通畅而太平,《周易》六十四卦之一,《周易·泰》"泰:小往大来,吉,亨",卦辞曰"《彖》曰:'泰,小往大来,吉,亨。'则是天地交而万物通也,上下交而其志同也。内阳而外阴,内健而外顺,内君子而外小人:君子道长,小人道消也"。鸣谦,谓谦德表之于外,《周易·谦》"鸣谦,贞吉",王弼注"鸣者,声名闻之谓也。得位居中,谦而正焉",孔颖达疏"鸣谦者,谓声名也,处正得中,行谦广远,故曰鸣谦"。谦,也是《周易》六十四卦之一,《周易·谦》"谦:亨,君子有终"。平仄上,"保泰"是仄仄,"鸣谦"是平平。语法上,两个词语都是动宾结构,"鸣"这里用于使动,故而与"保"一样可以带宾语。

⑥五湖归范蠡,三径隐陶潜:上联说的是春秋末期越国大夫范蠡的故事,他曾辅佐越王勾践打败了吴王夫差。根据《史记·越王勾践世家》记载,灭吴之后,范蠡"乃装其轻宝珠玉,自与其私徒属乘舟浮海以行,终不反","范蠡浮海出齐,变姓名,自谓鸱夷子皮,耕于海畔,苦身戮力,父子治产。居无几何,致产数十万"。《吴越春秋·勾践伐吴外传》则进一步记载:"(范蠡)乃乘扁舟,出三江,入五湖,莫知其所适。"故上联说"五湖归范蠡"。下联说的是晋陶渊明的典故,他的《归去来兮辞》有"三径就荒,松菊犹存"的句子。此联与上平"六鱼"的"三径风光,白石黄花供杖履;五湖烟景,青山绿水在樵渔"一联用的是相同的典故。平仄上,上联是仄平平仄仄,下联是平仄仄平平。语法上,两句都是主谓

结构。其语序都比较特别,若改为普通的表达则为:范蠡归五湖,陶潜隐三径。但这样显得句式呆板,且不合格律。

⑦一剑成功堪佩印,百钱满挂便垂帘:上联指的是战国时期著名纵横家苏秦的典故。《史记·苏秦列传》载:"苏秦者,东周雒阳人也。东事师于齐,而习之于鬼谷先生","出游数岁,大困而归","求说周显王",游说秦国,皆不得用;后游赵、游燕,说韩王、魏王、楚王、齐王,"六国从合而并力焉。苏秦为从约长,并相六国"。《东周列国志》第九十回有更详细的描写,"于是六王合封苏秦为纵约长,兼佩六国相印,金牌宝剑,总辖六国臣民,又各赐黄金百镒,良马十乘",故上联说"一剑成功堪佩印"。下联说的是汉代严君平的典故,据《汉书·王贡两龚鲍传》载:"其后谷口有郑子真,蜀有严君平,皆修身自保,非其服弗服,非其食弗食。成帝时,元舅大将军王凤以礼聘子真,子真遂不诎而终。君平卜筮于成都市,以为:'卜筮者贱业,而可以惠众人。有邪恶非正之问,则依蓍龟为言利害。与人子言依于孝,与人弟言依于顺,与人臣言依于忠,各因势导之以善,从吾言者,已过半矣。'裁日阅数人,得百钱足自养,则闭肆下帘而授《老子》。博览亡不通,依老子、严周之指著书十余万言。"严君平在成都以卜筮为生,每天得百钱之后,足以满足一天的用度,就垂下帘子教授《老子》,故下联曰"百钱满挂便垂帘"。挂,今本多作"卦"。古人常以杖头挂百钱喻清高自适,如宋苏轼《赠王子直秀才》有"万里云山一破衲,杖端闲挂百钱游"。从上文"百钱"来看,取"挂"为宜。平仄上,上联是仄仄平平平仄仄,下联是仄平仄仄仄平平。一,《广韵》"於悉切",入声。语法上,"一剑成功"对"百钱满挂",都是主谓结构;"堪佩印""便垂帘"相对,都是状中结构。

⑧浊酒停杯,容我半酣愁际饮;好花傍座,看他微笑悟时拈:上联化用唐杜甫《登高》中的"艰难苦恨繁霜鬓,潦倒新停浊酒杯"。浊

酒,用糯米、黄米等酿制的酒,较混浊。停杯,停止饮酒,三国魏曹丕《秋胡行》之二"朝与佳人期,日夕殊不来。嘉肴不尝,旨酒停杯"。半酣,半醉,酒兴正浓,唐刘禹锡《酬乐天斋满日裴令公置宴席上戏赠》"酒力半酣愁已散,文锋未钝老犹争";酣,喝酒尽兴为酣。下联是有关释迦牟尼的典故,《五灯会元·七佛·释迦牟尼佛》云:"世尊在灵山会上,拈花示众。是时众皆默然,唯迦叶尊者破颜微笑。世尊云:'吾有正法眼藏,涅槃妙心,实相无相,微妙法门,不立文字,教外别传,付嘱摩诃迦叶。'"后来人们以"拈花一笑"比喻心心相印,心有灵犀。平仄上,上联是仄仄平平,平仄仄平平仄仄;下联是仄平仄仄,仄平平仄仄平平。浊,《广韵》"直角切",入声。语法上,"浊酒停杯"对"好花傍座",都是主谓结构。"容我半酣愁际饮"对"看他微笑悟时拈",皆为动宾结构;其宾语"我半酣愁际饮""他微笑悟时拈"也都是主谓结构,"半酣"对"微笑"、"愁际"对"悟时",皆为状语。此联结构复杂,对仗仍十分工整。

【译文】

宽和严相对,冷和热相对。

清廉正直和尊贵威严相对。

云端和雨脚相对,白发和龙须相对。

勉励台谏,整肃朝堂。

保持安定和彰显谦德相对。

范蠡归隐五湖,陶潜隐居三径。

苏秦游说六国合纵成功之后佩带宝剑和相印衣锦还乡,严君平隐居成都每天卜筮满百钱之后就垂帘教授弟子。

杜甫愁绪满怀酒兴正浓的时候,品饮浊酒直至停杯;释迦牟尼拈花传授佛法的时候,迦叶微笑表示领悟。

其二

连对断,减对添^①。

淡泊对安恬^②。

回头对极目,水底对山尖^③。

腰袅袅,手纤纤^④。

凤卜对鸾占^⑤。

开田多种粟,煮海尽成盐^⑥。

居同九世张公艺,恩给千人范仲淹^⑦。

箫弄凤来,秦女有缘能跨羽;鼎成龙去,轩臣无计得攀髯^⑧。

【注释】

①连对断,减对添:"连""断"和"减""添"是两组反义词。平仄上,"连""添"是平声,"断""减"是仄声。语法上,"连""断"都是状态动词,"减""添"都是行为动词。

②淡泊对安恬:淡泊,恬淡、不追求名利。安恬,安然恬静。二者语义相近。平仄上,"淡泊"是仄仄,"安恬"是平平。泊,《广韵》"傍陌切",入声。语法上,两个都是形容词。

③回头对极目,水底对山尖:极目,用尽目力远望,今常言"极目四望"。平仄上,"回头"是平平,"极目"是仄仄;"水底"是仄仄,"山尖"是平平。极,《广韵》"渠力切",入声。语法上,"回头""极目"都是动宾结构;"极"在这里是使动用法。"水底""山尖"都是方位短语。

④腰袅袅,手纤纤:腰袅袅,形容腰肢柔软纤细,宋黄庭坚《木兰花令》"杨柳舞风腰袅袅"。手纤纤,形容手纤细修长,唐黄滔《卷帘》"绿鬟侍女手纤纤,新捧嫦娥出素蟾"。袅、纤,皆形容柔弱细

长的样子。平仄上,上联是平仄仄,下联是仄平平。语法上,上下联都是主谓结构。

⑤凤卜对鸾占(zhān):二者皆是占卜佳偶的意思,引申为觅得佳偶相配。凤卜,出自《左传·庄公二十二年》:"初,懿氏卜妻敬仲。其妻占之,曰:'吉。是谓"凤皇于飞,和鸣锵锵"。'"懿氏为嫁女儿占卜,卜到陈国的敬仲一族将要在齐国昌盛,非常吉利。后来敬仲的后代果然取代姜姓成为齐国的执政者。元高明《琵琶记·伯喈牛宅结亲》有"谩说道姻缘,果谐凤卜"。鸾占,意思和"凤卜"一样,《楹联丛话全编·楹联续话·挽词》"里党中有林姓妇,素通文理,中年遽卒。相传其自挽一联,出语告夫,对语教子,悱恻动人,亦可传也。其词云:'我别君去,君何患无妻,倘异时再叶鸾占,莫谓生妻不如死妇;儿随父悲,儿终当有母,愿他日得酬乌哺,须知养母即是亲娘。'"鸾,传说中和凤类似的鸟。平仄上,"凤卜"是仄仄,"鸾占"是平平。语法上,两个词语都是状中结构,"凤""鸾"两个名词表示"卜""占"的性质比较吉利、吉祥。

⑥开田多种粟,煮海尽成盐:开田,垦荒为田。粟,谷物名,北方通称谷子,唐李绅《古风二首》有"春种一粒粟,秋收万颗子"。煮海,煮海水为盐,《汉书·荆燕吴传》中即有相关记载:"会孝惠、高后时天下初定,郡国诸侯各务自拊循其民。吴有豫章郡铜山,即招致天下亡命者盗铸钱,东煮海水为盐,以故无赋,国用饶足","不改过自新,乃益骄恣,公即山铸钱,煮海为盐,诱天下亡人谋作乱逆"。古人引海水直接到盐田,利用太阳或者其他方法让海水蒸发之后再提炼得盐。平仄上,上联是平平平仄仄,下联是仄仄仄平平。语法上,上下联都是连谓结构,由有时间先后的两个动词性结构组成:"开田"与"多种粟","煮海"与"尽成盐"。

⑦居同九世张公艺,恩给千人范仲淹:上联说的是唐张公艺的典故。《旧唐书·张公艺传》载:"郓州寿张人张公艺,九代同居。

北齐时,东安王高永乐诣宅慰抚旌表焉。隋开皇中,大使、邵阳公梁子恭亦亲慰抚,重表其门。贞观中,特敕吏加旌表。麟德中,高宗有事泰山,路过郓州,亲幸其宅,问其义由。其人请纸笔,但书百余'忍'字。高宗为之流涕,赐以缣帛。"张公艺治家有方,家族九代人同居一堂,共有九百人,关系和睦,"父慈子孝,兄友弟和,夫正妇顺"。下联说的是北宋政治家、文学家范仲淹的典故。《宋史·范仲淹传》载,"范仲淹,字希文,唐宰相履冰之后。其先,邠州人也,后徙家江南,遂为苏州吴县人",史书评价他说:"仲淹内刚外和,性至孝,以母在时方贫,其后虽贵,非宾客不重肉。妻子衣食,仅能自充。而好施予,置义庄里中,以赡族人。泛爱乐善,士多出其门下,虽里巷之人,皆能道其名字。死之日,四方闻者,皆为叹息。为政尚忠厚,所至有恩,邠、庆二州之民与属羌,皆画像立生祠事之。及其卒也,羌酋数百人,哭之如父,斋三日而去。"范仲淹为人至孝,廉洁方正,他在里中建义庄,赡养宗族,善待士人,深得百姓的爱戴。恩给,琅环阁藏本作"族赡",今本多作"恩给"。从语义上看,"恩给"更通。平仄上,上联是平平仄仄平平仄,下联是平仄平平仄仄平。语法上,"居同九世"对"恩给千人",皆为主谓结构,陈述"张公艺""范仲淹"的事迹。

⑧箫弄凤来,秦女有缘能跨羽;鼎成龙去,轩臣无计得攀髯:上联说的是萧史和弄玉的故事,见下卷"二萧"其三注⑥。下联说的是黄帝的典故。《史记·封禅书》载:"黄帝采首山铜,铸鼎于荆山下。鼎既成,有龙垂胡髯下迎黄帝。黄帝上骑,群臣后宫从上者七十余人,龙乃上去。余小臣不得上,乃悉持龙髯,龙髯拔,堕,堕黄帝之弓。百姓仰望黄帝既上天,乃抱其弓与胡髯号,故后世因名其处曰鼎湖,其弓曰乌号。"史书记载黄帝曾经采铜铸鼎。鼎成之后,有龙垂下胡须,迎接黄帝。黄帝骑上龙背,群臣后宫之人跟着爬上去了七十多人。龙飞上天后,其余小臣都抓着龙

的胡须,胡须断了,黄帝的弓也跟着掉下来。轩臣,指黄帝的那些臣子。此"轩"指轩辕,是黄帝的名字,据《史记·五帝本纪》"黄帝者,少典之子,姓公孙,名曰轩辕"。因其居于轩辕之丘,故名曰轩辕。平仄上,上联是平仄仄平,平仄仄平平仄仄;下联是仄平平仄,平平平仄仄平平。得,《广韵》"多则切",入声。语法上,"箫弄凤来"对"鼎成龙去",皆为并列结构;"秦女有缘能跨羽"对"轩臣无计得攀髯",都是主谓结构,谓语是"有缘能跨羽""无计得攀髯",是连动结构。此联对仗十分工整。

【译文】

连和断相对,减和添相对。

淡泊和安恬相对。

回头和极目相对,水底和山顶相对。

腰肢柔软,手指纤细。

卜得佳婿和占得贤妻相对。

开垦荒地多种粟,晒干海水提取盐。

九代人居住在一家,是张公艺的事迹;恩惠泽被千人之多,是范仲淹的功劳。

箫声引得凤凰飞来,秦女弄玉有缘能和萧史一起骑着凤凰飞升而去;大鼎铸造成功以后,轩辕帝的臣子没有办法攀附龙的胡须得道飞升。

其三

人对己,爱对嫌①。

举止对观瞻②。

四知对三语,义正对辞严③。

勤雪案,课风檐④。

漏箭对书签⑤。

文繁归獭祭，体艳别香奁⑥。

昨夜题梅更一字，早春来燕卷重帘⑦。

诗以史名，愁里悲歌怀杜甫；笔经人索，梦中显晦老江淹⑧。

【注释】

① 人对己，爱对嫌：嫌，是厌恶、嫌弃，与"爱"相对。平仄上，"人""嫌"是平声，"己""爱"是仄声。语法上，"人""己"都可以表称谓、代称，"爱""嫌"都是表心理活动的动词。

② 举止对观瞻：举止，行动、举动，晋陶渊明《闲情赋》"神仪妩媚，举止详妍"。观瞻，外观、体统，常言所谓"有碍观瞻"；观、瞻，皆为"看"义。平仄上，"举止"是仄仄，"观瞻"是平平。语法上，两个词语既可以充当动词，也可以充当名词，都是并列结构。

③ 四知对三语，义正对辞严：四知，说的是东汉杨震的典故，出自《后汉书·杨震传》。杨震为人清廉，他所举荐的荆州秀才王密做了昌邑令，怀藏十斤金子要送给他。杨震不收，王密说晚上无人知晓，杨震回答说："天知，神知，我知，你知，怎么说没人知道？"此即"四知"由来。三语，说的是阮修的典故，出自《世说新语·文学》："阮宣子有令闻。太尉王夷甫见而问曰：'老庄与圣教同异？'对曰：'将无同？'太尉善其言，辟之为掾。世谓'三语掾'。卫玠嘲之曰：'一言可辟，何假于三！'宣子曰：'苟是天下人望，亦可无言而辟，复何假于一！'遂相与为友。"阮修名声很高，他喜欢《老子》《周易》。王衍问他，"老庄和儒家学说是相同还是不同？"阮修回说"将无同"，意思是大概相同吧。王衍很欣赏他，就任用他做了掾属，人称"三语掾"。三语，就是三个字的话。义正，道义正大；辞严，用词严厉。二者经常并提，今有成语"义正辞严"。平仄上，"四知"是仄平，"三语"是平仄；"义正"是仄仄，

"辞严"是平平。语法上,"四知""三语"看起来形式相同。但从典故上说,"四知"是主谓结构,四者知道(送金之事);"三语"是定中结构。"义正""辞严"都是主谓结构。

④勤雪案,课风檐:上联说的是晋孙康的典故。根据《汉语大词典》,《文选·任昉〈为萧扬州作荐士表〉》"乃集萤映雪",李善注引《孙氏世录》"孙康家贫,常映雪读书"。雪案,本指映雪读书时的几案,后泛指书桌,宋刘克庄《赠陈起》"雨檐兀坐忘春去,雪案清谈至夜分"。课,考察、考核。风檐,本指风中的屋檐,后指科举时代的考试场所,清顾炎武《日知录·拟题》"即以所记之文,抄誊上卷,较之风檐结构难易迥殊"。平仄上,"勤雪案"是平仄仄,"课风檐"是仄平平。语法上,两个词语都是述补结构,勤学于雪案前,考核于风檐下。对仗工整。

⑤漏箭对书签:漏箭,漏壶的部件,上面刻有时辰度数,随水浮沉以计时,宋陆游《晨起》"夜润熏笼暖,灯残漏箭长"。书签,悬于卷轴一端或贴于封面的署有书名的竹、牙片、纸或绢条,唐杜甫《题柏大兄弟山居屋壁二首》"笔架沾窗雨,书签映隙曛"。今本"签"多作"笺",误。"笺"属下平"一先"韵。故本书从琅環阁藏本作"签"。平仄上,"漏箭"是仄仄,"书签"是平平。语法上,两个词语都是名词,定中结构。

⑥文繁归獭(tǎ)祭,体艳别香奁(lián):獭祭,即獭祭鱼,獭捕鱼后常陈列水边,如同陈列供品祭祀,出自《礼记·月令》"(孟春之月)东风解冻,蛰虫始振,鱼上冰,獭祭鱼,鸿雁来";后来用于比喻罗列故实,堆砌成文,宋吴炯《五总志》曰"唐李商隐为文,多检阅书史,鳞次堆集左右,时谓为獭祭鱼"。体,体裁、风格。别,另、特别,此处表"别是一类"之义。香奁,杂置香料的匣子,引申指妇女妆具,盛放香粉、镜子等梳妆用品的器具。明胡应麟《诗薮·近体中》"至吴融、韩渥(偓)香奁脂粉,杜荀鹤、李山甫委巷

丛谈，否道斯极，唐亦以亡矣"，宋严羽《沧浪诗话·诗体》提到诗
体有所谓"香奁体"，指韩偓之诗，其诗皆裾裙脂粉之语，有《香奁
集》。平仄上，上联是平平平仄仄，下联是仄仄仄平平。别，《广
韵》"彼列切"，入声。语法上，"文繁"对"体艳"，都是主谓结构；
"归獭祭"对"别香奁"，皆为动宾结构。

⑦昨夜题梅更一字，早春来燕卷重帘：上联是晚唐五代著名诗人郑
谷和诗僧齐己的典故，宋陶岳《五代史补·僧齐己》载："时郑谷
在袁州，齐己因携所为诗往谒焉，有《早梅》诗曰：'前村深雪里，
昨夜数枝开。'谷笑谓曰：'数枝非早，不若一枝则佳。'齐己矍然，
不觉兼三衣叩地膜拜，自是士林以谷为齐己'一字之师'。"齐己
写了《早梅》诗，中有"前村深雪里，昨夜数枝开"的句子。郑谷认
为"数枝"还不算早，不如"一枝"更好。于是人们皆称郑谷是齐
己的"一字之师"。下联表示冬寒已经过去，天气已经回暖，不需
要再挂重重帘幕挡风寒，这正是燕子飞回寻旧巢的时候，诗词中
常有类似的描写，宋史达祖《梅溪词·东风第一枝(咏春雪)》"料
故园，不卷重帘，误了乍来双燕"。重帘，多重帘幕。平仄上，上
联是仄仄平平平仄仄，下联是仄平平仄仄平平。昨，《广韵》"在
各切"，入声；一，《广韵》"於悉切"，入声。语法上，"昨夜题梅"
"早春来燕"相对，皆为状中结构；"更一字""卷重帘"相对，二者
都是动宾结构。

⑧诗以史名，愁里悲歌怀杜甫；笔经人索，梦中显晦老江淹：上联说
的是唐代诗人杜甫的典故，他的诗歌沉郁顿挫，忧国忧民，真实
反映了安史之乱前后唐代的历史，其诗作被称为"诗史"。《文献
通考·经籍考》曰："甫又善陈时事，律切精深，至千言不少衰，世
号'诗史'。昌黎韩愈于文章少许可，至歌诗，独推曰：'李、杜文
章在，光焰万丈长。'诚可信云。"下联说的是南朝梁江淹的典故。
江淹少有文名，世称江郎。晚年诗文无佳句，时人谓之才尽。之

所以如此,据说是因为原本的生花妙笔被人索去,故而写不出好
文章了。显晦,明与暗,也用来比喻仕宦与隐逸,《晋书·隐逸
传》"君子之行殊涂,显晦之谓也";此指江淹文才的好与坏皆和
梦中的彩笔有关。平仄上,上联是平仄仄平,平仄平平平仄仄;
下联是仄平平仄,仄平仄仄仄平平。语法上,"诗以史名""笔经
人索"皆为主谓结构;"愁里悲歌怀杜甫""梦中显晦老江淹"也都
是主谓结构。不过,"悲歌"是定中结构,"显晦"是并列结构,略
有不对仗之处。"老"本是形容词,此处是使动用法,意谓梦里索
笔之事使得江淹才华消失殆尽。

【译文】

人和己相对,爱和嫌相对。

行为和外表相对。

四者知道和三字评语相对,道义正大和用词严厉相对。

士子们在书桌前勤奋读书,考官们在科场里考核学生。

漏壶和书签相对。

文辞堆砌好比獭祭鱼,诗风香艳当属香奁体。

齐己昨晚题的早梅诗,由郑谷修改了一个字而更显贴切;早春的燕
子飞来以后,人们就要把重重帘幕卷起收好了。

杜甫的诗以诗史著称,因为他的诗作里充满忧国忧民悲时伤世的
情怀;江淹的彩笔被人索回,从此以后他的文章就显得文思枯竭平淡无
奇了。

十五 咸

【题解】

"咸"是"平水韵"中下平声的第十五韵部。

"咸"在《广韵》中作"胡谗切",平声,咸韵。

《笠翁对韵》中所用到的韵脚字有芟、监、衔、毚、缄、喃、岩、帆、杉、

咸、函、凡、谗、瑊、衫、镵、馋等 17 个;《声律启蒙》所用到的有 16 个,包括咸(按,繁体作"鹹",与"咸"本不同字)、缄、帆、喃、杉、衫、监、咸、贤、瑊、岩、函、衔、嵒、谗、巉等。两书共用的有 13 个字,包括监、衔、巉、缄、喃、岩、帆、杉、咸、函、谗、瑊、衫;仅《笠翁对韵》用到的有芟、凡、镵、馋等 4 个字;仅《声律启蒙》用到的有咸(鹹)、贤、嵒 3 个。"贤"本属于下平"一先"韵部。

其一

栽对植,薙对芟①。

二伯对三监②。

朝臣对国老,职事对官衔③。

鹿麌麌,兔毚毚④。

启牍对开缄⑤。

绿杨莺睍睆,红杏燕呢喃⑥。

半篱白酒娱陶令,一枕黄粱度吕岩⑦。

九夏炎飙,长日风亭留客骑;三冬寒冽,漫天雪浪驻征帆⑧。

【注释】

①栽对植,薙(tì)对芟(shān):栽、植,都是种植的意思;薙、芟,都有"除草""删除"的意思,《旧唐书·李元谅传》"芟林薙草,斩荆榛"。两组都是同义词。平仄上,"栽""芟"是平声,"植""薙"是仄声。植,《广韵》"常职切",入声。语法上,两组都是动词。

②二伯对三监:二伯,《礼记·王制》曰"八伯各以其属,属于天子之老二人,分天下以为左右,曰二伯",郑玄注"自陕以东,周公主之;自陕以西,召公主之"。指周初分别主管东方和西方诸侯的

两位重臣周公和召公。三监，周武王灭商后，以商旧都封给纣子武庚。并以殷都以东为卫，由武王弟管叔监之；殷都以西为墉，由武王弟蔡叔监之；殷都以北为邶，由武王弟霍叔监之。总称三监。《礼记·王制》"天子使其大夫为三监，监于方伯之国，国三人"。平仄上，"二伯"是仄仄，"三监"是平平。伯，《广韵》"博陌切"，入声。语法上，两个词语都是定中结构。

③朝臣对国老，职事对官衔：朝臣，朝廷官员。国老，国之重臣或告老退职的卿、大夫。职事，职务、职业。官衔，官员的职位名称。平仄上，"朝臣"是平平，"国老"是仄仄；"职事"是仄仄，"官衔"是平平。国，《广韵》"古或切"，入声；职，《广韵》"之翼切"，入声。语法上，四个词语都是定中结构。

④鹿麌麌（yǔ），兔毚毚（chán）：上联出自《诗经·小雅·吉日》"吉日庚午，既差我马。兽之所同，麀鹿麌麌。漆沮之从，天子之所"。麌麌，众多的样子。下联出自《诗经·小雅·巧言》"跃跃毚兔，遇犬获之"，毛亨传"毚兔，狡兔也"，孔颖达疏"《仓颉解诂》：'毚兔，大兔也。'大兔必狡猾，又谓之狡兔"。平仄上，"鹿麌麌"是仄仄仄，"兔毚毚"是仄平平。语法上，两句都是主谓结构。

⑤启牍对开缄：启牍、开缄，都是打开书信的意思。牍，古代写字的木板，后引申表书籍、书信。缄，本指扎束器物的绳，引申为给书信封口，也有书信的意思。平仄上，"启牍"是仄仄，"开缄"是平平。牍，《广韵》"徒谷切"，入声。语法上，两个词语都是动宾结构。

⑥绿杨莺睍睆（xiàn huǎn），红杏燕呢喃：上联化用宋赵师侠《水调歌头》"嚖午莺声睍睆，滚地杨花飘荡，爱景惜芳辰"。睍睆，与"间关"类似，形容鸟声清和圆转，《诗经·邶风·凯风》"睍睆黄鸟，载好其音"，毛亨传"睍睆，好貌"；后来经常用于形容莺的叫声，宋曹冠《凤栖梧》"睍睆莺声，似劝游人住"。呢喃，燕鸣之声，

宋沈端节《虞美人》"隔帘听燕呢喃语,似说相思苦"。平仄上,上联是仄平平仄仄,下联是平仄仄平平。语法上,上下联都是状中结构:"绿杨"与"红杏"充当状语;中心语"莺睍睆""燕呢喃"是主谓结构,谓语皆由拟声词"睍睆""呢喃"充当。两个词语都是联绵词。

⑦半篱白酒娱陶令,一枕黄粱度吕岩:上联说的是陶渊明的典故。南朝宋檀道鸾《续晋阳秋》载:"王弘为江州刺史,陶潜九月九日无酒,于宅边东篱下菊丛中摘盈把,坐其侧。未几,望见一白衣人至,乃刺史王弘送酒也。即便就酌而后归。"九月九日,陶渊明无酒可喝,就在东篱下菊丛里摘了一把菊花,坐在旁边。这时候忽然有个白衣人送了酒来,原来是刺史王弘派人送来的。半篱,古人用来形容菊花之所在,宋石介《和马寺丞秋日寄明复先生》"残书几箧蠹,寒菊半篱荒"。此处即用"半篱"借指陶渊明酷爱的菊花,他的《饮酒》其五有"采菊东篱下,悠然见南山"的名句。白酒,此指美酒,南朝梁武帝《子夜四时歌·夏歌》"玉盘著朱李,金杯盛白酒"。陶令,即指陶渊明,他曾担任彭泽令,故称。下联说的是汉钟离度吕洞宾的故事。《夜航船·九流部》记载:"汉钟离,名权,字云房,以神将从周处与齐万年战,败,跳终南山,遇东华王真人。至唐始一出,度吕岩,自称天下都散汉。吕纯阳,名岩,字洞宾。举进士不第,遇钟离,同憩一肆中,钟离自起炊爨。吕忽昏睡,以举子赴京,状元及第,历官清要,前后两娶贵家女,五子十孙,簪笏满门,如此四十年。后居相位,独相十年,权势熏灼,忽被重罪,籍没家资,押赴云阳,身首异处。忽然惊醒,方兴浩叹。钟离在傍,炊尚未熟,笑曰:'黄粱犹未熟,一梦到华胥。'吕惊曰:'君知我梦耶?'钟离曰:'子适来之梦,升沉万态,荣瘁多端,五十年间,止为俄顷,非有大觉,焉知人世真一大梦也。'洞宾感悟,遂拜钟离求其超度。"有一次汉钟离和吕洞宾同住,汉钟离

在煮黄粱，吕洞宾睡着了。梦里，吕洞宾经历了状元及第、身居高位、娶得贵妻、子孙满堂，一时权势熏天，不可一世。忽然之间又获重罪，抄没家产，身首异处。惊醒之时，发现黄粱都还没煮熟。平仄上，上联是仄平仄仄平平仄，下联是仄仄平平仄仄平。白，《广韵》"傍陌切"，入声；一，《广韵》"於悉切"，入声。语法上，两句都是主谓结构。

⑧九夏炎飙，长日风亭留客骑（jì）；三冬寒冽，漫天雪浪驻征帆：九夏，夏季有九十天，为九旬，故曰"九夏"，晋陶渊明《荣木》诗序"日月推迁，已复九夏"。炎飙，炎热的疾风，晋葛洪《抱朴子·论仙》"蹈炎飙而不灼，蹑玄波而轻步"；飙，旋风、暴风。长日，指漫长的白天，夏季白天比较长。风亭，就是亭子，唐宋之问《旅宿淮阳亭口号》"日暮风亭上，悠悠旅思多"。下联化用唐殷尧藩《襄口阻风》"雪浪排空接海门，孤舟三日阻龙津"。客骑，此指骑马出行的游子。三冬，冬季有三个月，故曰"三冬"。寒冽，寒冷，宋张继先《雪夜渔舟》"浩气冲盈，真官深厚，永夜不愁寒冽"。雪浪，扬起的积雪，也指白色的浪花。此当指前者，与"三冬"相应。"留""驻"都是使对象留下、停驻的意思。平仄上，上联是仄仄平平，平仄平平平仄仄；下联是平平平仄，仄平仄仄仄平平。语法上，"九夏炎飙""三冬寒冽"相对，皆为主谓结构，表示时令和环境。"长日风亭留客骑""漫天雪浪驻征帆"相对，也都是主谓结构。

【译文】

栽种和树立相对，除草和割草相对。

分管陕地东西两边的周公、召公和监管殷旧地的管叔、蔡叔、霍叔相对。

朝中臣子和国中元老相对，职务和官衔相对。

麋鹿成群结队，兔子狡猾伶俐。

打开书信和开启信函相对。

绿杨树中莺声宛转,红杏林里燕语呢喃。

黄菊和白酒足以让陶渊明开怀,黄粱一梦使得吕洞宾悟道成仙。

夏天疾风炎热,漫长的白天里只有风亭能让骑行的客人停下脚步;冬天寒风凛冽,漫天的雪花使得舟船只能停泊在岸不能扬帆远行。

其二

梧对竹,柏对杉①。

夏濩对韶咸②。

涧瀍对溱洧,巩洛对崤函③。

藏书洞,避诏岩④。

脱俗对超凡⑤。

贤人羞献媚,正士嫉工谗⑥。

霸越谋臣推少伯,佐唐蕃将重浑瑊⑦。

邺下狂生,羯鼓三挝捐锦袄;江州司马,琵琶一曲湿青衫⑧。

【注释】

①梧对竹,柏对杉:平仄上,"梧""杉"是平声,"竹""柏"是仄声。竹,《广韵》"张六切",入声。语法上,四个词语都是植物名词。

②夏濩(huò)对韶咸:"夏""濩""韶""咸",都是古代的乐曲名,《夏》是夏禹时期的,《濩》是商汤时期的,《韶》是虞舜时候的,《咸》是唐尧时候的。平仄上,"夏濩"是仄仄,"韶咸"是平平。语法上,两个词语都是名词短语,且都是并列结构。

③涧瀍(chán)对溱洧(zhēn wěi),巩洛对崤函:涧瀍,两条江河的名称,涧水和瀍水,均流经今洛阳市境注入洛水,出自《尚书·洛

诰》"我乃卜涧水东、瀍水西,惟洛食"。溱洧,溱水与洧水,出自
《诗经·郑风·溱洧》"溱与洧,方涣涣兮。士与女,方秉蕳兮"。
巩,春秋古国名,故址在今河南巩县;洛,洛邑,周都邑名,后名洛
阳,亦在今河南。崤函,崤山和函谷,自古为险要的关隘,《战国
策·秦策一》曰:"苏秦始将连横,说秦惠王曰:'大王之国,西有
巴、蜀、汉中之利,北有胡、貉、代、马之用,南有巫山、黔中之限,
东有肴(崤)、函之固……。'"平仄上,"涧瀍"是仄平,"溱洧"是平
仄;"巩洛"是仄仄,"崤函"是平平。语法上,四个词语皆为并列
结构。

④藏书洞,避诏岩:藏书洞,《永乐大典》引《元一统志》载"藏书洞"
曰:"秦人藏书洞在湖广沅州沅陵县小酉山下,有石穴中有书千
卷,秦人避地隐学于此,因留之。"避诏岩,位于华山南峰天门西
北,宋代隐士陈抟在此避朝廷征诏。根据《宋史·陈抟传》记载,
"陈抟,字图南,亳州真源人","读经史百家之言,一见成诵,悉无
遗忘,颇以诗名","不求禄仕,以山水为乐"。陈抟不肯接受朝廷
的征召,在华山终老,朝廷下诏赐号"希夷先生"。明王履有《避
诏岩》二首:"希夷先生爱睡者,睡去那知有晨夜。胡为留迹与留
声,惹得丹青到林下。到时却避无乃迟,声迹既留能致之……"
"贪看万松好,不觉到岩底。海波胡为来,作此大奇伟。光藏不
早决,犊弃洗耳水。使诏知所在,避亦太晚矣。可是龙与云,不
能载其体"。平仄上,"藏书洞"是平平仄,"避诏岩"是仄仄平。
语法上,两者都是定中结构,其定语"藏书""避诏"都是动宾
结构。

⑤脱俗对超凡:脱俗,脱离庸俗,没有平庸之气;超凡,超过凡俗。
二者经常并提,今有成语"超凡脱俗"。平仄上,"脱俗"是仄仄,
"超凡"是平平。脱,《广韵》"他活切",入声;俗,《广韵》"似足
切",入声。语法上,两个词语都是动宾结构。

⑥贤人羞献媚，正士嫉工谗：羞，以……为羞。献媚，为讨好别人而做出使人欢心的姿态、举动。在贤臣看来，通过献媚的方式求宠，是一件羞耻的事情，《万历野获编》卷八有"辅臣遵旨自恪，邪臣献媚堪羞"。正士，正直之士，出自《尚书·泰誓》"屏弃典刑，囚奴正士"。嫉，憎恶，唐韩愈《复志赋》"嫉贪佞之浑浊兮，曰吾既劳而后食"。工谗，善于进谗言，擅长说坏话陷害他人，唐骆宾王《为徐敬业讨武曌檄》"掩袖工谗，狐媚偏能惑主"。平仄上，上联是平平平仄仄，下联是仄仄仄平平。嫉，《广韵》"秦悉切"，入声。语法上，上下联都是主谓结构。

⑦霸越谋臣推少伯，佐唐蕃将重浑瑊（jiān）：上联说的是春秋末期范蠡的故事。范蠡为越王勾践出谋划策、灭吴称霸的事迹在《史记·越王勾践世家》和《史记·货殖列传》等篇目中有详细的记载。如《史记·越王勾践世家》曰："范蠡事越王勾践，既苦身戮力，与勾践深谋二十余年，竟灭吴，报会稽之耻，北渡兵于淮以临齐、晋，号令中国，以尊周室，勾践以霸，而范蠡称上将军。"少伯，《列仙传》载范蠡字少伯。下联说的是唐朝大将浑瑊的典故。《新唐书·浑瑊传》载，"浑瑊，本铁勒九姓之浑部也。世为皋兰都督"，"瑊年十一，善骑射，随释之防秋"。浑瑊十一岁就跟着父亲从军作战，此后立下了许多军功，"禄山反，从李光弼定河北，……从郭子仪复两京，讨安庆绪……从仆固怀恩平史朝义，大小数十战，功最。……从子仪击吐蕃邠州，留屯邠。……大历七年，吐蕃盗塞深入，瑊会泾原节度使马璘讨之"。蕃将，"蕃"是域外或外族的意思。浑瑊是唐时北方少数民族人，故称"蕃将"。今本多作"藩将"，从典故上看，当从琅环阁藏本作"蕃"。平仄上，上联是仄仄平平平仄仄，下联是仄平平仄仄平平。伯，《广韵》"博陌切"，入声。语法上，上下联都是主谓结构。

⑧邺下狂生，羯（jié）鼓三挝（zhuā）捐锦袄；江州司马，琵琶一曲湿

青衫:上联说的是东汉祢衡的故事。据《后汉书·文苑列传下》载,"祢衡字正平,平原般人也。少有才辩,而尚气刚傲,好矫时慢物"。他和孔融关系甚好,孔融就把他推荐给了曹操。"融既爱衡才,数称述于曹操。操欲见之,而衡素相轻疾,自称狂病,不肯往,而数有恣言。操怀忿,而以其才名,不欲杀之。闻衡善击鼓,乃召为鼓史。因大会宾客,阅试音节。诸史过者,皆令脱其故衣,更着岑牟单绞之服。次至衡,衡方为《渔阳》参挝,蹀躞而前,容态有异,声节悲壮,听者莫不慷慨。衡进至操前而止,吏诃之曰:'鼓史何不改装,而轻敢进乎?'衡曰:'诺。'于是先解衵衣,次释余服,裸身而立,徐取岑牟单绞而着之,毕,复参挝而去,颜色不怍。操笑曰:'本欲辱衡,衡反辱孤。'"曹操被祢衡的狂态所苦,故意任命祢衡为鼓史,想要让他穿着鼓史的服装折辱他。祢衡正在演奏《渔阳》参挝,声音慷慨悲壮。听到曹操命令他改装,他就把自己的衣服脱光,慢慢换上鼓史的帽子和单衣,继续演奏《渔阳》参挝之后离开。参挝,一种击鼓之法,古代"参"可表"三"的意义,故此联作"三",以与"一"相对仗;挝,击鼓,击鼓的音节。邺下,古地名,汉献帝建安时,曹操据守邺城。祢衡曾在曹操手下,为人狂放,故称"邺下狂生"。捐锦袄,脱去华服的意思;捐,除去、放弃。今本多作"羞",从典故来看,当从琅环阁藏本作"捐"。下联说的是唐代诗人白居易的典故,他曾被贬为江州司马,故以此官名称之。白居易有《琵琶行》一诗,抒发被贬的情怀,中有"座中泣下谁最多,江州司马青衫湿"的句子。青衫,唐代的制度,文官八品、九品服以青,故曰青衫,后来借指失意遭贬的官员。平仄上,上联是仄仄平平,仄仄平平平仄仄;下联是平平平仄,平平仄仄仄平平。羯,《广韵》"居竭切",入声;一,《广韵》"於悉切",入声;湿,《广韵》"失入切",入声。语法上,"邺下狂生"对"江州司马",都是定中结构;"羯鼓三挝"对"琵琶一曲",

皆为名词与数量结构构成的主谓结构；"捐锦袄"对"湿青衫"，都
是动宾结构。对仗较为工整。

【译文】

梧桐和竹子相对，柏树和杉树相对。

乐舞大夏、大濩和乐舞韶乐、大咸相对。

洞水、瀍水和溱水、洧水相对，巩地、洛邑城和崤山、函谷关相对。

避秦藏书洞，陈抟避诏岩。

脱离庸俗和超越平凡相对。

贤能的人把献媚看作很羞耻的事情，正直之士憎恨那些擅长谗毁
的奸臣。

范蠡是使得越国称霸的首要谋臣，浑瑊是辅佐唐朝平叛的重要将领。

邺下狂生祢衡表演羯鼓三挝时不怕曹操的羞辱脱去了锦袄，江州
司马白居易听了琵琶女演奏的曲子后泪水打湿了青衫。

其三

袍对笏，履对衫①。

匹马对孤帆②。

琢磨对雕镂，刻划对镌镵③。

星北拱，日西衔④。

厄漏对鼎馋⑤。

江边生杜若，海外树都咸⑥。

但得恢恢存利刃，何须咄咄达空函⑦。

彩凤知音，乐典后夔须九奏；金人守口，圣如尼父亦三缄⑧。

【注释】

①袍对笏(hù)，履对衫：袍，中式长衣的通称，汉以后用作朝服。

笏，古代臣子朝见国君时所执的狭长板子。履，鞋子。衫，衣服。平仄上，"袍""衫"是平声，"笏""履"是仄声。语法上，四个词语都是名词。

②匹马对孤帆：匹马，一匹马，常指单身一人，宋陆游《诉衷情》"当年万里觅封侯，匹马戍梁州"，今有成语"单枪匹马"。孤帆，一张船帆，多指孤单的船只，唐李白《黄鹤楼送孟浩然之广陵》"孤帆远影碧空尽，惟见长江天际流"。平仄上，"匹马"是仄仄，"孤帆"是平平。匹，《广韵》"譬吉切"，入声。语法上，两个词语都是定中结构。

③琢磨对雕镂，刻划对镌（juān）镵（chán）：琢磨、雕镂，都是指雕刻和打磨玉、石。《诗经·卫风·淇奥》"有匪君子，如切如磋，如琢如磨"。刻划，雕刻，唐韩愈《游青龙寺赠崔大补阙》"南山逼冬转清瘦，刻划圭角出崖窾"。镌镵，雕凿。四个词语意义相近。平仄上，"琢磨"是仄平，"雕镂"是平仄；"刻划"是仄仄，"镌镵"是平平。琢，《广韵》"竹角切"，入声。语法上，四个词语都是行为动词。

④星北拱，日西衔：星北拱，众星环拱北斗，出自《论语·为政》："子曰：'为政以德，譬如北辰，居其所而众星共（拱）之。'"日西衔，太阳西斜落入山中，唐韦庄《李氏小池亭十二韵》"访僧舟北渡，贳酒日西衔"。平仄上，"星北拱"是平仄仄，"日西衔"是仄平平。语法上，二者皆是主谓结构，"北拱""西衔"是状中结构充当谓语。

⑤卮漏对鼎馋：卮漏，有一种酒器底上有孔，如《淮南子·泛论训》"今夫溜水足以溢壶榼，而江、河不能实漏卮，故人心犹是也"。后常用此比喻钱花得很快，或利益外溢情况严重，清王颂蔚《送黄公度随使欧洲》"金钱日外溢，卮漏未渠央"。鼎馋，古有"馋鼎"，谓茶叶不易出汁，明谢肇淛《五杂俎·物部三》："今造团（茶

团)之法皆不传,而建茶之品亦远出吴会诸品之下。其武夷、清源二种虽与上国争衡,而所产不多,十九馋鼎,故遂令声价靡不复振。"平仄上,"厄漏"是平仄,"鼎馋"是仄平。语法上,两个词语都是主谓结构。

⑥江边生杜若,海外树都咸:上联化用唐李中《芳草》"飘香是杜若,最忆楚江边"。杜若,香草名,《楚辞·九歌·湘君》"采芳洲兮杜若,将以遗兮下女"。杜若生长在江边,古诗中杜若汀、杜若洲常见。如唐李中《和夏侯秀才春日见寄》"寻芳懒向桃花坞,垂钓空思杜若汀",唐李商隐《即目》"书去青枫驿,鸿归杜若洲"等等。海外,古代把边远之地皆叫"海外",如《史记·孟子荀卿列传》"先列中国名山大川,通谷禽兽,水土所殖,物类所珍,因而推之,及海外人之所不能睹",把中原之外的地方谓之海外。都咸,果树名,都咸生长在偏远的南方,故曰"海外树都咸"。平仄上,上联是平平平仄仄,下联是仄仄仄平平。语法上,二者都是主谓结构。宾语"杜若""都咸"都是联绵词,不可拆分。

⑦但得恢恢存利刃,何须咄咄(duō)达空函:上联出自《庄子·养生主》:"庖丁为文惠君解牛,手之所触,肩之所倚,足之所履,膝之所踦,砉然响然,奏刀騞然,莫不中音,合于桑林之舞,乃中经首之会。文惠君曰:'嘻,善哉!技盖至此乎?'庖丁释刀对曰:'臣之所好者道也,进乎技矣。始臣之解牛之时,所见无非牛者。三年之后,未尝见全牛也。方今之时,臣以神遇而不以目视,官知止而神欲行。依乎天理,批大郤,导大窾,因其固然。技经肯綮之未尝,而况大軱乎!良庖岁更刀,割也;族庖月更刀,折也;今臣之刀十九年矣,所解数千牛矣,而刀刃若新发于硎。彼节者有间,而刀刃者无厚;以无厚入有间,恢恢乎其于游刃必有余地矣,是以十九年而刀刃若新发于硎。虽然,每至于族,吾见其难为,怵然为戒,视为止,行为迟。动刀甚微,謋然已解,如土委地。提

刀而立，为之四顾，为之踌躇满志，善刀而藏之。'"这位名叫丁的厨师因为非常熟悉牛的全身构造，故而剖牛之时动作娴熟，刀刃游走于牛身上的空隙中，不需要用力斫砍。他的刀虽然用了十九年，仍然锋利得像刚从磨刀石上磨过的一样。恢恢，空间宽阔的样子。下联说的晋殷浩的典故，出自《晋书·殷浩传》，"殷浩，字深源，陈郡长平人也"，"识度清远，弱冠有美名，尤善玄言，与叔父融俱好《老》《易》"。初隐居不仕，后简文帝时征为建武将军、扬州刺史，并和桓温抗衡。后失败，被废为庶人。"浩少与温齐名，而每心竞。温尝问浩：'君何如我？'浩曰：'我与君周旋久，宁作我也。'温既以雄豪自许，每轻浩，浩不之惮也。至是，温语人曰：'少时吾与浩共骑竹马，我弃去，浩辄取之，故当出我下也。'又谓郗超曰：'浩有德有言，向使作令仆，足以仪刑百揆，朝廷用违其才耳。'"桓温和殷浩既是少年玩伴，也是竞争对手。"浩虽被黜放，口无怨言，夷神委命，谈咏不辍，虽家人不见其有流放之戚。但终日书空，作'咄咄怪事'四字而已。"殷浩虽然被废黜，口无怨言，神情如常，但终日用手在空中写"咄咄怪事"四个字。"后温将以浩为尚书令，遗书告之，浩欣然许焉。将答书，虑有谬误，开闭者数十，竟达空函，大忤温意，由是遂绝。永和十二年卒。"后来桓温打算让殷浩担任尚书令，派人送信给殷浩，他欣然应允。打算写回信，但他又担心有什么错误，纠结了很久，最终回了一封空白信函。二人从此绝交。咄咄，感叹声。平仄上，上联是仄仄平平平仄仄，下联是平平仄仄仄平平。得，《广韵》"多则切"，入声；咄，《广韵》"当没切"，入声；达，《广韵》"唐割切"，入声。语法上，两句用"但得""何须"相连，有流水对的意味；"恢恢存利刃""咄咄达空函"都是状中结构。

⑧彩凤知音，乐典后夔(kuí)须九奏；金人守口，圣如尼父(fǔ)亦三缄：上联出自《尚书·益稷》："夔曰：'戛击鸣球，搏拊、琴、瑟，以

咏。祖考来格，虞宾在位，群后德让。下管鼗鼓，合止柷敔，笙镛以间，鸟兽跄跄。《箫韶》九成，凤皇来仪。'夔曰：'於！予击石拊石，百兽率舞。庶尹允谐。'"乐典，条举乐谱的构造、组织、性质等并加以说明的书。夔，相传是舜时的乐官，《礼记·乐记》"昔者舜作五弦之琴，以歌《南风》。夔始制乐，以赏诸侯"，郑玄注"夔，舜时典乐者也"；又称"后夔"，《文选·张衡〈东京赋〉》"伯夷起而相仪，后夔坐而为工"，薛综注"后夔，舜臣，掌乐之官"。舜做了《箫韶》之乐，百兽都跟着跳舞，直到奏了九阕之后，凤凰才飞来。下联出自汉刘向《说苑·敬慎》："孔子之周，观于太庙。右陛之前，有金人焉，三缄其口，而铭其背曰：'古之慎言人也。戒之哉！戒之哉！无多言，多言多败；无多事，多事多患。安乐必戒，无行所悔。勿谓何伤，其祸将长；勿谓何害，其祸将大；勿谓何残，其祸将然；勿谓莫闻，天妖伺人。荧荧不灭，炎炎奈何；涓涓不壅，将成江河；绵绵不绝，将成网罗；青青不伐，将寻斧柯。诚不能慎之，祸之根也；曰是何伤？祸之门也。强梁者不得其死，好胜者必遇其敌，盗怨主人，民害其贵。君子知天下之不可盖也，故后之、下之，使人慕之，执雌持下，莫能与之争者。人皆趋彼，我独守此；众人惑惑，我独不从；内藏我知，不与人论技；我虽尊高，人莫害我。夫江河长百谷者，以其卑下也；天道无亲，常与善人。戒之哉！戒之哉！'孔子顾谓弟子曰：'记之！此言虽鄙，而中事情。《诗》曰："战战兢兢，如临深渊，如履薄冰。"行身如此，岂以口遇祸哉！'"孔子到周地去，在太庙中见到了一座青铜人像，封口三重，后面还有很多铭文，告诫人们不要多言多事，孔子借此教导学生行事要敬慎。尼父，对孔子的尊称，孔子字仲尼，故称。平仄上，上联是仄仄平平，仄仄仄平平仄仄；下联是平平仄仄，仄平平仄仄平平。语法上，"彩凤知音"对"金人守口"，皆为主谓结构。"乐典后夔须九奏""圣如尼父亦三缄"相对，然二者并不对仗："乐典后夔须九奏"是主谓结构；"圣如尼父亦三缄"是一个让步复句，表示即使圣如尼父也要三缄其口的含义，包含"圣如尼父""亦三缄"两个分句。

【译文】

袍子和笏板相对，鞋子和衣服相对。

单匹马和一艘船相对。

琢磨和雕刻相对，刻划和镌刻相对。

群星环绕北极星，太阳向西落下山。

漏卮漏出酒水和馋鼎不出茶汁相对。

杜若多长于江边，都咸常生在海外。

只要是具备游刃有余的才华，何必每日空写什么咄咄怪事。

凤凰懂得音律，在后夔演奏韶乐九阕之后才飞过来；铜人三缄其口，即使像孔子这么圣明也要谨言慎行。

中华经典名著
全本全注全译丛书
（已出书目）

读通鉴论	黄帝内经
宋论	素书
文史通义	新书
鹖子·计倪子·於陵子	淮南子
老子	九章算术（附海岛算经）
道德经	新序
帛书老子	说苑
鹖冠子	列仙传
黄帝四经·关尹子·尸子	盐铁论
孙子兵法	法言
墨子	方言
管子	白虎通义
孔子家语	论衡
曾子·子思子·孔丛子	潜夫论
吴子·司马法	政论·昌言
商君书	风俗通义
慎子·太白阴经	申鉴·中论
列子	太平经
鬼谷子	伤寒论
庄子	周易参同契
公孙龙子（外三种）	人物志
荀子	博物志
六韬	抱朴子内篇
吕氏春秋	抱朴子外篇
韩非子	西京杂记
山海经	神仙传

曾国藩家训　　　　　　　　　闲情偶寄

劝学篇　　　　　　　　　　　古文观止

楚辞　　　　　　　　　　　　聊斋志异

文心雕龙　　　　　　　　　　唐宋八大家文钞

文选　　　　　　　　　　　　浮生六记

玉台新咏　　　　　　　　　　三字经·百家姓·千字

二十四诗品·续诗品　　　　　　　文·弟子规·千家诗

词品　　　　　　　　　　　　经史百家杂钞